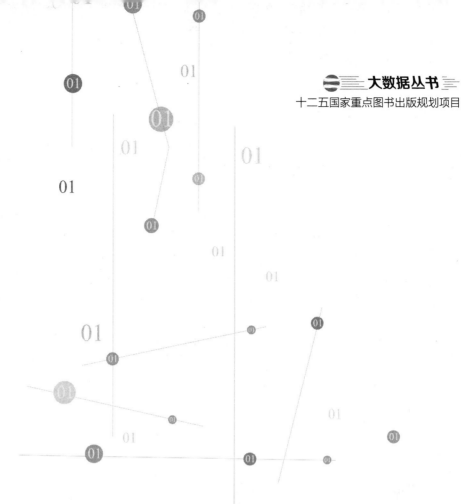

大数据丛书

十二五国家重点图书出版规划项目

大数据日知录
架构与算法

张俊林　著

电子工业出版社

Publishing House of Electronics Industry

北京·BEIJING

内 容 简 介

大数据是当前最为流行的热点概念之一，其已由技术名词衍生到对很多行业产生颠覆性影响的社会现象，作为最明确的技术发展趋势之一，基于大数据的各种新型产品必将会对每个人的日常生活产生日益重要的影响。

本书从架构与算法角度全面梳理了大数据存储与处理的相关技术。大数据技术具有涉及的知识点异常众多且正处于快速演进发展过程中等特点，其技术点包括底层的硬件体系结构、相关的基础理论、大规模数据存储系统、分布式架构设计、各种不同应用场景下的差异化系统设计思路、机器学习与数据挖掘并行算法以及层出不穷的新架构、新系统等。本书对众多纷繁芜杂的相关技术文献和系统进行了择优汰劣并系统性地对相关知识分门别类地进行整理和介绍，将大数据相关技术分为大数据基础理论、大数据系统体系结构、大数据存储，以及包含批处理、流式计算、交互式数据分析、图数据库、并行机器学习的架构与算法以及增量计算等技术分支在内的大数据处理等几个大的方向。通过这种体系化的知识梳理与讲解，相信对于读者整体和系统地了解、吸收和掌握相关的优秀技术有极大的帮助与促进作用。

本书的读者对象包括对 NoSQL 系统及大数据处理感兴趣的所有技术人员，以及有志于投身到大数据处理方向从事架构师、算法工程师、数据科学家等相关职业的在校本科生及研究生。

图书在版编目（CIP）数据

大数据日知录：架构与算法 / 张俊林著. —北京：电子工业出版社，2014.9
（大数据丛书）
ISBN 978-7-121-24153-6

Ⅰ. ①大…　Ⅱ. ①张…　Ⅲ. ①数据处理　Ⅳ.①TP274

中国版本图书馆 CIP 数据核字（2014）第 194446 号

策划编辑：付　睿
责任编辑：李利健
特约编辑：顾慧芳
印　　刷：北京京师印务有限公司
装　　订：北京京师印务有限公司
出版发行：电子工业出版社
　　　　　北京市海淀区万寿路 173 信箱　邮编：100036
开　　本：787×1092　1/16　印张：25.25　字数：587 千字
版　　次：2014 年 9 月第 1 版
印　　次：2014 年 12 月第 3 次印刷
印　　数：6001～9000 册　定价：69.00 元

前　言

　　像移动互联网、O2O、可穿戴设备等概念一样，"大数据"从甫一提出到飓风般席卷并风靡全球，从最初的技术名词到形成渗透各行各业的社会现象，所耗时间仅几年而已，其兴也勃焉。

　　那么，大数据是否会像很多曾经火热现在已难觅踪迹的流行概念一样，将来某日，人们静心抬眼，发现风已去而水波不兴，徒留夕阳下波光粼粼的涟漪，让人不禁哀叹其亡也忽焉？

本书的背景

　　目前看仿佛有此迹象，当一个概念火爆到从街头随便抓一个路人，他都能跟你滔滔不绝地侃侃而谈；当一个新名词铺天盖地而来，让你熟悉到再见一次就要吐的程度，这些确实是典型的泡沫将破的征兆。目前业已出现越来越多的质疑声音，在这种狂热的氛围下，理性的质疑是最难能可贵的，毕竟大数据归根结底是少数派的游戏，而现状好像是人人都处于大数据进行时的状态，这让其看上去显得不甚理性。

　　但是，从社会发展趋势的角度，很明显大数据会是目前肉眼可及的视野范围里能看到的最大趋势之一。从传统 IT 业到互联网、互联网到移动互联网，从以智能手机和 Pad 为主要终端载体的移动互联网到可穿戴设备的移动互联网，然后再到万物互联的物联网，这一定是不可违抗的发展规律和前进方向。伴随着这个趋势必然有越来越多、形态越来越丰富的超量数据不断产生，而大数据明显是由此衍生出来的明确且必然的发展趋势。

　　所以，归根结底，大数据概念是个短期内炒得过热，但是从长期来看炒得不足的领域。再过十年如果回望现在，也许会发现：我们今天正在巍峨群山的山脚徘徊，试图找出一条通往山顶的羊肠小道，如此而已。我们当然不能盲目跟风不断追逐切换热点，但是忽视趋势的力量同样也不是一个理性的选择。

本书的内容

以上所述是本书诞生的大背景，目前市面上陆陆续续已经有不少讲大数据的书，有面向大众的概念普及类图书，也有讲解大数据技术的书，本书属于第二类，专注于与大数据处理有关的架构与算法，我相信这是一本比较全面地分门别类梳理大数据技术的书籍。从大约 2010 年年底起我开始关注并收集整理这方面的技术资料，当然那时还没有听说过大数据的概念，现在的所谓大数据已经是后来的事情了。最初引起我关注的是与 NoSQL 相关的技术，尤其是 Google 和亚马逊的一系列相关工作，当时隐约地觉得这是一种新的技术发展趋势，甚至是一次技术范型的大转换，所以逐步开始投入越来越多的精力到其中，这包括将相关技术资料分门别类地进行收集、阅读和整理，利用业余时间开始一章一节地慢慢写本书，以及在实际工作中尽可能地应用这些技术和系统等若干方面。

本书的写作

断断续续完成本书花了大约 3 年左右的时间，和最初预估的时间还是比较吻合的，这一方面是由于我可投入的时间本身就不多，但是还是希望能够写出一本高质量的技术书籍，所以不得不慢工出细活；另外一方面是由于大数据处理作为一个新领域，其涉及的方方面面的技术点实在太多，而且正处于快速的发展过程中。这个领域是我接触过的领域中知识涵盖面最广的，从底层的硬件开始，到涉及基础理论、大规模数据存储系统、分布式架构设计、各种不同适用场景下的差异化系统设计思路、机器学习与数据挖掘并行算法、层出不穷的新架构和新系统等，说无所不包有些夸张但是所需掌握知识点之多确实是很少见的。而且因为其处于快速发展的过程当中，所以各种技术纷繁芜杂，并无一个成熟的知识分类体系可供参考，需要不断梳理相关知识点之间的相互区别和联系并进行分门别类，如何将纷杂多样的技术梳理成清晰合理的章节内容曾让我头疼不已，当然发展到目前，整个大数据技术体系脉络已经日渐明晰，我相信参考本书目录可以清晰地发现这一点。另外一个阻碍是可参考的资料和系统多而杂，且质量良莠不齐，需要从中汰劣余优，尽可能选出有代表性及有发展潜力的理论、方案和系统，这也是很耗费精力的过程，尽管本书每章后只列出了很少一部分参考资料，但是实际参考的文献与系统要数倍于此，只列出精华部分是为了缩短读者选择高质量文献的过程。

十几年前当我还在中国科学院读书的时候，就对互联网的蓬勃发展及其对生活和工作各方面的影响感慨不已。当时最直观的感受是最新的国际会议论文很容易获得，往往是会议一开完就能从网上下载到感兴趣的文献，有时候会议没开有些作者就把论文先放在网上供人参考。觉得有了互联网这么强大的全球范围信息便捷分享工具，尽管当时国内科研水平不算高，在最好的国际顶级会议发表论文还是较难的事情，但是随着互联网的普及，科研水准应该能够获得极为快速长足的发展，因为从追踪最新技术进展的角度看大家的起跑线是一样的，而中国人多的优势慢慢应该能够发挥出来。事实上也是如此，最近几年各种国际顶级会议中，中国人发表的论文比例越来越高可以证明这一点，而很明显这个趋势还会进一步加快。之所以提这个，是因为大数据相关技术研发道理其实也是一样的，尽管目前国内在这方面的实力和国外相比还有很大的差距，优秀的系统和技术方案往往都是 Google、亚马逊、Facebook、Linkedin 等这些国际知名互联网公司提出的，国内工业界的技术水准大部分还仅仅停留在能把开源的大数据系统应用起来解决手头碰到的问题这个阶段，但是我相信在不远的将来，国内会逐步涌现出具有国际水准的大数据系统与解决方案，其中的道理与上面所举的学术进步的例子是一样的。目前大部分优秀系统是开源的，相关技术文献也很容易找到，作为有进取心的技术人员，现在所缺乏的不是没有可参考的学习资料，相反是资料太多但良莠不齐反而让很多人无所适从，不知该如何下手。国内的技术人员只要肯下功夫、会下功夫，有好的职业发展环境和高的自我期许及技术理想，假以时日，越来越多的世界级水准的大数据处理系统出自中国人之手是完全可以指日可待的。我期望本书对于这些技术人员在全面了解吸收并掌握大数据处理的优秀技术过程中，能贡献绵薄之力。沈利也参与了本书的部分编写工作。

致谢

感谢我的妻子、岳父、岳母，以及爸爸、妈妈，尽管历时 3 年才得以完成本书，但是若是没有你们的全身心支持，这本书 2020 年也无法面世。

对了，还有我的女儿，亲爱的雪晴，从蹒跚迈出人生第一步，到咿咿呀呀说出第一句话，我总是想起，小小的你，迷茫地站在这遍布新奇的世界里，东张西望时无助的样子，这总是令人心疼。你无数人生的第一次带给我太多欢乐，而我陪你的时间又太少太少。每次听到你用小手咚咚敲着书房紧闭的门，这经常让我感到惶惑，不知道这么狠心对你是对还是错，但是又不得不狠下心来。我相信将来一定会后悔没有给你更多的时间，把你介绍给这色彩斑斓而残酷的世界，嘱咐它在今后的日子里能善待你一些。我多想陪你直到你白发苍苍的岁月：在初秋的午后阳光下，看到你坐在院中的婆娑树影里，给你的儿孙讲故事，浅笑依然，仿似今天。我可以清楚地想象那时的场景，清晰得就像一切就发生在眼前。虽然我深切地知道这是永不可实现的奢望，但这个梦想会永远放在我心里，就像你清澈的目光和纯真的笑容一样。

时间是我们的朋友，也是我们的敌人，希望你们能够原谅我。

张俊林

2014 年 3 月于北京

目　　录

第二篇　大数据系统体系结构

第四篇　大数据处理

0

当谈论大数据时我们在谈什么

我是这部车
第一个乘客
我不是不快乐

天空血红色
星星灰银色
你的爱人呢

Yes I'm going home
I must hurry home
Where your life goes on
——王菲《乘客》

多年以后，当大数据应用已经无处不在地影响我们每日生活的时候，准会想起那个面红耳赤争论大数据泡沫何时破灭的下午。

关于什么是大数据，一千个人估计有一千个说法，让我们先从一个例子谈起。

2012 年伦敦奥运会赛事举行期间，全世界的观众为激烈的比赛心潮起伏，如何知道人们关于奥运是什么样的心情？很简单，只要你去看一眼世界上最大的摩天轮之一"伦敦眼"，答案就可了然于胸。

用"伦敦眼"的灯光秀来展示英国人对于奥运比赛的情绪，这是 EDF Energy 公司和麻省理工学院的合作项目。这个项目实时过滤人们在 Twitter 上发布的微博，根据一些与奥运有关的词汇比如"2012 伦敦奥运"、"奥运会"将相关微博从海量数据中过滤出来，之后采用被称为"SentiStrength"的情感计算程序自动对每条微博表达的情绪做出判断，将其分为"积极情绪"、"消极情绪"或者是"中性情绪"，每天数十万的奥运相关微博经过分析汇总后，就可以知道当天观众对于奥运的整体情绪是怎样的，将这个统计结果以伦敦眼上不同颜色灯光投射，人们一眼就可以知道其他人的心情。如果你看到四分之三的伦敦眼转轮上的灯光是橙色的，那么这代表了 75%的奥运相关微博是积极情绪，而悲观情绪则以蓝色灯光来表示。

很神奇，不是吗？但是……别着急，你需要知道的一点是："伦敦眼灯光秀"只是我们现在身处的大数据时代的一个小魔术而已。

0.1　大数据是什么

多大的数据量才能称得上"大数据"？这其实是颇为令人困惑的一个问题。在谈论数据大小之前，我们先来了解数据量的衡量单位，从小到大依次为 KB、MB、GB、TB、PB、EP 和 ZB，它们相互之间的转换公式为：1024KB=1MB；1024MB=1GB；1024GB=1TB；1024TB=1PB；1024PB=1EB；1024 EB=1ZB。数据大小是相对而言的一个变化概念，在 20 世纪末，MB 是最常用的存储单位，那时 1GB 就可以称得上"大数据"了，但随着 IT 技术的快速发展，我们逐步迈入了 GB 时代、TB 时代，而现在正处于从 PB 到 EB 的迁移阶段。

为了对数据之大获得更感性的认识，让我们来看一组数据：Facebook 管理了超过 400 亿张图片，所需存储空间超过 100PB，每天发布的新消息超过 60 亿条，所需存储空间超过 10TB；Twitter 一天产生 1.9 亿条微博；搜索引擎一天产生的日志高达 35TB，Google 一天处理的数据量超过 25PB；YouTube 一天上传的视频总时长为 5 万小时……如果愿意的话，这个单子还可以拉得很长。

我们正处于电子数据暴涨时代，统计数据表明：2010 年全世界信息总量是 1ZB，最近 3 年人类产生的信息量已经超过了之前历史上人类产生的所有信息之和，如果再过 10 年回过头来看，这个数字其实也不算体量巨大，要知道，数字信息量正在以每 5 年增加 10 倍的速率在加速扩张。

为何数据会发生井喷式的增长？这与互联网、移动互联网、物联网大潮的高速发展以及 IT 技术的快速进步有直接关联。互联网的普及、智能手机等手持设备的广泛使用，使得越来越多的人能够将可支配时间投入到各种应用中，而物联网尚处于萌芽期，其发展的结果是：任意物品和设施都有可能 24 小时不间断地产生状态信息。而这背后的推动力，则是硬件成本的快速下降：每年存储设备每 GB 信息的存储成本降低 50%，这使得电子设备的无所不在成为可能。电子信息的表现形式多种多样，用户访问网站的海量点击记录数据，用户 UGC 产生的大量图片和视频，电子商务网站的在线购买记录，通信数据，RFID，医疗信息……数据无处不在，无时不在。

无疑我们已经身处一个真正的"大数据"时代，但是关于大数据的确切定义，目前尚无获得统一公认的说法。Wikipedia 里给出的颇具实用主义色彩的定义为：所谓"大数据"，是指数据量太大，以至于目前手头的数据管理工具已经不便于管理的数据。

IBM 则用 3V（Volume、Velocity、Variety）来描述大数据所拥有的特点。大容量（Volume）是指数据体量巨大，这是一般人最直观的感受；多形式（Variety）是从数据的类型角度来看的，数据的存在形式从过去结构化数据为主转换为形式多样，既包含传统的结构化数据，也包含类似于 XML、JSON 等形式的半结构化形式和更多的非结构化数据；既包含传统的文本数据，也会有越来越多的图片、音频和视频数据；高速率（Velocity）则是从数据产生效率的实时性角度来说明问题：数据以非常高的速率到达系统内部，比如大量传感器的实时数据传输、股票的实时交易数据等。

后来，IBM 又在 3V 的基础上增加了 Value 这个维度来描述大数据的特点，即价值密度低的数据称为大数据，所以需要从低价值的原始海量数据中进行深度挖掘和计算，总结出具备高价值的数据。

IDC 更侧重于从技术角度来说明"大数据"概念：大数据处理技术代表了新一代的技术架构，这种架构通过高速获取数据并对其进行分析和挖掘，从海量且形式各异的数据源中更有效地抽取出富含价值的信息。

Google 是大数据潮流的重要推动者，Google 的首席经济学家 Hal Varian 是这样阐述大数据作用的：海量数据可广泛获得，所稀缺的是如何从中挖掘出智慧和观点。

综合上面各种观点，可以看出，从具备 4V 特性的大量数据中挖掘高价值知识与洞见是各界对于大数据的一个共识。当你每一刻的行为都被数据化后，收集到这些数据的机器对此加以分析，总有一天，机器比你更懂你自己。

2012 年初美国政府提出了"大数据研究发展计划"，这是可以和克林顿执政时期提出的"数字高速公路计划"相媲美的战略性引导规划，旨在提高美国从大型复杂数据集中提取知识和观点的能力。在这个计划里，包括美国国防部在内的 6 个联邦政府的部门和机构宣布新的 2 亿美元投资，以提高从大量数据中收集、访问、组织和发现知识的工具和技术水平。相信其他国家包括我国促进大数据相关产业发展的政策也会很快出台。

由于数据量增长速度太快，传统的数据管理工具已不能高效地对其存储和处理，所以新时代呼唤产生新技术。

0.2 大数据之翼：技术范型转换

传统的互联网与商业数据的存储和处理主要使用关系型数据库技术，数据库企业巨头 Oracle 是这一时期的代表企业。随着大数据时代的到来，传统关系数据库在可扩展性方面的缺陷逐渐暴露出来，即使采用并行数据库集群，最多也只能管理百台左右的机器，而且这种并行数据库要求高配置的服务器才可正常运转，其管理海量数据成本之高可以想象。

对于很多应用场景，尤其是互联网相关应用，并不像银行业务等对数据的一致性有很高的要求，而更看重数据的高可用性以及架构的可扩展性等技术因素。因此 NoSQL 数据库应运而生，作为适应不同应用场景要求的新型数据存储与处理架构，其和传统数据库有很强的互补作用，而且应用场景更加广泛。Yahoo 公司部署了包含 4000 台普通服务器的 Hadoop 集群，可以存储和处理高达 4PB 的数据，整个分布式架构具有非常强的可扩展性。NoSQL 数据库的广泛使用代表了一种技术范型的转换。

大数据处理的目标是从海量异质数据中挖掘知识，包含了数据源收集、数据存储管理、数据分析与挖掘以及数据展现与获取等几个序列进行的步骤，图 0-1 是大数据处理流程的整体架构图。从图中可看出，其形成了数据流处理的多个不同层次。

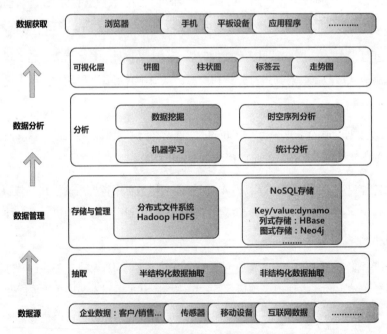

图 0-1 大数据处理流程的整体架构

原始数据源来源各异，既包含传统的企业结构化数据，也包含从移动设备、互联网用户数据、传感器等收集到的半结构化或者非结构化数据。由于很多数据形式不规整，包含噪声，首先需要从原始数据中进行数据抽取，获得后续分析所需的信息。之后对于海量数据，要将其存储进入 NoSQL

数据库或分布式文件系统中，与传统数据库不同的是：NoSQL 数据库不追求应用场景的统一，而是针对不同类型的应用有专门的 NoSQL 数据库来进行存储管理，这种类似于垂直定制的技术方案更能适应具体的应用场合，比如对于社交网络数据的存储就更适合使用图数据库，对于实时响应要求高的场合使用 HBase 等列式数据库更好等。对于海量数据的后台批处理任务，目前 Hadoop 是广泛获得使用的分布式存储与计算系统，通过 HDFS 分布式文件系统来对数据进行存储，使用 MapReduce 计算框架对数据进行处理，系统本身负责数据的高可用性以及系统的可扩展性、容错性等复杂管理任务，具体应用开发人员只要关注业务逻辑本身即可，大大促进了相关应用的开发效率。

在数据存储与基本处理层之上，是数据挖掘与分析技术层。大数据处理的目标是沙里淘金，从海量原始数据中挖掘领域知识是其根本目的，尽管 NoSQL 数据库提供了数据存储的场所与简单的读/写处理，但是要挖掘更深层的知识，更依赖于利用数据挖掘、机器学习、时空序列分析等复杂技术手段来从数据中获取知识。

数据可视化也是大数据处理中的重要一环，其主要目的是将挖掘出来的知识以形象易于理解的形式呈现给用户，是所挖掘知识的具体表现方法。之后，就可以在各种不同的数据接收设备上来对挖掘出的知识进行获取。

海量原始数据经过上述层次处理步骤，就转换为用户易于理解和接受的知识，目前各种层次的相关技术与系统方兴未艾，都处于高速的发展过程中。

以上所述是粗线条地对大数据处理流程进行了介绍，如果将目前大数据领域涉及的技术子领域及其在整个技术体系中的位置进行梳理，可以得到图 0-2 所示的大数据处理技术架构图，其基本涵盖了大数据处理涉及的各方面技术点，本书内容即按照这个技术架构对各个子领域分门别类按章节展开详述。部分内容（数据收集、监控系统、工作流与可视化）因其处于相对不甚重要的边缘地位或者其技术性不强所以并未进行讲解。

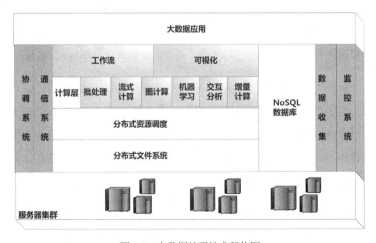

图 0-2　大数据处理技术架构图

0.3 大数据商业炼金术

对于大数据潮流而言，新的数据形式和数据需求催生了新的技术范型，而新的技术范型则引发了新的商业机遇。这种影响是深刻而广泛的，从引导潮流的互联网公司到传统 IT 行业企业，从金融行业到传统零售行业，无不受其影响。

1. 互联网公司：Netflix

Netflix 是在线网络视频点播互联网公司，根据美国市场研究公司 IHS 测算，Netflix 在美国的在线电影收入已经超过苹果，市场份额达到 45%，苹果则从 61% 下滑至 32%。Netflix 从本质上说是一家大数据公司。仅以 2011 年的数据为例，Netflix 用户超过 2500 万；每天大约 3000 万剧集；仅在 2011 年最后 3 个月中，被观看的视频流就超过了 20 亿小时；每天大约 400 万次用户打分和大约 300 万次搜索。此外，Netflix 还会尝试分析用户的地理定位数据、设备信息以及从 Facebook 和 Twitter 获得的社会媒体数据来为更加准确的个性化推荐打下基础。Netflix 公司高级数据科学家 Mohammad Sabah 曾对媒体表示，Netflix 正在采集并分析惊人的数据来试着算出下一步你想要看什么电影。他还说，用户选择的电影已经有 75% 来自 Netflix 的推荐。

2. 传统 IT 公司：IBM

2011 年 2 月，IBM 新推出的超级电脑"沃森"（Watson）在人机智能问答比赛中大比分超过人类参赛者赢得了比赛。《危险边缘》是美国最受欢迎的老牌智力问答竞猜节目，节目中提出的问题五花八门无所不包，几乎覆盖了人类所有的知识领域，"沃森"在节目中表现出色，战胜了该节目历史上两位最成功的选手詹宁斯和鲁特。

"沃森"采用分布式计算架构，整个系统拥有 15TB 内存、2880 个处理器、每秒可进行 80 万亿次运算。"沃森"的海量"知识库"是其能够战胜人类的关键，它不仅包含了语义词典等结构化信息，更多的知识要依赖系统从互联网网页等大量非结构化数据中进行挖掘，比如通过挖掘可以知道《勇敢的心》是一部 1995 年发行的电影，其导演是梅尔吉布森，主要演员包括梅尔·吉布森、苏菲·玛索等。

"沃森"在接收到主持人的问题后，利用深层语言分析技术分析问题所属于的类型（电影、图书、谜题、地理等），问题的焦点所在，并通过问题分解算法把复杂问题分解为若干简单问题，之后利用搜索技术和自然语言处理技术从海量知识库中产生多个候选答案，根据诸多不同尺度评估这些候选答案匹配问题的程度。IBM 研发团队为"沃森"开发的 100 多套算法可以在 3 秒内解析问题，检索知识库，然后再筛选出最可能的答案并以人类的语言输出，形成最终答案。

"沃森"在《危险边缘》中的成功获得了人们广泛关注，其商业化举措将被首先应用在医疗和金融行业。美国哥伦比亚大学医疗中心和马里兰大学医学院已与 IBM 公司签订合同，两所大学的医疗人员将利用"沃森"更快、更准确地诊病、治病。

3．金融：Derwent 基金

基金公司可以从大数据中窥探并预测股市走向吗？英国伦敦的一家基金公司 Derwent Capital Markets 认为，这个问题的答案是肯定的。他们启动了金额为 2500 万英镑的专项基金，通过分析 Twitter 上发表的微博内容，统计大众对于股市的信心和情绪，依此来预测股市走向，并在实际运作中获得了较好的收益，在 2010 年 7 月的股灾中，该基金能够维持 1.85% 的收益率，领先于 S&P 500 指数的收益率。

这一基金采纳了美国印第安纳大学 Johan Bollen 等人的研究成果：研究者采用两种情绪追踪工具来分析 Twitter 中展现的公众情绪，其一是比较 Twitter 中正面和负面评论的比例；其二则利用了谷歌设计的一款工具，评价人们的 6 种心理状态，包括冷静、警惕、确定、充满活力、善意，以及愉快。Bollen 发布的一项研究结果中，使用社交网络去预测道琼斯指数的走势，准确率达到 87.6%。除此之外，麻省理工学院的研究人员根据情绪这个词将 Twitter 内容标定为正面或负面情绪。结果发现，无论是如"希望"的正面情绪或是"害怕"、"担心"的负面情绪，其占总数的比例，都预示着道琼斯指数、标准普尔 500 指数、纳斯达克指数的下跌。研究者据此认为，只要是情绪的突然爆发，无论希望或担忧，都反映出人们对于市场不确定性的担忧，因此能预测股市之后的走向。

4．传统零售企业：沃尔玛

传统零售商巨头沃尔玛和惠普公司进行合作，构建能够存储 4P 信息的数据仓库，用来记录全球 6000 多个销售终端获得的每日超过 2 亿 6 千万笔交易数据。通过应用机器学习技术，沃尔玛可以从零售数据中挖掘出相关知识，用于评估其定价策略的合理性和广告投放的效益，并更好地指导其全球供应链的配置。

0.4　"大数据"在路上

大数据概念最早由世界级领先的全球管理咨询公司——麦肯锡提出，之后获得了全球范围工业界、学术界、商业界的追捧与推动，形成了产业共振。大量初创公司、老牌互联网与 IT 公司、商业机构都轰轰烈烈地投入其中。

财大气粗的巨型公司致力于提供"大数据"存储与计算的基础架构与平台，亚马逊的云存储与弹性计算平台（AWS/EC2）、微软的 Azure 云计算平台、谷歌的 App Engine 都是其中的佼佼者。

通用的云存储与计算平台可以对其他企业和机构提供按需服务，这对于初创企业节省创业成本起到了很大的推动与促进效用，在创业初期用户较少的情况下，可以花费较少的租金租用云平台的基础设施，一旦流量激增，只需扩大资源租用数量就可以快速满足暴增的用户需求。相较于传统的创业企业自己维护存储与计算系统的方式，这种平台租用的方式不仅节省创业成本，也增加了 IT 资源管理的快速响应和灵活性。亚马逊公司云平台已经为成千上万家创业公司和机构提供了相关服务，比如近两年名声大振的图片共享型社交网站 Pinterest 就租用了亚马逊 AWS 存储服务，纳斯达克每天会上传超过 50 万个文件到亚马逊云存储平台。游戏化平台服务公司 BigDoor 表示："AWS 平台帮助我们以极低的成本快速升级系统。在任何时候我们都有运转良好的 12 台数据库服务器、45 台应用服务器、6 台静态服务器和 6 台分析服务器。如果流量或处理能力超过了目前服务能力，我们的系统会自动升级，如果不需要就会自动降级，从而节省费用。"

在这波"大数据"浪潮中，更多的相关中小型创业公司逐浪起航，其中有 Cloudera、MapR、HortonWorks 这种完善分布式计算生态系统的技术型公司，也有 DropBox、Zillabyte、Decide 这种面向企业和消费者直接提供"大数据"服务的初创公司。

Cloudera、MapR 和 HortonWorks 都是目前维护与改进 Hadoop 平台的主力技术公司，它们一方面改进现有系统的性能和功能方面的缺点，另一方面也在 Hadoop 平台的易用性方面下了很大功夫，以促进这个平台的更广泛流行。类似的技术公司还包括文档 NoSQL 工具 MongoDB 的开发方 10gen 等很多新型技术创业公司，它们为整个"大数据"生态体系提供了基础的技术平台。

DropBox 是免费网络文件同步工具，用户可以方便地存储和共享感兴趣的各种类型的文件，自 2007 年创立以来，DropBox 正以年用户增长 10 倍的数据获得了用户的广泛欢迎；Zillabyte 提供了一系列大数据分析算法和工具，帮助企业用户对海量数据进行深入挖掘以辅助企业决策；而 Decide.com 则为消费者提供了对大数据进行实时商业分析服务，比如它会通过大量数据的趋势分析，告知用户何时以什么价格买入某类电子产品是最适宜的。

这里只列举了少量有代表性的"大数据"相关商业公司，事实上越来越多的商业公司已经意识到"大数据"所蕴含的商业机遇并陆续投入其中。就目前"大数据"相关的整个生态系统而言，我们可以说，是数据爆炸催生了新的技术范型与挑战，而新的技术范型又引发了新的商业机遇。

"大数据"对技术的高要求以及"数据资产"的私密性，这决定了"大数据"最终只能是少数人的游戏，但好消息是，这场华丽游戏才刚刚揭开序幕，在游戏结束之前，至少每个人都有参与的权利。

1

数据分片与路由

同是过路　同做过梦

本应是一对

人在少年　梦中不觉

醒后要归去

三餐一宿　也共一双

到底会是谁

但凡未得到　但凡是过去

总是最登对

俗尘渺渺　天意茫茫

将你共我分开

断肠字点点　风雨声连连

似是故人来

——梅艳芳《似是故人来》

在大数据背景下，数据规模已经由 GB 级别跨越到 PB 级别，单机明显无法存储与处理如此规模的数据量，只能依靠大规模集群来对这些数据进行存储和处理，所以系统可扩展性成为衡量系统优劣的重要指标。传统并行数据库系统为了支持更多的数据，往往采用纵向扩展（Scale Up）的方式，即不增加机器数量，而是通过改善单机硬件资源配置来解决问题。而目前主流的大数据存储与计算系统通常采用横向扩展（Scale Out）的方式支持系统可扩展性，即通过增加机器数目来获得水平扩展能力。与此对应，对于待存储处理的海量数据，需要通过数据分片（Shard/Partition）来将数据进行切分并分配到各个机器中去，数据分片后，如何能够找到某条记录的存储位置就成为必然要解决的问题，这一般被称为数据路由（Routing）。

数据分片与数据复制是紧密联系的两个概念，对于海量数据，通过数据分片实现系统的水平扩展，而通过数据复制来保证数据的高可用性。因为目前大规模存储与计算系统都是采用普通商用服务器来作为硬件资源池的，形式各异的故障经常发生，为了保证数据在故障常发环境下仍然可用，需要将同一份数据复制存储在多处来获得保证。同时，数据复制还可以增加读操作的效率，客户端可以从多个备份数据中选择物理距离较近的进行读取，既增加了读操作的并发性又可以提高单次读的读取效率，图 1-1 展示了数据分片与数据复制的关系。

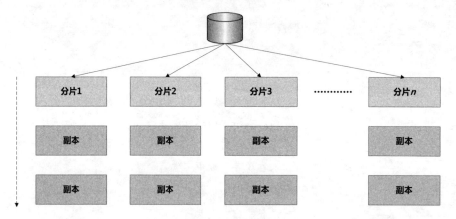

图 1-1　数据分片与数据复制的关系

数据复制虽然带来上文所提及的多种好处，但也带来了相应的问题，由于每份数据存在多个副本，在并发对数据进行更新时如何保证数据的一致性就成为关键问题。对于数据复制与一致性的诸多问题及解决方案会在本书第 2 章进行讲解，本章集中讲解数据分片与路由的相关技术。常见的数据分片方法包括哈希分片与范围分片，后文先从各种实际系统中抽象出一个数据分片与路由的通用模型，然后分述这两种分片方式的具体实现机制。

1.1　抽象模型

图 1-2 展示了一个具有很高抽象级别的数据分片与路由通用模型，可以将其看作是一个二级映射关系。第一级映射是 key-partition 映射，其将数据记录映射到数据分片空间，这往往是多对一的映射关系，即一个数据分片包含多条记录数据；第二级映射是 partition-machine 映射，其将数据分片映射到物理机器中，这一般也是多对一映射关系，即一台物理机容纳多个数据分片。

在做数据分片时，根据 key-partition 映射关系将大数据水平切割成众多数据分片，然后再按照 partition-machine 映射关系将数据分片放置到对应的物理机器上。而在做数据路由时，比如要查找某条记录的值 Get（key），首先根据 key-partition 映射找到对应的数据分片，然后再查找 partition-machine

关系表，就可以知道具体哪台物理机器存储该条数据，之后即可从相应物理机读取 key 的对应 value 内容。

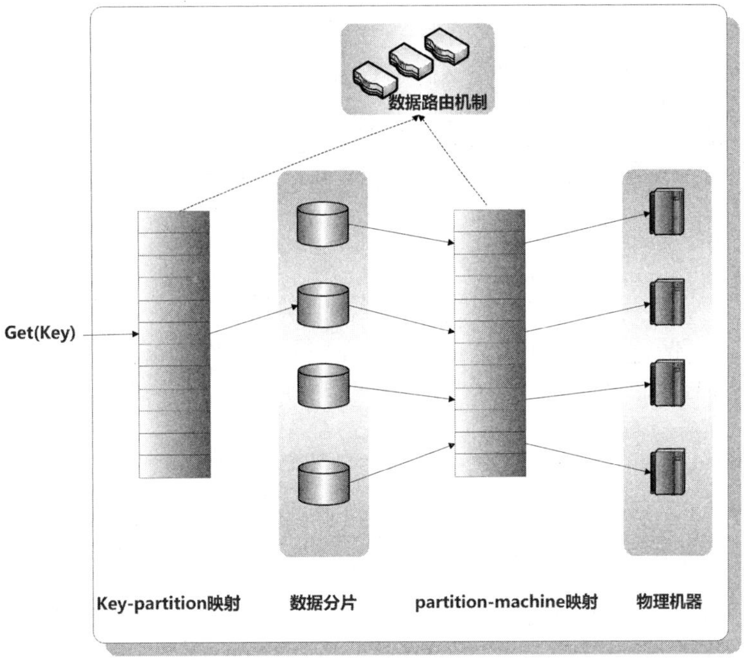

图 1-2　数据分片与路由的抽象模型

　　哈希分片与范围分片策略都可以映射到这个抽象模型上来，对于哈希分片来说，因为其主要通过哈希函数来建立 key-partition 映射关系，所以只支持"点查询"（Point Query），即根据某个记录的主键（key）获得记录内容，而无法支持"范围查询"（Range Query），即指定记录的主键范围一次读取多条满足条件的记录。采取哈希分片的实际系统众多，大多数 KV（key-value，键值）存储系统都支持这种方式，其中包括 Dynamo、Cassandra、Riak、Voldmort、Membase 等。相对应地，范围分片的系统则既可以支持点查询也可以支持范围查询，采取范围分片的系统包括 Google 的 BigTable和微软的 Azure 等系统，但也有系统同时提供两种方式，比如 Yahoo 的 PNUTS 系统。

1.2　哈希分片（Hash Partition）

　　通过哈希函数来进行数据分片是常见手段，其中最常见的 3 种哈希分片方式分别是：Round Robin、虚拟桶及一致性哈希方法。下面分述其原理及与抽象模型之间的关系。

1.2.1　Round Robin

　　Round Robin 就是俗称的哈希取模法，是实际中非常常用的数据分片方法。假设有 K 台物理机，通过以下哈希函数即可实现数据分片：

$$H(key)=hash(key)mod\ K$$

对物理机进行编号从 0 到 K-1，根据上述哈希函数，对于以 key 为主键的某个记录，$H(key)$的数值即是存储该数据的物理机编号，通过这种方式，就将全部数据分配到 K 台物理机上，在查找某条记录时，也使用同样的哈希函数就可以找到存储相应信息的物理机。

Round Robin 的优点是实现起来非常简单，但是缺乏灵活性，比如新增一台物理机到分布式存储系统，那么哈希函数就变成了：

$$H(key)=hash(key)mod(K+1)$$

这样之前已经分配的所有数据与存储该数据的物理机之间的映射关系被完全打乱，所以只能将所有数据重新按照改变后的哈希函数再次分配一遍，对于在线存储系统很明显这是缺乏扩展灵活性的。

为什么 Round Robin 如此缺乏扩展灵活性呢？对照 1.1 节讲到的数据分片与路由的抽象模型可以看出，Round Robin 其实是将物理机和数据分片两个功能点合二为一了，即每台物理机对应一个数据分片，这样 key-partition 映射和 partition-machine 映射也就两位一体，都由同一个哈希函数来承担，由此造成的后果是机器个数 K 作为参数出现在映射函数中，造成了机器个数和映射函数的紧密耦合，只要机器个数变动，哈希函数也会跟着变化，这是 Round Robin 缺乏扩展灵活性的根本原因。

1.2.2 虚拟桶（Virtual Buckets）

Membase（现已更名为 Couchbase）是一个内存分布式 NoSQL 数据库，对于数据分片管理，其提出了虚拟桶的实现方式，其运行机制如图 1-3 所示。

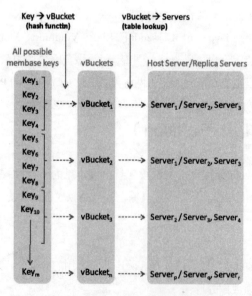

图 1-3 Membase 虚拟桶的运行机制

如图 1-3 所示，Membase 在待存储记录和物理机之间引入了虚拟桶层，所有记录首先通过哈希函数映射到对应的虚拟桶，记录和虚拟桶是多对一的映射关系，即一个虚拟桶包含多条记录信息；第二层映射是虚拟桶和物理机之间的映射关系，同样也是多对一映射，一个物理机可以容纳多个虚拟桶，其具体实现方式是通过查表来实现的，即 Membase 通过内存表来管理这层映射关系。

对照抽象模型可以看出，Membase 的虚拟桶层就是对应的"数据分片"层，一个虚拟桶即是一个数据分片。key-partition 映射采用哈希函数，而 partition-machine 映射采用表格管理实现。

与 Round Robin 相比，Membase 引入虚拟桶层，这样将原先由记录直接到物理机的单层映射解耦成两级映射，大大加强了系统的扩展灵活性。当新加入机器时，将某些虚拟桶从原先分配的机器重新分配给新机器，只需要修改 partition-machine 映射表中受影响的个别条目就能实现扩展，具有较强的灵活性。

1.2.3　一致性哈希（Consistent Hashing）

分布式哈希表（DHT）是 P2P（Peer-to-Peer）网络（对等联网）和分布式存储中常见的一项技术，是哈希表的分布式扩展，即考虑在多机分布环境，每台机器负责承载部分数据的存储情形下，如何通过哈希方式来对数据进行增/删/改/查等数据操作的方法。DHT 只是一种技术概念，具体的实现方式有很多种，一致性哈希是其中的一种实现方式，本节主要讲述 Chord（和弦）系统中提出的一致性哈希算法，包括 Dynamo 和 Cassandra 在内的很多分布式存储系统都采用了这种算法的变体版本。

图 1-4 是将哈希空间表示为长度为 5 的二进制数值（$m=5$）的"一致性哈希"算法的示意图。因为 $m=5$，所以其哈希空间可以表达的数值范围为 0～31，"一致性哈希"算法将哈希数值空间按照大小组成一个首尾相接的环状序列。对于每台机器，可以根据其 IP 和端口号经过哈希函数映射到哈希数值空间内，这样不同的机器就成了环状序列中的不同节点（图 1-4 中环上的 5 个大圆即代表不同的机器，分别用 N_i 来代表，其中的 i 代表其哈希空间对应的数值），而这台机器则负责存储落在一段有序哈希空间内的数据，比如 N14 节点就存储主键经过哈希后落在 6～14 范围内的键值数据，而 N5 节点则存储 30～31 以及 0～5 范围内的键值数据。同时，每个机器节点记录环中的前趋节点和后继节点地址位置，使之成为一个真正的有向环。

1. 路由问题

通过以上方式，就可以将海量数据分布到集群中的不同机器节点中，实现数据分片功能。在 P2P 环境下意味着无中心管理节点，那么如何根据数据记录的主键以及哈希函数 H 来定位到记录内容呢？

一种直观的解决办法是沿着有向环顺序查找，接收到查询请求的节点根据哈希函数（假设 $H(\text{key})=j$）获得待查找主键的哈希值 j，首先判断是否在自身管理范围内，如果不在，则将其转交给后继节点继续查找，如此循环，直到找到某个机器节点 N_x，x 是大于等于 j 的最小编号节点，这样即使最多遍历所有机器节点也可以给出查找结果（返回对应的 value 值或者应答无该记录内容）。

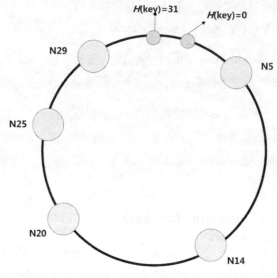

图 1-4　一致性哈希算法

但很明显这是一种低效率的查找方式，为了加快查找速度，可以在每个机器节点配置路由表（Finger Table），路由表存储 m 条路由信息（m 为哈希空间的二进制数值比特位长度，上面例子中 m=5），其中第 i 项（$0 \leqslant i \leqslant m-1$）路由信息代表距离当前节点为 2^i 的哈希空间数值所在的机器节点编号。比如对于图 1-4 例子中的 N14 节点，其对应的路由表信息如下：

距离	1（2^0）	2（2^1）	4（2^2）	8（2^3）	16（2^4）
机器节点	N20	N20	N20	N25	N5

表中第 3 项代表与 N14 节点距离为 4 的哈希值（即 14+4=18）落在 N20 节点上。同理第 5 项代表与 N14 节点距离为 16 的哈希值落在 N5 节点上。

有了路由表，假设机器节点 N_i 接收到了主键为 key 的查询请求，如果 $H(key)=j$ 不在 N_i 的管理范围，此时应该如何进行查找操作呢？以下算法描述了其路由过程。

算法 1　一致性哈希路由算法

输入：机器节点 N_i 发起初始查询请求，查询主键 key 对应的键值，其中 $H(key)=j$。

输出：N_i 给出 key 对应的键值 value，或者返回键值不存在的信息。

算法：该算法通过不同节点之间发送消息来协作完成。假设当前执行操作的节点为 N_c，其初始值是 N_i，N_c 的后继节点为 N_s，重复执行下列步骤。

步骤 1，判断是否 $c<j≤s$，如果为真，则结束查找，说明 key 如果存在，则在 N_c 的后继节点 N_s 上，所以 N_c 发送消息给 N_s 查找 key 的值 value，N_s 将查询结果返回给 N_i（注：每个消息都包含消息源 N_i 的相关信息）。

步骤 2，否则，N_c 查找其对应的路由表，找到小于 j 的最大编号节点 N_h（如果所有路由表都大于 j，则选择第 m-1 项路由信息内的数据作为 N_h），N_c 向 N_h 发送消息，请求它代表 N_i 查找 key 的值 value，N_h 此时成为当前节点 N_c，继续按照步骤 1 和步骤 2 递归进行查找操作。

我们以一个具体例子来说明上述路由算法，假设在图 1-5 的例子里，N14 节点接到查询 key 的键值请求，其中 H(key)=27。根据算法 1 的步骤 1，N14 发现 27 不在后继节点 N20 中，所以进入步骤 2，查找路由表，找到小于 27 的最大编号节点 N25（因为 14+8=22<27<14+16=30），于是发送请求给 N25，请其代表自己查找 key 的键值，N25 进入算法 1 的步骤 1，发现 27 落在后续节点 N29 上，于是发送请求给 N29，N29 查到对应的 value 后将其值返回给 N14，完成了查找操作。图 1-5 展示了其间消息传递的路径，通常情况下，路由算法发送的消息不会多于 m 条，因为这个过程类似于在 $0 \sim (2^m-1)$ 数值空间上的二分查找法，每次当前节点 N_c 通过路由表把消息发送给节点 N_h，N_h 到目标所在节点 N_d 的距离不会超过 N_c 到 N_d 距离的一半，所以其可以通过不超过 m 条消息查找整个数值空间。

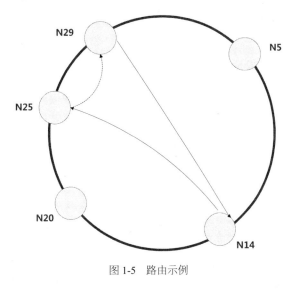

图 1-5　路由示例

请您思考：如果在上述例子中，是 N5 节点接收到同样的查询请求，即哈希键值 H(key)=27，其路由过程是怎样的?

2．加入新节点时的情形

如果 P2P 网络中新加入一个机器节点 N_{new}，首先 N_{new} 必须能够和目前 P2P 网络中任意一个节点 N_x 建立联系，通过 N_x 按照"路由问题"所述路由算法查询 N_{new} 的对应哈希值 $H(N_{new})$=new，可以找

到 N_{new} 的后继节点 N_s，假设 N_s 的前趋节点为 N_p，那么为了能够将 N_{new} 加入 P2P 网络，需要做以下两件事情：

其一，改变 N_p、N_{new} 和 N_s 对应已经发生变化的前趋节点和后继节点记录，以体现新的网络架构。

其二，数据的重新分片与分布，具体而言就是将 N_s 节点中存储的应该由 N_{new} 承载的数据（即 N_s 节点上哈希值小于等于 new 的记录）迁移到 N_{new} 节点上。

在非并发环境下以上事务较易完成，但是如果在并发环境下，可能在 N_p 和 N_s 之间同时有多个新节点要加入，此时为了保证不出问题，完成上述两个任务可以按照以下两步操作。

步骤一，将 N_{new} 的后继节点指向 N_s，前继节点置为空值 null。

步骤二，这一步并非是专门为新加入节点设立的，而是所有节点周期性自动完成。这一步骤被称作稳定性检测（Stabilization），P2P 网络中每个节点会定期执行，通过这个步骤可以完成前趋和后继节点的更新及数据迁移。对于节点 N_c 来说，稳定性检测算法流程如下。

算法2　稳定性检测

步骤1，假设 N_s 为 N_c 的后继节点，N_c 向 N_s 询问其前趋节点 N_p，N_s 向 N_c 答复，一般情况下，如果这样则转第4步。

步骤2，如果 N_p 介于 N_c 和 N_s 之间，N_c 记录下 N_p 为其后继节点。

步骤3，令 N_x 是 N_c 的当前后继节点，其可能是 N_s 也可能是 N_p，这取决于步骤2的判断结果。如果 N_x 的前趋节点为空或者 N_c 位于 N_x 和它的前趋节点之间，那么 N_c 给 N_x 发消息告诉 N_x 说 N_c 就是 N_x 的前趋节点，N_x 将其前趋节点设置为 N_c。

步骤4，N_x 把其部分数据迁移到 N_c，即将 N_x 上哈希值小于等于 c 的记录迁移到 N_c 上。

为了便于理解，这里给个例子来说明上述过程，假设在图1-4的P2P网络例子中新加入节点 N8，那么根据步骤1，首先将 N8 的后继节点置为 N14，其前趋节点置为空，这样节点状态如图1-6所示。

图1-6中虚线代表前趋节点，实线代表后继节点。假设之后 N8 节点开始执行稳定性检测，在这个稳定性检测中，N_c=N8、N_s=N14、N_p=N5，在检测过程的步骤1中，N8 发现 N14 的前趋节点是 N5 而不是自己，所以进入步骤2，由于 N5 没有介于 N8 和 N14 之间，所以步骤2无动作进入步骤3，其中 N_x=N_s=N14，因为 N8 位于 N14 和它的前趋节点 N5 之间，于是 N8 给 N14 发消息告知其前趋节点应该为 N8，N14 将其前趋节点指向 N8，经过这步操作后，其状态如图1-7所示。

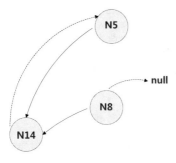

图 1-6　将 N8 加入 P2P 网络

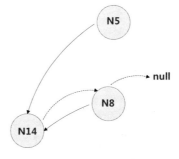

图 1-7　N14 将前继节点改为 N8

在接下来的步骤 4 中，N14 中主键哈希值落在 6 到 8 之间的记录被迁移到 N8 节点上。如此这般，节点 N8 完成了一次稳定性检测，经过这个检测过程后，数据得到了迁移，N14 的前趋节点指向 N8，不过这样仍然没有完成所有任务，N5 还需要更改其后继节点指向，N8 也需要落实其前趋节点指向。

假设一段时间后，N5 节点开始执行稳定性检测，此时 N_c=N5、N_s=N14、N_p=N8，经过步骤 1，N5 被 N14 告知其前趋节点是 N8 而非 N5 本身，所以进入步骤 2，此时步骤 2 条件满足，即 N8 介于 N5 和 N14 之间，所以 N5 将后继节点改为 N8。在步骤 3，N_x=N8，因为 N8 的前趋节点为空，所以 N5 告知 N8 将其作为前趋节点，N8 将前趋节点改为 N5。步骤 4 没有数据需要分配，因为其后继节点 N8 存储数据的主键值都大于 5。这样 N5 节点完成了稳定性检测，经过这步后，系统状态转变为如图 1-8 所示。

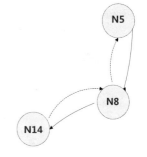

图 1-8　N5 经过稳定性检测后

上面内容通过示例展示了如何将一个新节点加入 P2P 网络中，除了以上工作，因为新加入节点后，原先节点的路由表可能不再正确，把本应该指向新加入节点的路由项指向了旧的节点，因此，每个节点需要周期性检查其路由表，对路由表内每一项 $k=2^i(0 \leq i \leq m-1)$ 加上本机节点编号执行路由算法，得到每个路由项经过查询获得的机器节点，如果与目前路由项保留内容不同则更新到新的内容，这样就完成了路由表的更新。对于新加入节点，也可以如此办理来获得最初的路由表内容。

3. 当节点离开 P2P 网络

节点离开 P2P 网络有两种方式：正常离开与异常离开。正常离开的节点在离开前可以做些准备工作，包括通知相应节点更新其前趋和后继节点以及将本身持有数据迁移到后继节点上，由于其离开造成的其他机器路由表失效可以通过"加入新节点时的情形"介绍的方式获得更新。

异常离开往往是机器故障导致，此时故障机器保持的数据可能丢失，为了避免这个问题，可以采用将同一份数据在多台机器上保留副本的方式，比如 Dynamo 就将数据保存在主备份机器的连续后续节点中来避免这一状况。

4．虚拟节点

上述一致性哈希算法有两个潜在问题：机器节点映射到环状结构的位置是随机的，所以可能会导致机器负载不均衡；另外，在大规模数据中心中，机器异质性很常见，既有高性能、高配置机器，也有比较老型号的低配置机器，一致性哈希并未考虑到这种情况，将所有机器平等看待，所以可能存在低配置机器高负载的情形。Dynamo 对一致性哈希进行了改造，引入"虚拟节点"的概念，即将一个物理节点虚拟成若干虚拟节点，分别映射到一致性哈希的环状结构不同位置。这样一方面可以导致更佳的负载均衡，也可以兼顾到机器异质性问题。

通过以上一致性哈希工作原理的介绍，同时对比抽象模型可以看出，相比于 Round Robin 数据分片方法，由于其将集群机器数目这一变量从哈希函数中移出，转而将机器及记录主键都映射到哈希数值空间，以此来建立机器与数据记录之间的映射关系。这相当于解除了机器与数据分布函数之间的直接耦合，加入了哈希空间作为解耦层（key-partition 和 partition-machine 映射采用同一个哈希函数），这样不论是新加入机器还是机器故障导致某些机器失效，都只影响当前机器的后继节点上的数据分布，对于集群中其他机器中的数据无任何影响，所以大大增强了数据分片的灵活性。当然，由于其管理 P2P 网络的复杂性，也导致一致性哈希算法维护成本很高，这是其为提高数据分片灵活性带来的代价。

1.3 范围分片（Range Partition）

范围分片首先将所有记录的主键进行排序，然后在排好序的主键空间里将记录划分成数据分片，每个数据分片存储有序的主键空间片段内的所有记录。在实现具体存储系统时，往往保持一个数据分片的映射表，记录表每一项记载数据分片的最小主键及其对应的物理机地址（如图 1-9 所示）。在对记录/增/删/改时，查找映射表就可以找到对应存储这个记录所在数据分片的物理机，至于数据分片在物理机的管理方式往往采用 LSM 树，这是一种高效写入的数据索引结构，其细节可以参考第 3 章相关内容。

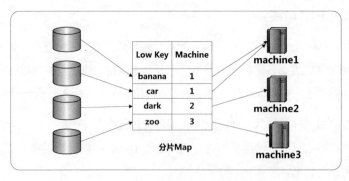

图 1-9 范围分片

很多大规模存储系统都支持上述范围分片模式，比如 Yahoo 的 PNUTS 和微软的 Azure。Google 的 BigTable 也基本遵循上述模式，不同点在于其数据分片映射表不是单层结构，而是组织成类似 B+ 树的层次结构，这样可容纳的数据分片个数获得极大的提升，其具体细节可参照第 10 章列式数据库 10.1 节 "BigTable" 介绍内容中的元数据管理部分进行对比了解。

与通用数据分片和路由模型对照，范围分片对应的 key-partition 映射表是通过记录主键排序切割 获得的，而 partition-machine 映射表则是通过直接保持其对应关系来实现的。

参考文献

[1] Ion Stoica, Robert Morris, David Karger, M. Frans Kaashoek, Hari Balakrishnan Chord: A Scalable Peer-to-peer Lookup Service for Internet Applications SIGCOMM'01, San Diego, California, USA. August 27,2001.

[2] Hector Garcia-Molina, Jeffrey D.Ullman and Jennifer Widom. 《数据库系统实现》第 2 版.第 9 章.

[3] Couchbase. http://www.couchbase.com/wiki/display/couchbase/Home

[4] F. Chang, J. Dean, S. Ghemawat, W. C. Hsieh, D. A. Wallach, M. Burrows, T. Chandra, A. Fikes, and R. E. Gruber. BigTable: A distributed storage system for structured data. ACM Trans. Comput. *Syst.*, 26(2):1-26, 2008.

[5] B. F. Cooper, R. Ramakrishnan, U. Srivastava, A. Silberstein, P. Bohannon, H.-A. Jacobsen, N. Puz, D. Weaver, and R. Yerneni. Pnuts: Yahoo!'s hosted data serving platform. Proc. VLDB Endow., 1(2):1277-1288, 2008.

[6] G. DeCandia, D. Hastorun, M. Jampani, G. Kakulapati, A. Lakshman, A. Pilchin, S. Sivasubramanian, P. Vosshall, and W. Vogels. Dynamo: amazon's highly available key-value store. In SOSP '07: Proceedings of twenty-_rst ACM SIGOPS symposium on Operating systems principles, pages 205-220, New York, NY, USA, 2007.

[7] Brad Calder, Ju Wang, Aaron Ogus etc. Windows Azure Storage: a highly available cloud storage service with strong consistency. SOSP '11 Proceedings of the Twenty-Third ACM Symposium on Operating Systems Principles. Pages 143-157. 2011.

2

数据复制与一致性

长亭外　古道边　芳草碧连天

晚风拂柳笛声残　夕阳山外山

天之涯　地之角　知交半零落

人生难得是欢聚　唯有别离多

长亭外　古道边　芳草碧连天

问君此去几时还　来时莫徘徊

天之涯　地之角　知交半零落

一壶浊酒尽余欢　今宵别梦寒

——李叔同《送别》

在大数据存储系统中，为了增加系统高可用性，往往会将同一数据存储多份副本，工业界的常规做法是三备份。将数据复制成多份除了增加存储系统高可用性外还可以增加读操作的并发性，但是这样也会引入数据一致性问题：因为同一数据存在多个副本，在并发的众多客户端读/写请求下，如何维护数据一致视图非常重要，即在存储系统外部使用者看起来即使是多副本数据，其表现也和单份数据一样。

本章主要介绍数据复制及由此带来的数据一致性相关问题及解决方案。首先介绍 CAP、ACID、BASE 等基础理论模型，之后会对数据一致性模型进行分类并简述各自含义，接下来会介绍几种典型的副本数据更新策略，最后会介绍包含 Paxos/Raft 等在内的一系列常用的数据一致性协议。

2.1　基本原则与设计理念

CAP、BASE、ACID 等基本原则对于深入理解分布式环境下技术方案设计选型具有重要的指导作用，本节分述 3 个基本原则及其内在联系，另外还会介绍分布式系统中常见的幂等性概念。

2.1.1　原教旨 CAP 主义

CAP 是对"Consistency/Availability/Partition Tolerance"的一种简称，其分别代表：强一致性、可用性和分区容忍性（见图 2-1），三特性的内在含义如下。

- **强一致性**：即在分布式系统中的同一数据多副本情形下，对于数据的更新操作体现出的效果与只有单份数据是一样的。
- **可用性**：客户端在任何时刻对大规模数据系统的读/写操作都应该保证在限定延时内完成。
- **分区容忍性**：在大规模分布式数据系统中，网络分区现象，即分区间的机器无法进行网络通信的情况是必然会发生的，所以系统应该能够在这种情况下仍然继续工作。

CAP 最初是由 Eric Brewer 于 1999 年首先提出的，他同时证明了：对于一个大规模分布式数据系统来说，CAP 三要素不可兼得，同一个系统至多只能实现其中的两个，而必须放宽第 3 个要素来保证其他两个要素被满足。即要么 AP，要么 CP，抑或 AC，但是不存在 CAP，这就是 CAP 原则的精髓所在。一般在网络环境下，运行环境出现网络分区是不可避免的，所以系统必须具备分区容忍性特性，于是一般在此种场景下设计大规模分布式系统时，架构师往往在 AP 和 CP 中进行权衡和选择，有所强调，有所放弃。

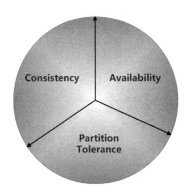

图 2-1　CAP 原理

为何在分布式环境下 CAP 三者不可兼得？对此问题可做棋盘推演，这样问题的关键转换为：假设存在网络分区的情形，若已得到 P，即容忍网络分区的存在，那么 C 和 A 是否可以兼得。

可以分为两种情形来进行进一步推演。

　　情形一： 如果在这个分布式系统中数据无副本，那么系统必然满足强一致性条件，因为只有独本数据，不会出现数据不一致的可能。此时 C 和 P 两要素具备，但是如果系统发生了网络分区状况或者机器宕机，必然导致某些数据不可访问，此时可用性条件是不能被满足的，即在此情形下获得了 CP 系统，但 CAP 不可同时满足。

　　情形二： 如果系统中数据有副本（见图 2-2），假设变量 x 存在两份副本并分别存储在不同机器上，最初数据保持一致，其值都为 v1。在 Time=$t1$ 的时刻，在机器 1 上发生对 x 的数值更新操作，此操作要将 x 的值赋为 v2。时间推移到 Time=$t2$ 时刻，机器 1 上的 x 已经被赋予新值 v2，如果此时未发生网络分区状况，系统可以将 x 的新值 v2 同步到机器 2，达到数据一致性要求。但是如果此时发生了网络分区导致两台机器无法通信，那么无法将 x 的新值同步到机器 2，这个时刻我们不得不在 C 或 A 之间做个权衡和选择。如果希望系统高可用（选择 A），那么对于读取机器 2 上的 x 的查询请求必须在限定时间内返回值，此时返回的并非是最新的值 v2，所以出现了数据不一致的问题（抛弃 C）。如果选择强一致性（选择 C），那么在两台机器恢复通信并将数据同步到一致状态前，对于机器 2 的 x 读请求必须予以拒绝，此时无法保证系统的可用性（抛弃 A）。所以不论选择哪一个，必然以牺牲另外一个因素作为代价，也就是说要么 AP，要么 CP，但是没有完美的 CAP。

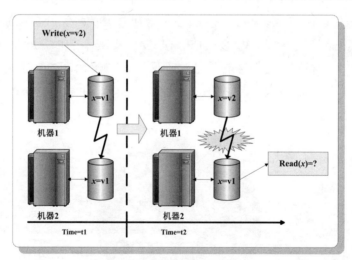

图 2-2　CP VS. AP

　　综上所述，在分布式环境下 CAP 是不可兼得的。

　　到此为止，在分布式系统设计世界里一切看上去很美，绝大多数架构师将 CAP 原则奉为第一原则，在系统设计之初即开始考虑侧重于 CP 还是倾向于 AP。因为对于分布式系统来说，分区容忍性是天然具备的要求，所以传统的理解是：在设计具体分布式架构技术方案时，必须在一致性和可用性方面做出取舍，要么选择强一致性减弱服务可用性，要么选择高可用性容忍弱一致性。一般认为，传统的关系数据库在三要素中选择 CA 两个因素，即强一致性、高可用性，但是可扩展性与容错性差。而 NoSQL 系统往往更关注 AP 因素，即高可扩展性和高可用性，但是往往以弱一致性作为代价，这与现实世界应用密不可分，因为对于绝大多数互联网应用来说，高可用性直接涉及用户体验，而对数据一致性要求并不高。

然而，CAP 原则的提出者 Eric Brewer 在 2012 年对此提出了强烈质疑。

2.1.2　CAP 重装上阵（CAP Reloaded）

Eric Brewer 在 2012 年发表的文章（本章参考文献[5]）中指出：实践过程中应用 CAP 理论时不得不在三要素中选择两个而牺牲另外一个的做法具有误导性，其具体误导性体现在如下几个方面。

首先，在实际系统中，网络分区（P）出现的概率是很小的，并不应该为了容忍这种小概率事件而在设计之初就选择放弃 A 或者放弃 C，对于大多数没有出现网络分区的状况，还是应该尽可能兼顾 AC 两者，即正常状况下应该兼顾 CAP 三要素。

其次，即使是必须在 AC 之间做出取舍的时候，也不应该是粗粒度地在整个系统级别进行取舍，即整个系统要么取 A 舍 C，要么取 C 舍 A，而是应该考虑系统中存在不同的子系统，甚至应该在不同的系统运行时或者在不同的数据间进行灵活的差异化的细粒度取舍，即可能对不同子系统采取不同取舍策略，在不同的系统运行时对不同数据采取不同的取舍策略。

再次，CAP 三者并非是绝对二元式地有或没有，而是应该将其看作连续变量，即可以看作在一定程度上的有或没有，比如可用性指标中（A）延时长度多少算可用这都是可以看作连续变量的，类似地，C 和 P 也可以如此看待，在实际进行取舍时并非加以完全舍弃，而是可以考虑在多大程度上进行舍弃。

考虑到以上实际应用 CAP 理论时的误导性，因此可以采取如下的应用 CAP 策略：在绝大多数系统未产生网络分区的情形下，应该尽可能保证 AC 两者兼得，也即大多数情况下考虑 CAP 三者兼得，当发生网络分区时，系统应该能够识别这种状况并对其进行正确处理，具体而言，应该分为 3 个步骤：首先能够识别网络分区发生，然后在网络分区场景下进入明确的分区模式，此时可能会限制某些系统操作，最后在网络分区解决后能够进行善后处理，即恢复数据的一致性或者弥补分区模式中产生的错误。

图 2-3 给出了对传统 CAP 的实际应用进行修正后的示意图。在未发生网络分区的情形下，在系统各种操作进行过程中，整个系统状态保持一致（状态 S），即整个系统满足 CAP 三要素。当发生网络分区后，系统识别出此种情形并明确记载各个分区的各自状态。为了保证可用性，每个分区进入分区模式并各自执行本分区内的各种操作，此时产生了两个分区模式下的状态 S_1 和 S_2，这两个状态是不一致的，即整个系统满足 AP 要素。当网络分区解决后，整个系统转入分区恢复状态，在恢复过程中，融合 S_1 和 S_2 形成新的满足一致性要求的新状态 S'，此时系统再次进入满足 CAP 三要素

的状态。图 2-3 只是对于 CAP 应用新思考的宏观描述，并未涉及具体细节，对各种细节比如在分区模式下应该禁止哪些操作及如何进行分区恢复等，感兴趣的读者请参考本章参考文献[5]。

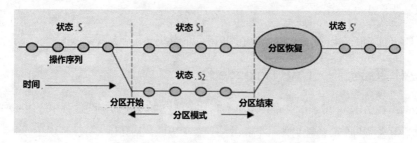

图 2-3　对 CAP 的实际应用进行修正后的示意图

2.1.3　ACID 原则

我们先介绍什么是 ACID 原则，ACID 是关系数据库系统采纳的原则，也是一种简称，其代表含义如下。

原子性（Atomicity）：是指一个事务要么全部执行，要么完全不执行。也就是不允许一个事务只执行了一半就停止。以银行转账为例，这是一个典型的事务，它的操作可以分成几个步骤：首先从 A 账户取出要转账的金额，A 账户扣除相应的金额，之后将其转入 B 账户的户头，B 账户增加相同的金额。这个过程必须完整地执行，否则整个过程将被取消，回退到事务未执行前的状态。不允许出现从 A 账户已经扣除金额，而没有打入 B 账户这种情形。

一致性（Consistency）：事务在开始和结束时，应该始终满足一致性约束条件。比如系统要求 A+B=100，那么事务如果改变了 A 的数值，则 B 的数值也要相应修改来满足这种一致性要求；这里需要注意的是，尽管 CAP 和 ACID 都有关于一致性的定义，但是两者的含义是不同的，即两个 C 代表了不同含义，这点要特别注意。

事务独立（Isolation）：如果有多个事务同时执行，彼此之间不需要知晓对方的存在，而且执行时互不影响，不允许出现两个事务交错、间隔执行部分任务的情形，也即事务之间需要序列化执行。

持久性（Durability）：事务的持久性是指事务运行成功以后，对系统状态的更新是永久的，不会无缘由地回滚撤销。

2.1.4　BASE 原则

数据库系统采纳 ACID 原则，获得高可靠性和强一致性。而大多数大数据环境下的云存储系统和 NoSQL 系统则采纳 BASE 原则，这种原则与 ACID 原则差异很大，具体而言，BASE 原则是指：

基本可用（Basically Available）。在绝大多数时间内系统处于可用状态，允许偶尔的失败，所以称为基本可用。

软状态或者柔性状态（Soft State），是指数据状态不要求在任意时刻都完全保持同步，到目前为止软状态并无一个统一明晰的定义，但是从概念上是可理解的，即处于有状态（State）和无状态（Stateless）之间的中间状态。

最终一致性（Eventual Consistency）。与强一致性相比，最终一致性是一种弱一致性，尽管软状态不要求任意时刻数据保持一致同步，但是最终一致性要求在给定时间窗口内数据会达到一致状态。

BASE 原则与 ACID 原则不同，前者是通过牺牲强一致性来获得高可用性。尽管现在大多数的 NoSQL 系统采纳了 BASE 原则，但是有一点值得注意：NoSQL 系统与云存储系统的发展过程正在向逐步提供局部 ACID 特性发展，即从全局而言符合 BASE 原则，但是从局部支持 ACID 原则，这样就可以吸取两者各自的好处，在两者之间建立平衡，从 Google 的 MegaStore 便可以看出这种发展趋势。

2.1.5　CAP/ACID/BASE 三者的关系

ACID 和 BASE 原则是在明确提出 CAP 理论之前关于如何对待可用性和强一致性的两种完全不同的设计哲学。ACID 更强调数据一致性，这是传统数据库设计的思路。而 BASE 更强调可用性，弱化数据强一致性的概念，这是互联网时代对于大规模分布式数据系统的一种需求，尤其是其中的软状态和最终一致性，这两者是在容忍网络分区情形下强调可用性的具体手段。

由以上所述可知，CAP 与 BASE 两者的一致性显而易见；但相比较而言，CAP 和 ACID 的关系就稍显复杂了。这主要是出于两个原因，首先因为 CAP 和 ACID 两者都包含了 A 和 C，但是其具体含义和所指是不同的，所以易混淆。另外如果 CAP 中选择 A 的话，在一定程度上是会影响 ACID 中的部分要求和保证的。具体而言，CAP 和 ACID 的明显差异包括如下。

1. 首先两者中尽管都包含一致性，但是两者含义不同，ACID 中的 C 指的是对操作的一致性约束，而 CAP 中的 C 指的是数据的强一致性（多副本对外表现类似于单副本），所以可以将 CAP 中的 C 看作一致性约束的一种，即 CAP 中的 C 是 ACID 中的 C 所涵盖语义的子集。在出现网络分区情形下，很明显 ACID 中的 C 所要求的一致性约束是无法保证的，所以在网络分区解决后需要通过一定手段来恢复 ACID 中要求的一致性。

2. 当出现网络分区时，ACID 中的事务独立（I）只能在多个分区中的某个分区执行，因为事务的序列化要求通信，而当网络分区时明显无法做到这点，所以只能在某个分区执行。

3. 当出现网络分区时，多个分区都可以各自进行 ACID 中的数据持久化（D）操作，当网络分区解决后，如果每个分区都提供持久化记录，则系统可以根据这些记录发现违反 ACID 一致性约束的内容并给予修正。

总而言之，当 CAP 中的 P 出现时，如果每个网络分区都尽可能执行 ACID，那么对于网络分区问题解决后数据的一致性恢复是有很大帮助的。

2.1.6　幂等性（Idempotent）

幂等性是分布式系统中经常接触到的概念，正确理解幂等性对于理解很多分布式系统的设计思路有很大帮助。

在抽象代数里也存在幂等概念，对于一元运算来说，满足 $f(f(x))=f(x)$ 条件的运算即可称为满足幂等性，比如取绝对值运算就是典型的一元幂等运算。对于二元运算来说，如果满足 $f(x,x)=x$ 条件的运算也可称为满足幂等性，比如实数集合运算 $max(x,x)=x$ 以及布尔代数中的与操作 AND 等都具有幂等性。

分布式系统中的幂等性是指：调用方反复执行同一操作与只正确执行一次操作效果相同，即对分布式系统内部状态来说，同一操作调用一次与反复调用多次其状态保持相同。在分布式环境下，系统具有幂等性很重要，因为分布式环境下调用方和被调用方往往需要通过网络通信，如果调用方已经正确调用服务方提供的功能，但是由于网络故障，调用方并未收到调用成功的响应，会认为调用失败从而再次调用相同操作，这样被调用方会反复执行同一操作，在此种情形下，保持幂等性可以保证系统状态的正确性。典型的例子比如 Zookeeper 和 Raft 就支持很多操作的幂等性，以此来保证在复杂环境下反复调用相同操作，其系统内部状态仍然正确无误。

2.2　一致性模型分类

从严格意义上讲，理想情况下，真正的一致性模型只有一种，即我们常说的强一致性（也被称为严格一致性）。意即当对某个数据进行了一个更新操作后，所有后续的观察者都应该感知到这次数值变化并以此为基础进行后续的读/写行为。但是真实世界的现实是：多数 NoSQL 系统都采用了弱一致性模型。这是多机分布情况下系统追求高可用性和高扩展性必须做出的一种妥协。因为根据 CAP 理论可知：在有些情况下，没有系统能够同时满足一致性、可用性和分区容忍性这 3 组约束，而对于互联网环境下的分布式计算系统，分区容忍性（P）是一个先天设定的场景，也就是说，存储系统只能从一致性（C）或者可用性（A）中选择更看重的一个因素来构建具体系统，从而使得系统要么满足 AP 要么满足 CP 约束。对于互联网应用来说，很多时候对可用性有很高的要求，这涉及用户体验，所以这是为什么很多 NoSQL 系统采用弱一致性的理论和现实基础的原因。

一致性模型包括：强一致性、弱一致性、最终一致性、因果一致性、"读你所写"一致性、会话一致性、单调读一致性以及单调写一致性。其内在关系如图 2-4 所示，图中椭圆嵌套代表了包含关系。由图中可看出，最终一致性是弱一致性的一种特殊情况，而除了强一致性外，其他类型的一致性模型都属于最终一致性模型的特例或者其变体。其中，会话一致性是"读你所写"一致性的变体，而"读你所写"一致性又是因果一致性的一个特例。

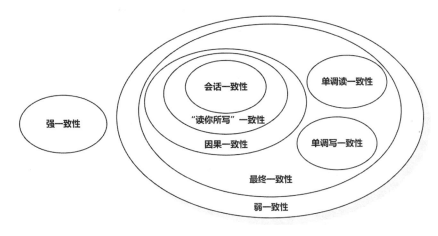

图 2-4　一致性关系图

我们以具体实例来说明各种一致性的具体含义。首先，定义以下场景及术语。

A,B,C：代表 3 个独立的进程，这些进程会对 NoSQL 数据库里的数据进行读/写操作。

x：NoSQL 数据库中某条数据。

v1,v2,v3：数据 x 的不同取值。

Write(Item,Value)：代表某进程的一次写操作，即将 Item 的值更新为 Value。

Read(Item)=Value：代表某进程的一次读操作，即读出 Item 的值为 Value。

Notify(p1,p2,Item,Value)：代表进程 p1 通知进程 p2 Item 的值为 Value。

在此场景下，我们分述各个一致性模型所体现的语义。

2.2.1　强一致性

对于连接到数据库的所有进程，看到的关于某数据的数据值是一致的，如果某进程对数据进行了更新，所有进程的后续读操作都会以这个更新后的值为基准，直到这个数据被其他进程改变为止。图 2-5 是在上文设定的场景下强一致性模型的具象说明，进程 A 通过 write(x,v2)将 x 的数值由 v1 更新为 v2 后，所有进程在这个操作之后都会看到 x 最新的取值 v2。而所谓"弱一致性"，即不能满足强一致性的情形皆可统称为弱一致性。

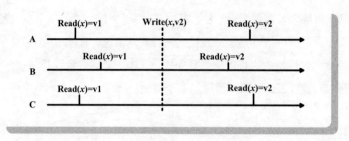

图 2-5　强一致性

2.2.2　最终一致性

最终一致性是一种弱一致性。它无法保证某个数值 x 做出更新后，所有后续针对 x 的操作能够立即看到新数值，而是需要一个时间片段，在这个时间片段之后可以保证这一点，而在这个时间片段之内，数据也许是不一致的，这个系统无法保证强一致性的时间片段被称为"不一致窗口"（Inconsistency Window）。如图 2-6 所示情形，即使是对 x 做出改变的进程 A，也有可能在不一致窗口时间片内看到旧的数值。

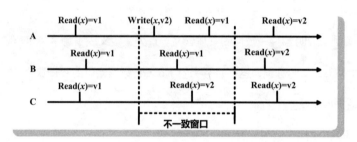

图 2-6　最终一致性

之所以会发生这种情况，往往是因为在分布式环境下，为了达到高可用性，同一份数据通常会被存储到多个机器节点。而不同进程可能操作数据的不同备份，当某进程对数据做了更新后，需要一定时间来将这个新数值传播到数据的所有其他备份中，而这个时间区间就是上述的"不一致窗口"。不一致窗口的时间长短取决于很多因素，比如备份数据的个数，网络传输延迟速度，系统负载大小等。

2.2.3　因果一致性

因果一致性发生在进程之间有因果依赖关系的情形下。在如图 2-7 所示场景中，当进程 A 将 x 的数值更新为 v2 后，会通过 Notify(A,B,x,v2) 来通知进程 B 数值已经做出改变，进程 B 在接收到通知后，之后的操作会以新值作为基础进行读/写，即进程 A 和进程 B 保持了数据的因果一致性。而对进程 C 来说，在不一致窗口内可能还是会看到 x 的旧数值 v1。

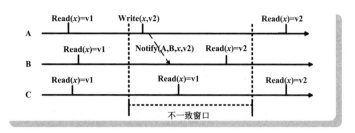

图 2-7　因果一致性

2.2.4　"读你所写"一致性

"读你所写"一致性是因果一致性的特例（见图 2-8），可以在概念上理解为：进程 A 把数据 x 更新为数值 v2 后，立即给自己发出了一条通知 Notify(A,A,x,v2)，所以进程 A 之后的操作都是以新数值 v2 作为基础。其他进程未受影响，在不一致窗口内仍旧可能会看到 x 的旧数值 v1。

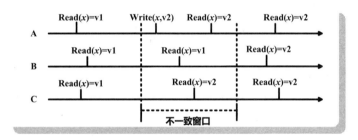

图 2-8　"读你所写"一致性

2.2.5　会话一致性

"读你所写"一致性的一种现实版本变体即"会话一致性"（见图 2-9）。当进程 A 通过会话与数据库系统连接，在同一个会话内，可以保证其"读你所写"一致性。而在不一致窗口内，如果因为系统故障等原因导致会话终止，那么进程 A 仍旧可能读出 x 的旧值 v1。

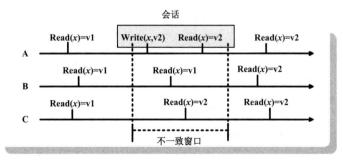

图 2-9　会话一致性

2.2.6 单调读一致性

单调读一致性（见图 2-10）是最终一致性的另外一种变体。它保证如果某个进程读取到数据 x 的某个版本数据 v2，那么系统所有后续的读取操作都不能看到比 v2 更老版本的数值，比如 v1。

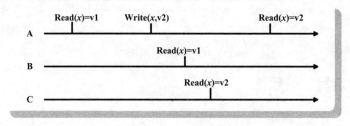

图 2-10 单调读一致性

2.2.7 单调写一致性

另外一种最终一致性的变体是"单调写一致性"，对于某个进程来说，单调写一致性可以保证其多次写操作的序列化，如果没有这种保证，对于应用开发者来说是很难进行程序开发的。

在实际的存储系统中，可以综合使用以上的一致性模型，比如可以综合"单调读一致性"模型和"会话一致性"模型。对于实际存储系统来说，尽管同时满足以上两种一致性并非必需，但是如果系统能够具备这一点，对于使用存储系统的应用开发人员来说会大大简化其应用开发难度，与此同时，系统还可以在放松一致性要求情况下提供系统的高可用性。

2.3 副本更新策略

一般大规模分布式存储系统会将一份数据在系统内复制多份并放置在不同的机器存储，这样一方面通过数据冗余来增加系统可用性，另外一方面也可以增加读操作的并发程度。带来这两个好处的同时，对于数据更新操作会存在潜在的数据一致性问题，本章后续章节会讲述如何在多副本情形下通过一致性协议来保证这一点。本节主要叙述在多副本场景下，3 种可能的副本更新策略：同时更新策略、主从式更新策略及任意节点更新策略。3 种策略风格各异，但是不论如何，都需要在低请求延时和数据一致性之间做出权衡和取舍。

2.3.1 同时更新

多副本同时更新可以有以下两种情形。

● 类型 A

不通过任何一致性协议直接同时更新多个副本数据。此时存在潜在的数据不一致问题：假设同一时刻两个不同客户端对这个数据同时发出 update1 和 update2 更新请求，那么系统无法确定其执行先后顺序，则会出现有些副本是 update1->update2，而有些副本是 update2->update1 的不同更新顺序。

- 类型 B

通过某种一致性协议预先处理，一致性协议用来唯一确定不同更新操作的执行顺序，这样可以保证数据一致性，但是由于一致性协议有处理成本，所以请求延时会有所增加。

2.3.2　主从式更新

如果某数据的多副本中存在一个主副本（Master Replica），其他副本为从副本，则可被称为主从式更新策略。所有对这个数据的更新操作首先提交到主副本，再由主副本通知从副本进行数据更新，如果同时产生多个数据更新操作，主副本决定不同更新操作的顺序，所有从副本也遵循主副本的更新顺序。根据主副本通知从副本的不同机制来区分，存在以下 3 种类型。

- 类型 A：同步方式

主副本等待所有从副本更新完成之后才确认更新操作完成，这可以确保数据的强一致性，但是会存在较大请求延时，尤其是在多副本跨数据中心的情形下，因为请求延时取决于最慢的那个副本的更新速度。

- 类型 B：异步方式

主副本在通知从副本更新之前即可确认更新操作。这种场景下，假设主副本还没有通知任何其他从副本就发生崩溃，那么数据一致性可能会出现问题，所以一般会首先在另外的可靠存储位置将这次更新操作记录下来，以防止这种情况发生。

这种异步方式的请求延时和一致性之间的权衡取决于读操作的响应方式，这又可以分为以下两种情形。

1. 如果所有读请求都要通过主副本来响应，即任意一个副本接收到读请求后将其转发给主副本。这样数据的强一致性可以保证，但是无疑会增加请求延时，因为本来可以由距离发出读操作请求的客户端程序更近的从副本响应的请求，现在需要转发到距离较远的主副本（Google 的粗粒度锁服务 Chubby 在实现时即采取这种方式，详情可参阅"分布式协调系统"相应章节内容）。

2. 如果任意一个副本都可以响应读请求，那么请求延时将会大大降低，但是这可能导致读结果不一致的问题，因为有些副本还存着旧版本的数据信息（很多存储系统采用这种方式，比如 Yahoo 的 PNUTS 存储系统，通过牺牲一致性来获得低请求延时，再比如 Zookeeper 也遵循此种方式）。

- 类型 C：混合方式

也可以采取同步异步混合的方式，即主副本首先同步更新部分从副本数据，然后即可确认更新操作完成，其他副本通过异步方式获得更新，消息系统 Kafka 在维护数据副本一致性时即采取此种混合方式。在这种情形下，请求延时和一致性之间的权衡也是取决于以下两种读操作的响应方式。

1. 如果读操作的数据至少要从一个同步更新的节点中读出，比如类似于 RWN 协议的 $R+W>N$ 模式（细节可参考本章"RWN 协议"小节），则强一致性可以获得保证，但是请求延时会加大，因为上文所述的同步方式和异步方式的延时状况都会发生，但是由于其涉及的节点都少于单一的同步和异步方式，所以请求延时问题较前两者而言没那么严重。

2. 如果读操作不要求一定要从至少一个同步更新节点中读出，即 RWN 协议中的 $R+W<=N$ 的模式，那么很明显会出现类似于类型 B 异步方式第 2 种情形下的读不一致问题。

2.3.3　任意节点更新

数据更新请求可能发给多副本中的任意一个节点，然后由这个节点来负责通知其他副本进行数据更新，这种方式与"主从式更新"的区别是：对于某个数据，并不存在固定哪个首先响应更新操作的主副本，而是任意一个节点都可以响应。所以其特殊性在于：有可能有两个不同客户端在同一时刻对同一个数据发出数据更新请求，而此时有可能有两个不同副本各自响应。

这种更新方式下，请求延时和一致性的权衡有以下两种可能情形。

- 类型 A：同步通知其他副本

如果是这样，则存在和"主从式更新"类型 A 相似的情况。除此之外，为了识别出是否存在客户端同时更新不同副本的情况，还需要额外付出更多请求延时。

- 类型 B：异步通知其他副本

如果是这样，则存在和"同时更新"策略及"主从式更新"策略的类型 B 类似的问题。

在实际的系统中，Dynamo/Cassandra/Riak 同时采取了"主从式更新"的类型 C 以及"任意节点更新"策略。在正常情况下，"主从式更新"的类型 C 起作用，当主副本发生故障的情况下，则启用了"任意节点更新"策略。

2.4　一致性协议

本节主要介绍分布式系统中最常见的一些一致性协议，了解这些协议对于理解很多分布式系统的设计思路有很大帮助。

2.4.1　两阶段提交协议（Two-Phrase Commit，2PC）

两阶段提交协议是很常用的解决分布式事务问题的方式，它可以保证在分布式事务中，要么所有参与进程都提交事务，要么都取消事务，即实现 ACID 中的原子性（A）的常用手段。在数据一致性环境下，其代表的含义是：要么所有备份数据同时更改某个数值，要么都不更改，以此来达到数据的强一致性。在真实应用中，尽管有系统使用两阶段提交协议来作为数据一致性协议，但是比较少见，更多的是作为实现数据更新原子性手段出现，比如 Raft 一致性协议就在内部实现使用了两阶段提交协议来保证信息更新的原子性。尽管如此，鉴于其常用性，本节仍然将其归为一致性协议予以介绍，为了与传统介绍分布式事务的风格保持一致，下文在介绍 2PC 时，统一按照事务的描述方式来表达。

在两阶段提交的语境下，存在两类不同实体：唯一的协调者（Coordinator）和众多的参与者（Participants）。协调者起到分布式事务的特殊的管理协调作用。

顾名思义，两阶段提交将提交过程划分为连续的两个阶段：表决阶段（Voting）和提交阶段（Commit）。假设在没有故障发生的情形下，两阶段提交协议由下列操作序列构成（见图 2-11）。

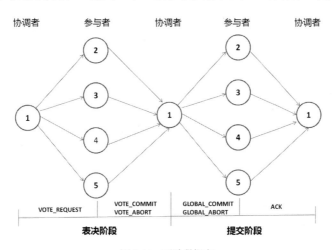

图 2-11　两阶段提交

阶段一：表决阶段

（1）【协调者视角】协调者向所有参与者发送一个 VOTE_REQUEST 消息。

（2）【参与者视角】当参与者接收到 VOTE_REQUEST 消息，向协调者发送 VOTE_COMMIT 消息作为回应，告知协调者自己已经做好了提交准备，否则就返回一个 VOTE_ABORT 消息，告知协调者目前尚无提交事务的可能。

阶段二：提交阶段

（1）【协调者视角】协调者收集来自各个参与者的表决信息。如果所有参与者一致认为可以提交事务，那么协调者决定事务最终可提交，在此情形下协调者向所有参与者发送一个 GLOBAL_COMMIT 消息，通知参与者进行本地提交；如果所有参与者中有任意一个返回的消息是 VOTE_ABORT，协调者决定取消事务，则向所有参与者多播一条 GLOBAL_ABORT 消息通知其取消事务。

（2）【参与者视角】每个提交了表决信息的参与者等候协调者行为，如果参与者接收到一个 GLOBAL_COMMIT 消息，那么参与者提交本地事务，否则如果接收到 GLOBAL_ABORT 消息，则参与者于本地取消事务。

综合上述，两阶段过程中的协调者视角，可以归纳出协调者的有限状态机如图 2-12 所示，同理，综合上述过程中的参与者视角，也可归纳出参与者的有限状态机如图 2-13 所示。图中状态之间的转换过程依赖于协调者和参与者之间发送的消息，以协调者为例，初始处于 INIT 状态，当接收到系统发出的 Commit 消息后，向参与者多播 Vote-request 消息后转入 WAIT 状态，在此进入阻塞状态，因为要等待所有参与者发送返回的消息，当收到所有参与者的返回信息后，如果其中包含 Vote-Abort 消息，则多播 Global-abort 消息后转入 ABORT 状态，否则多播 Global-commit 消息后转入 COMMIT 状态。参与者的有限状态机也可做类似解读。

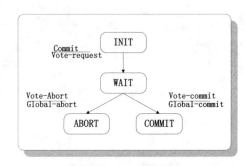

图 2-12 2PC 中协调者的有限状态机

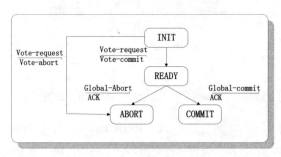

图 2-13 2PC 中参与者的有限状态机

从两者的有限状态机可以看出，在所有可能状态中，存在 3 个阻塞状态：协调者的 WAIT 状态、参与者的 INIT 状态和 READY 状态。因为在这 3 个状态需等待对方的反馈信息，所以进入阻塞态。

如果一个协议包含阻塞态，则明显是一个很脆弱的系统，因为很可能因有进程陷入崩溃而导致处于阻塞态的对象进入长时间的等待，系统无法继续向后运行。

如何能够解决，即使没有完全解决至少减少 2PC 中这种进程崩溃导致的严重后果呢？可以引入两种手段：超时判断机制和参与者互询机制。引入超时判断机制可以解决协调者的 WAIT 状态和参与者的 INIT 状态的长时阻塞情形，而引入互询机制可以解决大部分情形下参与者 READY 状态的长时阻塞可能。当然，问题并未全部得到解决，还有一种特殊情况会导致系统不得不长时间维持在阻塞态，至于最后剩余的那种无法解决的状况是何种情形，在本节下文会有详述。

我们首先看引入超时判断机制如何阻止协调者的 WAIT 及参与者的 INIT 状态进入长时阻塞状态。

但如果协调者处于 WAIT 状态，可以加入超时判断限制，在一定时间内如果仍然未能收集齐全部返回消息，可以假定有参与者发生崩溃或者存在网络通信故障，此时协调者可以多播 Global-abort 消息取消事务。

如果参与者处于 INIT 状态，说明参与者在等待协调者发出的 Vote-request 消息，加入超时判断，如果在一定时间内未能收到消息，则可以简单地在本地中止事务，向协调者发送 Vote-abort 消息。

如果是参与者处于 READY 状态，仅仅引入超时判断机制是不能解决问题的，此时参与者在等待协调者发出的全局表决信息（Global-commit 或 Global-abort），即使发生超时，参与者也不能简单粗暴地做出中止事务的决定，因为它不确定协调者到底发出的是哪种表决消息，如果简单地中止事务可能导致数据不一致：如果全局表决信息是 Global-commit，那么其他参与者会提交事务。

问题的关键是：处于 READY 状态并发现超时的参与者必须搞清楚协调者发出的是哪种表决信息。如果引入参与者互询机制则可以缓解这一问题。因处于困境的参与者 P 可以询问另外的参与者 Q，根据 Q 的状态来决定自己应该做什么。对照参与者的有限状态机，我们知道此时参与者 Q 可能有以下 4 种状态。

1. 如果参与者 Q 处于 COMMIT 状态，说明协调者已经发送了 Global-commit 消息，而且 Q 收到这个消息了，但是 P 没有收到，不论是什么原因导致 P 没有收到该消息，此时参与者 P 可以安全地将自身状态转换为 COMMIT。

2. 如果参与者 Q 处于 ABORT 状态，说明协调者已经发送了 Global-abort 消息，Q 收到而 P 未收到，同理参与者 P 也可以安全地将自身状态转换为 ABORT。

3. 如果参与者 Q 还处于 INIT 状态，说明它还没有收到协调者的 Vote-request 消息，而参与者 P 已经进入 READY 状态说明协调者已经至少给 P 发出了 Vote-request 消息。也许是协调者在多播 Vote-request 过程中崩溃，或者是协调者和参与者 Q 通信产生问题，都会导致这一现象。但是不论是什么原因，只要参与者 Q 处于 INIT 状态，那么协调者一定处于表决阶段（INIT 状态或者 WAIT 状态），因为还未收到参与者 Q 表决阶段的反馈是不可能进入提交阶段的，即协调者不可能发出 Global-commit 消息。如果考虑超时机制，协调者在 WAIT 状态长时间未能收到参与者 Q 的反馈消息，即使协调者从 WAIT 进入后续阶段，也一定是进入 ABORT 状态，所以此时参与者 P 将自身状态设置为 ABORT 是安全的。

4. 如果参与者 Q 处于 READY 状态，此时参与者 P 从 Q 处无法获得更多信息，所以可以询问其他参与者。根据上面列举的 3 种情况，只要其他参与者处于 INIT/ABORT/COMMIT 任一状态，参与者 P 就可以做出确定的决策。唯一一种不能使参与者 P 做出明确决策的状态是：所有其他参与者都处于 READY 状态。这种情况下，所有参与者必须长时间处于阻塞状态，等待崩溃的协调者重新启动。这种情形就是上文提到的 2PC 无法解决的一种长时阻塞状态。

在具体实施 2PC 的时候，需要协调者和参与者将自身状态或者消息写入本地 Log 文件，这样即使崩溃，在重新启动时也可以根据崩溃前的 Log 记录进行状态恢复，具体恢复步骤与上述的情形是一样的。

下面图 2-14 列出的伪代码列出了 2PC 中协调者和参与者在引入超时判断机制及互询机制后的各自运行流程。

```
write START_2PC to local log;
multicast VOTE_REQUEST to all participants;
while not all vote have been collected {
    wait for any incoming vote;
    if timeout {
        write GLOBAL_ABORT to local log;
        multicast GLOBAL_ABORT to all participants;
        exit;
    }
    record vote;
}
if all participants sent VOTE_COMMIT and coordinator votes COMMIT {
    write GLOBAL_COMMIT to local log;
    multicast GLOBAL_COMMIT to all participants;
} else {
    write GLOBAL_ABORT to local log;
    muticast GLOBAL_ABORT to participants;
}
WRITE INIT to local log;
wait for VOTE_REQUREST from coordinator;
if timeout {
    write VOTE_ABORT to local log;
    exit;
}
```

```
if participant vote COMMIT {
    write VOTE_COMMIT to local log;
    send VOTE_COMMIT to coordinator;
    wait for DECISION from coordinator;
    if timeout {
        multicast DECISION_REQUEST to other participants;
        wait until DECISION is received; /* remain blocked */
        write DECISION to local log
    }
    if DECISION == GLOBAL_COMMIT
        write GLOBAL_COMMIT to local log;
    else if DECISION == GLOBAL_ABORT
        write GLOBAL_ABORT to local log;
} else {
    write VOTE_ABORT to local log;
    send  VOTE_ABORT to coordinator;
}
Actions for handling decision requests;
While true{
    Wait until any incoming DECISION_REQUEST is received;
    Read most recently recorded STATE from the local log;
    If STATE==GLOBAL_COMMIT
        Send GLOBAL.COMMIT to requesting participant;
    Else if STATE==INIT or STATE==GLOBAL.ABORT
        Send GLOBAL_ABORT to requesting participant;
    Else
        Skip;

}
```

图 2-14　参与者伪代码

三阶段提交协议（3PC）是学术界提出的用来解决 2PC 协议存在长时阻塞的办法，其核心思想是将 2PC 的提交阶段再次细分为两个阶段：预提交阶段和提交阶段。协调者和参与者对应的有限状态机如图 2-15 和图 2-16 所示。

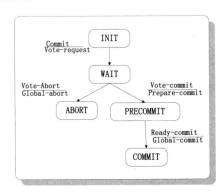

图 2-15　3PC 中协调者的有限状态机

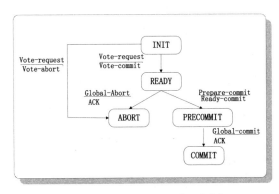

图 2-16　3PC 中参与者的有限状态机

该协议的本质在于通过引入 PRECOMMIT 状态，使得协调者和每个参与者都满足以下两个条件。

条件一：没有一个可以直接转换到 COMMIT 或者 ABORT 状态的单独状态（2PC 中，协调者的 WAIT 状态和参与者的 READY 状态就是这种单独状态）。

条件二：不存在这样一个状态，即它不能做出最后决定，而且可以从它直接转到 COMMIT 状态（2PC 中，协调者的 WAIT 状态和参与者的 READY 状态就是这种状态。3PC 中的 PRECOMMIT 状态可直接转到 COMMIT 状态，但是它已经做出了提交决定）。

这两个条件是使得提交协议不阻塞的充要条件。3PC 在实际系统中很少使用，一方面是由于 2PC 中长时阻塞情况很少发生，另外一方面是 3PC 效率过低。因此，此处不详述其运作机理，对此有兴趣的读者可参考本章参考文献[1]。

2.4.2　向量时钟（Vector Clock）

向量时钟是在分布式环境下生成事件之间偏序关系的算法，偏序关系代表事件发生先后顺序导致的事件间因果依赖关系语义，通过将时间戳和事件绑定可以用来判定事件之间的因果相关性。

假设分布式系统里有 n 个独立进程，每个进程 $p_i(1 \leq i \leq n)$ 记载初始值都为 0 的整数向量时钟 $VC_i[1 \ldots .n]$，其中第 j 位数值代表进程 p_i 看到的进程 p_j 的逻辑时钟（Logic Clock）。向量时钟系统通过如下 3 个规则更新每个进程对应的向量时钟值。

规则 1：每当进程 p_i 产生了以下 3 种事件之一（发送消息、接收消息或者进程内部事件），其将自己的向量时钟对应位置数值计数加 1，即 $VC_i[i] = VC_i[i] + 1$。

规则 2：当进程 p_i 发送消息 m 时，其将自己的向量时钟和消息 m 同时发送出去，我们记其向量时钟为 $m.VC$。

规则 3：当进程 p_i 接收到进程 p_j 发送来的消息 m 时，按照如下方式更新自己的向量时钟的每一位数值：

$$\forall x : VC_i[x] = \max(VC_i[x], m.VC_j[x])$$

即进程 p_i 将自己向量时钟每一位和消息 m 传过来的进程 p_j 的向量时钟对应位置的逻辑时钟比较，选择两者中大的数值来更新自己的逻辑时钟数值。

为了便于理解，以例子说明。假设分布式系统中有 3 个进程，某个时刻进程 p_1 的向量时钟是 [1,2,3]，接收到消息 m（假设其附带的向量时钟是[0,4,2]）后，根据规则 1，进程 p_1 将自己向量时钟对应位置加 1，此时 p_1 的向量时钟为[2,2,3]，根据规则 3，参照消息 m 的向量时钟值，进程 p_i 会将自己的向量时钟更新为[2,4,3]。

向量时钟的典型应用场景是用来判断分布式环境下不同事件之间是否存在因果关系。对于两个事件 E 和 F，假设其各自的向量时钟分别是 $E.VC$ 和 $F.VC$，我们可以根据如下方法判断其是否存在因果关系：

$$\forall(E,F):(E \rightarrow F) \Leftrightarrow (E.VC < F.VC)$$

其中 $E.VC < F.VC$ 的含义是：

$$(\forall k: E.VC[k] \leqslant F.VC[k] \text{ and}(\exists k: E.VC[k] < F.VC[k]))$$

即如果事件 E 的时钟向量各个维度的数值都小于等于事件 F 对应位置的数值且至少有一位是小于，那么可以称为事件 E 是事件 F 的原因，事件 F 是事件 E 的结果。这里的原因和结果指的是两者之间是否有逻辑上的因果影响关系。

图 2-17 是一个向量时钟更为详尽的例子，假设分布式系统有 A、B 和 C 这 3 个进程，根据上述规则其各自对应的逻辑时钟随着时间演化情况如图所示，其数值变化规则遵循上述 3 条规则，此处不赘述。时间线之间的边代表进程间发送的消息，标为 cause 的阴影部分代表导致[A:2,B:4,C:1]事件的原因，标为 effect 的阴影部分则代表[A:2,B:4,C:1]事件影响到的后续事件，而无阴影部分覆盖的事件则是和[A:2,B:4,C:1]事件无逻辑上因果关系的事件，比如事件[A:1,B:2,C:1]以及[A:4,B:5,C5]，通过和[A:2,B:4,C:1]对应位置比较可知其因果关系为：[A:1,B:2,C:1]为[A:2,B:4,C:1]之因，[A:4,B:5,C5]为[A:2,B:4,C:1]之果。

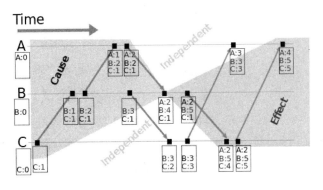

图 2-17　向量时钟示例

Dynamo 中使用向量时钟进行数据版本管理，配合 RWN 协议共同完成数据一致性维护。在 Dynamo 中每份数据都存在多副本，由于其采用最终一致性，所以不同副本可能是同一个数据的不同版本，而每份副本数据都使用向量时钟来进行版本管理。Dynamo 的客户端在更新数据的时候，需要指定数据的版本号，而这个版本号可以通过上次读取操作读出的数据对应的向量时钟来获得。在读取操作的时候，如果读出多个版本数据（即不同的向量时钟），Dynamo 会根据向量时钟判断其因果关系，如果存在严格的因果关系则可以判断哪个数据是最新的（果新因旧），如果多版本之间不存在因果关系则说明数据冲突，此时无法自动合并，所以需要交给应用来进行处理。

我们以图 2-18 所示例子说明 Dynamo 是如何使用向量时钟进行版本控制的。

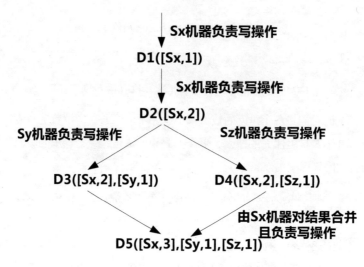

图 2-18　Dynamo 的向量时钟

图 2-18 中所有操作都是针对某个特定的记录 X。假设客户端 W 对记录 X 有个创建请求，而这个请求由机器 Sx 来负责执行，则形成了数据 D1 及其向量时钟[Sx,1]，之后客户端 W 又有对记录 X 的更新请求，这个请求仍然是由机器 Sx 来执行，于是 x 形成新数据 D2，其向量时钟变为[Sx,2]，[Sx,1]和[Sx,2]存在因果关系，可知 D2 是最新版本的数据，这样 D1 可以被 D2 覆盖。如果在机器 Sy 上存在一个 D1 的副本，同一客户端 W 继续要求更新记录 X，这次的请求由机器 Sy 来负责执行，则机器 Sy 将更新写入 D3 中，其向量时钟更新为([Sx,2]，[Sy,1])（客户端 W 记载记录 X 上次处理的版本号[Sx,2]）。如果与此同时，另外一个客户端 T 在读出 D2 后请求更新记录 X，而这次的请求由机器 Sz 负责，则在机器 Sz 上形成了数据 D4，其向量时钟为([Sx,2]，[Sz,1])。假如此时有客户端读取到 D2 和 D3，那么根据向量时钟因果计算可知 D3 是新数据，而如果有客户端读到 D3 和 D4，会发现两者向量时钟无因果关系，说明存在两个数据一致性有冲突的版本，Dynamo 的设计思路是由客户端自己去解决这种冲突，如果客户端成功解决冲突后，决定以 Sx 节点数据为准，那么 Sx 节点增加时钟向量计数，形成数据 D5，其解决冲突后的向量时钟转换为([Sx,3]，[Sy,1]，[Sz,1])。

Riak 作为模仿 Dynamo 的开源键值 NoSQL 系统，也实现了类似的向量时钟机制进行版本控制与数据一致性维护。

2.4.3　RWN 协议

"RWN 协议"是亚马逊公司在实现 Dynamo KV 存储系统时提出的。这是一种通过对分布式环境下多备份数据如何读/写成功进行配置来保证达到数据一致性的简明分析和约束设置。在说明这份协议前，先列出如下相关定义。

N：在分布式存储系统中，有多少份备份数据。

W：代表一次成功的更新操作要求至少有 W 份数据写入成功。

R：代表一次成功的读数据操作要求至少有 R 份数据成功读取。

如果能够满足以下公式，则可称为满足"数据一致性协议"：

$$R+W>N$$

这是因为，如果满足上述公式的要求，说明成功写入的备份集合和成功读取的备份集合一定会存在交集，而这就可以保证数据的强一致性，即读取操作一定可以读到最新的数据版本。

我们以图 2-19 的具体例子来说明这种数据一致性协议。

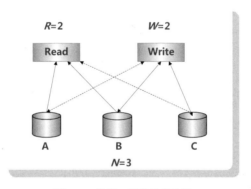

图 2-19　数据一致性协议示例

图 2-19 中，N 为 3，即系统中每个数据保留 3 份备份，R 设置为 2，含义是在读取这个数据的时候至少要有 2 个备份数据读取成功，此次读取才能被认为是有效读取。而 W 设置为 2，含义是在写入数据的时候会同时向 3 份备份写入，至少要有两份数据确认写入成功，才能认为这是一次有效写入操作。因为 $R+W>N$，所以这种配置是符合"数据一致性协议"的，从图 2-19 中可以看出，如果 $R+W>N$，则读取操作和写入操作成功的数据一定会有交集（图 2-19 中是数据备份 B），这样就可以保证一定能够读取到最新版本的更新数据，数据的强一致性得到了保证。在满足数据一致性协议的前提下，R 或者 W 设置得越大，则系统延迟越大，因为这取决于最慢的那份备份数据的响应时间。而如果 $R+W\le N$，则无法保证数据的强一致性，因为成功写和成功读集合可能不存在交集，这样读操作无法读取到最新的更新数值，也就无法保证数据的强一致性。

"RWN 协议"最大的好处是可以根据上述公式对所设计的存储系统进行灵活配置，既可以支持数据的强一致性，也可以支持最终一致性。不同存储系统可能由于应用需求不同，根据系统实际需求，可以配置不同的参数组合，比如图 2-19 中的例子也可以将参数配置为 $W=1$，$R=3$，含义是只要成功写入 1 份备份就算成功，而读取则需要 3 份备份都成功才算有效读取，这种配置明显适合要求写入速度较快，而对读取速度要求不高的应用场合。相反地，如果设置 $R=1$，$W=3$，这种配置对写入要求较高，只有 3 份备份数据都写入成功，本次写入才算有效。很明显这种配置的可用性较低，因为如果 3 份备份中假设有一份数据的存储出现故障，则无法达到 $W=3$ 的要求，此时应用会被阻塞。但此种配置的好处是，系统读取速度会非常快，因为在写入阶段保证了数据的强一致性，所以从任意一份备份读取都会读到最新的数值。此种配置适合读取操作比例远高于写入操作的情形。

需要说明的是，在具体实现系统时，仅仅依靠 RWN 协议还不能完成一致性保证，因为在上述过程中，当读取到多个备份数据时，需要判断哪些数据是最新的，如何判断数据的新旧？这需要向量时钟来配合，所以对于 Dynamo 来说，是通过 RWN 协议结合向量时钟来共同完成一致性保证的，至于向量时钟技术细节本处不赘述，读者可在本章 2.4.2 节"向量时钟"里看到其具体思路。

2.4.4 Paxos 协议

在过去十年里，Paxos 基本成为了分布式领域内一致性协议的代名词。Google 的粗粒度锁服务 Chubby 的设计开发者 Burrows 曾经说过："所有一致性协议本质上要么是 Paxos，要么是其变体"。Paxos 是几乎所有相关课程必讲的内容以及很多其他一致性协议的起点，Paxos 的提出者 Leslie Lamport 也因其对分布式系统的杰出理论贡献获得了 2013 年图灵奖。

除了其基础性和重要性之外，Paxos 也一直以难以理解闻名。Lamport 最初的论文晦涩难懂，很少有人能够透彻理解其精髓，直到之后一系列试图以简明清晰讲解 Paxos 机制的论文发表后此现象才得以缓解。由此带来的一个副作用是：在根据 Paxos 原理构造实际可用系统时有一定程度的困难，很多声明基于 Paxos 原理构造的系统在实现时往往会引入开发者自己的理解，这造成的后果是尽管 Paxos 在理论上可以证明其正确性，但是实现时经过改造的一致性协议并不能保证这一点。Burrows 也曾说过："Paxos 算法描述和真实实现之间存在巨大鸿沟……所以最终系统很可能是基于一个未经证明的一致性协议"。

本节讲述 Paxos 协议，首先介绍副本状态机模型，之后介绍 Paxos 的一些基本概念，然后描述 Paxos 协议本身内容。其实从协议内容本身来看很好理解其运作机制，好像体会不到其难理解性，但这里需要强调的是：Paxos 的难理解性在于是什么因素导致协议以此种方式呈现以及其正确性证明过程而非最终协议内容本身，鉴于其复杂性和篇幅原因，对其感兴趣的读者可参考本章参考文献[9]、[10]、[11]，本节以描述其本身机制为主。

1. 副本状态机模型（Replicated State Machines）

在分布式环境下，一致性协议的应用场景一般会采用副本状态机来表达，这是对各种不同应用场景的一种抽象化表述。

一种典型的实现副本状态机的机制是采用 Log 副本的方式（见图 2-20）。

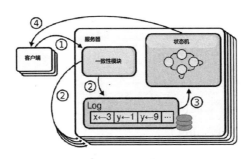

图 2-20　副本状态机

由图 2-20 可见，集群中多台服务器各自保存一份 Log 副本及内部状态机，Log 内顺序记载客户端发来的操作指令，服务器依次执行 Log 内的指令并将其体现到内部状态机上，如果保证每台机器内的 Log 副本内容完全一致，那么对应的状态机也可以保证整体状态一致。一致性协议的作用就是保证各个 Log 副本数据的一致性，比如图 2-20 中的一致性模块（Consensus Module）即起此作用。某台服务器在接收到客户端的操作指令后，将其追加到自身的 Log 尾部，然后和其他服务器的一致性模块进行通信，保证其他服务器（即使是有服务器发生故障）的 Log 最终能够以同样的顺序保存同样的操作指令，当操作指令能够正确复制，那么每台服务器按照 Log 内记录顺序执行操作指令，最终所有服务器的内部状态保持一致，服务器将执行操作命令后的状态结果返回客户端作为操作结果。即通过这种方式使得整个集群对于外部客户端看起来就像单机一样。

在实际实现上述副本状态机中的一致性协议时，往往追求以下几个特性。

① 安全性（Safety）保证：即非拜占庭模型（此概念参考后面的内容）下，状态机从不返回错误的结果，多个提议中只会有一个被选中。

② 可用性（Available）保证：只要大多数服务器正常，则整个服务保持可用。比如副本状态机有 5 台服务器，那么最多可以容忍 2 台服务器发生故障，此时整个服务仍然可用，即对于 $2f+1$ 台副本状态机的配置，最多可容忍 f 个状态机失效。

③ 一般情况下，大多数状态机维护 Log 一致即可快速通知客户端操作成功，这样避免了少数最慢的状态机拖慢整个请求响应速度。

2. Paxos 基本概念

Paxos 又可以细分为两种：单 Paxos（Single-Decree Paxos）和多 Paxos（Multi-Paxos）。对照上节的副本状态机模型，直观上可以如此理解两者的差异：所谓单 Paxos，即副本状态机中各个服务器针对 Log 中固定某个位置的操作命令通过协议达成一致，因为可能某一时刻不同服务器的 Log 中相同位置的操作命令是不一样的，通过执行协议后使得各个服务器对应某个固定位置的操作命令达成一致。而多 Paxos 则是指这些服务器对应的 Log 内容中多个位置的操作命令序列通过协议保持一致。多 Paxos 往往是同时运行的多个单 Paxos 协议共同执行的结果，后文讲解 Paxos 协议主要以单 Paxos 为主，这点请读者注意。

在讲解 Paxos 协议之前，为了方便叙述与理解，首先介绍一些相关基本概念。

首先是并行进程（对应副本状态机上每台服务器的一致性模块）的角色（Role）概念，Paxos 协议下不同并行进程可能承担的 3 种角色如下。

- **倡议者**（Proposer）：倡议者可以提出提议（数值或操作命令等）以供投票表决。
- **接受者**（Acceptor）：接受者可以对倡议者提出的提议进行投票表决，从众多提议中选出唯一确定的一个。
- **学习者**（Learner）：学习者无倡议投票权，但是可以从接受者那里获知是哪个提议最终被选中。

在一致性协议框架中，一个并行进程可以同时承担以上多种角色。

另外一个概念是异步通信环境下的非拜占庭模型（Non-Byzantine Model），其含义如下。

① 并发进程的行为可以以任意速度执行，允许运行失败，在失败后也许会重启并再次运行。

② 并发进程之间通过异步方式发送信息通信，通信时间可以任意长，信息可能会在传输过程中丢失，也允许重复发送相同的信息，多重信息的顺序可以任意。但是有一点：信息不允许被篡改（在真实分布计算环境下，这一条可以通过内容完整性检测很容易解决）。

Paxos 协议以及很多一致性协议都是基于非拜占庭模型的，即在非拜占庭条件下，Paxos 协议可以就不同提议达成一致，而在拜占庭模型下情况会更加复杂一些。

3．Paxos 一致性协议

Paxos 的目的是在非拜占庭条件下，当多个并行进程提出不同的操作命令（下文统称为倡议）时，如何能够达成一致。如果归纳 Paxos 协议，可以将其描述为以下两阶段过程。

- **[阶段一]**

1.1【倡议者视角】倡议者选择倡议编号 n，然后向大多数（即超过半数以上）接受者发送 Prepare 请求，请求中附带倡议编号 n。

1.2【接受者视角】对于某个接受者来说，如果接收到带有倡议编号 n 的 Prepare 请求，则做如下判断：若倡议编号 n 比此接受者之前响应过的任何其他 Prepare 请求附带的倡议编号都大，那么此接受者会给倡议者以响应，并承诺不会响应之后接收到的其他任何倡议编号小于 n 的请求，另外，如果接受者曾经响应过 2.2 阶段的 Accept 请求，则将所有响应的 Accept 请求中倡议编号最高的倡议内容发送给倡议者，倡议内容包括两项信息：Accept 请求中的倡议编号以及其倡议值。若倡议编号 n 不比此接受者之前响应过的任何其他 Prepare 请求附带的倡议编号都大，那么此接受者不会给倡议者以响应。

● [阶段二]

2.1【倡议者视角】如果倡议者接收到大多数接受者关于带有倡议编号 n 的 Prepare 请求的响应，那么倡议者向这些接受者发送 Accept 请求，Accept 请求附带两个信息：倡议编号 n 以及倡议值 v。倡议值 v 的选择方式如下：如果在 1.2 阶段接受者返回了自己曾经接收的具有最高倡议编号 Accept 请求倡议内容，则从这些倡议内容里面选择倡议编号最高的并将其倡议值作为倡议值 v；如果 1.2 阶段没有收到任何接受者的 Accept 请求倡议内容，则可以任意赋值给倡议值 v。

2.2【接受者视角】如果接受者接收到了任意倡议编号为 n 的 Accept 请求，则接受者接受此请求，除非在此期间接受者响应过具有比 n 更高编号的 Prepare 请求。

通过以上两阶段过程即可选出唯一的倡议值，对于学习者来说，其需要从接受者那里获知到底是哪个倡议值被选出。一个直观的方法如下：每当接受者执行完 2.2 步骤，即接受某个 Accept 请求后，由其通知所有学习者其所接受的倡议，这样，学习者很快习得是哪个倡议被最终选出。但是这种方式会导致大量通信，因为任意一个接受者会通知任意一个学习者，如果有 m 个接受者，n 个学习者，则需要 $m×n$ 次通信。一个替代策略是：从众多学习者中选择一个作为代表，由其从接受者那里获知最终被选出的倡议，然后再由其通知其他学习者，这样可以将通信量降为 $m+n$。但是这个方案中如果这个学习者代表发生故障，则其他学习者无从知晓倡议值。考虑到健壮性和通信量两个因素，可以采取折中方法：选出若干学习者作为代表，由这些代表从接受者那里获知最终倡议值，然后通知其他学习者。

通过以上流程，如果有多个并发进程提出各自的倡议值，Paxos 就可以保证从中选出且只选出一个唯一确定的倡议值，以此来达到副本状态机保持状态一致的目标。

上述内容是 Paxos 一致性协议的理论方案，正像上文所述，在实际实现时还需要考虑很多问题，比如如何保证不同进程所采纳的倡议编号全局唯一，且递增增长、异常处理（比如倡议者或者接受者崩溃的处理策略）、状态持久化等，这些在不同系统实现时都可能采取各异的策略。

2.4.5　Raft 协议

与 Paxos 协议不同，在达到类似的一致性功能前提下，Raft 一致性协议最主要的目标有两个：

首先是可理解性，在做技术决策和选型的时候，在达到相似功能前提下，首先以易于理解作为选型标准；其次是实现实际系统的确定性，鉴于之前提到的根据 Paxos 实现具体系统时的不统一，Raft 追求每个技术细节的清晰界定与描述，以此达到实现具体系统时的明确性。

总体而言，Raft 协议为了达到上述两个目的，主要采取了以下两个手段。

其一，将整个一致性协议划分成明确且独立的 3 个子问题，即采取分解法。Raft 将整个一致性协议划分为领导者选举、Log 复制与安全性 3 个问题。

其二，将 Paxos 的 P2P 模式改造为 Master-Slave 模式。Paxos 的复杂性很大原因是由其完全的 P2P 模式造成的，即多个并发进程之间无主次关系，都具有同等地位，也都可以同时承担多种角色。Raft 通过领导者选举步骤选出一个领导者，后续的 Log 一致性维护以及安全性要求都由领导者来完成，这样就将 P2P 模式转换为 Master-Slave 模式，在一定程度上简化了一致性维护问题。当领导者失效时，通过领导者选举步骤重新选出新的领导者来继续后续过程。

在介绍 Raft 协议前，首先介绍几个基本概念。

首先是服务器状态，在任意时刻，集群中的服务器只能处于以下 3 种状态之一：Leader、Follower 和 Candidate。正常情况下，集群中只有一个处于 Leader 状态的服务器充当领导者，由其来负责响应所有客户端请求，其他服务器都处于 Follower 状态。处于 Follower 状态的服务器都是被动接收 RPC 消息，从不会主动发送任何 RPC 消息。Candidate 状态是 Follower 状态服务器准备发起新的领导者选举前需要转换到的状态，即 Candidate 状态是 Follower 向 Leader 状态转换的中间状态。三者的转换关系及转换条件如图 2-21 所示。

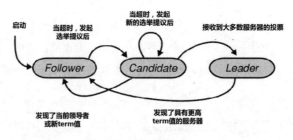

图 2-21　状态转换图

Raft 将整个系统执行时间划分为由若干个不同时间间隔长度的时间片段构成的序列，每个时间片段被称为一个 Term（见图 2-22），以递增的数字来作为这个 Term 的标识。每个 Term 由"选举期间"（Election）开始，在这个时间内若干处于 Candidate 状态的服务器试图竞争成为新的领导者。如果某个服务器赢得了选举，则在这个 Term 接下来的时间里充当新的领导者。在有些情况下，因为选票分流，可能导致某些 Term 没有成功选举出新的领导者，另外，Raft 可以保证在一个 Term 内最多有一个服务器会被选举成为新的领导者。

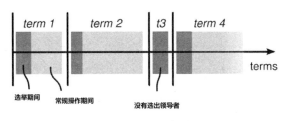

图 2-22 Term 序列

下面分述 Raft 的 3 个独立子问题。

1. 领导者选举

Raft 采用心跳机制来触发领导者选举过程。当整个系统启动时，所有服务器处于 Follower 状态，除非服务器接收到处于 Leader 或者 Candidate 状态服务器发出的 RPC 命令，否则其一直维持这个状态不变。Leader 通过周期性地向其他服务器发送心跳来宣告并保持其领导者地位。如果 Follower 经过一定时间段（这个时间段被称为选举超时时间）没有接收到任何心跳信息，则可以认为领导者已经不复存在，于是引发其启动新领导者选举的过程。

在开始选举前，Follower 增加其 Term 编号并转入 Candidate 状态。然后其向集群内所有其他服务器发出 RequestVote RPC 消息，之后一直处于 Candidate 状态，除非以下情况之一发生。

① 它赢得了本次选举；

② 另外一个服务器 S 宣称并确认自己是新的领导者；

③ 经过一定时间后，仍然没有新的领导者产生。

对于情况 1，如果 Candidate 接收到大多数其他具有相同 Term 的服务器的投票，则其赢得选举成为新的领导者，然后通过向其他服务器发送 RPC 心跳信息宣告并维护其领导者地位。对于投票的服务器来说，如果有多个具有相同 Term 的服务器要求其投票，其只能将选票投给其中的一个。

对于情况 2，Candidate 在等待过程中可能会接收到新的 RPC 消息，这个 RPC 消息是另外一个服务器宣称自己是新的领导者而发出的。如果这个 RPC 里面的 Term 编号大于等于 Candidate 自身的 Term 编号，则 Candidate 承认这个新的领导者有效，自己转为 Follower 状态。否则 Candidate 拒绝承认新的领导者并继续维持 Candidate 状态。

对于情况 3，有可能会出现 Candidate 既没有赢得选举也没有其他服务器宣称赢得选举，之所以会出现这种状况，是因为有可能同一时刻有多个 Follower 转为 Candidate 状态，导致选票分流，所以都没能得到多数选票。在这种情况下，Candidate 都会超时并增加自身 Term 编号后进入新一轮的选举过程。为了能够尽可能减少这种情况发生的概率，Raft 采取每个服务器超时时间都设定为随机来解决，这样出现分流选票的概率就会大大减小。

2. Log 复制

当选出领导者后，之后所有客户端请求都由领导者来负责响应。领导者接收到客户端的操作命令后，将其作为新项目追加到 Log 尾部，然后向集群内所有其他服务器发出 AppendEntries RPC 请求，这引发其他服务器复制新的操作命令。当其他服务器安全复制了新的操作命令后，领导者将这个操作命令应用到内部状态机，并将执行结果返回给客户端。

服务器的 Log 结构如图 2-23 所示。

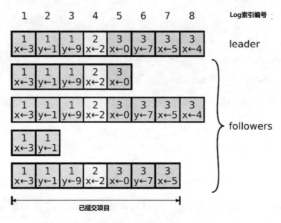

图 2-23 服务器的 Log 结构

如图 2-23 所示，每个 Log 中的项目包含两项内容：一个是操作命令本身，另外一个是 Term 编号，这个编号是领导者接收到操作命令时的 Term 标识。除此之外，还有一个全局的索引来指示 Log 项目在 Log 中的顺序编号。领导者会决定哪些 Log 项目可以安全地应用到状态机上，这些应用到状态机上的项目被称为已经提交的项目。Raft 保证这些已提交项目的持久化存储以及让所有服务器都按照相同顺序执行这些操作命令。一般情况下，当所有服务器中的大多数都正确地在 Log 里存储了该项目，则可以认为这个项目是可提交的，比如图 2-23 的例子中，索引编号为 7 之前的项目都是可提交的，因为在 5 台服务器中，已经有 3 台正确地复制了这些项目。

Raft 通过以下两个保证措施来达到一致性协议的安全性要求。

① 不同服务器的 Log 中，如果两个 Log 项目具有相同的全局索引编号以及相同的 Term 编号，则这两个项目对应的操作命令也一定相同。

② 不同服务器的 Log 中，如果两个 Log 项目具有相同的全局索引编号以及相同的 Term 编号，那么 Log 中这个项目之前的所有前趋 Log 项目都完全相同。

3. 安全性

尽管经过以上两个步骤，在一般情形下 Raft 已经可以正常运行，但是目前 Raft 还无法做到完全的安全性保证，即无法保证每个服务器的状态机都能够按照相同顺序执行相同操作命令。比如，假设在领导者提交几个操作命令的期间某个 Follower 处于失效状态，然后这个 Follower 恢复后被选举为新的领导者，此时新的领导者会用自身的 Log 覆盖旧的领导者的 Log 信息，此时就无法达到安全性保证，因为旧的领导者已经将其新增的操作命令体现到了自己的状态机上，而新的领导者并未存储这些操作命令，所以其他服务器也不可能应用这些操作序列，状态机出现不一致状态。

为了达到真正的安全性，Raft 增加了如下两个约束条件。

其中一个约束条件限制了哪些服务器可以被选举成为领导者，其要求只有其 Log 包含了所有已经提交的操作命令的那些服务器才有权被选举为新的领导者。

另外一个约束条件限制了哪些操作命令的提交可以被认为是真正的提交。对于新领导者来说，只有它自己已经提交过当前 Term 的操作命令才被认为是真正提交。

通过以上两个约束条件即可实现 Raft 的安全性保证。比如上面列举的会导致状态机不一致的情形，根据第一个约束条件可知这个 Follower 无权被选举为新的领导者。

以上所述内容为 Raft 一致性协议的主体内容，与 Paxos 相比，其在可理解性以及实现系统时的明确性方面有明显优势，但是其仍然存在特殊情况下安全性无法保证的可能，所以还有待进一步改进和完善。

参考文献

[1] Andrew S.Tanenbaum and Maarten Van Steen. 分布式系统原理与范型（第 2 版）。

[2] Vector Clock. http://en.wikipedia.org/wiki/Vector_clock.

[3] Roberto Baldoni, Universita di Roma, ItalyMichel Raynal. Fundamentals of Distributed Computing: A Practical Tour of Vector Clock Systems. http://net.pku.edu.cn/~course/cs501/2008/reading/a_tour_vc.html

[4] S. Gilbert and N. Lynch, "Brewer's Conjecture and the Feasibility of Consistent, Available, Partition-Tolerant Web Services," ACM SIGACT News, June 2002, pp. 51-59.

[5] Eric Brewer .CAP Twelve Years Later: How the "Rules" Have Change. IEEE Computer Society.2012.

[6] Eventually Consistent-Revisited. Weiner Vogals .2008.12. http://www.allthingsdistributed.com/2008/12/eventually_consistent.html.

[7] Peter Bailis, Ali Ghodsi. Eventual Consistency Today: Limitations, Extensions, and Beyond. Communications of the ACM, Vol. 56 No. 5, Pages 55-63.2013.

[8]   Diego Ongaro and John Ousterhout. In Search of an Understandable Consensus Algorithm.Tech Report. 2013. https://ramcloud.stanford.edu/wiki/download/attachments/11370504/raft.pdf.

[9]   Leslie Lamport. Paxos Made Simple. ACM SIGACT News (Distributed Computing Column) 32, 4 (Whole Number 121, December 2001) 51-58. 2001.

[10] L. Lamport, Generalized Consensus and Paxos, tech. report MSR-TR-2005-33, Microsoft Research, 2005; ftp://ftp.research.microsoft.com/pub/tr TR-2005-33.pdf. 2005.

[11] Leslie Lamport. Fast Paxos. Distributed Computing 19, 2 (October 2006) 79-103.2006.

[12] Paxos. http://en.wikipedia.org/wiki/Paxos_algorithm.

[13] Barbara Liskov and James Cowling. Viewstamped Replication Revisited. MIT technical report MIT-CSAIL-TR-2012-021,2012.

[14] Flavio P. Junqueira, Benjamin C. Reed and USAMarco Serafin. Zab: High-performance broadcast for primary-backup systems. 2011 IEEE/IFIP 41st International Conference on Dependable Systems&Networks.2011.

[15] Daniel J. Abadi, Consistency Tradeoffs in Modern Distributed Database System Design. Computer, vol. 45, no. 2, pp. 37-42, Feb. 2012.

[16] J. Rao, E.J. Shekita, and S. Tata, "Using Paxos to Build a Scalable, Consistent, and Highly Available Datastore," Proc. VLDB Endowment (VLDB 11), ACM, 2011, pp. 243-254.

3

大数据常用的算法与数据结构

让青春吹动了你的长发让它牵引你的梦

不知不觉这城市的历史已记取了你的笑容

红红心中蓝蓝的天是个生命的开始

春雨不眠隔夜的你曾空独眠的日子

——罗大佑《追梦人》

对于大数据或者大规模分布式系统来说，如何能够高效快速地进行海量数据处理非常关键，而采用合适的数据结构与算法对于达到此目的至关重要。本章从各种大规模分布式系统中归纳出常用的数据结构与算法，并对其基本原理和典型应用场景进行讲述。

这些算法与数据结构有两个特点。首先，每个算法与数据结构都能解决大数据系统中特定方面的问题，比如如何从包含数亿成员的集合中快速找出某个成员是否属于这个集合，如何极高效地将大量数据写入存储系统中，如何极其高效地判断海量数据中哪些数据发生了变化，如何高效地压缩与解压缩 PB 级别的数据……另外一个特点是每个算法与数据结构都在大数据领域各个应用中获得了广泛采用，这证明其在实践中的有效性及使用广泛性。熟练掌握并能灵活运用这些算法与数据结构对于解决大数据系统面临的问题会有很大帮助作用。

3.1 布隆过滤器（Bloom Filter）

Bloom Filter（为了表达方便，后文简称 BF）就是常说的布隆过滤器，是由 Howard Bloom 在 1970

年提出的二进制向量数据结构，它具有很好的空间和时间效率，尤其是空间效率极高，BF 常常被用来检测某个元素是否是巨量数据集合中的成员。

3.1.1 基本原理

BF 可以高效地表征集合数据，其使用长度为 m 的位数组来存储集合信息，同时使用 k 个相互独立的哈希函数将数据映射到位数组空间。其基本思想如下：首先，将长度为 m 的位数组元素全部置为 0。对于集合 S 中的某个成员 a，分别使用 k 个哈希函数对其计算，如果 $h_i(a)=x(1 \leqslant i \leqslant k, 1 \leqslant x \leqslant m)$，则将位数组的第 x 位置为 1，对于成员 a 来说，经过 k 个哈希函数计算后，可能会将位数组中的 w 位（$w \leqslant k$）设置为 1。对于集合中的其他成员也如此处理，这样即可完成位数组空间的集合表示。其算法流程如下：

```
BloomFilter(set A, hash_functions, integer m)
    filter [1….m]= 0;    //大小为 m 的位数组初始化为 0
    foreach a_i in A:
        foreach hash function h_j:
            filter[h_j(a_i)] = 1;
        end foreach
    end foreach

return filter
```

当查询某个成员 a 是否在集合 S 中出现时，使用相同的 k 个哈希函数计算，如果其对应位数组中的 w 位（$w \leqslant k$）都为 1，则判断成员 a 属于集合 S，只要 w 位中有任意一位为 0，则判断成员 a 不属于集合 S，其算法流程如下：

```
MembershipTest (element, filter, hash_functions)
    foreach hash function h_j:
        if filter[h_j(element)] != 1 then
            return False
    end foreach
    return True
```

3.1.2 误判率及相关计算

因为 BF 使用位数组和哈希函数来表征集合，并不需要实际存储集合数据本身内容，所以其空间利用率非常高，但是有个潜在问题，即在查询某个成员是否属于集合时，会发生误判（False Positive）。也就是说，如果某个成员不在集合中，有可能 BF 会得出其在集合中的结论。所以 BF 只能使用在允许发生一定误判的场景，而在要求百分之百精确判断集合成员的场景下不能使用。

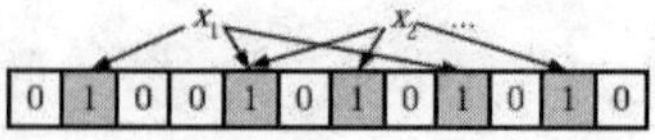

为何 BF 会发生误判呢？我们用图 3-1 中的例子来说明。

图 3-1　BF 例子

这个例子中位数组长度为 12，使用 3 个哈希函数，图中表示集合中两个成员 x_1 和 x_2 已经通过上文所述算法表现到位数组集合中了（3 个哈希函数值对应位置都设置为 1）。如果此时查询不属于集合的成员 x_3 是否在集合中，而正好 3 个哈希函数对 x_3 计算后对应的位置分别是 2、7 和 11，那么根据判断规则，BF 会认为 x_3 属于集合，因为其对应位置都为 1，此时就发生了误判现象。

尽管 BF 会产生误判，但是不会发生漏判（False Negative）的情况，即如果某个成员确实属于集合，那么 BF 一定能够给出正确判断。这也很好理解，因为在将该成员映射到位数组空间过程中，对应位置都已经被设置为 1，而整个过程中不存在将 1 改为 0 的行为，所以一定不会发生漏判。

在实际应用中，一般希望可以在一定范围内控制误判率的大小，比如低于 1%。那么哪些因素会影响误判率呢？影响因素包括集合大小 n、哈希函数的个数 k 和位数组大小 m。n 和 m 对误判率的影响从直观上是很好理解的，因为集合大小 n 越大，其他条件固定的情况下，位数组中就会有更多比例的位置被设置为 1，误判概率就会增大。而位数组大小 m 越大，那么在 n 和 k 固定的情况下，位数组中剩余为 0 的比特位比例就会越高，所以误判率就会越小。哈希函数个数对误判率的影响情况比较复杂，一方面在将集合成员映射到位数组过程中，如果其他条件固定，使用的哈希函数越多，则位数组中会有更多比例位置被设置为 1，即增大误判率，但是在查询时，如果哈希函数个数越多，明显误判的可能就越小。经过数学分析，3 个因素与误判率的关系如下：

$$p_{fp} \approx (1 - e^{-kn/m})^k$$

根据以上公式，如果已知 k、m 和 n，即可计算出对应的误判率。从上面的分析可以看出，3 个影响因子中，哈希函数个数 k 情况比较复杂，那么假设 n 和 m 已知，即已知集合元素个数和位数组大小，设定多少个哈希函数误判率能够达到最低呢？经过分析，最优的哈希函数个数为：

$$k = \frac{m}{n}\ln 2$$

在实际应用中，更常见的需求是假设已知集合大小 n，并设定好误判率 p，需要计算给 BF 分配多大内存合适，也就是需要确定 m 的大小。如下公式可以解决这个问题：

$$m = -\frac{n\ln p}{(\ln 2)^2}$$

有了以上公式，即可在实际应用中灵活地设置各种参数以达到充分利用 BF 工具的目的。

3.1.3　改进：计数 Bloom Filter

基本的 BF 在使用时有个缺点：无法删除集合成员，只能增加成员并对其查询。一个容易想到但是不正确的在 BF 上删除集合成员的方法是：如果要删除集合成员 a，那么先用 k 个哈希函数对其计算，因为 a 已经是集合成员，那么其对应的位数组的位置一定已经被设定为 1，所以只要将对应位置的 1 重新设定为 0 即可。这看上去很简洁，但是错误的，读者可以思考一下原因。

无法删除集合成员这个缺点限制了 BF 的使用场景，因为很多场景下集合成员是动态变化的，有增有减，此时 BF 就无法使用，因为它只能处理集合成员递增的情形。

计数 BF（Counting Bloom Filter）对此做出了改进，使得 BF 可以删除集合成员，这样就大大拓展了 BF 的使用范围。

计数 BF 改进基本 BF 的思路也很直观。首先请读者思考一下为什么基本 BF 无法实现删除？根本原因是其基本信息单元是 1 个比特位，所以只能表达两种状态，致使其表达能力非常有限（有了此提示，读者可以考虑一下如果你是计数 BF 的提出者，应该如何设计这个算法）。改进的思路很直接，将基本信息单元由 1 比特位拓展为多个比特位，这样就可以有更多表达能力，可以承载更多信息。

计数 BF 的思路如上，基本信息单元由多个比特位来表示，一般情况采取 3 或 4 比特位为单元。这样，将集合成员加入位数组时，根据 k 个哈希函数计算，此时对应位置的信息单元由多个比特位构成，所以将原先的数值加 1 即可。查询集合成员时，只要对应位置的信息单元都不为 0 即可认为该成员属于集合。而删除成员，只要将对应位置的计数减 1 即可。

计数 BF 拓展了 BF 的应用场景，对应的代价是增加了位数组大小，如果采取 3 比特位作为基本单元的话，则位数组大小增加 3 倍。另外，存在计数溢出的可能，因为比特位表达能力仍然有限，这样当计数很大的时候存在计数溢出问题。

3.1.4 应用

因为 BF 的极高空间利用率，其在各个领域获得了非常广泛的使用，尤其是数据量极大且容忍一定误判率的场合。比如 Google Chrome 浏览器使用它进行恶意 URL 的判断；网络爬虫使用它对已经爬取过的 URL 进行判断；缓存使用 BF 来对海量数据进行查找；比特币使用 BF 对历史交易进行验证；数据库领域使用 BF 来实现 Bloom Join，即加速两个大小差异巨大的表的 Join 过程……

在 BigTable 中，BF 对于读操作的效率提升有巨大帮助。我们知道，BigTable 中很多数据记录存储在磁盘的多个 SSTable 文件中，为了完成一次读操作，需要依次在这些 SSTable 中查找指定的 Key，因为是磁盘操作且涉及多个文件，所以会对读操作效率有极大影响。BigTable 将 SSTable 文件中包含的数据记录 Key 形成 BF 结构并将其放入内存，这样就能极高地提高查询速度，对于改善读操作有巨大的帮助作用。在这种场景下，BF 的误判并不会造成严重影响，如果发生误判，说明记录本来不在这个 SSTable 中而 BF 认为不是这样，顶多增加一次磁盘读操作，系统仍然会知道记录并不在这个 SSTable 中，可以继续去其他文件接着查找。此时 BF 的不会漏判则起了很大作用，因为如果发生漏判，则本来在某个 SSTable 文件中的记录会无法找到，这意味着读操作的失败，很明显这是不允许的。Cassandra 在实现时也采取了类似思路。

此外，Google 的流式计算系统 MillWheel 在保证数据记录"恰好送达一次"语义时对重复记录的检测也采用了类似 BigTable 的 BF 用法。除此之外，还有很多类似的应用场景，此处不再赘述。

总之，BF 作为大数据环境下的有效工具，有很广泛的使用场景，掌握并熟练应用 BF 对于各种工作都有帮助作用。

3.2　SkipList

SkipList 由 William Pugh 于 1990 年提出，这是一种可替代平衡树的数据结构，不像平衡树需要强制保持树的平衡，SkipList 依靠随机生成数以一定概率来保持数据的平衡分布。尽管在最坏情况下 SkipList 的效率要低于平衡树，但是大多数情况下其效率仍然非常高，其插入、删除、查找数据的时间复杂度都是 $O(\log(N))$。除了高效外其实现和维护也非常简单，所以在很多大数据系统中在维护有序列表高效读/写的场景下会采用 SkipList，比如 LevelDB 在实现其用于内存中暂存数据的结构 MemTable 就是使用 SkipList 实现的，Redis 在实现 Sorted Set 数据结构时采用的也是 SkipList，再如 Lucene 中也使用 SkipList 来对倒排列表进行快速查找。因这三者实现思路基本遵循经典 SkipList 的实现方式，所以本节不另行介绍其技术细节。

我们首先介绍 SkipList 的核心思路，然后讲解维护 SkipList 的操作细节。我们知道，对于传统的有序链表（见图 3-2），如果需要查找其中某条数据，需要顺序遍历。如果链表中一半节点能够多保留一个指向后续节点之后节点的指针（见图 3-3），那么此时最多遍历 $\lceil n/2 \rceil + 1$ 次即可找到任意节点（n 为链表长度）。

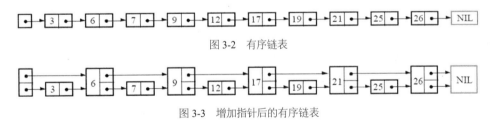

图 3-2　有序链表

图 3-3　增加指针后的有序链表

与此类似，我们还可以给部分节点增加 3 个、4 个等更多的指针，令其指向更远的后方节点，这样可以进一步提高查询效率。这就是 SkipList 的最核心思路。图 3-4 展示了一个典型的 SkipList 结构。

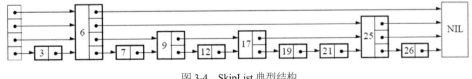

图 3-4　SkipList 典型结构

前文讲过 SkipList 依赖随机数来以一定概率保持数据的平衡，具体而言，就是在插入节点的时候，随机决定该节点应该有多少个指向后续节点的指针，有几个指针就称这个节点是几层的（Level），比如图 3-4 中，数值为 3 的节点是 1 层的，数值为 6 的节点是 4 层的，数值为 25 的节点是 3 层的。整个链表中的最高层级用 MaxLevel 来标明，链表的表头具有 MaxLevel 层级。

有了以上的基础知识，我们来看如何在 SkipList 中查找、插入和删除数据。对 SkipList 中的数据进行查找的伪码如下：

```
Search(list, searchKey)
    x := list→header
    -- loop invariant: x→key < searchKey
    for i := list→level downto 1 do
        while x→forward[i]→key < searchKey do
            x := x→forward[i]
    -- x→key < searchKey ≤ x→forward[1]→key
    x := x→forward[1]
    if x→key = searchKey then return x→value
        else return failure
```

其中 forward[i] 代表节点指向后方的指针，i 标明了其层级。这段代码的逻辑很清楚：从链表表头开始，从最高层级的节点依次往低层级节点查找，在同一级节点查找的时候与普通有序链表是一样的，即顺序往后找到第一个大于或等于当前查找数值 searchKey 的节点，当在本层级未找到时，就下降一个层级继续，直到找到或者发现链表中不包含 searchKey 为止。

下面介绍如何在 SkipList 中插入数据，在讲具体插入方法前，需要先介绍如何随机决定节点的层级，其具体方法如下：

```
randomLevel()
    lvl := 1
    -- random() that returns a random value in [0...1]
    while random() < p and lvl < MaxLevel do
        lvl := lvl + 1
    return lvl
```

可以看到，随机数生成器 random() 生成 0～1 之间的数值，通过概率 p 和 MaxLevel 可以控制其大小范围。这样在插入一个节点前可以随机生成节点层级。

可以根据如下算法来插入新数据：

```
Insert(list, searchKey, newValue)
    local update[1..MaxLevel]
    x := list→header
    for i := list→level downto 1 do
        while x→forward[i]→key < searchKey do
            x := x→forward[i]
        -- x→key < searchKey ≤ x→forward[i]→key
        update[i] := x
    x := x→forward[1]
    if x→key = searchKey then x→value := newValue
    else
        lvl := randomLevel()
        if lvl > list→level then
            for i := list→level + 1 to lvl do
                update[i] := list→header
```

```
        list→level := lvl
    x := makeNode(lvl, searchKey, value)
    for i := 1 to level do
        x→forward[i] := update[i]→forward[i]
        update[i]→forward[i] := x
```

上述算法中 update 数组用于临时存放查找 searchKey 路径时每层最后的节点，主要目的是记录信息，使得在插入节点时能像普通链表插入时一样修改新插入节点导致的各种指针变化。SkipList 的插入算法整体逻辑也很清楚：首先与查找算法一样找到 searchKey 应该插入的位置，在查找过程中往 update 数组中记录查找路径每层最后的节点；如果找到相同 key 的节点，则只需更新其值即可，否则利用随机数确定新插入节点的层级，如果新节点层级数比目前链表中的 MaxLevel 要高，那么需要更新链表表头的层级指针信息并重设 MaxLevel 数值，然后生成新节点并插入链表，并根据 update 数组保留的信息调整各个层级的相关指针指向。

为了便于理解整个插入过程，可以参考图 3-5，其形象地表征了插入数值 17 的整个过程，而且从图 3-5 上方的子图中也可以透彻理解查找过程。

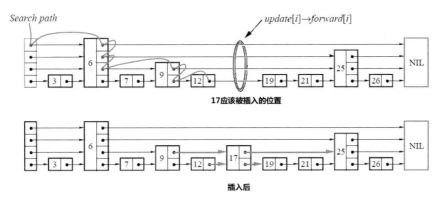

图 3-5　插入 17 的过程

在 SkipList 链表中删除数据的流程如下：

```
Delete(list, searchKey)
    local update[1..MaxLevel]
    x := list→header
    for i := list→level downto 1 do
        while x→forward[i]→key < searchKey do
            x := x→forward[i]
        update[i] := x
    x := x→forward[1]
    if x→key = searchKey then
        for i := 1 to list→level do
            if update[i]→forward[i] ≠ x then break
            update[i]→forward[i] := x→forward[i]
        free(x)
        while list→level > 1 and
            list→header→forward[list→level] = NIL do
            list→level := list→level − 1
```

update 数组起的作用与插入时是一样的。首先查找 searchKey 在链表中的位置，如果找到，则根据 update 数组调整相应的指针指向，然后删除节点，如果发现某个层级删除这个节点后没有其他节点，那么会相应地调整 MaxLevel 的数值。

以上介绍了 SkipList 的核心思想及如何在其中插入、删除与查询数据，在设计大数据系统时，如果有高效维护有序数据的场景可以考虑使用它。

3.3　LSM 树

LSM 树（Log-structured Merge-tree）的本质是将大量的随机写操作转换成批量的序列写，这样可以极大地提升磁盘数据写入速度，所以 LSM 树非常适合对写操作效率有高要求的应用场景。但是其对应付出的代价是读效率有所降低，这往往可以引入 Bloom Filter 或者缓存等优化措施来对读性能进行改善。

LSM 树在大数据存储系统中获得了极为广泛的使用，比如 BigTable 中的单机数据存储引擎本质上就是 LSM 树，基于 Flash 的海量存储系统 SILT 也采用了 LSM 树，内存数据库 RAMCloud 同样采用了这个数据结构。除此之外还有很多系统都采用 LSM 树，比如 Cassandra、LevelDB 等。

下面以 LevelDB 的 LSM 树结构来大致介绍其一般实现原理，其他系统使用 LSM 树的方式与此类似，对 LSM 树的理论分析感兴趣的读者可以参考本章参考文献[4]。LevelDb 是 Google 开源出的单机存储引擎，等价于 BigTable 中的子表服务器的功能。

LevelDB 静态结构如图 3-6 所示。

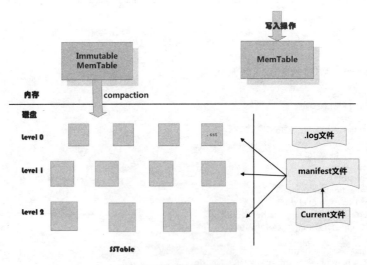

图 3-6　LevelDB 静态结构

从图 3-6 中可以看出，构成 LevelDB 静态结构的包括 6 个主要部分：内存中的 MemTable 和

Immutable MemTable 以及磁盘上的几种主要文件：Current 文件、manifest 文件、log 文件以及 SSTable 文件。当然，LevelDB 除了这 6 个主要部分外还有一些辅助的文件，但是以上 6 个文件和数据结构是 LevelDB 的主体构成元素。

LevelDB 的 log 文件和 MemTable 与 BigTable 论文中介绍的是一致的，当应用写入一条 Key：Value 记录的时候，LevelDB 会先往 log 文件里写入，成功后将记录插进 MemTable 中，这样基本就算完成了写入操作，因为一次写入操作只涉及一次磁盘顺序写和一次内存写入，而且 MemTable 采用了维护有序记录快速插入查找的 SkipList 数据结构，所以说 LSM 树是一种高速写入数据结构的主要原因。

log 文件在系统中的作用主要是用于系统崩溃恢复而不丢失数据，假如没有 log 文件，因为写入的记录刚开始是保存在内存中的，此时如果系统崩溃，内存中的数据还没有来得及保存到磁盘，所以会丢失数据。为了避免这种情况，LevelDB 在写入内存前先将操作记录到 log 文件中，然后再记入内存中，这样即使系统崩溃，也可以从 log 文件恢复内存中的 MemTable，不会造成数据的丢失。

当 MemTable 插入的数据占用内存到了一个界限后，需要将内存的记录导出到外存文件中，LevelDB 会生成新的 log 文件和 MemTable，原先的 MemTable 就成为 Immutable MemTable，顾名思义，就是说这个 MemTable 的内容是不可更改的，只能读不能写入或者删除。新到来的数据被记入新的 log 文件和 MemTable，LevelDB 后台调度会将 Immutable MemTable 的数据导出到磁盘，形成一个新的 SSTable 文件。SSTable 就是由内存中的数据不断导出并进行 Compaction 操作后形成的，而且 SSTable 的所有文件是一种层级结构，第 1 层为 Level 0，第 2 层为 Level 1，依次类推，层级逐渐增高，这也是为何称之为 LevelDB 的原因。

SSTable 中的文件是主键有序的，也就是说，在文件中小 key 记录排在大 key 记录之前，各个 Level 的 SSTable 都是如此，但是这里需要注意的一点是 Level 0 的 SSTable 文件（后缀为.sst）和其他 Level 的文件相比有特殊性：这个层级内的.sst 文件，两个文件可能存在 key 重叠，比如有两个 level 0 的 sst 文件，文件 A 和文件 B，文件 A 的 key 范围是{bar,car}，文件 B 的 key 范围是{blue,same}，那么很可能两个文件都存在 key="blood"的记录。对于其他 Level 的 SSTable 文件来说，则不会出现同一层级内.sst 文件的 key 重叠现象，也就是说 Level L 中的任意两个.sst 文件，可以保证它们的 key 值是不会重叠的。

SSTable 中的某个文件属于特定层级，而且其存储的记录是 key 有序的，那么必然有文件中的最小 key 和最大 key，这是非常重要的信息，LevelDB 应该记下这些信息。manifest 就是干这个的，它记载了 SSTable 各个文件的管理信息，比如属于哪个 Level、文件名称、最小 key 和最大 key 各自是多少。图 3-7 是 manifest 所存储内容的示意。

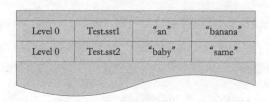

| Level 0 | Test.sst1 | "an" | "banana" |
| Level 0 | Test.sst2 | "baby" | "same" |

Manifest

图 3-7　manifest 文件

图中只显示了两个文件（manifest 会记载所有 SSTable 文件的这些信息），即 Level 0 的 Test.sst1 和 Test.sst2 文件，同时记载了这些文件各自对应的 key 范围，比如 Test.sstt1 的 key 范围是 "an" 到 "banana"，而文件 Test.sst2 的 key 范围是 "baby" 到 "same"，可以看出两者的 key 范围是有重叠的。

Current 文件的内容只有一个信息，就是记载当前的 manifest 文件名。因为在 LevleDB 运行过程中，随着 Compaction 的进行，SSTable 文件会发生变化，会有新的文件产生，老的文件被废弃，manifest 也会跟着反映这种变化，此时往往会生成新的 manifest 文件来记载这种变化，而 Current 则用来指出哪个 manifest 文件才是我们关心的那个 manifest 文件。

以上介绍的是 LevelDB 的静态文件结构及其各自的功能作用，由内存中的 MemTable 和磁盘上的各级 SSTable 文件就形成了 LSM 树。LSM 树中很关键的一点就是 Compaction 操作，下面介绍 LevelDB 中的 Compaction 是如何实现的。

LevelDB 的 Compaction 机制和过程与 BigTable 是基本一致的，BigTable 论文中讲到 3 种类型的 Compaction，分别是 minor、major 和 full。所谓 minor Compaction，就是把 MemTable 中的数据导出到 SSTable 文件中，major Compaction 就是合并不同层级的 SSTable 文件，而 full Compaction 就是将所有 SSTable 进行合并。LevelDB 包含其中两种：minor 和 major。

先来看看 minor Compaction 的过程。minor Compaction 的目的是当内存中的 MemTable 大小到了一定值时，将内容保存到磁盘文件中，图 3-8 是其机理的示意图。

从图 3-8 可以看出，当 MemTable 中记录数量到了一定程度会转换为 Immutable MemTable，此时不能往其中写入记录，只能从中读取 KV 内容。Immutable MemTable 其实是一个 SkipList 多层级队列，其中的记录是根据 key 有序排列的。所以这个 minor Compaction 实现起来也很简单，就是按照 Immutable MemTable 中记录由小到大遍历，并依次写入一个 Level 0 的新建 SSTable 文件中，写完后建立文件的 index 数据，这样就完成了一次 minor Compaction。从图中也可以看出，对于被删除的记录，在 minor Compaction 过程中并不真正删除这个记录，原因也很简单，这里只知道要删掉 key 记录，但是这个 KV 数据在哪里？这需要复杂的查找，所以在 minor Compaction 的时候并不做删除，只是将这个 key 作为一个记录写入文件中，至于真正的删除操作，在以后更高层级的 Compaction 中会去做。

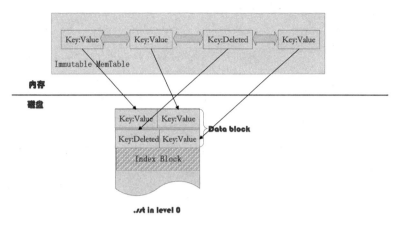

图 3-8　minor Compaction 机理示意图

当某个 Level 下的 SSTable 文件数目超过一定设置值后，LevelDB 会从这个 Level 的 SSTable 中选择一个文件（Level>0），将其和高一层级的 Level+1 的 SSTable 文件合并，这就是 major Compaction。

我们知道在大于 0 的层级中，每个 SSTable 文件内的 key 都是由小到大有序存储的，而且不同文件之间的 key 范围（文件内最小 key 和最大 key 之间）不会有任何重叠。Level 0 的 SSTable 文件有些特殊，尽管每个文件也是根据 key 由小到大排列的，但是因为 Level 0 的文件是通过 minor Compaction 直接生成的，所以任意两个 Level 0 下的两个 SSTable 文件可能在 key 范围上有重叠。所以在做 major Compaction 的时候，对于大于 Level 0 的层级，选择其中一个文件就行，但是对于 Level 0 来说，指定某个文件后，本 Level 中很可能有其他 SSTable 文件的 key 范围和这个文件有重叠，这种情况下，要找出所有有重叠的文件和 Level 1 的文件进行合并，即 Level 0 在进行文件选择的时候，可能会有多个文件参与 major Compaction。

LevelDB 在选定某个 Level 进行 Compaction 后，还要选择是具体哪个文件要进行 Compaction，LevelDB 在这里有个小技巧，就是轮流来，比如这次是文件 A 进行 Compaction，那么下次就是在 key range 上紧挨着文件 A 的文件 B 进行 Compaction，这样每个文件都会有机会轮流和高层的 Level 文件进行合并。

如果选好了 Level L 的文件 A 和 Level L+1 的文件进行合并，那么问题又来了，应该选择 Level L+1 的哪些文件进行合并？LevelDB 选择 L+1 层中和文件 A 在 key range 上有重叠的所有文件来和文件 A 进行合并。

也就是说，选定了 Level L 的文件 A，之后在 Level L+1 中找到了所有需要合并的文件 B、C、D 等。剩下的问题是具体如何进行 magor 合并的？这就是说给定了一系列文件，每个文件内部是 key 有序的，如何对这些文件进行合并，使得新生成的文件仍然 key 有序，同时抛掉那些不再有价值的 KV 数据。

图 3-9 说明了这一过程。

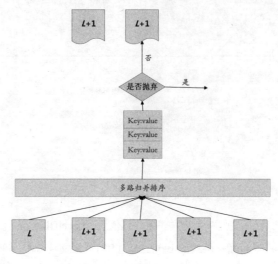

图 3-9　SSTable Compaction

major Compaction 的过程如下：对多个文件采用多路归并排序的方式，依次找出其中最小的 key 记录，也就是对多个文件中的所有记录重新进行排序。之后采取一定的标准判断这个 key 是否还需要保存，如果判断没有保存价值，那么直接抛掉，如果觉得还需要继续保存，那么就将其写入 Level $L+1$ 层中新生成的 SSTable 文件中。就这样对 KV 数据进行一一处理，形成了一系列新的 $L+1$ 层数据文件，之前的 L 层文件和 $L+1$ 层参与 Compaction 的文件数据此时已经没有意义了，所以全部删除。这样就完成了 L 层和 $L+1$ 层文件记录的合并过程。

以上内容介绍了 LevelDB 的 LSM 树结构及其管理过程，这是非常典型的一种 LSM 具体实现，从中也可以体会到 LSM 树的本质，即将大量随机写转换为批量的序列写。

3.4　Merkle 哈希树（Merkle Hash Tree）

Merkle 哈希树由 Ralph Merkle 于 1979 年发明，因故得此名，一般还将其称为 Merkle 树或者哈希树（Hash Tree）。Merkle 树最初用于高效 Lamport 签名验证，后来被广泛应用在分布式领域，主要用来在海量数据下快速定位少量变化的数据内容（变化原因可能是损毁、篡改或者正常变化等）。比如在 P2P 下载系统 BitTorrent、Git 版本管理工具、比特币以及 Dynamo、Riak、Cassandra 等 NoSQL 系统中都得到了应用。

3.4.1　Merkle 树基本原理

Merkle 树的基本思路非常简单直观。如图 3-10 所示的例子。

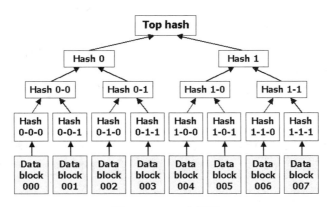

图 3-10　Merkle 树示例

由图 3-10 可见其子节点是每个数据项或者一批数据项（数据块）对应的哈希值，中间节点则保存对其所有子节点哈希值再次进行哈希运算后的值，依次由下往上类推，直到根节点，其保存的 Top Hash 代表整棵树的哈希值，也就是所有数据的整体哈希值。具体使用的时候，既可以像例子中一样是一个二叉树，也可以是多叉树。

Merkle 树常用于快速侦测部分数据正常或者异常的变动。当某个底层数据发生变化时，其对应 Merkle 树的子节点哈希值会跟着变化，子节点的父节点哈希值也随之变化，依此类推，直到根节点，其间经过的节点哈希值都发生变化，但是其他无关树节点哈希值并不发生改变。通过 Merkle 树，可以在 $O(\log(n))$ 时间内快速定位变化的数据内容。

3.4.2　Dynamo 中的应用

Dynamo 结合 Merkle 树和 Gossip 协议（细节请参考第 6 章"分布式通信"相关章节的内容）来对副本数据进行同步。假设两个节点 A 和 B 存储了相同的数据副本，此时两个节点都对两者所存储数据的共同键值范围（Key Range）部分建立 Merkle 树。之后可以比较两个节点的 Merkle 树节点哈希值来查找不同部分，首先比较两棵 Merkle 树的根节点，如果发现哈希值相同，说明两者仍然同步则无须后续操作；否则说明有部分内容有差异，于是两者交换 Merkle 树根节点的所有子节点，找到具有不同哈希值的子节点，依次类推可以逐步找到不同步的数据内容，之后两者进行数据同步，于是 Merkle 树内容再次保持一致。Gossip 协议在上述过程中起的作用是：两个节点在交换 Merkle 树节点内容以及同步数据内容时可通过这个协议来进行。

通过上述手段，Dynamo 可以快速定位到数据副本不同内容，且只须同步两者的差异部分即可实现副本数据同步，这样有效地减少了网络传输数据量，增加了数据同步效率。

3.4.3　比特币中的应用

比特币（BitCoin）是最近两年比较流行也有较大争议的网络虚拟货币，它是基于开源 P2P 软件生成的电子货币，目前是根据设计者中本聪（中本聪作为比特币的创始人和开发者，其真实身份目前仍然不得而知，2008 年中本聪在互联网讨论组中发表文章介绍了比特币的基本框架和思路，2009年建立了比特币开源项目，在比特币概念大火后此人便销声匿迹。）的设想思路实现的 P2P 开源软件产生的，其具体思路很复杂，感兴趣的读者可以参考本章参考文献[7]，我们这里主要介绍 Merkle 树在比特币中如何使用。

比特币中，主要使用 Merkle 树来对交易进行验证，以此来判断某个交易是否是合法交易。为了能够理解后续内容，首先需要了解比特币如何存储交易信息的背景知识，比特币交易验证如图 3-11 所示。

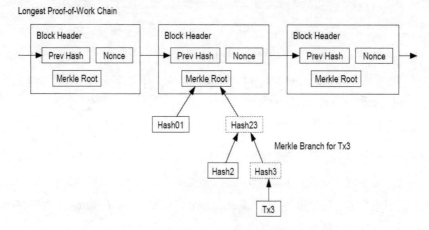

图 3-11　比特币交易验证

如图 3-11 所示，所有已经完成的交易被存储成由若干数据块形成的链表，每个数据块中存放一批已经完成的交易信息，为了方便处理，数据块内的交易信息组织成 Merkle 树的形式，数据块的块头（Block Header）存储前一个数据块的时间戳（图中的 Prev Hash 标识）信息、Merkle 树根节点哈希信息（Merkle Root）以及 Nonce 信息。当某个数据块封装好后即不可更改，之后发生的交易存储在链表中后续的数据块中。某个数据块的时间戳是根据前一块数据的时间戳和 Merkle 树根节点哈希值生成的。这样，历史上发生的所有交易信息就形成了一个链表结构，这里需要强调的是：因为比特币信息是基于 P2P 软件的，所以不同的两个用户其存储的数据块链表信息可能不一样，但是其设计原则可以保证：链表越长其保存的数据是得到越多的人共同认可的公共交易数据。

接下来我们看比特币如何对交易进行验证。其并非用户本地验证，而是首先从网络上其他的节点找到最长的数据块链表，因为这意味着这是可信的公认历史交易信息。然后用户客户端将最长链表各个数据块的表头信息同步到本地，之后根据待验证交易的时间戳信息定位到这个交易所存储的链表节点，这样就定位到该交易所属的数据块。接着，本地客户端对该交易计算其对应的哈希值，并结合定位到数据块所存储的交易信息 Merkle 树，由下往上逐步比对，如果能够顺利到达 Merkle 树的根节点（即找出了该交易对应的 Merkle 树分支），则说明该笔交易是合法的。这样，通过引入

Merkle 树和上述的链表结构，比特币采用少量计算及比较操作即可完成交易的验证过程。

3.5　Snappy 与 LZSS 算法

Snappy 是 Google 开源出的高效数据压缩与解压缩算法库，其目标并非是最高的数据压缩率，而是在合理的压缩率基础上追求尽可能快的压缩和解压缩速度，其压缩和解压缩速度极快，可以在单核处理器上达到 250MB/s 的压缩效率和 500MB/s 的解压缩效率。与此同时，Snappy 相比其他压缩方案占用 CPU 时间更少。Snappy 在 Google 内部广泛使用，从 BigTable 到 MapReduce，甚至是 PRC 通信都能够使用。除此之外，Snappy 自开源以来因为其优良性能，被逐步集成至各种开源系统中，比如 Hadoop、HBase、Cassandra、Avro 等都将其集成进入系统。

数据压缩与解压缩本质上是通过增加 CPU 计算时间成本来换取较小的存储成本，以及网络和 I/O 传输成本。如果只是追求存储成本最小化，Snappy 这种技术方案是不适用的，但是对于很多情形，在合理压缩率情况下追求最高的压缩和解压缩速度比单纯追求最小的存储成本更重要。以 MapReduce 计算为例，Reduce 阶段只有在 Map 阶段完成后才能开始，Map 阶段将中间结果压缩输出到磁盘，Reduce 阶段需要将压缩数据解压缩后进行后续计算，所以此时压缩和解压缩速率对于加快 MR 任务的完成就非常重要。这也是为何 Snappy 能够获得广泛使用的主要原因。

一般会说 Snappy 是基于 LZ77 压缩方案的，如果对 Snappy 源码进行分析，会发现如果要更准确地表述，应该说 Snappy 是基于 LZSS 算法的，因为其整体方案基本遵循 LZSS 的算法逻辑。LZSS 是 LZ77 的优化方案，其效率更高。

3.5.1　LZSS 算法

与霍夫曼编码这种统计编码不同，LZ77 是一种动态词典编码（Dictionary Coding）。词典编码的基本思路是：文本中的词用它在词典中表示位置的号码代替的无损数据压缩方法，一般分为静态词典方法和动态词典方法两种。采用静态词典编码技术时，编码器需要事先构造词典，解码器要事先知道词典。采用动态辞典编码技术时，编码器将从被压缩的文本中自动导出词典，解码器解码时边解码边构造解码词典。

我们以图 3-12 中的例子来说明动态词典编码的基本思路。假设待压缩的数据流是 abcdxabcm，动态词典由当前已经编码的文本导出，假设当前已经编码了 abcdx，此时看到后续待编码的 abcm 时，发现字符串 abc 在动态字典中存在，于是将这个 abc 以压缩形式输出，如此就达到了压缩数据的目的。

1977 年，Jacob Ziv 和 Abraham Lempel 提出了 LZ77 算法，其论文描述了一种基于滑动窗口缓存的技术，该缓存用于保存最近刚刚处理的文本，而动态词典就是由滑动窗口内的文本构造出来的。LZ77 是动态词典编码方法的开创者，后来所有动态词典编码压缩方法都是基于 LZ77 进行改造和优化的，比如我们熟知的 GZip、WinZip、RAR、Compress 等都采用了 LZ 系列算法。

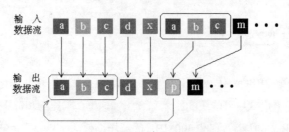

图 3-12　动态词典编码思路

LZ77 的压缩算法使用了滑动窗口和前向缓冲区的概念（图 3-13）。滑动窗口包含了前面处理过的若干源字符，前向缓冲区（Lookahead Buffer）包含了输入数据流中将要处理的所有后续字符。算法尝试将前向缓冲区的开始字符串与滑动窗口中的字符串进行最长匹配。如果没有发现匹配，前向缓冲区的第 1 个字符输出并且移入滑动窗口，滑动窗口中存在最久的字符被移出。如果找到匹配字符串，那么匹配字符串作为三元组输出<指针,长度,后续字符>。其中的指针指出了匹配字符串在滑动窗口中的起始位置（也可以将指针设置为两个匹配字符串的起始位置差值，代表两者的相对位置），长度标明匹配字符串的长度，后续字符则指出前向缓冲区中除去匹配字符串后的第 1 个字符。窗口经过这个处理逻辑不断右移就完成了压缩编码过程。

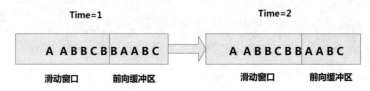

图 3-13　LZ77 思路

LZSS 对 LZ77 做出了改进，一个主要的改进点是：增加了最小匹配长度限制，当匹配字符串小于指定的最小匹配限制时，并不进行压缩输出，而是仍然滑动窗口右移一个字符。

LZSS 压缩过程的一个实例如图 3-14 所示。

位置	1	2	3	4	5	6	7	8	9	10	11
字符	A	A	B	B	C	B	B	A	A	B	C

步骤	位置	匹配串	输出
1	1	--	A
2	2	A	A
3	3	--	B
4	4	B	B
5	5	--	C
6	6	B B	(3,2)
7	8	A A B	(7,3)
8	11	C	C

图 3-14　LZSS 实例

在这个例子里，假定滑动窗口的大小为 10，指定最小匹配长度为 2，输入数据流为 AABBCBBAABC。在步骤 1，因为窗口内容为空，所以前向缓冲区中的首字符 A 没有任何匹配字符串，于是直接输出字符 A 本身；在步骤 2，窗口右移一个字符，第 1 个字符 A 进入滑动窗口，此时要对第 2 个位置的字符 A 进行编码，发现与滑动窗口中的 A 匹配，这里体现出 LZSS 和 LZ77 的不同，因为 LZSS 设定了最小匹配长度为 2，而此时匹配长度为 1，所以不满足条件，于是仍然只输出字符 A 本身作为编码，后续步骤与前两个步骤思路相同。当运行到步骤 6 的时候，此时前向缓冲区的剩余字符为 BBAABC，滑动窗口内的字符串为 AABBC，发现前向缓冲区的 BB 和窗口内字符串匹配，其匹配长度为 2，所以对其压缩编码(3,2)，其中 3 指的是匹配字符串起始位置的差值(即 6−3=3)，2 是匹配字符串的长度。其他步骤与此类似。

在实际实现 LZ 系列算法时，一个影响系统效率的步骤是如何快速地在滑动窗口中找到最长匹配字符串。这里一个常用的技巧是：将滑动窗口内字符串的各种长度片段存入哈希表，哈希表的值记载其滑动窗口的出现位置。比如假设滑动窗口内的字符串为 ABC，那么可以在哈希表中记录 AB、ABC、BC 字符串片段的起始位置。有时为了简化问题，可以设定字符串片段为固定长度，比如设定为 2，那么只需要存储 AB 和 BC 即可，这样当滑动窗口较长的时候便能有效地减少数据量。在进行匹配时，首先对前向缓冲区的起始字符串查询哈希表，如果在哈希表中找到，说明有匹配字符串，并可以直接定位其位置，在此基础上再进行最长匹配，这样能有效加快匹配速度。

3.5.2　Snappy

Snappy 在整体框架上基本遵循 LZSS 的压缩编码与解码方案。首先，Snappy 设定最小匹配长度为 4，即只有匹配长度大于等于 4 的字符串才进行压缩，相应地，其设定哈希表内的字符串片段固定长度也为 4。其输出字符串的压缩形式为<编码方案,匹配字符串起始位置差值,匹配字符串长度>。

除了上述的 LZSS 方案对应参数配置外，Snappy 做了一些相对独特的优化。比如其在压缩数据时，将整个数据切割成 32KB 大小的数据块分别进行压缩，数据块之间独立无关联，这样两个字节即可表示匹配字符串的相对位置。再比如与 LZSS 不同的是，其滑动窗口每次后移的长度为 4 而不是 1 等。参照 Snappy 源码并对照 LZSS 设计方案即可明了这些异同点。

3.6　Cuckoo 哈希（Cuckoo Hashing）

Cuckoo 哈希由 Rasmus Pagh 和 Flemming Friche Rodler 于 2001 年提出，使用它可以有效解决哈希冲突（Hash Collisions）问题。Cuckoo 哈希具有很多优良特性，比如可以在 $O(1)$ 时间复杂度查找和删除数据，可以在常数时间内插入数据等。其有大约 50% 的哈希空间利用率。

3.6.1 基本原理

传统哈希方法只使用一个哈希函数，为了较好地解决哈希冲突问题，Cuckoo 哈希同时使用两个不同的哈希函数 $H_1(x)$ 和 $H_2(x)$。当插入数据 x 时，同时计算 $H_1(x)$ 和 $H_2(x)$，如果对应的哈希空间中任意一个桶（Bucket）为空，则可以将 x 插入相应位置；如果两者都不空，则选择一个桶，将已经占据这个位置的值 y 踢出去，由 x 来占据这个位置。对于 y 来说，重复上述过程，即重新计算其对应的两个哈希函数 $H_1(y)$ 和 $H_2(y)$，如果有空桶，则将 y 插入新的位置，如果没有空桶，则踢出已经占据位置的 z，之后反复这个过程，直到所有数值都找到空桶安置。对于 Cuckoo 哈希来说，上述过程可能导致无限循环，一般做法是设定最大替换次数，当达到最大替换次数时，要么增加哈希空间中桶的数量，要么重新选择合适的哈希函数来替换之前的哈希函数。下面是 Cuckoo 哈希算法的伪码描述，与上面所述不同的是：分别对应两个哈希函数，其采用了两个存放哈希值的数组 T_1 和 T_2。

```
insert(x)
    if lookup(x) then
        return
    i=0;
    while  i< MaxLoop do
        if T₁[H₁(x)] := NIL then
            T₁[H₁(x)]=x;
            return
        x ↔ T₁[H₁(x)];//交换值

        if T₂[H₂(x)] :=NIL then
            T₂[H₂(x)]= x;
            return
        x ↔ T₂[H₂(x)]; //交换值
            i=i+1;
            end
            rehash();
    insert(x);
```

对于查找操作来说，只需要查找两个哈希函数映射到的哈希空间对应位置，要么存在要么不存在，是唯一确定的，所以可以在 $O(1)$ 时间内完成。与传统的哈希方式相比较，Cuckoo 哈希省去了当哈希冲突时进行冲突解决的过程，所以查找效率非常高。

Cuckoo 哈希有两种常见的变体：增加哈希函数个数或者每个桶可以存储多个数值，这两种变体都是为了提高哈希空间的桶利用率。上述基础 Cuckoo 哈希的桶利用率为 50%，当使用 3 个哈希函数的时候，桶利用率可以达到 91%，而当每个桶可以存放两个数值的时候，桶利用率可以达到 80%。

3.6.2 应用：SILT 存储系统

Cuckoo 哈希的优良性质，尤其是高效查找效率，使得其可以应用在大规模存储系统设计中。SILT

存储系统使用 Cuckoo 哈希的变体来作为外存数据的索引。SILT 的全称是"小索引大表"（Small Index Large Table），这是 CMU（美国卡内基·梅隆大学）设计的高效利用内存的高性能基于 Flash 的 KV 存储系统，其在 Flash 存储 KV 数据，在内存建立数据索引，其存储效率极高，单机可以存储十亿量级的数据并提供很高的读写性能。我们在此只介绍其是如何使用 Cuckoo 哈希的，对其整体架构感兴趣的读者可以参考本章参考文献[8]。

SILT 将 KV 数据顺序追加到存放在 Flash 的 Log 文件末尾，为了能够定位 KV 数据在 Log 文件的位置，在内存建立哈希表来记录 KV 数据在 Log 文件的索引。在内存索引部分 SILT 使用了 Cuckoo 哈希的变体，被称为"部分主键 Cuckoo 哈希"（Partial Key Cuckoo Hashing），为了便于描述，我们简称之为 SILT 哈希。

SILT 哈希大体和 Cuckoo 哈希相同，但是有两个优化点：其一是哈希空间的桶里不是存放 KV 数据的主键（Key），因为主键太长，所以 SILT 使用了较短的主键"标签"（Tag）来代替主键，这样可以大大减少内存空间占用量，这也是为何 SILT 能够单机存储十亿级别数据的关键之一。其二是如图 3-15 所示，对于某个主键 x 来说，假设其 $h_1(x)$ 对应的哈希空间位置是 a，$h_2(x)$ 对应的哈希空间位置为 b，Silt 哈希在 $h_2(x)$ 对应位置写入 a，$h_1(x)$ 对应位置写入 b，也就是说两个哈希函数相互将对方的哈希空间位置作为自己的标签，这是与 Cuckoo 哈希的第 2 个主要区别。为什么要这么做呢？这与第 1 个优化有关，因为第 1 个优化进行以后，存储的不是记录的主键而是标签，如果此时 Cuckoo 哈希需要替换掉某个主键 y 的时候，需要根据主键 y 重新计算哈希函数值寻找空桶，但是因为没有存储主键 y 而是存储的 y 的标签 t，所以此时需要先从 Flash 里读出标签 t 对应的主键 y，才能进行后续的操作，这明显效率是很低的。为了避免在 Cuckoo 哈希替换数据的时候读 Flash 操作，SILT 采取上述第 2 个优化操作，其核心思想是：如果某个位置要被替换，可以直接从位置存储的内容获得下一个应该存储的位置，这样就省去了读 Flash 的过程。举例来说，如果此时 $h_1(x)$ 位置需要被替换掉，此时读出 $h_1(x)$ 位置存储的值 b，位置 b 即为应该安排的新位置，所以读出 $h_1(x)$ 的内容并用其值替换掉哈希空间位置 b 的内容，即用内容 b 替换掉位置 b 原先的内容 a。这样就完成了一次替换操作。

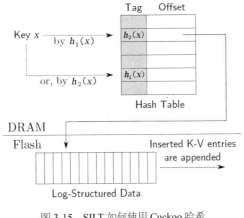

图 3-15　SILT 如何使用 Cuckoo 哈希

在 SILT 哈希中查找某个主键 x 的时候，根据 $h_1(x)$ 对应的标签判断其值是否与 $h_2(x)$ 存储内容相等，或者根据 $h_2(x)$ 对应的标签判断其值是否和 $h_1(x)$ 位置存储内容相等，如果相等，则说明找到了对应的内容，则可以到 Flash 对应位置读出其 Value 即可。

通过以上措施，SILT 哈希可以高效利用内存，同时也能保证极高的读/写效率。

参考文献

[1] Bloom Filter. http://en.wikipedia.org/wiki/Bloom_filter.

[2] Bloom Filter and its Application in DS. Tech Report. 2007 北京大学。

http://net.pku.edu.cn/~course/cs501/2007/ppt/09BloomFilter.pdf.

[3] William Pugh. Skip Lists: A Probabilistic Alternative to Balanced Trees. Communications of the ACM. CACM Volume 33 Issue 6, June 1990 Pages 668-676. 1990.

[4] Mendel Rosenblum, John K. Ousterhout . The Design and Implementation of a Log-Structured File System. ACM Transactions on Computer Systems.v10. 1991.

[5] 张俊林. Leveldb 日知录. http://www.samecity.com/blog/Index.asp.

[6] Merkle Tree. http://en.wikipedia.org/wiki/Merkle_tree.

[7] Satoshi Nakamoto. Bitcoin: A Peer-to-Peer Electronic Cash System. Tech Report.

[8] Hyeontaek Lim, Bin Fan, David G. Andersen and Michael Kaminsky. SILT: A Memory-Efficient, High-Performance Key-Value Store. in Proceedings of the 23rd ACM Symposium on Operating Systems Principles (SOSP'11). 2011.

[9] Jacob Ziv, Abraham Lempel, A Universal Algorithm for Sequential Data Compression, IEEE Transactions on Information Theory, 23(3):337-343, May 1977.

[10] 数据无损压缩. 张奇。

http://jkx.fudan.edu.cn/~qzhang/COMP130036/mm-ch04.ppt.

[11] Snappy Source Code. http://code.google.com/p/snappy/.

[12] P. Rasmus, F. Friche. "Cuckoo Hashing" Algorithms — ESA 2001. Lecture Notes in Computer Science 2161. pp. 121–133. 2001.

[13] Cockoo Hashing. http://en.wikipedia.org/wiki/Cuckoo_hashing.

4

集群资源管理与调度

晚上 9 点，技术经理、产品经理，还有一个算法工程师一起去吃晚饭。路边发现一个古怪的东西，原来是一盏神灯！点亮后，精灵出现了。

"为了感谢你们的救命之恩，我会满足你们每人一个心愿"精灵说。产品经理迫不及待："去 XX 的 PRD，我想每天都在夏威夷海滩上，喝美酒，看美女。"嗖的一声，他不见了。

接着，算法工程师觉得机不可失："哥，我再不想整天加班调参了，我希望能在宇宙中心五道口有两套房，睡一套，租一套，以后不用上班……"嗖的一声，他也不见了。

技术经理看着精灵，说："我想这两个家伙 22 点准时回公司加班！"

——佚名《公司那点事》

对于大型互联网公司来说，为了完成各种对外服务以及对内挖掘等各项任务，需要的硬件资源是以万计数的，具有较高成本，所以如何充分挖掘硬件资源潜力以及增加其利用率就成为节省成本的至关重要问题。

互联网公司往往会有各种类型的工作任务，比如有对外提供的各种服务，也有内部的挖掘与数据管理系统。即使是内部数据系统也可能需要多种不同类型的计算系统：适应实时计算的挖掘系统、适合交互查询场景的系统或者典型的批处理任务。面对多种各具特性的计算系统与框架，比较传统的资源管理方式采用的是静态资源划分方法，即将集群中的所有资源做出静态划分，将划分后的固定的硬件资源指定给固定的计算框架使用，各个框架之间各行其是，互不干扰。

静态资源划分方法是一种非常简便易行的资源管理方式，但是很明显资源的整体利用率不高，经常会出现集群中有些计算系统资源不足，但是有些计算系统存在大量闲置资源的情形。如何能够设计出好的资源管理与调度的策略和方法，使得整个集群的大量资源在能够实现更高资源利用率的同时加快所有计算任务的整体完成速度，这就是集群资源管理与调度系统的核心目标。

集群资源管理与调度策略相关研究方兴未艾，目前仍然处于技术摸索期，还远未达到成熟状态，但其发展趋势是很明显的：即在集群硬件层之上抽象出一个功能独立的集群资源管理系统，将所有可用资源当作一个整体来进行管理，并对其他所有计算任务提供统一的资源管理与调度框架和接口，计算任务按需向其申请资源，使用完毕释放给资源管理系统。这必将成为未来大数据处理系统整个体系架构中非常基础并重要的一环。

采用独立的资源管理与调度系统而非静态划分资源有如下好处。

其一，集群整体资源利用率高。由于所有资源统一管理与调度，可以根据不同计算任务的即时需要动态分配资源，所以基本上不会出现有些资源闲而不可用，有些计算任务却忙而资源不可得的不合理状况，极大地增加了资源利用率，降低硬件成本。

其二，可增加数据共享能力。如果是静态划分资源，对于有些共享的数据资源，需要分别在分配给不同计算任务的子集群中重复存储，而采用统一资源管理与调度系统，则所有资源对所有任务可用，所以只需存储一份即可，极大地增强了集群的数据共享能力。

其三，支持多类型计算框架和多版本计算框架。采用统一的资源管理与调度系统，不仅仅可以在其上运行批处理、流式计算、图计算等多种类型特点各异的计算系统，也可以支持多版本计算框架，这在互联网实际运营中是很重要的。比如说 Hadoop 1.0 版本升级，如果不能够支持多版本同时运行，则需要停止旧版本系统的服务，升级到新版本后重新启动服务，很难做到无缝平滑升级，而如果在同一资源管理与调度平台上则可以两者同时运行平稳切换，给运营带来极大便利。

4.1 资源管理抽象模型

本节从现有的各种资源管理与调度系统中（YARN、Mesos、Corona、Quincy 等）抽象出两个模型：资源管理的概念模型和通用架构。大部分资源管理系统都符合这两个抽象模型，但在具体实现细节上会有所不同。

4.1.1 概念模型

资源管理调度概念模型如图 4-1 所示。

图 4-1 展示了一个抽象的资源管理与调度系统的概念模型。从概念上讲，资源管理与调度系统的主要目的是将集群中的各种资源通过一定策略分配给用户提交到系统里的各种任务，常见的资源主要包括内存、CUP、网络资源与磁盘 I/O 资源 4 类。而这个概念模型主要强调三要素：资源组织

模型、调度策略和任务组织模型。不同的资源管理与调度系统基本遵循上述概念模型，但是具体在三要素的实现方式上有差异。

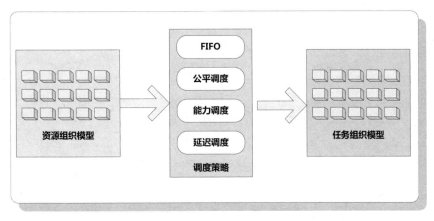

图 4-1　抽象的资源管理调度概念模型

资源组织模型的主要目标是将集群中当前可用的各种资源采用一定的方式组织起来，以方便后续的资源分配过程。一个常见的资源组织方式是将资源组织成多层级队列的方式，比如 Facebook 的 Corona 将资源组织模型建为 "all resource→group→pool" 三级队列结构。平级多队列以及单队列也是非常常见的资源组织模型，可以将其看作多层级队列结构的特殊组织形式。

调度策略负责以一定方式将资源分配给提交到系统的任务，常见的调度策略包括 FIFO、公平调度、能力调度、延迟调度等，具体的调度策略及其思想可以参考本章 4.4 节资源调度策略。

任务组织模型的主要目标是将多用户提交的多任务通过一定方式组织起来，以方便后续资源分配。Hadoop 1.0 中将任务按照平级多队列组织，Hadoop 2.0 中的能力调度器增加了层级队列的树形队列结构，以便用更灵活的方式管理任务队列。Quincy 作为微软 Dryad 系统的资源管理与调度系统，也采取了全局队列、机架队列及节点多队列的树形队列结构作为任务组织模型。

4.1.2　通用架构

图 4-2 展示了一个从各种实际资源管理调度系统中抽象出来的通用资源管理框架。

由图 4-2 可见，集群中每台机器上会配置节点管理器，其主要职责是不断地向资源收集器汇报目前本机资源使用状况，并负责容器的管理工作。当某个任务被分配到本节点执行时，节点管理器负责将其纳入某个容器执行并对该容器进行资源隔离，以避免不同容器内任务的相互干扰。

通用调度器由资源收集器和资源调度策略构成，同时管理资源池和工作队列数据结构。资源收集器不断地从集群内各个节点收集和更新资源状态信息，并将其最新状况反映到资源池中，资源池列出了目前可用的系统资源。资源调度策略是具体决定如何将资源池中的可用资源分配给工作队列的方法，常见的策略包括 FIFO、公平调度策略和能力调度策略等。资源调度策略模块往往是可插拔的，实际系统应用者可以根据情况设定符合业务状况的调度策略。当用户新提交作业时，其进入工作队列等候分配使其可启动的资源。

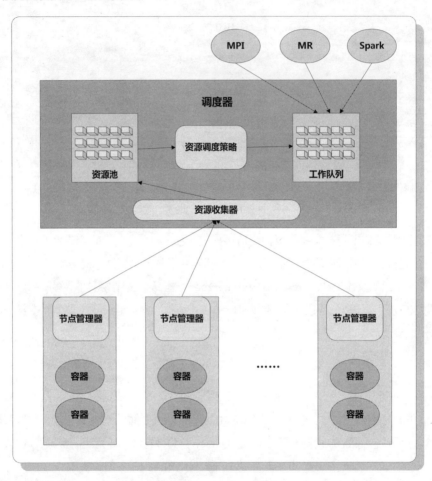

图 4-2　抽象的通用资源管理框架

4.2　调度系统设计的基本问题

要设计一个合理的资源管理与调度系统需要考虑很多方面，本节简述需要仔细权衡并做出选择的若干重要因素。

4.2.1　资源异质性与工作负载异质性

异质性往往指的是组成元素构成的多元性和相互之间较大的差异性。在资源管理与调度场景下，往往有两类异质性需要考虑：资源异质性和工作负载（Workload）异质性。

资源异质性是从系统所拥有的资源角度来看的，这对于大型数据中心来说是非常常见的现象。比如数据中心的机器很难保证采用完全相同的配置，总会有些机器高配置，拥有大量的内存和计算以及存储资源，也会有很多低配硬件。在做资源分配的时候，必须要考虑这种硬件的资源差异性，一般通过将资源分配单位细粒度划分为较小单元来解决这个问题。

从任务角度来看，另外一个需要考虑的是工作负载异质性，这对于大型互联网公司来说很常见，因为各种服务和功能特性各异，对资源的需求差异也很大。比如对外服务强调高可用性以及资源的充分优先保障，而后台运行的批处理作业往往是由很多短任务构成的，所以需要调度决策过程要尽可能快，等等。一个好的资源管理与调度系统要充分考虑实际应用场景，这样才能在满足业务需求的前提下，充分实现集群的高资源利用率。

4.2.2　数据局部性（Data Locality）

大数据场景下的一个基本设计原则是：将计算任务推送到数据所在地进行而不是反过来。因为海量数据分布在大规模集群的不同机器中，如果移动数据会产生大量低效的数据网络传输开销，而计算代码相比而言数量小得多，所以移动计算代码到数据所在地而非移动数据到计算任务所在地这种设计哲学在大数据场景下是非常常见的，这一般被称为"数据局部性"。

在资源管理与调度语境下，有 3 种类型的数据局部性：节点局部性（Node Locality）、机架局部性（Rack Locality）和全局局部性（Global Locality）。所谓节点局部性，是指可以将计算任务分配到数据所在的机器节点，这是数据局部性最优的一种情形，因为完成计算无须任何数据传输。机架局部性指的是虽然计算任务和所需数据分属两个不同的计算节点，但是这两个节点在同一个机架中，这也是效率较高的一种数据局部性，因为机架内机器节点间网络传输速度要明显高于机架间网络传输速度。其他的情况则属于全局局部性，此时需要跨机架进行网络传输，会产生较大的网络传输开销。

对于一个好的资源调度策略来说，应该尽可能保证节点局部性，即使不能保证这点也应尽可能追求机架局部性，这样才能压缩计算成本，尽快完成计算任务。当然，在以上两者都无法满足的情况下，资源调度系统也会通过网络传输将数据进行迁移来完成计算任务，虽然相对低效，但也远胜于资源空置。

4.2.3　抢占式调度与非抢占式调度

在面临多用户多任务调度场景下，面对已分配资源，资源管理调度系统可以有两种不同类型的调度方式：抢占式调度与非抢占式调度。

抢占式调度是指对于某个计算任务来说，如果空闲资源不足或者出现不同任务共同竞争同一资源，调度系统可以从比当前计算任务优先级低的其他任务中获取已分配资源，而被抢占资源的计算任务则需出让资源停止计算，在后续步骤中继续重新申请新资源来完成后续计算，有时甚至需要废弃已经完成的计算任务重新执行。Omega 调度系统采用了抢占式调度方式。

非抢占式调度则只允许从空闲资源中进行分配，如果当前空闲资源不足，则须等待其他任务释放资源后才能继续向前推进。Mesos 采用了非抢占式调度。

一般而言，对于强调高优先级任务执行效率的调度策略来说，往往会采纳抢占式调度方式，以此来保证这些任务即使在资源不足的情况下也能快速完成。而对于更强调资源分配公平性的调度策略来说，往往会采纳非抢占式调度方式。

4.2.4　资源分配粒度（Allocation Granularity）

大数据场景下的计算任务往往由两层结构构成：作业级（Job）和任务级（Task）。一个作业由多个并发的任务构成，任务之间的依赖关系往往形成有向无环图（DAG），典型的 MapReduce 任务则是一种比较特殊的 DAG 关系。

此时资源调度系统面临资源分配粒度问题，一种极端的情况是需要将作业的所有所需资源一次性分配完成，这常被称为"群体分配"（Gang Scheduler）或者"全分或不分"（All-or-Nothing）策略。MPI 任务就是一种典型的需要采纳群体分配策略的任务类型。

另外一种分配粒度是采取增量满足式分配策略，即对于某个作业来说，只要分配部分资源就能启动一些任务开始运行，随着空闲资源的不断出现，可以逐步增量式分配给作业其他任务以维持作业不断地向后推进，以 MapReduce 为代表的批处理任务一般采用增量满足式分配策略。

有一种特殊的增量满足式分配策略被称作"资源储备"（Resource Hoarding）策略。这是指只有分配到一定量的资源作业才能启动，但是在未获得足够资源的时候，作业可以先持有目前已分配的资源，并等待其他作业释放资源，这样从调度系统不断获取新资源并进行储备和累积，直到分配到的资源量达到最低标准后开始运行。采取"资源储备"策略的调度，在作业启动前，已分配给该作业的资源一直处于闲置状态。

4.2.5　饿死（Starvation）与死锁（Dead Lock）问题

如果资源管理与调度策略设计不当，会出现计算任务"饿死"以及整个资源调度系统死锁问题，一个合理的资源调度系统应该尽量避免出现这两个问题。

所谓计算任务"饿死"现象，指的是这个计算任务持续长时间无法获得开始执行所需的最少资源量，导致一直处于等待执行的状态。比如在资源紧张的情形下，有些低优先级的任务始终无法获得资源分配机会，如果不断出现新提交的高优先级任务，则这些低优先级任务就会出现"饿死"现象。

死锁问题则是由于资源调度不当导致整个调度系统无法继续正常执行。比如上文提到的"资源储备"策略就有可能导致调度系统进入死锁状态。我们假设系统有两个作业 A 和 B，且两者都采用"资源储备"策略，最小启动作业所需资源为所有资源的 2/3，如果某时某刻两个作业各自被分配了所有资源的 1/2，那么此时整个调度系统就进入死锁状态。因为 A 和 B 在各自获得了整体资源的 1/2 后，此时已无空闲资源可分配，但是"资源储备"策略又会使得各自保持已分配资源不释放，所以 A 和 B 都在等待对方释放资源，这样整个调度系统就会处于停顿状态，无法正常继续进行。

由上述内容可见，调度系统出现死锁必然表现为某些作业处于"饿死"状态，但是有计算任务处于"饿死"情形并不一定意味着调度系统处于死锁状态。

4.2.6　资源隔离方法

相比 Hadoop 1.0 的 Map 和 Reduce 槽（Slot）的粗粒度资源分配方式，无论是 YARN 还是 Mesos 都采取了将各种资源（CPU、内存、网络带宽和 I/O 带宽）封装在容器中的细粒度资源分配方法，整个分布式资源管理系统封装了为数众多的资源容器，为了避免不同任务之间互相干扰，需要提供容器间的资源隔离方法。

目前对于资源隔离最常用的手段是 Linux 容器（Linux Container，LXC），YARN 和 Mesos 都采用了这种方式来实现资源隔离。LXC 是一种轻量级的内核虚拟化技术，可以用来进行资源和进程运行的隔离，通过 LXC 可以在一台物理主机上隔离出多个相互隔离的容器，目前有开源版本。LXC 在资源管理方面依赖于 Linux 内核的 cgroups 子系统，cgroups 子系统是 Linux 内核提供的一个基于进程组的资源管理的框架，可以为特定的进程组限定可以使用的资源。

Google 在 2013 年开源了自己开发使用的 Linux 容器 lmctfy 系统，这是 Google 的大规模资源管理系统 Borg 和 Omega 的重要组成部分，类似的项目还有 Cloud Foundry 的 Warden。

4.3　资源管理与调度系统范型

目前有多种实现资源管理与调度功能的实际系统，如果根据其宏观运行机制的不同进行分类，可以归纳出 3 种资源管理与调度系统范型：集中式调度器、两级调度器与状态共享调度器，三者的区别与联系可由图 4-3 看出。

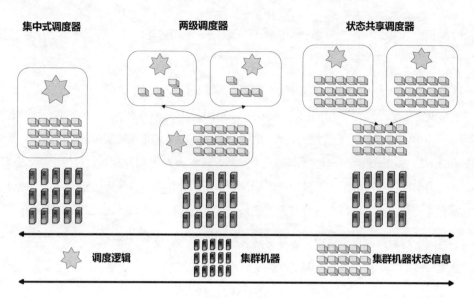

集中式调度器　　　　　　两级调度器　　　　　　状态共享调度器

调度逻辑　　　　　集群机器　　　　　集群机器状态信息

图 4-3　3 种资源管理与调度系统范型

4.3.1　集中式调度器（Monolithic Scheduler）

集中式调度器在整个系统中只运行一个全局的中央调度器实例，所有之上的框架或者计算任务的资源请求全部经由中央调度器来满足，因此，整个调度系统缺乏并发性且所有调度逻辑全部由中央调度器来实现。

集中式调度器又可以细分为两种类型，一种被称为单路径调度器（Single Path），另外一种被称为多路径调度器（Multi Path）。

所谓单路径调度器，是指不论计算任务是何种类型，都采取统一的调度策略来进行资源管理与调度，这种类型调度器在高性能计算系统（HPC）中非常常见，比如 Maui 以及 Moab 等系统都采用此种方式。这种方式的基本调度逻辑都是采用融合多种考虑因素来综合计算每个任务的优先级，然后按照任务的优先级来进行后续调度与资源分配。由上可见，单路径调度器完全按顺序调度任务而无并发性。

多路径调度器对单路径调度器做出了改进，可以支持多种调度策略，比如针对批处理类任务采取某种调度策略，对于在线服务类任务采取另外一种调度策略等。尽管这些调度策略都是由中央调度器来实现的，但是在具体实现时可以根据任务类型来进行不同策略的分支选择，这类似于程序语言中的 Switch-Case 分支路径判断，所以被称为多路径调度器。Google 在开发使用 Borg 调度系统之前即采用多路径调度器来进行资源的统一管理，这种调度器可以通过多线程等方式实现一定程度的并发性。

总体而言，集中式调度器由于将所有调度逻辑全部融入中央调度器，所以实现逻辑复杂，系统可扩展性差，支持不同类型的调度策略缺乏灵活性。另外，这种方式的并发性能较差，比较适合较小规模的集群系统。对于大规模集群来说整体调度性能会成为整个系统运行的瓶颈，因为大规模集群意味着巨大的工作负载和更多的任务，尤其是在有些调度与资源分配决策执行时间长的情形下，缺乏并行性会导致工作负载达到一定程度后调度系统工作饱和，后续任务会进入较长时间的等待过程，严重影响整体调度性能。

4.3.2　两级调度器（Two-Level Scheduler）

顾名思义，两级调度器将整个系统的调度工作划分为两个级别：中央调度器和框架调度器。中央调度器可以看到集群中所有机器的可用资源并管理其状态，它可以按照一定策略将集群中的所有资源分配给各个计算框架，中央调度器级别的资源调度是一种粗粒度的资源调度方式，各个计算框架在接收到所需资源后，可以根据自身计算任务的特性，使用自身的调度策略来进一步细粒度地分配从中央调度器获得的各种资源。在这种两级架构中，只有中央调度器能够观察到所有集群资源的状态，而每个框架并无全局资源概念，只能看到由中央调度器分配给自己的资源。Mesos、YARN 和 Hadoop On Demand 系统是 3 个典型的两级调度器系统。

与集中式调度器相比，两级调度器由于在计算框架层面存在第二级资源调度，而这可以提供一种比较天然的并发性，所以整体调度性能较好，也适合大规模集群下的多任务高负载计算情形，具有较好的可扩展性。但是由于中央调度器的存在，使得这种并发是一种悲观并发控制，即中央调度器在做出将某些资源分配给哪个框架的决策过程中，必须依次顺序进行，并需要对目前待决策的资源加锁以避免不同框架的资源申请冲突。而这种悲观并发性会影响系统的整个并发性能。

Mesos 在具体实现中央调度器调度策略时，会更倾向于考虑在不同框架之间分配资源的公平性。这一点可以看作 Mesos 希望中央调度器以公平优先，而系统效率则由第二级的框架调度器来按需保证。Mesos 这种两级调度器比较适合各种不同框架具有类似工作负载且以短作业为主的任务，比如虽然是不同计算框架但都是短作业的批处理任务；而在工作负载异质性较大的场景下不能保证调度效率，比如若是长作业和短作业混合的工作负载，长作业有被"饿死"的风险：因为长作业往往所需资源较多，而完成任务的短作业释放的资源不足以使得长作业开始进行，所以一旦短作业释放资源，很快就被其他短作业分走，导致长作业长时间得不到所需资源。

4.3.3　状态共享调度器（Shared-State Scheduler）

状态共享调度器是 Google 的 Omega 调度系统提出的一种资源管理与调度范型。在这种调度范型中，每个计算框架可以看到整个集群中的所有资源，并采用相互竞争的方式去获取自己所需的资源，根据自身特性采取不同的具体资源调度策略，同时系统采用了乐观并发控制手段解决不同框架在资源竞争过程中出现的需求冲突。这样，状态共享调度器在以下两方面对两级调度器做出了改进，一方面乐观并发控制增加了系统的并发性能，另外一方面每个计算框架可以获得全局的资源使用状况信息。当然，这种自由竞争资源的方式也有其相应的代价：如果系统中存在大量资源竞争冲突（即多个框架申请相同的资源），这种乐观并发控制在做出仲裁后，竞争失败者很可能需要重新执行任务，而这会造成大量的资源浪费。

与两级调度器对照可以看出，其实两者的根本区别在于中央调度器功能强弱不同。两级调度器依赖中央调度器来进行第一次资源分配，而 Omega 则严重弱化中央调度器的功能，只是维护一份可恢复的集群资源状态信息主副本，这份数据被称作"单元状态"（Cell State）。每个框架在自身内部会维护"单元状态"的一份私有并不断更新的副本信息，而框架对资源的需求则直接在这份副本信息上进行；只要框架具有特定的优先级，就可以在这份副本信息上申请相应的闲置资源，也可以抢夺已经分配给其他比自身优先级低的计算任务的资源；一旦框架做出资源决策，则可以改变私有"单元状态"信息并将其同步到全局的"单元状态"信息中去，这样就完成了资源申请并使得这种变化让其他框架可见。上述资源竞争过程是通过事务进行的，所以可以保证操作的原子性。

如果两个不同框架竞争同一份资源，因其决策过程都是各自在自己的私有数据上做出的，并通过原子事务进行提交，系统保证此种情形下只有一个竞争胜出者，而失败者可以后续继续重新申请资源，所以这是一种类似于 MVCC 的乐观并发控制手段，可以增加系统的整体并发性能。

由上所述可见，状态共享调度器将两级调度器的中央调度器功能弱化成了维护持久化可恢复的集群资源状态信息，只要所有框架具有关于相互之间优先级高低可比的共识，就可以采取自由竞争的方式实现抢占式整体资源管理与调度。从中不难看出，这是一种以效率优先，不太考虑资源分配公平性的策略，很明显高优先级的任务总是能够在资源竞争过程中获胜，而低优先级的任务存在由于长时间无法竞争到所需资源而被"饿死"的风险。类似 Omega 这种状态共享调度器是无法保证不同框架之间的资源分配公平性的，因为资源调度的公平性必然需要独立于计算框架之外的中央调度器来得到保证。

之所以 Google 的 Omega 采取这种类似从林法则的自由竞争策略，是考虑到其工作环境下的工作负载异质性：Omega 希望对于在线服务类应用能够优先提供各种资源保障，相对而言，后台批处理任务在资源方面即使优先级较低问题也不大。

上文简述了 3 种不同的资源管理与调度系统范型，可以看出，由集中式调度器到两级调度器再到状态共享调度器的发展过程，是一个逐步弱化中央调度器功能，而逐渐增强框架调度器自由度的过程。虽说在系统并发性方面有逐步并显著的改善，但我们更应该以不同范型适合不同应用场景这种角度来看待三者之间的差异。归纳起来，集中式调度器比较适合小规模集群下的资源调度与管理，两级调度器比较适合负载同质的大规模集群应用场景，而状态共享调度器则更适合负载异质性较强且资源冲突不多的大规模集群应用场景。

除此之外，从上述不同范型调度器发展过程可以得出如下结论：大规模数据处理系统的一个趋势是在硬件层之上的统一资源管理与调度系统，这是提高集群资源利用率的根本解决之道。而这个独立的资源管理与调度系统则应该是一个中央调度器提供弱服务，而框架调度器具有较大资源分配自由度的模式，这主要是由于随着集群规模的扩大，只有这种方式才能避免中央调度器成为调度瓶颈，以增强系统整体效率和扩展性，并由框架调度器提供各自所需的调度灵活性。所以这种模式必然会成为将来新调度系统的统一设计目标。

请您思考：很多跨领域的系统运行机制其实有其内在逻辑相似性，能否将 3 种资源管理与调度范型与宏观经济管理方式进行类比？

答案：集中式调度器类似于完全计划经济，两级调度器类似于大政府小市场的混合经济模式，状态共享调度器类似于小政府大市场的自由竞争经济模式。

4.4　资源调度策略

在多用户多作业的环境下，如何将集群资源在它们之间进行分配需要特定的策略。本节探讨目前常见的一些资源调度策略，其中 Hadoop 中已经实现了 FIFO、公平调度器和能力调度器；此外还介绍两种经常使用的改进调度策略。

4.4.1　FIFO 调度策略

FIFO 策略是最简单的资源调度策略，提交的作业按照提交时间先后顺序或者根据优先级次序将其放入线性队列相应位置，在资源调度时按照队列先后顺序，先进先出地进行调度与资源分配。FIFO 是 Hadoop 默认的调度策略，很明显这种策略过于简单，在多用户场景下，新加入的作业很容易出现长时间等待调度的现象。

4.4.2　公平调度器（Fair Scheduler）

公平调度器是 Facebook 为 Hadoop 开发的多用户多作业调度器。其将用户的任务分配到多个资源池（Pool），每个资源池设定资源分配最低保障和最高上限，管理员也可以指定资源池的优先级，优先级高的资源池会被分配更多的资源，当一个资源池资源有剩余时，可以临时将剩余资源共享给其他资源池。

公平调度器的调度过程如下。

首先，根据每个资源池的最小资源保障量，将系统中的部分资源分配给各个资源池。

其次，根据资源池的指定优先级将剩余资源按照比例分配给各个资源池。

最后，在各个资源池中，按照作业优先级或者根据公平策略将资源分配给各个作业。

公平调度器和能力调度器都是 Hadoop 常用的调度策略，与能力调度器相比，公平调度器有两个明显的区别。

其一，公平调度器支持抢占式调度，即如果某个资源池长时间未能被分配到公平共享量的资源，则调度器可以杀死过多分配资源的资源池中的任务，以空出资源供这个资源池使用。

其二，公平调度器更强调作业间的公平性。在每个资源池中，公平调度器默认使用公平策略来实现资源分配，这种公平策略是最大最小公平算法（Max-min fairness）的一种具体实现（参考下文 DRF 策略），可以尽可能保证作业间的资源分配公平性。

4.4.3　能力调度器（Capacity Scheduler）

能力调度器是 Yahoo 为 Hadoop 开发的多用户调度器，适合用户量众多的应用场景，与公平调度器相比，其更强调资源在用户之间而非作业之间的公平性。

它将用户和任务组织成多个队列，每个队列可以设定资源最低保障和使用上限，当一个队列的资源有剩余时，可以将剩余资源暂时分享给其他队列。调度器在调度时，优先将资源分配给资源使用率最低的队列（即队列已使用资源量占分配给队列的资源量比例最小的队列）；在队列内部，则按照作业优先级的先后顺序遵循 FIFO 策略进行调度。

4.4.4　延迟调度策略（Delay Scheduling）

准确地说，延迟调度策略不是一个独立的调度方式，往往会作为其他调度策略的辅助措施来增加调度的数据局部性，以此来增加任务执行效率。

延迟调度策略本身逻辑非常简单，但是对于增加数据局部性很有效，所以使用很广泛，在 Hadoop 的公平调度器和能力调度器及 Mesos 中都有采用。其基本调度思想如下：

对于当前被调度到要被分配资源的任务 i，如果当前资源不满足数据局部性，那么可以暂时放弃分配公平性，任务 i 不接受当前资源，而是等待后续的资源分配；当前资源可以跳过任务 i 分配给其他待调度任务 j，如果任务 i 在被跳过 k 次后仍然等不到满足局部性的资源，则放弃数据局部性，被迫接受当前资源来启动任务执行。

4.4.5　主资源公平调度策略（Dominant Resource Fair Scheduling）

主资源公平调度策略（简称 DRF）是 Mesos 中央调度器采用的公平调度策略，也是最大最小公平算法的一个具体体现。最大最小公平算法的基本思想是：最大化目前分配到最少资源量的用户或者任务的资源量。这个算法常常用来对单个资源进行公平分配，而 DRF 则将其扩展到了多个资源的公平分配场景下。

对于每个用户，DRF 计算分配给这个用户的所有资源的各自分享量（Share），而一个用户的各个资源分享量中的最大值被称作"主分享量"（Dominant Share），"主分享量"对应的资源被称为这个用户的"主资源"（Dominant Resource）。不同用户可能拥有不同的"主资源"，比如一个用户是运行计算密集型任务，那么他的"主资源"是 CPU；而另外一个用户运行 I/O 密集型计算，则其"主资源"为磁盘带宽。DRF 旨在使得不同用户的各自"主分享量"最大化地保持公平。

假设系统共有 9 个 CUP 和 18 GB 内存资源，而此时有两个用户进行资源请求，用户 A 的每个任务的资源需求量为<1CPU,4 GB>，用户 B 的每个任务的资源需求量为<3CPU,1 GB>。在这个场景下，用户 A 的每个任务消费了 1/9 的总 CPU 量以及 4/18 的总内存量，而用户 B 的每个任务消费了 3/9 的总 CPU 量和 1/18 的总内存量，所以用户 A 的"主资源"是内存而用户 B 的"主资源"是 CPU。经过 DRF 算法，可以保证"主资源"在两个用户之间的分配平衡，最终使得用户 A 启动 3 个任务而用户 B 启动 2 个任务，这样每个用户获得同样的"主分享量"，即用户 A 占用 2/3 的内存而用户 B 占用 2/3 的 CPU。

至于如何达到这点，后文有述。在讲述其分配策略之前，我们可以首先形式化上述 DRF 例子的资源分配问题如下。

我们使用 x 和 y 分别代表 DRF 启动用户 A 和用户 B 的任务数量，这样用户 A 获得的资源总量为<x CPU,4x GB>，用户 B 获得的资源总量为<3y CPU,y GB>，分配出去的 CPU 总数为（x+3y）CPU 和（4x+y）GB 内存，另外用户 A 和用户 B 的"主分享量"分别为 4x/18 和 3y/9。所以，DRF 可以将资源分配问题转换为如下约束条件下的优化问题。

$$\max(x,y) \qquad \text{（最大化资源分配）}$$

约束条件：

$$(x+3y) \leqslant 9 \qquad \text{（约束条件 1：CPU 约束）}$$

$$(4x+y) \leqslant 18 \qquad \text{（约束条件 2：内存约束）}$$

$$\frac{4x}{18} = \frac{3y}{9} \qquad \text{（约束条件 3："主分享量"公平约束）}$$

通过求解，可知答案为 x=3 和 y=2。

假设系统中有 n 个用户，m 种资源，下列算法 1 列出了 DRF 策略的伪码以说明其策略流程，因注释详细，此处不赘述其流程细节，读者可自行分析。

算法 1[伪码]：DRF 策略

```
R=⟨r₁,…,rₘ⟩                          //总资源量,m 是资源种类数量
C=⟨c₁,…,cₘ⟩                          //已消费资源量，初始为 0
sᵢ(i=1,…,n)                          //用户 i 的"主分享量"，n 为用户个数，初始为 0
Uᵢ=⟨uᵢ,₁,…,uᵢ,ₘ⟩(i=1,…,n)            //分配给用户 i 的资源数量，初始为 0

选择最小"主分享量"的用户 i
Dᵢ←用户 i 下一任务资源需求量
If  C+Dᵢ≤R then                      //如果资源充足
    C=C+Dᵢ                           //更新已消费资源量
    Uᵢ=Uᵢ+Dᵢ                         //更新用户 i 的已分配资源量
    sᵢ = maxⱼ₌₁ᵐ{uᵢ,ⱼ / rⱼ}          //更新用户 i 的"主分享量"
Else
    Return                           //资源不足
End if
```

根据上述 DRF 策略流程，再回到上文举的两用户例子，其对应的调度过程及资源的动态分配过程可以参考表 4-1。

表 4-1　DRF 调度实例

调度过程	用户 A		用户 B		CPU 总分配量	内存 总分配量
	资源分享量	主分享量	资源分享量	主分享量		
用户 B	⟨0,0⟩	0	⟨3/9,1/18⟩	1/3	3/9	1/18
用户 A	⟨1/9,4/18⟩	2/9	⟨3/9,1/18⟩	1/3	4/9	5/18
用户 A	⟨2/9,8/18⟩	4/9	⟨3/9,1/18⟩	1/3	5/9	9/18
用户 B	⟨2/9,8/18⟩	4/9	⟨6/9,2/18⟩	2/3	8/9	10/18
用户 A	⟨3/9,12/18⟩	2/3	⟨6/9,2/18⟩	2/3	1	14/18

除了上文所述常见的几种调度策略，还有若干种针对 Hadoop 的改进资源调度策略，包括资源感知调度策略（Resource Aware Scheduling）、动态优先级调度策略（Dynamic Priority Scheduling）、最长时间预估调度策略（Longest Approximate Time to End）以及约定截止时间调度策略（Deadline Constrain Scheduling）等，对其机理感兴趣的读者可以参考本章参考文献[8]。

4.5 Mesos

Mesos 是美国加州大学伯克利分校 AMPLab 实验室推出的资源管理与调度系统，从其范型来讲是一个典型的两级调度器。Mesos 的设计哲学吸收了类似操作系统中微内核的思想，在中央调度器一级采取极简功能和极小接口，只是根据一定策略决定分配给各个框架多少资源，将数据局部性保证等具体资源调度策略下推到各个框架，这样可以减少中央调度器的负载，增加调度效率，同时也因为其极简设计策略，使得中央调度器支持将来新出现的框架改动最小化，增加了调度系统的可扩

展性和健壮性。

Mesos 的整体架构如图 4-4 所示，其采用了典型的"主-从"架构。中央调度器由多个主控服务器（Master）构成，通过 ZooKeeper 可以保证当正在工作的主控服务器出现故障时，备用主控服务器（Standby Master）可以快速将管理工作接替过来，以此增加整个调度系统的健壮性。

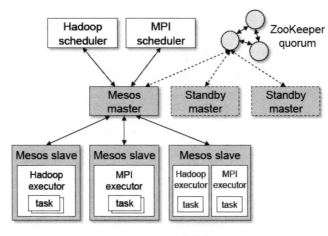

图 4-4　Mesos 整体架构

主控服务器使用"资源供应"（Resource Offers）来将集群内的资源分配给各个计算框架，每份"资源供应"代表了一部分集群内可用的资源列表（包括内存、CPU 等）。主控服务器通过"资源供应"决定为每个框架提供多少资源，每个框架自身的二级调度器做更细致的任务间资源分配。为了增加灵活性，Mesos 中央调度器的调度策略模块（Allocation Module）设置成可插拔的，系统管理者可以按需设置中央调度策略，同时 Mesos 提供了公平调度策略（DRF 策略）和优先级调度策略两种不同类型的调度方式。

每个计算框架需要向 Mesos 注册两个接口：框架调度器（Scheduler）和执行器（Executor）。框架调度器起到两级调度器中的第二级调度器的功能，中央调度器将"资源供应"提交给框架调度器，框架调度器再按照自己的资源分配策略将其分配给自身的任务。执行器运行在集群中的从节点（Mesos Slave）中执行具体任务，执行器相互之间的资源隔离由 Mesos 通过 Linux Container 来获得保证。

图 4-5 展示了 Mesos 通过"资源供应"来分配集群资源的例子。首先，1 号从节点（Slave 1）向主控服务器汇报其有 4 个 CUP 和 4 GB 内存资源可用，主控服务器触发资源分配模块，由其分配策略告知主控服务器应该将所有资源分配给框架 1（步骤 1）。在步骤 2，Mesos 将这份资源封装为"资源供应"并将其传给框架 1 的调度器。框架 1 的调度器运行二级调度策略，将这份资源分配给两个任务，其中任务 1 分配了 2 个 CPU 和 1GB 内存，任务 2 分配了 1 个 CUP 和 2GB 内存（步骤 3）。

然后，Mesos 将这两个任务分配给 1 号从节点，由从节点实际分配这些资源给对应任务并启动执行器执行任务，同时从节点还提供任务运行的资源隔离管理（步骤 4）。因为 1 号从节点提供的资源还有剩余，Mesos 中央调度器还可以继续将其分配给框架 2。通过这种方式，Mesos 实现了一个典型的两级调度器。

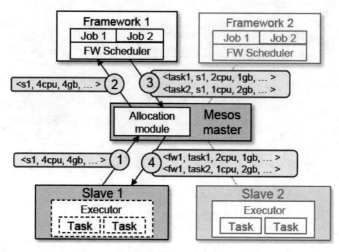

图 4-5　Mesos 资源调度实例

为了保证中央调度器功能和接口的极简化以增加系统的健壮性和可扩展性，Mesos 不支持计算框架指定资源要求或者约束条件（比如框架指定要在某些机器上运行以增加数据局部性），即计算框架只能被动接受被分配的资源，这样很难保证数据局部性。为了缓解这一点，Mesos 提供了两项改进措施：框架可拒绝所分配资源以及增加"过滤器"（Filter）机制。

计算框架在接收到"资源供应"后，可拒绝接收不满足需求的资源而继续等待后续资源分配，以此来使得二级调度器可以支持更加灵活高效的调度策略，但是这样会带来新的问题：Mesos 如果通过交互反复被多个计算框架拒绝，那么资源分配效率会很低下。为了提升分配效率，计算框架可以向中央调度器注册"过滤器"，过滤器对框架希望接收的资源做出了描述，比如可以描述："只从机器列表 L 中提供资源"或者"只接收资源量超过 R 的机器列表"这两种类型的过滤条件。通过这种方式，即可增加中央调度器和二级调度器之间的交互效率。

以上内容介绍了 Mesos 的整体架构和调度机制，其采用类似于操作系统微内核思想而设计的中央调度极简化逻辑是非常重要的，这对于调度系统的效率、健壮性以及可扩展性都非常关键。Mesos 比较适合不同框架任务同质化场景，尤其是大部分都是短作业的情景（比如 Hadoop 等批处理任务），因为从上述描述可知，Mesos 是不支持抢占式调度的，资源分配出去后只能等待任务运行结束后自行释放，如果是大量短作业，那么资源释放速度较快，这样总有新资源可分配，对于后续的任务来说可以较快获得资源，避免长时间等待。

4.6　YARN

　　YARN 是 Hadoop 2.0 的重要组成部分，也被称作 MRV2，其全称是"另一个资源协调器"（Yet Another Resource Negotiator），顾名思义，其是一个独立的资源管理系统。MRV2 与 MRV1 相比，最大的改变就是抽象出 YARN 这个独立资源调度系统。在 MRV1 中，所有任务的资源管理以及生命期管理都由全局唯一的 JobTracker 来负责，造成了 JobTracker 功能繁复，成为整个 Hadoop 系统的瓶颈，严重限制了系统的可扩展性，之前报道 MRV1 系统最大能支持的集群规模为 4 000 台服务器。另外，JobTracker 还存在单点失效问题，当 JobTracker 故障时，整个 Hadoop 集群不可用。而 MRV2 将资源管理和任务生命期管理功能分离，由 YARN 的"资源管理器"（Resource Manager，RM）负责整个集群的资源管理功能，每个任务都单独有一个"应用服务器"（ApplicationMaster，AM）来负责完成任务所需资源的申请管理与任务生命周期管理功能。这样的功能分离有若干好处：极大地增强系统可扩展性，YARN 的设计目标为支持 10 000 以上节点集群规模；系统可用性增强，不会再有 JobTracker 故障导致整个集群不可用的情况；大大增加了集群资源利用率，可以部署除 MR 任务之外的其他计算框架，同时共享底层硬件资源。

　　从资源管理系统范型来说，YARN 同 Mesos 一样，是个典型的两级调度器，其中 RM 类似于 Mesos 中的主控服务器，充当中央调度器功能。每个任务的 AM 类似于 Mesos 中的二级调度器。AM 负责向 RM 申请作业所需资源，并在作业的众多任务中进行资源分配与协调。从整体架构和各个架构的组成构件来说，YARN 与 Mesos 都有很大的共性，但是两者之间也有明显的区别，比如 YARN 的中央调度器支持"抢占式调度"以及 AM 可以在向 RM 申请资源时提出明确的数据局部性条件等。

　　YARN 的整体架构图如图 4-6 所示，其最主要的构件包括：唯一的资源管理器（RM）、每个作业一个的"应用服务器"（AM）以及每个机器一个的"节点管理器"（Node Manager，NM）。

　　RM 负责全局的资源管理工作，其内部主要功能部件包括：调度器、AM 服务器（AMService/ApplicationMasters，AMS）、Client-RM 接口以及 RM-NM 接口。调度器主要提供各种公平或者能力调度策略，支持可插拔方式，系统管理者可以制定全局的资源分配策略。Client-RM 接口负责按照一定协议管理客户提交的作业；RM-NM 接口主要和各个机器的 NM 通过心跳方式进行通信，以此来获知各个机器可用的容器资源以及机器是否产生故障等信息；AMS 负责系统内所有 AM 的最初启动与运行状态管理。

　　与 Mesos 不同，YARN 的 RM 支持"抢占式调度"，当集群资源稀缺时，RM 可以通过协议命令 AM 释放指定的资源。另外，AM 在资源请求信息内也可以明确指明数据局部性偏好，一个典型的资源请求包括如下信息。

　　（1）所需容器个数，比如指明需要 200 个容器。

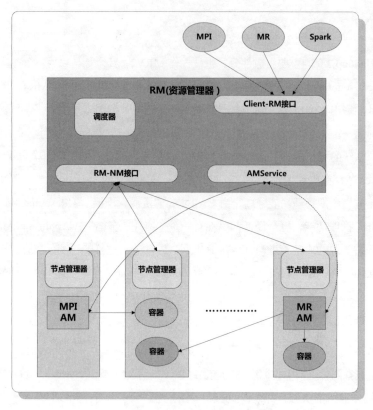

图 4-6　YARN 整体架构

（2）每个容器所含资源数量，比如指明<2GB RAM,1 CPU>。

（3）数据局部性偏好。

（4）应用内部任务的优先级信息。

　　AM 的功能类似于 MRV1 的 JobTracker，负责向 RM 申请启动任务所需的资源，同时协调作业内各个任务的运行过程。尽管其功能有特殊性，但是其运行过程也像普通的任务一样运行在某台机器的容器内。RM 的 AMS 负责为作业的 AM 申请资源并启动它，使得整个作业能够运转起来，之后的各种任务管理工作都交由 AM 来负责。AM 作为二级调度器，也负责任务间资源分配时的数据局部性等优化调度策略。

　　NM 是 YARN 中在每台机器上都部署的节点管理器，主要负责机器内容器资源的管理，比如容器间的依赖关系、监控容器执行以及为容器提供资源隔离等各种服务等。在 NM 启动后向 RM 进行注册，之后通过心跳方式向 RM 汇报节点状态并执行 RM 发送来的命令。同时，NM 也接收 AM 发来的命令，比如启动或者杀死某个容器内运行的任务等。

　　为了更清楚地说明 YARN 中的任务执行过程，用图 4-7 展示了这一流程。

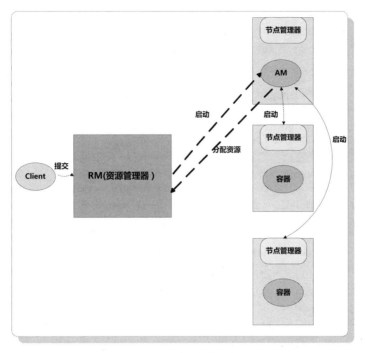

图 4-7　YARN 中的任务执行过程

由图 4-7 可见：

（1）用户通过客户端向 YARN 提交作业。

（2）RM 通过调度器申请资源，用于启动运行作业的 AM；如果申请到，则 AMS 负责通知节点管理器在相应容器内启动执行 AM。

（3）AM 负责将作业划分为若干任务，并向 RM 请求启动任务所需的资源；RM 接收到请求后，通过调度器分配资源，找到合适的容器后，将这些资源信息返回给 AM。

（4）AM 根据资源信息，在任务间优化资源分配策略，确定后直接与资源所在的节点管理器联系，在对应的容器中启动任务，节点管理器负责容器的资源隔离。

（5）AM 在部分任务执行完成后逐步向 RM 释放所占资源。

如上所述，YARN 是一个典型的两级调度器，RM 担当中央调度器功能，支持"抢占式调度"，AM 担当二级调度器的功能。与 Mesos 比较，由于 Hadoop 的广泛流行，再加上 YARN 代表了 Hadoop 的未来发展趋势，所以相比而言更活跃，发展前景更乐观。目前已经有很多大数据计算框架已经移植到 YARN 平台下，比如 MR、流式计算系统 Storm 和 Samza、图计算系统 Giraph、DAG 计算系统 Tez 等，相信越来越多的计算框架会逐步移植到 YARN 上，使得 YARN 成为一个名副其实的支持多种大数据计算框架的基础资源管理平台。

参考文献

[1] Vinod Kumar Vavilapalli etc. Apache Hadoop YARN: Yet Another Resource Negotiator. ACM Symposium on Cloud Computing, Oct 1-3, 2013.

[2] M. Schwarzkopf, A. Konwinski, M. Abd-El-Malek, and J. Wilkes. Omega: flexible, scalable schedulers for large compute clusters. In Proceedings of the 8th ACM European Conference on Computer Systems, EuroSys '13, pages 351–364, New York, NY, USA, 2013. ACM.

[3] B. Hindman, A. Konwinski, M. Zaharia, A. Ghodsi,A. D. Joseph, R. Katz, S. Shenker, and I. Stoica. Mesos: a platform for fine-grained resource sharing in the data center. In Proceedings of the 8th USENIX conference on Networked systems design and implementation, NSDI'11, pages 22–22, Berkeley, CA, USA, 2011. USENIX Association.

[4] Facebook Engineering Team. Under the Hood:Scheduling MapReduce jobs more efficiently with Corona. http://on.fb.me/TxUsYN, 2012.

[5] YARN .http://hortonworks.com/hadoop/yarn/.

[6] Hadoop on Demand . http://hadoop.apache.org/docs/r1.0.4/cn/hod.html.

[7] GhodsiI, A., Zaharia, M., Hindman, B., Konwinski, A., Shenker, S., and Stoica, I. Dominant resource fairness: fair allocation of multiple resource types. In Proceedings of NSDI (2011), pp. 323–336.

[8] B.Thirumala Rao, LSS Reddy; "Survey on Improved Scheduling in Hadoop MapReduce in Cloud Environments"; International Journal of Computer Applications Vol.34, Issue 9, pp-29-33, November, 2011.

[9] ISard, M., Prabhakaran, V., Currey, J., Weieder, U., Talwar, K.,and Goldberg, A. Quincy: fair scheduling for distributed computing clusters. In Proceedings of SOSP (2009).

[10] Zaharia, M., Borthakur, D., Sen Sarma, J.,Elmeleegy, K., Shenker, S.,and D Stoica, I. Delay scheduling: A simple technique for achieving locality and fairness in cluster scheduling. In Proceedings of EuroSys (2010),pp. 265–278.

[11] 集群资源管理. http://dongxicheng.org/。

[12] Lmctfy. https://github.com/google/lmctfy/.

[13] linux container. http://lxc.sourceforge.net.

5

分布式协调系统

那片笑声让我想起

我的那些花儿

在我生命每个角落

静静为我开着

我曾以为我会永远

守在她身旁

今天我们已经离去

在人海茫茫

她们都老了吧

她们在哪里呀

我们就这样

各自奔天涯

啦.... 想她

啦.... 她还在开吗

啦.... 去呀

她们已经被风吹走

散落在天涯

——朴树《那些花儿》

大规模分布式系统中需要解决各种类型的协调需求，以动态配置管理为例，当系统中新加入一个进程或者物理机，如何能够自动获得配置参数？当配置项被某个进程或者物理机改变时，如何实时通知被影响的其他进程或机器？其他类型的协调工作还有很多，比如下列问题。

- 当主控服务器发生故障时，为了使系统不至瘫痪，如何能够快速从备份机中选出新的主控服务器？
- 当分布式系统负载过高时，可以动态加入新机器通过水平扩展来进行负载均衡，此时分布式系统如何自动探测到有一台新机器加入进来？如何自动向其分配任务？
- 如何在分布式环境下实现锁服务？
- 如何在多个进程或者机器之间实现任务同步，比如所有进程同时在某个时间点开始或者结束？
- 如何判断集群中某台机器是否依然存活？
- 如何快速构建生产者-消费者消息队列？

以上这些问题本质上都是分布式环境下的协调管理问题。相信读者在阅读完本章内容后，会对上述问题有一个清晰的解决方案。本节主要讲述大规模分布式系统下的协调管理，目前比较著名的系统包括 Google 的 Chubby 分布式锁服务和 Yahoo 的 ZooKeeper 协调系统，本章介绍这两者的体系架构、基本设计理念、关键设计思路以及典型应用场景。

5.1 Chubby 锁服务

Chubby 是 Google 公司研发的针对分布式系统协调管理的粗粒度锁服务，一个 Chubby 实例大约可以负责 1 万台 4 核 CPU 机器相互之间对资源的协同管理。这种锁服务的主要功能是让众多客户端程序进行相互之间的同步，并对系统环境或者资源达成一致认知。

从其定位来看，首先 Chubby 是一种锁服务，即通过对数据加锁的方式来实现各种分布式环境下的资源协调问题。比如对于很多应用来说，从多个服务器中选择某个服务器作为领导者是常见的应用场景，Chubby 的锁服务可以通过多个服务器竞争某个数据的锁来实现，竞争成功的服务器持有锁并成为领导者，同时可以将其相应信息写入数据中使其对其他竞争者可见。其次，Chubby 是一种"粗粒度"锁，所谓"粗粒度"指的是锁的持有时间比较长，反之如果锁的持有时间较短（秒级别）则被称为细粒度锁。比如上述领导者选举场景，Chubby 可能允许领导者在几小时甚至数天的时间段内一直充当该角色。粗粒度锁的好处是因为锁持有时间长，所以对锁服务器请求的负载较低，可以支持更高的并发度。

Chubby 的设计哲学是强调协调系统的可靠性与高可用性及语义易于理解，而不追求处理读/写请求的高吞吐量及在协调系统内存储大量数据。认识这点很重要，因为具体的设计方案都是围绕着这个设计理念而来的，此处强调这个理念便于读者理解其为何采取如文中所述的具体措施。

Chubby 的理论基础是 Paxos 一致性协议，Paxos 是在完全分布环境下，不同客户端能够通过交互通信并投票，对于某个决定达成一致的算法（技术细节可以参考第 2 章“数据复制与一致性”）。Chubby 以此为基础，但是也做了改造，Paxos 是完全分布的，没有中心管理节点，需要通过多轮通信和投票来达成最终一致，所以效率较低；Chubby 出于系统效率考虑，增加了一些中心管理策略，在达到同一目标的情况下改善了系统效率。

5.1.1　系统架构

Chubby 服务由客户端链接的库程序和多个“Chubby 单元”构成，一般一个数据中心部署一套“Chubby 单元”。每个“Chubby 单元”通常包含 5 台服务器，通过 Paxos 协议选举的方式推举其中一台作为“主控服务器”，所有读/写操作都由主控服务器完成，其他 4 台作为备份服务器，在内存中维护和主控服务器完全一致的树形结构（这个树形结构里的内容即为加锁对象或者数据存储对象）。之所以做如此分工，主要是为了整个协调系统的高可用性，防止单台服务器死机后不能提供服务，所以多台机器可以在某台主控服务器不能提供服务时，由另外一台机器接管（见图 5-1）。

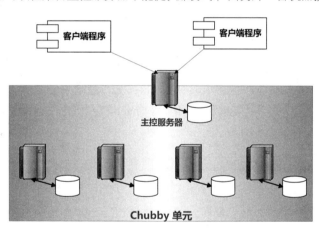

图 5-1　Chubby 体系结构

“主控服务器”由所有服务器选举推出，但是并非从始至终一直都由其担任这个角色，它是有“任期”的，此即“主控服务器租约”（Master Lease），一般长达几秒；在约定的租约期限内由选举出的服务器充当“主控服务器”，而备份服务器承诺在此期间不会选举其他服务器当“主控服务器”；当主控服务器“任期”期满后，系统会再次投票选举出新的“主控服务器”，如果无故障等异常情况发生，一般情况下系统还是尽量将租约交给原先的“主控服务器”；否则可以通过重新选举得到一个新的全局管理服务器，这样就实现了“主控服务器”的故障自动切换。如果备份服务器长时间发生故障，则 Chubby 会自动将另外一台机器加入系统并运行相关程序，由其来接任发生故障机器所应承担的角色，同时更新系统的 DNS 信息，将新机器的地址替换故障机地址；“主控服务器”会周期性地查询 DNS 信息，这样很快会发现某个备份服务器发生了变化，其会通过一致性协议将这一变化通知其他备份服务器。新加入的备份服务器可以根据保存在外存及其他备份服务器的信息获取自己需要维护的内存数据。

客户端通过嵌入的库程序，利用 RPC 通信来和服务器进行交互，对 Chubby 的读/写请求都由"主控服务器"来负责。"主控服务器"遇到数据更新请求后，会更改在内存中维护的管理数据，通过改造的 Paxos 协议通知其他备份服务器对相应的数据进行更新操作并保证在多副本环境下的数据一致性；当多数备份服务器确认更新完成后，"主控服务器"可以认为本次更新操作正确完成。其他所有备份服务器只是同步管理数据到本地，保持数据和"主控服务器"完全一致；当备份机器接收到读/写请求时，会通过告知客户端"主控服务器"地址的方式将请求转发给"主控服务器"。本节的 Chubby 与下节（第 5.2 节"ZooKeeper"）要讲述的开源协调系统 ZooKeeper 相比，可以看出在此处两者设计思想有重大差异，即 ZooKeeper 强调系统的高吞吐而 Chubby 并不追求这一点。

5.1.2 数据模型

从客户端程序来看，Chubby 类似于文件系统的目录和文件管理系统，并在此基础上提供针对目录和文件的锁服务。Chubby 的文件主要存储一些管理信息或者基础数据，Chubby 要求对文件内容一次性地全部读完或者写入，这是为了尽可能地抑制客户端程序写入大量数据到文件中，因为 Chubby 的目的不是数据存储，而是对资源的同步管理，所以不推荐在文件中保存大量数据。同时，Chubby 还提供了文件内容或者目录更改后的通知机制，客户端可以订阅某个文件或目录，当文件内容和子目录发生变化或者一些系统环境发生变化时，Chubby 会主动通知这些订阅该文件或目录的客户端，以使得这种信息变化得以及时传播。

图 5-2 展示了 Chubby 由树形结构的层级目录和文件构成的管理数据。比如某个目录节点的名称为：LS/foo/wombat/punch，其中 LS 是整个系统中最高层级的目录，代表锁服务（Lock Service），foo 是某个 Chubby 单元的名称，而 wmbat/punch 则是这个 Chubby 单元管理的树形目录结构。

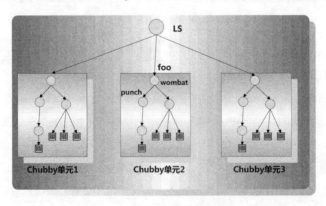

图 5-2 Chubby 的树形目录结构

Chubby 在这个树形目录结构中提供了很多管理功能，比如针对某个目录或者文件的加锁服务，针对目录或者文件的访问权限控制，文件内容存取以及事件通知机制。通过这种结构，可以有效实现分布式系统中的同步协同和资源管理功能。

5.1.3　会话与 KeepAlive 机制

这里的会话（Session）指的是客户端和主控服务器之间建立的联系通道，而会话的维持是由周期性进行握手的 KeepAlive 机制保证的，即通过两者之间不断的 KeepAlive 通信来延续会话。客户端初次和服务器建立联系时形成会话，当客户端主动关闭或者因为故障被动放弃时会话结束。每次会话也有相应的租约，在租约时间段内服务器保证不会单方面将会话终止。

Chubby 的会话机制工作如下：客户端向主控服务器发出 KeepAlive 消息（一个 RPC 调用），服务器在接收到 KeepAlive 消息后，阻塞这个 RPC 调用，直到客户端原先的租约接近过期为止。此时，服务器解除 RPC 阻塞，KeepAlive 调用返回，同时服务器通知客户端说你拥有一个新的租约；客户端在接收到返回信息后立即再次向服务器发出 KeepAlive 消息，如此循环往复，就形成了靠 KeepAlive 消息，客户端不断拥有新租约来延续两者之间会话的机制。

5.1.4　客户端缓存

为了减少客户端和服务器之间的通信量，Chubby 允许客户端在本地缓存部分服务器数据，而由 Chubby 来保证缓存数据和服务器端数据完全一致。在很多情况下，客户端所需数据从本地缓存即可读出，这样大大减轻了客户端对服务器的通信压力。为了保持数据一致性，"主控服务器"维护一个缓存表，记录了哪个客户端缓存了什么数据信息；当"主控服务器"接收到某项数据的修改请求时，首先阻塞这个修改数据请求，并查询该缓存表，通知所有缓存该数据的客户端该数据从此无效；客户端在接收到通知后向服务器确认收到该通知，当"主控服务器"接收到所有相关客户端的确认信息后继续执行数据修改请求操作。

上文所述是关于 Chubby 的主要设计理念和设计思路，在具体实现时，Chubby 最初是在 Berkeley Db 基础上构建而成的，后期对此进行了改写，用自造代码替换了 Berkeley Db 的功能。出于容错考虑，每个"Chubby 单元"的主控服务器每隔几个小时将自己维护的内存数据进行快照操作并将快照内容存储到另外一个数据中心的 GFS 文件系统中；之所以要放到另外一个数据中心，是因为本数据中心的 GFS 节点依赖这个 Chubby 单元选举主节点，这样可以避免循环依赖的问题。

在 Google 的 GFS 文件系统中，Chubby 被用来选举哪台服务器作为"主控服务器"。在 BigTable 中，则在多处使用该系统：选举"主控服务器"；"主控服务器"用此服务来发现其他数据存储服务器；客户端程序根据 Chubby 找到"主控服务器"以及在 Chubby 中存储部分管理数据，等等。

5.2 ZooKeeper

ZooKeeper 是 Yahoo 开发并开源出的一套可扩展高吞吐分布式协调系统，目前已经在各种 NoSQL 数据库及诸多开源软件中获得广泛使用。正确地使用 ZooKeeper 可以很方便地解决各种分布式系统的管理协调问题，本节主要介绍这一协调系统的设计架构及相应的使用场景。

5.2.1 体系结构

ZooKeeper 是一个高吞吐的分布式协调系统，同一时刻可以同时响应上万个客户端请求。ZooKeeper 服务由若干台服务器构成（见图 5-3），每台服务器内存中维护相同的类似于文件系统的树形数据结构（参考 5.2.2 节"数据模型"），其中的一台通过 ZAB 原子广播协议选举作为主控服务器，其他的作为从属服务器。客户端可以通过 TCP 协议连接任意一台服务器，如果客户端是读操作请求，则任意一个服务器都可以直接响应请求；如果是更新数据操作（写数据或者更新数据），则只能由主控服务器来协调更新操作；如果客户端连接的是从属服务器，则从属服务器会将更新数据请求转发到主控服务器，由其完成更新操作。

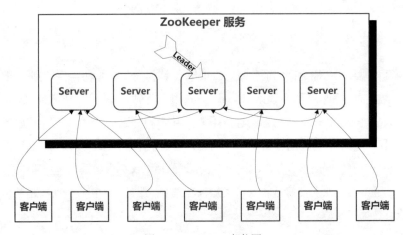

图 5-3 ZooKeeper 架构图

主控服务器将所有更新操作序列化（客户端通过 TCP 协议连接，所以可以保证客户端请求的顺序性，同时系统内所有更新操作都需要经过主控服务器，这两点可以保证更新操作的全局序列性），利用 ZAB 协议将数据更新请求通知所有从属服务器，ZAB 保证更新操作的一致性及顺序性。所谓顺序性，指的是从属服务器的数据更新顺序和主控服务器的更新顺序是一样的。这个一致性协议采用简单的多数投票仲裁（Majority Quorums）方式，这意味着只有多数投票服务器存活，ZooKeeper 才能正常运行，即如果有 $2f+1$ 台服务器，则最多可以容忍 f 台服务器产生故障。如多数从属服务器向主控服务器确认更新成功，则可以通知客户端本次更新操作成功。

ZooKeeper 的任意一台服务器都可以响应客户端的读操作，这是为何其吞吐量高的主要原因。

Chubby 在这点上与 ZooKeeper 不同，所有读/写操作都由主控服务器完成，从属服务器只是为了提高整个协调系统的可用性，即主控服务器发生故障后能够在从属服务器中快速选举出新的主控服务器。在带来高吞吐量优势的同时，ZooKeeper 这样做也带来潜在的问题：客户端可能会读到过期数据，因为即使主控服务器已经更新了某个内存数据，但是 ZAB 协议还未能将其广播到从属服务器。为了解决这一问题，在 ZooKeeper 的接口 API 函数中提供了 Sync 操作，应用可以根据需要在读数据前调用该操作，其含义是：接收到 Sync 命令的从属服务器从主控服务器同步状态信息，保证两者完全一致。这样如果在读操作前调用 Sync 操作，则可以保证客户端一定可以读取到最新状态的数据。

服务器在响应读/写请求时，都会返回客户端一个渐增的 zxid 编号，客户端在后续请求中会将这个 zxid 附带在读/写请求中，这个编号代表了这个服务器目前所见到的更新操作的最高编号。如果一个客户端从某个服务器切换连接到了另外一个服务器，新服务器会保证给这个客户端看到的数据版本不会比之前的服务器数据版本更低，这是通过比较客户端发送请求时传来的 zxid 和服务器本身的最高编号 zxid 来实现的。如果客户端请求 zxid 编号高于服务器本身最高 zxid 编号，说明服务器数据过时，则其从主控服务器同步内存数据到最新状态，然后再响应读操作，如此即可保证这一点。

ZooKeeper 通过"重放日志（Replay log）"结合"模糊快照（Fuzzy Snapshot）"来对服务器故障进行容错。"重放日志"在将更新操作体现在内存数据之前先写入外存日志中避免数据丢失；而所谓"模糊快照"，指的是在周期性对内存数据做数据快照时，并不对内存数据加锁，而是用深度遍历的方式将内存中的树形结构转入外存快照数据中，这样就存在着在做数据快照时内存数据可能发生变化而本次快照数据并未体现出这一变化的问题，这便是称之为"模糊"的原因。因为 ZooKeeper 可以保证数据更新操作是"幂等的"，即只要保证操作执行顺序不变，即使多次执行同一操作对最终结果也没有影响，所以即使"模糊快照"没有体现最新的内存数据状态，但是在服务器故障恢复时，加载进"模糊快照"并根据"重放日志"重新执行一遍操作，系统就会恢复到最新状态。

5.2.2　数据模型（Data Model）

与 Chubby 一样，ZooKeeper 的内存数据模型类似于传统的文件系统模式，由树形的层级目录结构构成（见图 5-4），其中的节点被称作 Znode。Znode 可以是文件，也可以是目录，如果是目录的话还可以有子目录。如果是文件的话，一般需要整体完成读/写操作的小文件，这与 Chubby 一样是出于避免应用将协调系统当作存储系统来用，当然，在 ZooKeeper 中也可以存储适当数量的配置文件。

Znode 节点有两种类型：持久节点和临时节点（Chubby 也是如此）。持久节点不论客户端会话情况，一直存在，只有当客户端显式调用删除操作才会消失。而临时节点则不同，会在客户端会话结束或者发生故障的时候被 ZooKeeper 系统自动清除。客户端可以将节点设置为观察标识，这样当节点内容发生变化（对目录来说，是其子节点发生变化）时 ZooKeeper 会通知客户端。另外，节点属性可以设置为自增属性（SEQUENTIAL），即 ZooKeeper 会自动将顺序编号赋予节点名字。

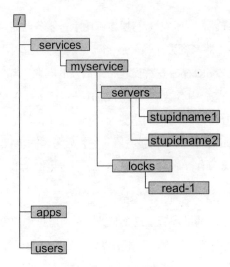

图 5-4　ZooKeeper 的数据模型

5.2.3　API

　　ZooKeeper 提供了简单的操作原语供应用使用，这些操作原语类似于文件系统的调用接口，含义很清楚，所以不一一解释。不过这里需要再次强调 sync 操作的语义：其含义是通知客户端连接到的那个 ZooKeeper 服务器，将其内存数据库内容从其他服务器同步到最新状态，这是为了避免读到过期数据。其中 3 个接口：getData、exists 和 getChildren 可以设置观察标识，如果观察标识 watch 设置为真，则当节点内容发生变化时，ZooKeeper 会主动通知客户端进程，但是并不会将变化内容数据本身推送过来，客户端接收到通知后，可以重新读取节点内容来获取最新的信息。

ZooKeeper API 接口

```
String create(path, data, acl, flags);

void delete(path, expectedVersion);

Stat setData(path, data, expectedVersion);

(data, Stat) getData(path, watch);

Stat exists(path, watch);

String[] getChildren(path, watch);

void sync(path);
```

5.2.4　ZooKeeper 的典型应用场景

　　ZooKeeper 被广泛使用在各种分布式数据存储与管理系统中，应用开发者可以组合 ZooKeeper

提供的接口原语来完成各种分布环境下的协调工作。本节简述其最主要的几种应用场景。

1. 领导者选举（Leader Election）

分布式系统中一种经典的体系结构是主从结构（Master-Slave），主控服务器负责全局管理控制工作，而从节点负责具体的任务计算或者数据存储管理工作。其优点是架构清晰功能分工明确，但是如果主控服务器只由一台服务器负责，则存在单点失效问题：主控服务器发生故障会导致整个系统不可用。所以为了防止单点失效，往往会采取一主一备或者一主多备，当主控服务器发生故障后，由某台备机接管主控服务器功能成为新的主控机，而这一般被称为领导者选举，ZooKeeper 是解决这类问题的常见解决方案。

ZooKeeper 在实现领导者选举时，将临时节点 Z_l 设置为领导者专用节点(比如图 5-5 所示的 leader 节点），节点内容中存储领导者的地址信息及其他辅助信息。每个进程（或者机器）执行以下逻辑实现领导者选举过程。

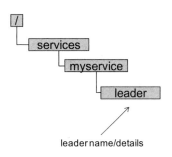

图 5-5　ZooKeeper 领导者节点

进程 p 读取 Z_l 内容并设置观察标识，如果读取操作成功，说明目前已有领导者并可从读取结果中获得领导者相关信息；如果读取失败，说明目前无领导者，则进程 p 试图自己创建该节点（临时节点方式），并将自己的相关信息写入。如果创建并写入成功则 p 成为领导者，其他非领导者因为设置了观察标识，所以 ZooKeeper 会通知所有非领导者说领导者发生了变化，非领导者可以读取 Z_l 内容获取最新领导者信息。如果领导者发生故障，因为创建的是临时节点，所以 Z_l 会失效，这样其他非领导节点会收到变化通知，可以按照上述流程继续竞争成为继任领导者。下面的 Python 代码体现了这一选举过程。

代码（Python）：ZooKeeper 领导者选举

```
handle = zookeeper.init("localhost:2181", my_connection_watcher, 10000, 0)
(data, stat) = zookeeper.get(handle, "/services/myservice/leader", True);
if (stat == None)
      path = zookeeper.create(handle, "/services/myservice /leader",
      hostname:info,       [ZOO_OPEN_ACL_UNSAFE], zookeeper.EPHEMERAL)
      if (path == None)    #未成功
```

```
                    (data, stat) = zookeeper.get(handle, "/services/myservice /leader",
True)
                #其他服务器是领导者
                #从 leader 节点读取并解析领导者地址信息
            else
                #啊哈，我是领导者！：）
        else
            #其他服务器是领导者
            #从 leader 节点读取并解析领导者地址信息
```

2. 配置管理（Configuration Management）

ZooKeeper 可以用来进行配置信息的动态管理，典型的配置管理流程如图 5-6 所示。配置文件存储在 ZooKeeper 的某个节点 Z_c 中，分布式系统中的客户端进程在启动时从 Z_c 中读取配置信息，并设置观察标记。若配置文件内容在以后被改变，客户端进程会接收到 Z_c 的变化通知，可以再次读取 Z_c 节点内容以捕获变化点并同时再次设置观察标记，这样以后每次配置文件的变化客户端都可以及时收到通知。

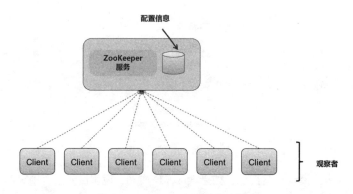

图 5-6　ZooKeeper 用来进行配置管理

3. 组成员管理（Group Membership）

组成员管理的任务目标是动态监控一个组内成员的变化情况，比如有成员加入群组或者离开群组。一个典型的应用场景，比如工作服务器（Worker）的动态添加与故障发现，如果整个系统工作负载太大，可以新增工作服务器来进行负载均衡，而主控服务器如何自动发现新加入的机器则是组成员管理问题；同理，如果某个工作服务器发生故障，主控服务器如何尽快发现这一状况也是组成员管理问题。所以组成员管理问题在分布式环境下是非常常见的。

ZooKeeper 可以利用临时节点来进行组成员管理（见图 5-7）。首先我们应该意识到：临时节点的特点是，如果创建这个节点的客户端会话结束或者是发生故障，ZooKeeper 会自动清除掉临时节点。为了进行组成员管理，可以在 ZooKeeper 中指定一个节点 Z_g 代表某个群组，当某个组成员加入群组时，在 Z_g 节点下创建临时子节点 Z_p，可以以组成员自己的名字作为 Z_p 节点的名字，这样根据不同

的名字就可以标志不同的组成员；也可以在创建时加上 SEQUENTIAL 标志，这样 ZooKeeper 会自动
为每个组成员生成不同的名字。负责组成员管理的监控进程可以调用 getChildren（fullpath+Z_g,True）
来获知 Z_g 下的所有成员信息，其观察标志设为真，这样当有后续的新节点加入或者节点退出群组的
时候会获得通知消息。如果某个组成员发生故障，则其对应的子节点会被清除，监控进程也会通过
通知获知这一情况。这样就能完成组成员的动态管理工作。

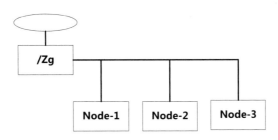

图 5-7　利用 ZooKeeper 进行组成员管理

4．任务分配

在分布式环境下，将不同的任务负载分别分配到多台可用服务器也是一个比较常见的问题。使
用 ZooKeeper 可以比较方便地实施这一过程，如图 5-8 所示。

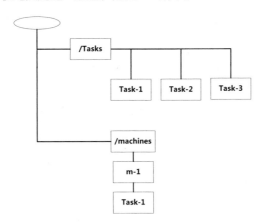

图 5-8　使用 ZooKeeper 进行任务分配

对于监控进程来说，可以创建任务队列管理节点 tasks，所有新进入系统的任务都可以在 tasks
节点下创建子节点，监控进程观察 tasks 节点的变化。当有新增任务 task-j 时 ZooKeeper 通知监控进
程，监控进程找到新增任务并将其分配给机器 i，然后在 machines 目录下对应的 m-i 节点创建子节点
task-j，这意味着将 task-j 任务分配给了机器 m-i。每台工作服务器在 machines 节点下创建对应子节
点，并监听这个子节点的变化，当 m-i 发现有新增子节点 task-j 时说明有新分配的任务，可以读出任
务信息并执行任务；在执行完 task-j 后，机器 m-i 将 machines/m-i 下的 task-j 子节点删除，也同时删
除 tasks 节点下的 task-j 子节点,代表任务已经执行完成,监控进程通过监听 tasks 可以获知这一情况。

通过这种方式可以在监控进程和不同服务器间相互同步来完成任务的分配工作。

5. 锁管理（Locks）

虽然ZooKeeper不像Chubby一样是显式的锁服务，但也可以利用其提供的原语构造锁服务功能。一种使用ZooKeeper实现排他锁思路的代码如下。

代码（伪码）：ZooKeeper实现排他锁

```
Lock
1: n = create(l + "/lock-", EPHEMERAL|SEQUENTIAL)
2: C = getChildren(l, false)
3: if n is lowest znode in C, exit
4: p = znode in C ordered just before n
5: if exists(p, true) wait for watch event
6: goto 2

Unlock
1: delete(n)
```

如果有多个进程希望获得锁，可以在 ZooKeeper 中设立节点 l 作为锁标记。每个进程在这个节点下创立以 lock-作为名字开头的临时自增节点，这样各个进程按照建立子节点的先后顺序在名字上进行了编号，第 1 个建立子节点的名字为 lock-1，第 2 个为 lock-2……依此类推。如果当前进程 w 发现自己的编号是 l 节点下的最小编号节点，那么它就获得了锁（Lock 函数里的语句 3）；否则进程 w 判断节点 l 下的子节点队列中，是否存在编号比自己小 1 的子节点 q，并设置观察标识，此时进程 w 未获得锁，进入等待状态。如果子节点 q 在释放锁后进程 w 会获得 ZooKeeper 的通知，之后进程 w 判断自己是否为最小编号节点，如果是则获得锁。释放锁的方法很简单，只要进程删除自己设立的子节点即可。

从以上流程可以看出，竞争锁的进程按照节点 l 下的子节点编号由小到大的顺序依次获得锁，而且每个进程在竞争到锁的过程中只需要被通知唤醒一次即可达到目的。

上面介绍的是排他锁，是否能够利用ZooKeeper实现读/写锁呢？即如果是写锁，则是排他的，如果是读锁，其他读进程也可以获得锁来向后推进任务，也就是说，读并发、写排他。答案是：可以用ZooKeeper实现读/写锁。具体逻辑见下列代码。

代码（伪码）：ZooKeeper实现读/写锁

```
Write Lock
1: n = create(l + "/write-", EPHEMERAL|SEQUENTIAL)
2: C = getChildren(l, false)
3: if n is lowest znode in C, exit
4: p = znode in C ordered just before n
5: if exists(p, true) wait for event
```

```
6 : goto 2

Read Lock
1: n = create(l + "/read-", EPHEMERAL|SEQUENTIAL)
2 : C = getChildren(l, false)
3 : if no write znodes lower than n in C, exit
4 : p = write znode in C ordered just before n
5 : if exists(p, true) wait for event
6 : goto 3

Unlock
1: delete(n)
```

写锁因为是排他的,所以其逻辑和上述排他锁是一样的,唯一的区别是其创建的子节点以"write"字符串开头,即以 "write/read" 作为分辨进程是读还是写的区分标记。至于读锁的话, 在对自己是否能够获得锁进行条件判断时, 要看未获得锁且编号小于自己的其他进程中是否有写锁。如果没有写锁, 则直接可以获得锁, 即实现了读-读并发。如果有编号小于自己的写锁, 则监听队列前面距离自己最近的那个写锁, 当其释放锁后自己就可以获得锁了。通过这种方式就实现了写锁排他、读锁并发的要求。

6. 双向路障同步（Double Barrier）

所谓路障同步, 是指多个并发进程都要到达某个同步点后再继续向后推进, 图计算中的 BSP 模型就是一个典型的路障同步算法, 只有所有并发进程的上一轮计算都完全到达同步点后才能开始下一轮计算。MapReduce 计算模型在 Map 阶段和 Reduce 阶段之间也存在路障同步。如果对路障同步打个比方的话, 就好比百米赛跑的起跑线和发令枪就是比赛的同步点, 只有当所有参赛队员都到达起跑线并听到发令枪响才能开始赛跑。所谓双向路障同步, 指的是所有并发进程在开始和结束都需要进行路障同步, 即只有特定数目的进程都到达同步点才各自开始运行和最终结束。

ZooKeeper 可以用来进行并发进程的双向路障同步, 其典型流程如下:我们用 ZooKeeper 中的某个节点 Z_b 来代表路障, 每个并发进程 p 通过在 Z_b 下创建子节点 Z_p 来表示自己已经到达同步点, 而在离开的时候通过删除 Z_p 表示自己准备离开。如果要对所有进程的开始运行时间进行路障同步, 进程 p 可以在创建节点后判断 Z_b 下的节点个数是否达到一定标准, 如果达到了, 说明足够多的其他进程已经进入同步点, 同步条件已经满足, 则可以开始运行, 如果未达到则继续等待;如果要对所有进程的结束时间进行路障同步, 则进程 p 在删除了自己创建的节点 Z_p 后判断 Z_b 下的节点个数是否为 0, 如果是, 说明所有进程都已经准备好离开, 则同步条件满足可以结束, 否则等待 Z_b 下的节点个数达到 0 为止。

5.2.5　ZooKeeper 的实际应用

ZooKeeper 作为最常用的分布式环境下的协调系统, 已经被广泛使用。下面介绍部分有一定影响力的开源系统使用 ZooKeeper 的具体应用场景。

- ZooKeeper 在 HBase 的使用场景包括主控服务器选举与主备切换，作为配置管理在 ZooKeeper 中存储系统启动信息，发现新的子表服务器及侦测子表服务器是否依然存活等。
- Twitter 的流式计算系统 Storm 利用 ZooKeeper 作为主控进程和工作进程状态信息存储场所，使得即使系统出现故障，也可以将进程快速切换到备份机运行。
- 资源管理系统 Mesos 利用 ZooKeeper 对主控服务器进行领导者选举与主备机器自动切换，避免主控服务器单点失效。
- Yahoo 的 Pub-Sub 消息服务系统 Hedwig 也在多处使用了 ZooKeeper，其中包括存储配置文件、消息话题（Topic）的领导者选举及自动发现新加入成员等。
- SolrCloud 作为利用 Solr 和 ZooKeeper 构建的分布式搜索集群，也在多处使用了 ZooKeeper，包括索引文件的配置信息存储、集群状态信息的存储及集群成员机器发现与管理等。
- LinkedIn 的 Pub-Sub 消息系统 Kafka 在以下场景使用 ZooKeeper：自动发现新添加的消息服务器（Broker）和消息消费者（Consumer）；在消息服务器间进行自动负载均衡；在 ZooKeeper 里保存消费者和消息队列的映射关系及消费者当前消费信息在消息队列的位置等。
- Katta 是搭建在 Lucene 之上的可扩展分布式索引系统，它使用 ZooKeeper 来做主控服务器和索引服务器的成员自动管理及任务分配，使用领导者选举来进行主控服务器的主备切换以及索引服务器工作状态等配置信息管理。

以上仅仅列出了部分使用 ZooKeeper 的开源系统，如果仔细分析，这个列表还可以列得很长。总而言之，ZooKeeper 是个使用非常广泛的分布式协调系统，掌握其使用对于设计开发分布式系统有非常大的帮助。

参考文献

[1] M. Burrows. The chubby lock service for loosely-coupled distributed systems. In *OSDI* '06: Proceedings of the 7th symposium on Operating systems design and implementation, pages 335-350, Berkeley, CA, USA, 2006. USENIX Association.

[2] T. Chandra, R. Griesemer, and J. Redstone. Paxos made live: An engineering perspective. In Proceedings of the 26th annual ACM symposium on Principles of distributed computing (PODC), Aug. 2007.

[3] Patrick Hunt, Mahadev Konar, Flavio P. Junqueira and Benjamin Reed. ZooKeeper: Wait-free coordination for Internet-scale systems. In USENIX Annual Technical Conference.2011.

[4] Flavio P. Junqueira, Benjamin C. Reed, and Marco Serafini. Zab: High-performance broadcast for primary-backup systems. DSN-DCCS, 2011.

[5] Zookeeper. http://zookeeper.apache.org/.

[6] Katta. Katta - distribute lucene indexes in a grid. http://katta.wiki.sourceforge.net/, 2008.

[7] Solr. http://lucene.apache.org/solr/.

[8] Storm. http://storm-project.net/.

[9] kafka. http://kafka.apache.org/.

6

分布式通信

小时候
乡愁是一枚小小的邮票
我在这头
母亲在那头

长大后
乡愁是一张窄窄的船票
我在这头
新娘在那头

后来啊
乡愁是一方矮矮的坟墓
我在外头
母亲在里头

而现在
乡愁是一湾浅浅的海峡
我在这头
大陆在那头

——余光中《乡愁》

分布式通信研究分布式系统中不同构件（子系统或者进程）之间的信息交换机制。这里我们并非讲解传统"计算机网络"课程中常讲的七层网络协议，而是讲解在应用层之上的大数据系统中不同构件之间的常见信息交换机制。我们从各种大数据系统中抽象归纳出 3 种常见的通信机制：序列化与远程过程调用、消息队列和多播通信。其中，序列化与远程过程调用的重点是网络中位于不同机器上进程之间的交互；消息队列的重点是子系统之间的消息可靠传递；多播通信是以 Gossip 协议为主，讲解 P2P 网络环境下如何实现信息的高效多播传输。这三者都是黏合子系统的有效工具，同时，它们对于减少大数据系统中构件之间的耦合，增强各自的独立演进有很大的帮助作用。在大数据系统设计中使用合适的通信机制有助于增强整个系统的灵活性和可扩展性。

6.1　序列化与远程过程调用框架

许多分布式系统是在进程间显示地进行消息交换的，这里面比较复杂的一点在于消息发送和接收时的通信过程管理，而通信细节的隐藏对于分布式系统中实现访问透明性是极为重要的，远程过程调用（Remote Procedure Call，RPC）即可简化这一通信过程。RPC 允许程序调用位于网络中其他机器上的进程，当机器 A 上的进程调用机器 B 上的进程时，A 上的调用进程被挂起，而 B 上的被调用进程开始执行，调用方可以通过参数将信息传递给被调用方，然后通过 B 上的进程返回的结果得到所需的信息。RPC 通过以上机制可以隐藏下层的具体通信过程，这大大简化并透明化了网络间进程调用过程，是大规模分布式系统中位于不同机器上进程间通信的黏合剂。

一般 RPC 框架会融合数据序列化与反序列化功能，以实现高效的数据存取与通信。很多应用直接使用 JSON 或者 XML 来作为数据通信的格式。相比较专门的序列化与反序列化框架来说，因为其必须反复传输相同的数据 Schema 信息，所以在通信效率方面不如专用序列化框架高。图 6-1 是一个集成了序列化与远程过程调用的简单框架，很多大数据系统在进程间远程通信时都基本遵循此框架流程。

图 6-1　RPC 与序列化框架

通用的序列化与 RPC 框架都支持以下特性：接口描述语言（Interface Description Language，IDL）、高性能、数据版本支持以及二进制数据格式。

本节讲解 3 个常用的序列化与 RPC 框架：Protocol Buffer（后文简称 PB）、Thrift 和 Avro。这三者已经被广泛集成到各种大数据处理系统中，可提供高效远程调用功能。

6.1.1　Protocol Buffer 与 Thrift

PB 是在 Google 内部广泛使用的序列化与 RPC 框架，是几乎所有 Google 服务的黏合剂，2008 年 Google 将 PB 开源。PB 官方版本支持 C++、Java、Python 和 JavaScript 这 4 种语言，随着系统开源，目前也支持很多其他语言的第三方插件。尽管 Google 内部版本的 PB 包含 RPC 框架实现，但是开源官方版本并未提供这一功能，仅提供了 RPC 调用接口，所以其开源版本被更多地应用于数据序列化方面，比如 ActiveMQ 就使用 PB 作为消息存取工具。与 JSON、XML 及 Thrift 等相比，PB 对数据的压缩率是最高的。

Thrift 则是 Facebook 开源出的序列化与 RPC 框架，在 Facebook 内部也得到了广泛的使用。Thrift 可以支持十几种常见编程语言，同时也直接提供 RPC 调用框架服务。因为 RPC 功能以及 IDL 语言比 PB 表达能力更强（Thrift 支持 List/Set/Map 复杂数据结构，PB 不支持），所以 Thrift 的使用场景更丰富，很多开源系统融入 Thrift 作为 RPC 构件，比如 Hadoop/HBase/Cassandra/Hypertable/ Scribe 等。

尽管在数据压缩率、RPC 框架实现以及 IDL 语言方面有差异，PB 和 Thrift 在使用流程方面大致相同。其流程一般如下。

首先，使用 IDL 定义消息体以及 PRC 函数调用接口。顾名思义，IDL 是与具体编程语言无关的接口描述语言，使用它可以定义调用方和被调用方都一致遵循的数据结构与接口。通过使用 IDL 语言，可以在调用方和被调用方编程语言之间实现解耦，比如调用方可以使用 C++，被调用方可以使用 Java，这样给整个应用的实现带来了极大的灵活性。

其次，使用工具根据上步的 IDL 定义文件生成指定编程语言的代码，比如执行下列语句：

```
thrift --gen java MyProject.thrift
```

就可以根据 MyProject.thrift 生成对应的 Java 代码。

最后，即可在应用程序中链接使用上一步生成的代码。对于 RPC 功能来说，调用方和被调用方同时引入后即可实现透明网络访问，如果调用方和被调用方采取不同的语言，只要分别根据 IDL 定义文件生成不同语言库即可实现两者的编码语言解耦。

为了更直观地理解 PB 和 Thrift 两者 IDL 的异同，图 6-2 展示了某个通讯录应用的 IDL 文件。

```
message Person {                              enum PhoneType {
    required  string  name = 1;                   MOBILE = 1,
    required  int32   id = 2;                     HOME = 2,
    optional  string  email = 3;                  WORK = 3
                                              }
    enum PhoneType {
        MOBILE = 0;                           struct PhoneNumber {
        HOME = 1;                                 1: string number,
        WORK = 2;                                 2: PhoneType type = 2
    }                                         }

    message PhoneNumber {                     struct Person {
        required string number = 1;               1: string name,
        optional PhoneType type = 2 [default = HOME];   2: i32 id,
    }                                             3: string email,
                                                  4: set<PhoneNumber> phone
    repeated PhoneNumber  phone = 4;          }
}
                                              struct AddressBook {
message AddressBook {                             1: list<Person> person
    Repeated Person  person = 1;                  }
    }

            PB IDL                                    Thrift IDL
```

图 6-2　PB 和 Thrift IDL 比较

6.1.2　Avro

Avro 是 Apache 开源的序列化与 RPC 框架，使用在 Hadoop 的数据存储与内部通信中。Avro 使用 JSON 作为 IDL 定义语言，可以灵活地定义数据 Schema 及 RPC 通信协议，提供了简洁快速的二进制数据格式，并能和动态语言进行集成。

Avro 的 IDL 语言不仅支持常见的基本数据类型，也能够支持 Record、Array、Map 等复杂数据类型，所以有很强的数据描述能力。数据 Schema 使用 JSON 描述并存放在数据文件的起始部分，数据以二进制形式存储，这样进行数据序列化和反序列化时速度很快且占用额外存储空间很少。对于 RPC 通信场景，调用方和被调用方在进行握手（Hand-shake）时交换数据 Schema 信息，这样双方即可根据数据 Schema 正确解析对应的数据字段。同时，Avro 也支持 C++、Java、Python 等 6 种编程语言 API。

比如对于 Avro 数据序列化，以下 Schema 描述了一个长整型链表。

```
{
  "type": "record",                               //record 类型
  "name": "LongList",                             //名称
  "aliases": ["LinkedLongs"],                     //记录别名
  "fields" : [
      {"name": "value", "type": "long"},          //long 型 item
      {"name": "next", "type": ["LongList", "null"]}   //可选的 next 指针
  ]
}
```

数据内容可以采用二进制格式或者 JSON 格式，一般采用二进制格式，因为其更小、传输效率更高，当调试应用时可以采用 JSON 格式，主要便于观察数据的正确性。

Avro 在功能上和 PB、Thrift 类似，但也有其独特之处。首先，其支持动态语言集成；其次，其数据 Schema 独立于数据并在序列化时置于数据之首；最后，其 IDL 使用 JSON 表达，所以无须额外定制 IDL 解析器。

以上介绍的 3 种常用序列化与 RPC 框架，都各具特点，在不同应用场景下，可以考虑场景要求并结合框架特性来进行选择。比如：如果追求序列化的高效但不使用 RPC，可以优先考虑 PB；如果需要内建的便捷 RPC 支持，可以优先考虑 Thrift；如果需要和动态语言方便地集成，则可以优先考虑 Avro。

6.2 消息队列

消息队列也是设计大规模分布式系统时经常使用的中间件产品。分布式系统构件之间通过传递消息可以解除相互之间的功能耦合，这样可以减轻子系统之间的依赖，使得各个子系统或者构件可以独立演进、维护或者重用。这里的消息是指构件之间信息传递的单位，其可以是简单类型，比如字符串，也可以是复杂的对象。消息队列是在消息传输过程中保存消息的容器或中间件，其主要目的是提供消息路由并保障消息可靠传递。

6.2.1 常见的消息队列系统

目前常见的消息队列中间件产品包括 ActiveMQ、ZeroMQ、RabbitMQ 和 Kafka 等。实际测试表明，连续并发发送 1KB 大小的消息，从性能的角度看，ZeroMQ 性能最优，可达 10 万 TPS（Transaction Per Second，每秒事务处理量）以上；Kafka 次之，可达 4 万 TPS 左右；RabbitMQ 再次，大约 1 万 TPS 左右；ActiveMQ 最次，性能大约在 6 000 TPS 左右。

一般这些消息中间件都支持两种模式的队列：消息队列模式及 Pub-Sub 模式。消息队列模式即消息生产者将消息存入队列，消息消费者从队列消费消息；Pub-Sub 模式则是消息生产者将消息发布到指定主题的队列中，而消息消费者订阅指定主题的队列消息，当订阅的主题有新消息时，消息消费者可以通过拉取（Pull）或者消息中间件通过推送（Push）的方式将消息消费掉。另外，为了能够保证送达消息，一般这些消息中间件也支持消息持久化存储（ZeroMQ 除外）。

以上 4 种消息中间件产品中，ActiveMQ 和 RabbitMQ 相对来说算是重量级系统，其遵循 AMQP 协议，具有较强的功能和相对广泛的适用场景，但也因此导致其性能较低和扩展性较差。ZeroMQ 相对特殊，也是其中最轻量级的系统，严格来讲，其是介于会话层之上应用层之下的网络通信库，适用于高并发低延迟的场景，比如金融行业数据传输；但是其不支持消息持久化，而是将消息全部保存在内存传递，所以在消息送达保证方面存在潜在问题。对于 ActiveMQ 和 RabbitMQ 而言，Kafka 算是轻量级的消息系统，同时其提供了消息持久化保证，支持消息"至少送达一次"语义，在性能方面表现优异，除此之外，其在高可用性及可扩展性方面也很出色。综合以上考虑，下面主要介绍 Kafka 的整体设计思路。

6.2.2　Kafka

Kafka 是 Linkedin 开源的采用 Pub-Sub 机制的分布式消息系统，其具有极高的消息吞吐量，较强的可扩展性和高可用性，消息传递低延迟，能够对消息队列进行持久化保存，且支持消息传递的"至少送达一次"语义。

Kafka 最初被设计作为 Log 收集工具，因其具有上述特性，所以目前其应用场景较多，比如可以用来作为通用的消息系统、即时 Log 收集、用户行为实时收集以及机器状态监控等。除此之外，Kafka 还可以作为流式计算系统的底层构件，比如 Linkedin 的流式计算系统 Samza 就是构建在 Kafka 和 YARN 之上的。

1．整体架构

Kafka 的整体架构如图 6-3 所示。其主要由 3 种类型角色构成：消息生产者（Producer）、代理服务器（Broker）和消息消费者（Consumer）。消息生产者产生指定 Topic（主题）的消息并将其传入代理服务器集群，代理服务器集群在磁盘存储维护各种 Topic 的消息队列，订阅了某个 Topic 的消息消费者从代理服务器集群中拉取（Pull）出新产生的消息并对其进行处理。可以看出这是一种典型的 Pub-Sub 类型的消息服务。Kafka 的消费者读取消息采用传统的拉取方式而非像 Scribe 或者 Flume 的推送（Push）方式，这样做的好处是消费者可以自主控制消费速率，避免采用推送方式的弊端：如果消费者处理速度跟不上消息生产者产生消息的速度时，消息会大量积压。

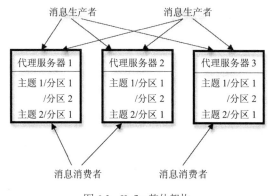

图 6-3　Kafka 整体架构

消息的 Topic 代表其所属类型，即在内部对应某个名字的消息队列，比如要记录网站用户的访问行为，可以将其分为 PV、登录、搜索等不同的 Topic。在 Kafka 内部，支持对 Topic 进行数据分片（Partition），每个数据分片是有序的、不可更改的尾部追加消息队列（见图 6-4），队列内的每个消息被分配本数据分片内唯一的消息 ID（被称为"Offset"）。消息生产者在产生消息时可以指定数据分片，具体方式可以采用 Round Robin 随机分配，也可以根据一定的应用语义逻辑分配，比如可以按照用户 Uid 进行哈希分配，这样保证同一用户的数据会放入相同队列中，便于后续处理。

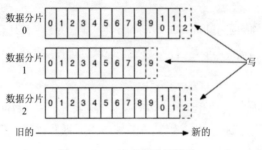

图 6-4　Topic 与数据分片关系

对于某个数据分片来说，在 Kafka 内部实现时，以一系列被切割成固定大小的文件来存储（参考图 6-5）。每当消息生产者产生新消息时，则将其追加到最后一个文件的尾部。同时在内存维护每个文件首个消息 Offset 组成的有序数组作为索引，其内容指向对应的外部文件。当消费者读取某个消息时，会指定消息对应的 Offset 及读取内容大小信息，根据索引进行二分查找即可找到对应文件；然后进行换算即可知道要读取内容在文件中的起始位置，Kafka 将内容读出后返回给消费者。因为 Kafka 的消息是存储在外部文件中的，所以天然地具有消息持久化能力，可以配置外部文件的保留期限，将最近一段时期的消息都进行保留；因而消息消费者也可以变换 Offset 来从对应数据分片读取过期的消息，这样很容易实现消息传递的"至少送达一次"语义。

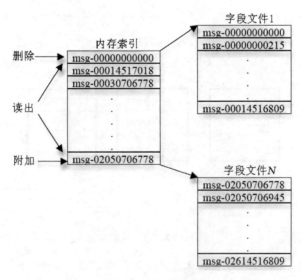

图 6-5　数据分片实现机制

与很多消息系统将消费者目前读取到队列中哪个消息这种管理信息存储在代理服务器端不同，Kafka 将这个信息交由消息消费者各自保存，这样明显简化了设计。除消费者读取到哪个消息外，Kafka 的很多其他管理信息都存放在 ZooKeeper 而非服务器中，这是大规模分布式系统设计中常见的一种设计技巧，比如 Storm 也是采用类似思路。通过这种方式，代理服务器成为完全无状态的，无须记载任何状态信息，这样对于消息系统的容错性以及可扩展性都有很大好处。

具体而言，Kafka 使用 ZooKeeper 保存的管理信息和实现的功能包括：

（1）侦测代理服务器和消息消费者的动态加入和删除。

（2）当动态加入或者删除代理服务器以及消息消费者后对消息系统进行负载均衡。

（3）维护消费者和消息 Topic 以及数据分片的相互关系，并保存消费者当前读取消息的 Offset。

（4）数据副本管理信息。

2．ISR 副本管理机制

Kafka 通过消息副本机制提供了高可用的消息服务，其副本管理单位不是 Topic 消息队列，而是 Topic 的数据分片（Partition）。在配置文件里可以指定数据分片的副本个数，在多个副本里，其中一个作为主副本（Leader），其他作为次级副本（Slave）。所有针对这个数据分片的消息读/写请求都由主副本来负责响应，次级副本只是以主副本数据消费者的方式从主副本同步数据；当主副本发生故障时，Kafka 将其中某个次级副本提升为主副本，以此来达到整个消息系统的高可用性。

Kafka 并未使用类似 Zab 或者 Paxos 协议的多数投票机制来保证主备数据的一致性，而是提出了一种被称为 ISR（In-Sync Replicas）的机制来保证数据一致性。之所以不使用 Zab 或 Paxos 多数投票机制，是因为我们知道：如果副本个数是 $2f+1$，那么这些多数投票机制最多允许 f 个副本发生故障。也就是说，如果需要支持 1 个副本容错，那么至少要保持 3 个数据副本，如果要支持 2 个副本容错，那么至少要维持 5 个数据副本。考虑到在消息系统的应用场景下，只允许 1 个副本容错过于脆弱，所以至少要支持 2 个副本容错，即至少要维护 5 个数据副本，但是这要求在消息写入的时候同时同步 5 个数据，明显效率太低。这就是为何要引入 ISR 机制的主要原因。

ISR 的运行机制如下：将所有次级副本数据分到两个集合，其中一个被称为 ISR 集合，这个集合备份数据的特点是即时和主副本数据保持一致，而另外一个集合的备份数据允许其消息队列落后于主副本的数据。在做主备切换时，只允许从 ISR 集合中选择候选主副本，这样即可保证切换后新的主副本数据状态和老的主副本保持一致。在数据分片进行消息写入时，只有 ISR 集合内所有备份都写成功才能认为这次写入操作成功。在具体实现时，Kafka 利用 ZooKeeper 来保存每个 ISR 集合的信息，当 ISR 集合内成员变化时，相关构件也便于通知。通过这种方式，如果设定 ISR 集合大小为 $f+1$，那么可以最多允许 f 个副本故障，而对于多数投票机制来说，则需要 $2f+1$ 个副本才能达到相同的容错性。

3．性能优化

从上文内容很明显可以看出，Kafka 是一个基于文件系统的消息系统，那么问题是：基于磁盘读/写操作的消息系统如何保证系统性能？我们知道，磁盘读/写因为涉及寻道操作这种机械运动，所以和内存读/写相比其效率极低。这里的关键是如何运用磁盘本身的特性来极大提升系统效率，使用磁盘读/写根本且普适的原则是：尽可能避免随机读/写，同时尽可能利用顺序读/写，即连续读/写整块数据。数据表明，对于 7 200 转速的 SATA RAID-5 磁盘阵列，顺序写的性能可以达到 600 MB/s，而随机写的性能只能达到 100 KB/s，两者相差 6 000 倍。现代操作系统也针对磁盘这种特性做出了优化：预读（Read-Ahead）和迟写（Write-Behind）。即预先将整块数据读入操作系统内核空间的页缓存以及将若干较少的逻辑写操作拼成一个较多的物理写操作。实验表明，在某些情形下，顺序读/写的性能甚至比内存读/写都要高。所以基于磁盘的数据存储与处理系统提升性能的关键是选择读/写模式，这个原则体现在很多大数据系统的设计思路中。

Kafka 能够高效处理大批量消息的一个重要原因就是将读/写操作尽可能转换为顺序读/写，比如类似于 Log 文件方式的文件尾部追加写。另外，Kafka 涉及将文件内容通过网络进行传输，为了提升效率，Kafka 采用了 Linux 操作系统的 SendFile 调用。为了理解 SendFile 为何是高效的，首先我们需要了解正常情况下将文件内容通过网络传输所经过的数据通道。

首先，操作系统将数据从磁盘复制到操作系统内核的页缓存中。

其次，应用将数据从内核缓存复制到应用空间的缓存中。

再次，应用将数据写回内核中的 Socket 缓存区。

最后，操作系统将数据从 Socket 缓存区复制到网卡的缓存，然后将其通过网络发出。

从上面的过程可看出，整个数据通路涉及 4 次数据复制和 2 个系统调用。如果使用 SendFile，则可以避免多次数据复制，操作系统可以直接将数据从内核页缓存中复制到网卡缓存，这样可以大大加快整个过程的速度。

从上文所述内容可以看出，Kafka 是一个高效且独具特色的 Pub-Sub 消息系统。另外值得一提的是 Twitter 的 Kestrel 系统，它由 2 000 多行 Scala 代码写成，简洁高效，从整体功能和架构上和 Kafka 比较类似，不过在功能和完备性方面不如 Kafka，比如缺乏高可用特性等。

6.3　应用层多播通信（Application-Level Multi-Broadcast）

6.3.1　概述

分布式系统中一个重要的研究内容是如何将数据通知到网络中多个接收方，这一般被称为多播通信。网络协议层的多播通信是一个有很长历史的研究领域，研究人员也提出了很多解决办法，比如网络层和传输层的许多多播通信协议。与网络协议层多播通信不同，我们这里介绍的是应用层多播通信。所谓"应用层多播通信"，指的是分布式应用系统内各个节点组织成一定的组织结构，在此结构上实现多接收方的数据通信。

在 P2P 网络中，分布式应用层的节点常见的组织结构有星形结构、DHT（Distributed Hash Table）环形结构以及树形结构，也有无结构的情形，即任意节点之间可以随意相连，从宏观上看并无明显结构。在无结构情形下，一种原始实现多播通信的方式是某个节点通知所有和其有直接连接的其他节点，其他节点再依次传播给它们自己的邻居节点。因为任意两个节点有很多可达通路，因此其具有较好的信息传递强壮性，但是这会造成消息指数增长，传播效率不高，因此需要较好的多播通信协议来改变这种情况。Gossip 协议就是常用的应用层多播通信协议，与其他多播协议相比，其在信息传递的强壮性和传播效率这两方面有较好的折中效果，使得其在大数据领域广泛使用，所以我们重点介绍这个协议。

6.3.2 Gossip 协议

Gossip 协议也被称为"感染协议"（Epidemic Protocol），所谓"感染"指的是流行病在人群中的传播方式，因为 Gossip 协议采取的通信方式与流行病传播方式雷同，所以两者有着如此密切关系；但区别在于 Gossip 协议用于研究网络环境下尤其是 P2P 环境下的多播通信问题，而非"感染协议"原始意义下的传染病传播问题。

"Gossip"的原意是谣言或者小道消息，之所以被称为"Gossip 协议"，也是因其信息传播机制和小道消息在人群中的传播方式非常类似。我们想想小道消息是如何在人群中传的：小甲知道了关于公司 CEO 的某条劲爆的花边新闻，难耐兴奋地悄悄告知小乙："咱们老总那啥那啥……（此处省略 5 000 字），天知地知你知我知，千万别传出去！"小乙严肃答道："我嘴最严了，你放心好了，我谁也不告诉。"于是……两小时后，公司全体人员都知道了这条消息。从后文介绍可知，Gossip 协议在多播通信中采取的方式和这种小道消息传播方式非常相似。

Gossip 协议在大数据系统中得到广泛使用。比如：Dynamo 及其模仿者 Cassandra、Riak 等系统使用 Gossip 协议来进行故障检测、集群成员管理或者副本数据修复；P2P 下载系统 BitTorrent 使用 Gossip 协议在节点之间交换信息；亚马逊简易存储服务（Amazon Simple Storage Service，S3）也使用该协议在节点之间传播信息。除此之外，该协议还可以用于维护主备数据的最终一致性以及负载均衡等许多领域。

1. 信息传播模型

Gossip 协议用来尽快地将本地更新数据通知到网络中的所有其他节点。其具体更新模型又可以分为 3 种：全部通知模型（Best Effort 或 Direct Mail）、反熵模型（Anti-Entropy）和散布谣言模型（Rumor Mongering）。其中反熵模型是最常用的。

全部通知模型如此传播：当某个节点有更新消息，则立即通知所有其他节点；其他节点在接收到通知后，判断接收到的消息是否比本地消息要新（可以通过时间戳或者版本信息来判断），如果是的话则更新本地数据，否则不采取任何行为。此种信息传播方式简单但是容错性不佳，比如信息发送者如果在通知过程中发生故障抑或消息在通信过程中丢失，都会造成集群中有些节点无法获知最新数据更新内容。

反熵模型是最常用的"Gossip 协议"，比如 Dynamo 就用其来进行故障检测。之所以称之为"反熵"，因为我们知道"熵"是信息论里用来衡量系统混乱无序程度的指标，熵越大说明系统越无序、包含的有用信息含量越少；而"反熵"则反其道而行，因为更新的信息经过一定轮数（Round）的传播后，集群内所有节点都会获得全局最新信息，所以系统变得越来越有序，这就是"反熵"的物理含义。

在反熵模型中，节点 P 随机选择集群中另外一个节点 Q，然后与 Q 交换更新信息；Q 如果信息有更新，则类似 P 一样传播给任意其他节点（此时 P 也可以再传播给其他节点），这样经过一定轮数的信息交换，更新的信息就会快速传播到整个网络节点。其传播过程就是我们常说的"一传十，十传百"的模式。在反熵模型中，P 和 Q 交换信息的方法有以下 3 种。

（1）Push 模式。P 将更新信息推送给 Q，Q 判断是否比本地信息要新，如果是，则更新本地信息。即 P 通知 Q 去更新，其形式化描述如下：

```
If P.value.time > Q.value.time then
      Q.value=P.value;
```

（2）Pull 模式。P 从 Q 获取其信息，如果比 P 本地信息要新，则 P 更新本地信息。即 P 从 Q 处获得更新内容，其形式化描述如下：

```
If P.value.time < Q.value.time then
      P.value=Q.value;
```

（3）Push-Pull 模式。P 和 Q 同时进行 Push 和 Pull 操作，即两者同时互相通知对方更新，其形式化描述如下：

```
If P.value.time > Q.value.time then
      Q.value=P.value;
else
      P.value=Q.value;
```

Push 和 Pull 模式各有特点。Push 模式与 Pull 模式相比，其传播效率是刚开始快，但是到后来逐渐变慢，即刚开始 Push 比 Pull 传播快，越往后 Pull 方式比 Push 越快，所以整体而言 Pull 模式传播效率要高于 Push 模式。这是很好理解的，因为对于 Push 模式来说，其本质是去主动通知其他未更新的节点，在刚开始的时候，随机选择节点时，有很大概率选到的节点尚未获得更新，所以传播起来比较有效率，但是当有相当一部分节点已经获得更新后，随机选择节点很大的概率是选到已经获得更新的节点，即后期更新效率较低。而 Pull 模式则正好相反，其本质是从其他节点获得更新，到后期的时候因为有越来越多的节点获得了更新，所以其获得更新的概率越来越大，其整体更新速度会越来越快。尽管比较而言，3 种方式都能很快地将更新信息传播到整个网络，但是实验表明 Push-Pull 是传播效率最高的，Pull 次之，Push 相对效率最低，其中的道理是很容易理解的。

散布谣言模型和反熵模型相比，增加了传播停止判断。其流程如下：如果节点 P 更新数据，则随机选择节点 Q 交换信息；如果节点 Q 已经被其他节点通知更新了，那么节点 P 则增加其不再主动通知其他节点的概率，到了一定程度，比如不再通知其他节点的概率达到一定值，则节点 P 停止通知行为。如果将节点 P 通知 Q 时发现 Q 已经更新，通俗地理解为一次"表白被拒绝"，那么散布谣言模型可以理解为：被拒绝的次数越多越沉默，到后来完全死心不再表白。散布谣言模型是快速传播变化的好方法，但是有个缺点：它不能保证所有节点都能最终获得更新。这也是其在实践中不如反熵模型常用的原因。

2．应用：Cassandra 集群管理

Cassandra 是 P2P 的列式数据库集群，其采用了 BigTable 的数据模型，底层则采用了类似 Dynamo 的实现机制。因为 P2P 架构无中心管理节点，所以对于集群管理，比如对是否新加入了机器节点，是否有机器宕机等机器状态信息的维护不可能依赖主控节点来完成。在这种场景下，Cassandra 使用 Gossip 协议来维护集群中机器节点状态信息，这样每个节点都可以最终一致获得整个集群其他节点的全局状态。

Cassandra 本质上是使用反熵协议中的 Push-Pull 模式在节点之间交换最新状态信息。在介绍通信过程前，首先需要了解一些背景知识。Cassandra 集群中有一部分节点被称作"种子节点"（Seeds），这些节点是具有代表性的节点，比如每个数据中心都需要提供至少一个种子节点。新加入的节点进入集群时，首先会和种子节点通信来获得集群的整体状态信息。另外，每个节点都会维护自身的各种状态信息及自己当前看到的集群中其他节点的状态信息，同时状态信息会通过版本号来标明其新旧程度。其中 MOVE 状态分为 BOOT/NORMAL/LEAVING/LEFT 这 4 种状态，标明节点处于启动/正常/准备离开集群/已离开集群 4 种情形，所以 MOVE 状态可以用来标明节点自身状态以及其他节点的状态。

接着我们看一下任意一个节点 A 的一轮信息同步过程（每个节点每秒执行一次同步）。

首先，节点 A 随机选择 3 个节点来进行信息同步，其中一个节点 B 是随机选择的，这是为了正常的信息同步；第 2 个节点是随机选择的种子节点，这是有条件的，只有当发现当前集群中活着的

节点个数少于种子节点个数时会进行，这是为了避免在此种情形下产生无法集群整体同步的问题；第 3 个节点则是随机选择的当前不可达的节点，这是为了尽快发现重返集群的节点。尽管有 3 个节点，但是其同步过程是一致的，所以不乏代表性，我们以节点 A 和节点 B 的通信过程来进行讲述。在本步骤，节点 A 并未将所有自身的状态信息传给节点 B，而是仅将状态摘要信息传给节点 B，这可以有效地减少传输信息数量，因为很多情况下两者并不需要进行信息交换。状态摘要包含了关键的自身状态及自身当前看到其他节点状态的版本信息。这个步骤发送的信息被称为“A 到 B 的摘要同步信息”（GossipDigestSynMessage）。

其次，当节点 B 接收到节点 A 发来的摘要信息后，根据摘要中的版本信息，找出哪些是自身比节点 A 新的信息，哪些是节点 A 比自身新的信息，然后将自身比 A 节点新的完整信息推送给节点 A，同时发给 A 摘要信息，在摘要信息里指明需要 A 传递的比自身新的那些消息是什么。这个步骤所发送的信息被称作“B 到 A 的第一次摘要确认信息”（GossipDigestAckMessage）。

再次，节点 A 接收到节点 B 的摘要确认消息后，将节点 B 比自身新的信息更新到本地，然后根据节点 B 发来的摘要信息将 B 所需信息发送给节点 B。这个步骤发送的信息被称为“A 到 B 的第二次摘要确认信息”（GossipDigestAck2Message）。节点 B 在接收到“第二次摘要确认信息”后，更新本地的旧信息。

经过以上 3 个步骤，即完成了由节点 A 发起的一轮完整通信过程，从这个过程可以看出，其本质上是反熵协议的 Push-Pull 模式。

当有新节点加入集群时，新加入节点从配置文件中可以找到某个种子节点，然后和种子节点进行一轮信息同步，这样新加入节点获得了集群中其他机器的状态信息，而种子节点也获得了新加入节点的状态信息。这样，在后续的信息同步过程中，其他节点可以陆续得知新节点的状态信息。

除上述类似 Cassandra 中的 P2P 场景下的集群管理功能外，Gossip 协议的另外一个典型应用是 P2P 环境下为了保证信息一致性而进行的信息同步过程，例子比如 Dynamo 首先提出的结合 Gossip 和 Merkle Tree 来进行信息一致性同步，具体细节可参照第 3 章的相关内容。

参考文献

[1] Protocol Buffer. http://code.google.com/p/protobuf/.

[2] Apache Thrift. http://thrift.apache.org/.

[3] Apache Avro. http://avro.apache.org/.

[4] Apache Avro Specification. http://avro.apache.org/docs/current/spec.html.

[5]　ActiveMQ. http://activemq.apache.org/.

[6]　ZeroMQ. http://zeromq.org/.

[7]　RabbitMQ. http://www.rabbitmq.com/.

[8]　Apache Kafka. http://kafka.apache.org/documentation.html#design.

[9]　Jay Kreps, Neha Narkhede, Jun Rao. Kafka: a Distributed Messaging System for Log Processing. NetDB'11, Jun. 12, 2011, Athens, Greece.

[10]　Twitter Kestrel. https://github.com/twitter/kestrel/blob/master/docs/guide.md.

[11]　Alberto Montresor. Gossip protocols for large-scale distributed systems .Tech Report. 2010. http://sbrc2010.inf.ufrgs.br/resources/presentations/tutorial/tutorial-montresor.pdf.

[12]　Alan Demers et al. Epidemic algorithms for replicated database maintenance. In Proc. of the 6th ACM Symposium on Principles of Distributed Computing(PODC'87), 1–12, ACM Press.

[13]　Cassandra 源码解析. http://blog.csdn.net/firecoder/article/details/5707539.

7

数据通道

青青河畔草，绵绵思远道。

远道不可思，宿昔梦见之。

梦见在我傍，忽觉在他乡。

他乡各异县，展转不相见。

枯桑知天风，海水知天寒。

入门各自媚，谁肯相为言！

客从远方来，遗我双鲤鱼。

呼儿烹鲤鱼，中有尺素书。

长跪读素书，书中意何如？

上言加餐饭，下言长相忆。

——汉乐府《饮马长城窟行》

对于大型分布式系统来说，每个组成部分都可能产生数据或者参与数据的转发，所以分析数据在其中的流动路径及其形成的数据通道是非常有意义的。本章即讨论几种形成一定传播模式的数据通道，其中既包含如何收集汇总分散在各处的原始数据（由分散到集中），也包含如何将数据源的数据变化及时通知对此数据有消费需求的各个子系统（由集中到分散）；另外，还会简单介绍不同类型存储系统之间的数据迁移。

7.1 Log 数据收集

对于大型互联网企业来说，为了能向用户提供高效服务，其后台系统可能由数千台服务器构成；

服务器上部署了各种服务程序，每个服务程序会在运行时记载 Log 信息，比如用户点击记录等，对这些 Log 信息进行有效挖掘对于改进产品有积极意义。如何能够快速有效地将散落在各个服务器的 Log 信息及时汇总起来进行进一步分析，已成为网站运维中必不可少的工作步骤。为了能够实现这一点，很多互联网公司专门开发了 Log 数据收集系统，其作用是通过部署相关服务，能够快速便捷地将 Log 信息收集汇总到 OLAP 数据库中进行进一步分析。

一般 Log 数据收集系统的设计关注点如下。

（1）**低延迟**：从 Log 数据产生到能够对其分析，希望尽可能快地完成收集过程。当然，因为 Log 数据的特性，Log 数据收集并不要求像流式系统那样的即时性，收集延时在秒级别到分级别甚至小时级别都是可以接受的。

（2）**可扩展性**：如上所述，Log 收集有个特点就是待收集数据的广泛分布性，所以这对 Log 收集系统的可扩展性有一定要求，因为动态增减服务器及相关服务对于互联网运维来说是常态，Log 收集系统应该相应地易扩展、易部署。

（3）**容错性**：同样因为 Log 收集涉及大量服务器，而这意味着随时有可能发生机器故障，在此约束条件下，如何保证 Log 收集系统的容错性，不丢失应该收集的数据就是一个必要的要求。

本节以 Chukwa 和 Scribe 这两个典型 Log 收集系统来讲解该类系统的架构设计思路，除此之外，类似的系统还有 Flume。

7.1.1　Chukwa

Chukwa 是用于针对大规模分布式系统 Log 收集与分析用途的 Apache 开源项目，其建立在 Hadoop 之上。首先，我们需要了解：使用 MR 任务直接来收集 Log 数据是不合适的，因为单机 Log 数据具有量小且渐增的特性，而 MR 更适合处理大文件数据块。因此 Chukwa 的基本策略是首先收集大量单机的 Log 增量文件，将其汇总后形成大文件，之后再利用 MR 任务来对其进行加工处理。Chukwa 和其他类似系统不同的地方在于不仅仅定位于数据收集，也在后端集成数据分析和可视化界面。

图 7-1 是 Chukwa 的整体架构图。每台机器节点都部署 Chukwa 代理程序（Agent），其负责收集应用产生的 Log 数据并通过 HTTP 协议传给 Chukwa 收集器（Collectors）。一般一个收集器负责收集数百个代理程序传来的数据，如果代理程序对应的收集器发生故障，代理程序可以检查收集器列表并从中选择另外一个收集器来发送数据，这样即可实现一定程度的容错。收集器负责将汇总的数据写入 HDFS 文件中，这些文件被称为 DataSink 文件。DataSink 文件保存的是最原始的 Log 信息，当其大小达到一定程度，收集器则关闭该文件，随后产生的新数据将被写入新生成的 DataSink 文件中。ArchiveBuilder 进一步合并 DataSink 文件并做些排序以及去重的工作。Demux 是 MR 程序，负

责对原始 Log 数据进行解析抽取，将原始无结构记录转换为结构化或者半结构化的数据（Chukwa Records）。对于结构化 Log 数据，可以直接展现给用户，也可以利用 MR 程序对其进行进一步分析，还可以通过 MDL 构件将其导入关系数据库中使用 SQL 语句进行查询。

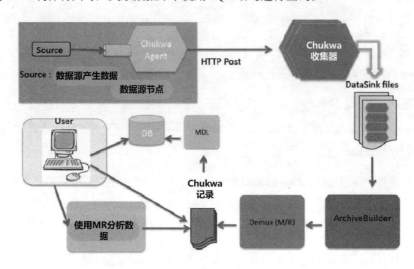

图 7-1　Chukwa 架构

　　Chukwa 整体效率不太高，其主要瓶颈在于 Demux，整个数据流动到此后吞吐量急剧下降，这主要是 MR 任务的启动开销及中间数据和结果数据多次磁盘读/写造成的。Chukwa 的作者寄希望于 Hadoop 的改进能够缓解此问题，很明显这过于乐观，因为 MR 任务本身的特性决定了其不太适合使用在这种有一定时效性要求的应用场景。另外，Chukwa 的设计思路希望集成数据收集和数据分析，这造成其设计思路不够单一和明确，因为数据收集和数据分析这两种任务各自优化目标大不相同甚至有些矛盾。与其如此，不如将其专一定位在数据收集领域，做好自己擅长的事情，因为数据分析有更多更专业的 OLAP 系统，比如 Hive/Impala 等可以做得更好。从这里可以看出，Chukwa 因其定位不够清晰造成整个系统无特色、无明显优势，与其他类似系统相比其发展前景堪忧。

7.1.2　Scribe

　　Scribe 是 Facebook 开源的分布式日志收集系统，其可以从集群中的机器节点收集汇总 Log 信息并送达中央数据存储区（HDFS 或者 NFS），之后可以对其进行进一步的分析处理。Scribe 具备高扩展性和高容错能力。

　　图 7-2 是 Scribe 的整体架构图。

　　应用程序作为 Thrift 客户端来和 Scribe 服务器通信，将本地 Log 信息及其信息分类发送到 Scribe 服务器。使用 Thrift 的好处是显而易见的，它允许应用程序使用多种语言来做 Log 收集，具备较大灵活性。Scribe 服务器可以是单机也可以是集群，其内部维护了消息队列，队列内容即各个客户端发送的信息。Scribe 服务器后端可以将队列内容消费传达中央存储区（HDFS、NFS 或者另外的 Scribe 服务器），如果中央存储区不可用，Scribe 将信息先存入本地磁盘，待其可用时再转发过去，这样整个系统就具备较好的容错能力。

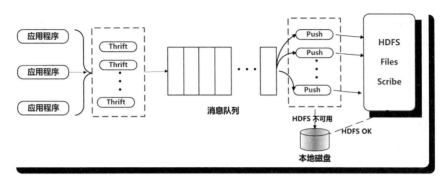

图 7-2　Scribe 的整体架构图

7.2　数据总线

对于互联网企业来说，传统的网站整体架构往往采取 LAMP 架构。LAMP（Linux-Apache-MySQL-PHP）网站架构是目前比较流行的 Web 框架，该框架包括：Linux 操作系统、Apache 网络服务器、MySQL 数据库、Perl 或 PHP 或 Python 编程语言，所有组成产品均是开源软件，是一种广泛被采用的成熟架构框架。所以，关系型数据库作为可信的数据存储场所仍然在发挥极大的作用，甚至对于很多巨型互联网企业来说，要部署 Oracle 数据库来获得更多的数据存储和更大的数据处理能力。另外，对于互联网企业来说，很多具体应用从功能上需要近乎实时地捕获数据的变化，比如实时搜索和实时推荐系统，需要能够尽可能快地从数据库获知数据的变化情况并尽快体现到应用数据中，此场景正是数据总线发挥作用的时刻。

数据总线的作用就是能够形成数据变化通知通道，当集中存储的数据源（往往是关系型数据库）的数据发生变化时，能尽快通知对数据变化敏感的相关应用或者系统构件，使得它们能尽快捕获这种数据变化。图 7-3 所示即是 Linkedin 的 Databus 数据总线系统，所有数据更新首先体现到 Oracle 数据库中，通过 Databus 可以将数据变化近实时（Near-Real-Time）地通知搜索系统、关系图系统以及缓存副本等。

一般而言，设计数据总线系统时要关注以下 3 个特性。

（1）**近实时性**：因为很多应用希望能尽可能快地捕获数据变化，所以这种变化通知机制越快越好。

（2）**数据回溯能力**：有时订阅数据变化的应用可能发生故障，导致某一时间段内的数据没有接收成功，此时希望数据总线能够支持数据回溯能力，即应用可以重新获取指定时刻的历史数据变化情况。很明显，支持回溯能力的数据总线可以满足数据的"至少送达一次"（At-Least-Once）语义。

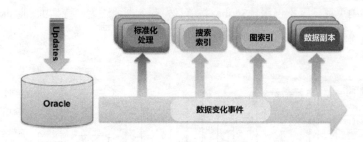

图 7-3　Linkedin 的 Databus 数据总线

（3）主题订阅能力：因为对于特定的应用来说，其关心的数据是不一样的，将所有数据变化都推送给应用既无必要又浪费系统资源，所以数据总线最好能够支持应用灵活地订阅其关心的数据变化情况。

如何实现满足这些要求的数据总线系统？现实中可以有两种不同的实现思路（如图 7-4 所示）：应用双写（Dual Write）或者数据库日志挖掘。

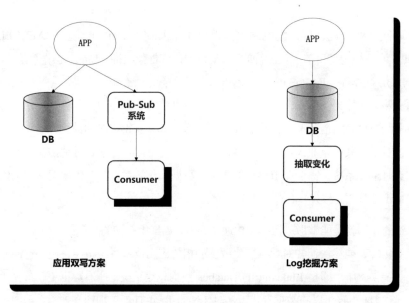

图 7-4　两种实现思路

所谓"应用双写"，是指应用将数据变化同时写入数据库以及某个 Pub-Sub 消息系统中，关注数据变化的应用可以订阅 Pub-Sub 消息系统中自己关心的主题，以此来获得数据通知，即数据库的归数据库，应用的归消息系统。这种思路的好处是实现简捷，但是存在潜在的数据不一致问题，如果在写入数据库和消息系统过程中没有特定一致性协议（两阶段提交或者 Paxos 等）来保证，很可能数据库和消息系统中的数据会出现不一致状态。

数据库日志挖掘的思路是：应用先将数据变更写入数据库，数据总线从数据库的日志中挖掘出数据变化信息，然后通知给关心数据变化的各类应用。这样做可以保证数据的一致性，但是实现起来相对复杂，因为需要解析 Oracle 或者 MySQL 的日志格式，而且在数据库版本升级后也许旧有的格式作废，需要数据总线也跟着升级。

"应用双写"在实际中可以用在对数据一致性要求不高的场景，目前比较常见的做法还是数据库日志挖掘的方式，下面我们分述 LinkedIn 的 Databus 和 Facebook 的 Wormhole 数据总线，两者都是以数据库日志挖掘的思路来实现的。

7.2.1　Databus

Databus 的整体架构如图 7-5 所示。为了加快数据通知速度，Databus 采用了内存数据中继器（Relay），中继器本质上是个环状的内存缓冲区，之所以设计成环状，是考虑内存大小有限，只能保存一定量的最新更新，所以当更新数据超出缓冲区大小时，相对旧的数据会被新数据覆盖。

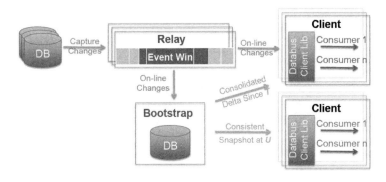

图 7-5　Databus 整体架构

当数据库发生数据变化的时候，中继器从数据库日志中拉取（Pull）最近提交的事务，并将数据格式转换为较为高效简洁的形式（比如 Avro），然后将更新数据存入环状内存缓冲区。客户端侦听中继器数据变化，并将最新的更新数据拉取（Pull）到本地，这里之所以采取拉取而非推送（Push）的方式，是考虑到不同客户端处理数据延时大小不一，拉取的方式更具灵活性，可由客户端自主控制，如果采取推送方式，可能会因客户端处理不过来中继器的数据流而发生数据积压。

正因客户端处理数据速度有快有慢，而中继器能够保留的数据相对有限，所以有时客户端会发现所需数据已经被最新的数据覆盖掉，这就是为什么引入 Bootstrap 的原因，可以将 Bootstrap 理解为更新数据的长期存储地，而将中继器理解为短期数据存储地。

一般有两种情形客户端会向 Bootstrap 发出数据请求，一种情况是客户端处理速度慢，所以发现所需数据已经在中继器中被覆盖掉；另外一种情况是新加入系统的新客户端。对于第 1 种情况，客户端可以向 Bootstrap 发出请求，要求获取自从时间 T 之后的所有更新数据，当客户端逐渐追上中继器数据更新速度后再次改为从中继器获取更新数据。对于第 2 种情况，新加入的客户端首先从 Bootstrap 获取一份时间 T 的更新数据快照（Snapshot），然后像第 1 种情况的客户端一样获取时间 T 之后的增量更新数据，当客户端逐渐追上中继器的数据更新速度后转向中继器获取之后的更新数据，通过这种方式新客户端就可以获取所有更新数据并像其他客户端一样从中继器获取随后的数据更新了。

应该讲 Databus 的 Bootstrap 构件是其中最具创新的部分，传统的数据更新捕获系统（比如 Oracle Stream）在处理落后的客户端时，往往需要从主数据库中去同步更新数据，而对于新加入的客户端，则需 DBA 手动将主数据库的内容导入客户端程序。Databus 引入 Bootstrap 后，使得所有这些情形都能统一处理，更无须手工介入。

Bootstrap 在内部有两种存储数据更新的方式，一种是存储数据的增量更新，另一种是存储更新数据的快照，其体系结构如图 7-6 所示。

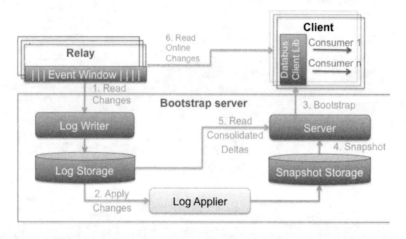

图 7-6　Databus Bootstrap 的体系结构

Bootstrap 像其他客户端一样侦听中继器的数据变化，并采用 Log Writer 将更新数据写入增量更新存储区（Log Storage），在具体实现时使用了 MySQL 数据库。Log Applier 批量地将更新合并进入快照存储区（Snapshot Storage），形成不同时间点的快照，具体实现时快照是使用文件方式存储的。当新客户端发出请求时，首先从快照存储区读取某个时间点 T 的数据快照，然后从增量更新存储区读取时间点 T 之后的增量更新，之后即可转向中继器去捕获最新的数据变化信息。

在第 6 章"分布式通信"中我们介绍过 Linkedin 的 Pub-Sub 消息系统 Kafka，实际上利用 Kafka 也可以做类似 Databus 的数据总线。目前 Linkedin 内部将 Databus 专用于数据库的变化通知，而 Kafka 则使用在应用层间的消息与数据通信，因为 Databus 是基于内存的，所以其处理延时应该更有效（见图 7-7）。

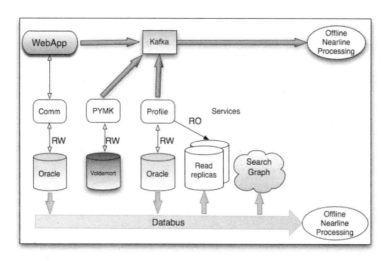

图 7-7　Databus 和 Kafka 的应用场景

7.2.2　Wormhole

Facebook 也开发了类似于 Databus 的数据总线系统，被称为 Wormhole，其将数据库数据变化信息高效地通知感兴趣的相关应用。目前 Wormhole 已经成为 Facebook 整体工程架构中的重要一环，每日通过 Wormhole 传达的数据变化消息高达 10 亿条之多。

Wormhole 的整体架构及其应用场景示意图如图 7-8 所示。

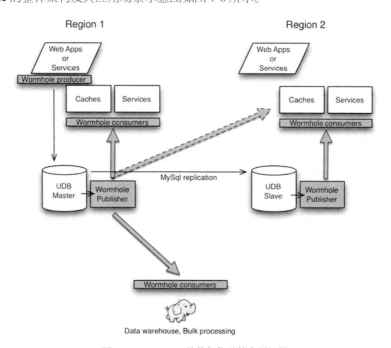

图 7-8　Wormhole 整体架构及其应用场景

数据库的数据变化可以近实时地通知给同一数据中心或者跨数据中心的缓存系统、Graph Search 索引系统以及数据仓库等后台 OLAP 系统。Wormhole 整体采用了 Pub-Sub 架构，Web 应用或服务作为数据的生产者（Producer），将变化数据写入用户数据库（User Database，UDB）；Wormhole 发布者（Publisher）从数据库的二进制 Log 文件内解析出消息，使得数据更新作为消费者可订阅的主题进行发布，各种感兴趣的应用订阅数据变化并近实时地接收到变化的数据。

为了能够支持海量数据的处理，Wormhole 支持将数据库更新进行数据分片，消费者可以订阅某个或者某些数据分片的数据变化。同时，Wormhole 也支持数据回溯能力，当消费者需要时，可以从 Wormhole 获取指定时间点 T 之后的更新数据。除此之外，Wormhole 还支持"至少送达一次"（At-Least-Once）语义并保证数据分片内的送达顺序。

7.3 数据导入/导出

随着大数据存储与处理系统的日渐多样化，使用者面临着如何在不同的存储系统之间迁移数据的问题。最典型的两种数据存储系统之间的迁移是关系型数据库和 HDFS 之间的数据导入/导出，比如：如何将关系型数据库的内容导入 HDFS 系统中去进行 MR 计算，在 MR 任务执行完数据的 ETL 处理后，如何将计算结果从 HDFS 导出到关系型数据库中。当然，这种工作可以通过手工命令或者写专用的导入/导出程序做到，但是每次遇到类似问题都需要重复去做类似的工作。为了增加这类工作的处理效率，可以考虑使用专用的数据导入/导出系统，比如 Sqoop。

Sqoop 是专门在 Hadoop 和其他关系型数据库或者 NoSQL 数据库之间进行相互之间数据导入和导出的开源工具（见图 7-9）。在其内部实现时，具体的导入/导出工作是通过可以连接并操作数据库的 MR 任务完成的。

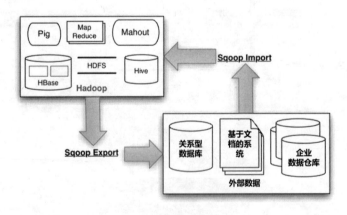

图 7-9　Sqoop 的功能

Sqoop 经过逐步发展，已经由 Sqoop1 发展到了 Sqoop2（见图 7-10），其对 Sqoop1 的改善主要体现在提高了易用性、可扩展性和安全性。Sqoop1 中只提供了命令行工具，而 Sqoop2 则将 Sqoop 抽离为独立的服务，并新增了 Web Browser 操作界面以及 Rest 调用接口。同时，Sqoop1 只能以 JDBC 方式连接数据库，而 Sqoop2 不仅可以支持更多连接方式，在封装连接器（Connector）时也更加简易便捷。另外，在安全性方面，Sqoop1 只支持对 Hadoop 数据的安全认证（Kerberos），而 Sqoop2 则增加了对外部数据库的认证支持。

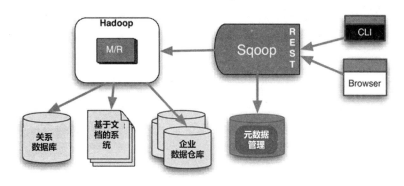

图 7-10　Sqoop2 体系结构

　　由上述内容可知，Sqoop 是在 Hadoop 和其他数据存储方式之间进行数据导入/导出的便捷工具，可以极大地提高此类工作的效率。

参考文献

[1]　Apache Flume. http://flume.apache.org/.

[2]　Scribe 日志收集系统介绍。http://dongxicheng.org/search-engine/scribe-intro/.

[3]　Scribe 源码。https://github.com/facebook/scribe.

[4]　Apache Chukwa. http://chukwa.apache.org/.

[5]　Jerome Boulon etc. Chukwa: A system for reliable large-scale log collection. Tech Report.2010.

[6]　Databus: LinkedIn's Change Data Capture Pipeline. SOCC 2012.

　　http://www.slideshare.net/ShirshankaDas/databus-socc-2012.

[7]　Databus. LinkedIn Data Infrastructure (QCon London 2012).

　　http://www.slideshare.net/r39132/linkedin-data-infrastructure-qcon-london-2012.

[8]　Databus 源码。https://github.com/linkedin/databus.

[9] Wormhole. Facebook Blog.

https://www.facebook.com/notes/facebook-engineering/wormhole-pubsub-system-moving-data-throug h-space-and-time/10151504075843920.

[10] Kathleen Ting and Alexander Alten-Lorenz. Apache Sqoop:Highlights of Sqoop 2. 2012.

[11] Apache Sqoop. http://sqoop.apache.org/.

8

分布式文件系统

谁这时没有房屋，就不必建筑

谁这时孤独，就永远孤独

就醒着，读着，写着长信

在林荫道上来回

不安地游荡，当着落叶纷飞

——里尔克《秋日》

大数据概念里一个很基础且重要的问题是如何在以千计的普通服务器组成的集群中存储以 PB 计的海量数据，目前各个公司和学术机构提出了林林总总的各种数据存储系统或技术方案，其中最重要的一类就是超大规模分布式文件系统，即以文件系统的方式来组织海量数据。

大规模文件系统基础的数据组织方式，是被很多上层存储系统频繁复用的底层基础设施，比如 Google 的实时表格系统 BigTable 以及更上层的 MegaStore 甚至是跨数据中心的超级存储系统 Spanner，都是建立在 GFS 文件系统之上的。

本章首先介绍 Google 提出的 GFS 系统基本原理，之后介绍其开源实现 HDFS 并重点介绍其 HA 机制和 NameNode 联盟。接下来以 Facebook 的 HayStack 为例讲解如何设计一个建立在文件系统基础上的典型"对象存储系统"，之后会以 RCFile、Parquet 以及 Dremel 中的列式存储等为例子来介绍文件中的行式、列式及混合式存储布局，最后一节讲解以 Reed-Solomon 和 LRC 为例的纠删码算法原理。

在开始后文讲解前，首先请读者思考如下的有趣问题。

什么时候 11+7=12?

什么时候 13×10=11?

什么时候 3÷7=10?

相信在阅读完本章内容后您会找到答案及其原因。

8.1 Google 文件系统（GFS）

Google 文件系统（Google File System，GFS）是 Google 公司为了能够存储以百亿计的海量网页信息而专门开发的文件系统。在 Google 的整个大数据存储与处理技术框架中，GFS 是其他相关技术的基石，因为 GFS 提供了海量非结构化信息的存储平台，并提供了数据的冗余备份、成千台服务器的自动负载均衡以及失效服务器检测等各种完备的分布式存储功能。只有在 GFS 提供的基础功能之上，才能开发更加符合应用需求的存储系统和计算框架。

8.1.1 GFS 设计原则

GFS 是针对 Google 公司自身业务需求而开发的，所以考虑到搜索引擎这个应用环境，GFS 在设计之初就定下了几个基本的设计原则。

首先，GFS 采用大量商业 PC 来构建存储集群，众所周知，PC 因为是面向普通用户设计的，所以其稳定性并没有很高的保障，尤其是大量 PC 构成的集群系统，每天都有机器死机或者发生硬盘故障，这是一个常态，GFS 在设计时就将其考虑在内了。因此，数据冗余备份、自动检测机器是否还在有效提供服务、故障机器的自动恢复等都列在 GFS 的设计目标里。

其次，GFS 文件系统所存储的文件绝大多数都是大文件，文件大小大多数在 100MB 到几个 GB 之间。所以系统的设计应该针对这种大文件的读/写操作做出优化，尽管 GFS 也支持小文件读/写，但是不作为重点，也不会进行有针对性的操作优化。

再次，系统中存在大量的"追加写"操作，即将新增内容追加到已有文件的末尾，已经写入的内容一般不做更改，很少有文件的"随机写"行为，即指定已有文件中间的某个位置，在这个位置之后写入数据。

最后，对于数据读取操作来说，绝大多数读文件操作都是"顺序读"，少量的操作是"随机读"，即按照数据在文件中的顺序，一次顺序读入较大量的数据，而不是不断地定位到文件指定的位置，读取少量数据。

从下面介绍内容可以看出，GFS 的很多技术思路都是为了满足以上的几个设计目标而提出的。

8.1.2　GFS 整体架构

GFS 文件系统主要由 3 个组成部分构成：唯一的"主控服务器"（Master）、众多的"Chunk 服务器"和"GFS 客户端"。"主控服务器"主要做管理工作，"Chunk 服务器"负责实际的数据存储并响应"GFS 客户端"的读/写请求。尽管 GFS 由上千台机器构成，但是在应用开发者的眼中，GFS 类似于本地的统一文件系统，分布式存储系统的细节对应用开发者来说是不可见的。

在了解 GFS 整体架构及其组成部分交互流程前，我们首先了解一下 GFS 中的文件系统及其文件。在应用开发者看来，GFS 文件系统类似于 Linux 文件系统或者是 Windows 操作系统提供的文件系统，即由目录和存放在某个目录下的文件构成的树形结构。在 GFS 系统中，这个树形结构被称为"GFS 命名空间"，同时，GFS 为应用开发者提供了文件的创建、删除、读取和写入等常见的操作接口（API）。

上文提到，GFS 中存储的都是大文件，文件大小超过几个 GB 是很常见的。虽然每个文件大小各异，但是 GFS 在实际存储的时候，首先会将不同大小的文件切割成固定大小的数据块，每一块被称为一个"Chunk"，通常将 Chunk 的大小设定为 64MB，这样，每个文件就是由若干个固定大小的 Chunk 构成的。图 8-1 是这种情况的示意图。

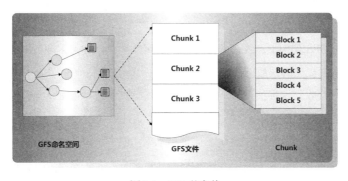

图 8-1　GFS 的文件

在图 8-1 中可以看出，每个 GFS 文件被切割成固定大小的 Chunk，GFS 即以 Chunk 为基本存储单位，同一个文件的不同 Chunk 可能存储在不同的"Chunk 服务器"上，每个"Chunk 服务器"可以存储很多来自于不同文件的 Chunk 数据。另外，在"Chunk 服务器"内部，会对 Chunk 进一步切割，将其切割为更小的数据块，每一块被称为一个"Block"，这是文件读取的基本单位，即一次读取至少读一个 Block。图 8-1 也标明了这种对 GFS 文件细粒度的切割。总结起来就是：GFS 命名空间由众多的目录和 GFS 文件构成，一个 GFS 文件由众多固定大小的 Chunk 构成，而每个 Chunk 又由更小粒度的 Block 构成，Chunk 是 GFS 中基本的存储单元，而 Block 是基本的读取单元。

图 8-2 显示了 GFS 系统的整体架构，在这个架构中，"主控服务器"主要做管理工作，不仅要维护 GFS 命名空间，还要维护 Chunk 的命名空间，之所以如此，是因为在 GFS 系统内部，为了能够识别不同的 Chunk，每个 Chunk 都会被赋予一个独一无二的编号，所有 Chunk 的编号构成了 Chunk

命名空间，"主控服务器"还记录了每个 Chunk 存储在哪台"Chunk 服务器"上等信息。另外，因为 GFS 文件被切割成了 Chunk，GFS 系统内部就需要维护文件名称到其对应的多个 Chunk 之间的映射关系。"Chunk 服务器"负责对 Chunk 的实际存储，同时响应"GFS 客户端"对自己负责的 Chunk 的读/写请求。

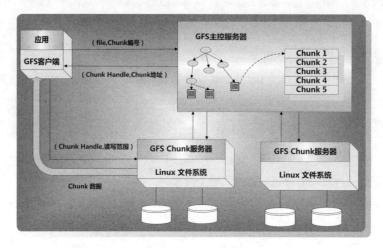

图 8-2　GFS 系统的整体架构

如图 8-2 所示的 GFS 架构下，我们来看看"GFS 客户端"是如何读取数据的。对于"GFS 客户端"来说，应用开发者提交的读数据请求是：读取文件 file，从某个位置 P 开始读，读出大小为 L 的数据。GFS 系统在接收到这种请求后，会在内部做转换，因为 Chunk 大小是固定的，所以从位置 P 和大小 L 可以推算出要读的数据位于文件 file 中的第几个 Chunk 中，即请求被转换为<文件名 file,Chunk 序号>的形式。随后，GFS 系统将这个请求发送给"主控服务器"，因为"主控服务器"保存了一些管理信息，通过"主控服务器"可以知道要读的数据在哪台"Chunk 服务器"上，同时可以将 Chunk 序号转换为系统内唯一的 Chunk 编号，并将这两个信息传回到"GFS 客户端"。

"GFS 客户端"知道了应该去哪台"Chunk 服务器"读取数据后，会和"Chunk 服务器"建立联系，并发送要读取的 Chunk 编号以及读取范围，"Chunk 服务器"在接收到请求后，将请求数据发送给"GFS 客户端"，如此就完成了一次数据读取工作。

8.1.3　GFS 主控服务器

Google 的云存储平台有一个显著的特点，就是大量采用"主从结构"，即单一的"主控服务器"和众多的"存储服务器"，主控服务器主要从事系统元数据存储管理以及整个分布式系统的管理，比如负载均衡，数据在存储服务器之间迁移，检测新加入的机器以及失效机器等工作。不仅是 GFS，在本书后续的 Chubby 和 BigTable 的介绍中也可以看出这一明显特点。采取"主从结构"的好处是：因为整个系统存在一个全局的主控节点，所以管理起来相对简单。相对应的缺点是：因为主控节点是唯一的，很多服务请求都需要经过"主控服务器"，所以很容易成为整个系统的瓶颈。另外，正是因为只有唯一主控节点，所以可能会存在"单点失效"问题，即如果主控服务器瘫痪，那么整个系统不可用。

GFS 系统是非常典型的具有 Google 风格的设计，本节我们介绍 GFS 主控服务器所管理的系统"元数据"以及对应的管理功能。图 8-3 展示了 GFS 主控服务器所管理的系统数据。维持整个系统正常运转需要 3 类元数据。

1. **GFS 命名空间和 Chunk 命名空间**：主要用来对目录文件以及 Chunk 的增删改等信息进行记录。

2. **从文件到其所属 Chunk 之间的映射关系**：因为一个文件会被切割成众多 Chunk，所以系统需要维护这种映射关系。

3. **每个 Chunk 在哪台"Chunk 服务器"存储的信息**：在 GFS 系统中，每个文件会被切割成若干 Chunk，同时，每个 Chunk 会被复制多个备份，并存储在不同的服务器上。之所以如此，原因是 GFS 由众多的普通 PC 构成，而 PC 死机是经常事件，如果"Chunk 服务器"不可用，那么存储在其上的 Chunk 信息会丢失，为了避免这种情况发生，将每个 Chunk 复制多份，分别存储在不同的机器上。这样，即使发生机器故障，也可以在其他机器找到对应的 Chunk 备份信息。云存储平台必须提供这种数据冗余来保证数据的安全。在如图 8-3 所示的例子中，每个 Chunk 保留 3 个备份，比如对于 Chunk 1 来说，Chunk 1'和 Chunk 1''是其两个复制文件，这 3 个 Chunk 分别存储在不同的"Chunk 服务器"中。

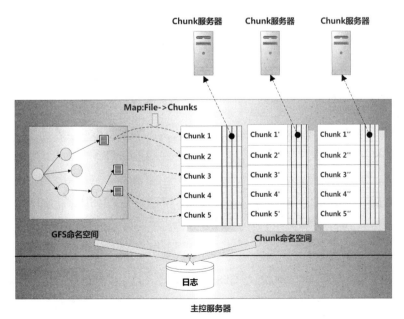

图 8-3　主控服务器存储的管理数据

有了以上 3 类管理信息，GFS 就可以根据文件名找到对应的 Chunk，同时知道每个 Chunk 存储在哪台"Chunk 服务器"上，GFS 客户端程序通过"主控服务器"就可以知道应该到哪里去读/写相应的数据，整个系统就能正常运转起来。

由于管理数据非常重要，所以其安全性必须得到保障，如果管理数据丢失，那么这个 GFS 系统也就不可用。GFS 将前两类管理信息（命名空间及文件到 Chunk 映射表）记录在系统日志文件内，并且将这个系统日志分别存储在多台机器上，这样就避免了信息丢失的问题。对于第 3 类管理数据（Chunk 存储在哪台服务器的信息），"主控服务器"在启动时询问每个"Chunk 服务器"，之后靠定期询问来保持最新的信息。

除了存储管理系统"元信息"外，"主控服务器"主要承担一些系统管理工作，比如创建新 Chunk 及其备份数据，不同"Chunk 服务器"之间的负载均衡，如果某个 Chunk 不可用，则负责重新生成这个 Chunk 对应的备份数据，以及垃圾回收等工作。

在对数据进行备份和迁移的时候，GFS 重点要考虑两个因素。一是 Chunk 数据的可用性。也就是说，如果发现 Chunk 数据不可用，要及时重新备份，以免某个 Chunk 的所有备份都不可用导致数据丢失。二是要尽可能减少网络传输压力。在不同机器之间传递数据时，因数据量巨大，所以尽可能减少网络传输压力对于系统整体性能表现是很重要的。

为了避免单一"主控服务器"可能存在的单点失效问题，GFS 采用了增加另外一台"影子服务器"（Shadow）的方式，当"主控服务器"出现故障无法提供服务时，可由影子服务器接替"主控服务器"行使对应的管理功能。这里需要提及的是，"影子服务器"并非是完整的热备服务器，在"主控服务器"发生故障后，影子服务器可以接替"主控服务器"来使得客户端可以读取元数据，但是其作用仅仅限于此。

8.1.4　系统交互行为

本节我们以 GFS 系统如何完成写操作及原子记录追加（Atomic Record Append）来介绍系统中各个组成部分的交互行为。上文介绍过，出于系统可用性考虑，GFS 系统为每份 Chunk 保留了另外两个备份 Chunk。而 GFS 客户端发出写操作请求后，GFS 系统必须将这个写操作应用到 Chunk 的所有备份，这样才能维护数据的一致性。为了方便管理，GFS 对于多个相互备份的 Chunk，从中选出一个作为"主备份"，其他的被称作"次级备份"，由"主备份"决定"次级备份"的数据写入顺序（见图 8-4）。

图 8-4 是 GFS 执行写操作的整体流程。GFS 客户端首先和"主控服务器"通信，获知哪些"Chunk 服务器"存储了要写入的 Chunk，包括"主备份"和两个"次级备份"的地址数据。之后，GFS 客户端将要写入的数据推送给 3 个备份 Chunk，备份 Chunk 首先将这些待写入的数据放在缓存中，然

后通知 GFS 客户端是否接收成功，如果所有的备份都接收数据成功，GFS 客户端通知"主备份"可以执行写入操作。"主备份"自己将缓存的数据写入 Chunk 中，通知"次级备份"按照指定顺序写入数据，"次级备份"写完后答复"主备份"写入成功，"主备份"会通知 GFS 客户端这次写操作成功完成。如果待写入的数据跨 Chunk 或者需要多个 Chunk 才能容纳，则客户端会自动将其分解成多个写操作，其执行流程与上述流程一致。

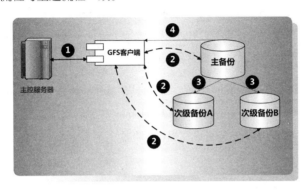

图 8-4　GFS 写操作

上述的写入过程假设每个步骤都成功完成，而实际上，在每个步骤都有可能出现问题。GFS 系统针对这些可能问题有相应的处理措施（具体技术细节可参考本章参考文献[1]），以保证数据的完整性和可用性。

GFS 还提供了原子文件追加操作，可以支持多客户端并发在某个文件尾部追加记录内容，GFS 保证每个客户端都能至少成功追加一次。原子追加操作的运行逻辑与图 8-4 所述基本相同，唯一的区别在于"主备份"："主备份"在接收到客户端的写入通知时，需要判断当前 Chunk 剩余空间是否足够容纳得下要写入的记录，如果不够，那么将当前 Chunk 进行自动填充满（Padding）并通知所有"次级备份"也如此操作，然后通知客户端让其尝试写入文件的下一个 Chunk 中。如果空间足够，那么"主备份"将记录写入 Chunk 并通知所有"次级备份"也在 Chunk 的同一偏移处写入记录，之后通知客户端写入成功。

8.1.5　Colossus

Colossus 是 Google 的下一代 GFS 分布式文件系统，尚未有公开文献讲述其技术细节，从零星公开资料中可以看到其对 GFS 的改进集中在以下几个方面。

● 主控服务器

GFS 采取单一主控服务器架构，因为所有系统管理相关的元数据都需要保持在内存中，所以主控服务器的内存大小决定了整个 GFS 文件系统可以管理的文件数量上限，很明显其可扩展性很差，能够容纳的文件数量相对有限。

Colossus 对主控服务器做了重大改进：将单一主控服务器改造为多主控服务器构成的集群，将所有管理数据进行数据分片后分配到不同的主控服务器中，这样整个分布式文件系统的水平扩展性得到了极大增强，使得系统可以容纳更多数量的文件。

- Chunk 服务器

为了保证数据的高可用性，GFS 通过默认将 Chunk 数据保持 3 个备份的方式来达到此要求，这样即使某些 Chunk 因某些原因无法使用，也可以通过备份数据来获得信息。通过多备份方式虽说增加了系统的高可用性，但明显是以付出了更多的存储成本作为代价的。

一种常见的折中方案是采用纠删码算法，通过应用纠删码算法，可以在减少备份数目的情形下达到类似的高可用性要求，Colossus 使用了 Reed-Solomon 纠删码算法来实现这一点（细节可参考本章第 8.5 节 "纠删码" 的内容），这样可以在提供相同服务情形下大大减少硬件成本。

- 客户端

GFS 在内部管理 Chunk 备份存放位置，客户端对此是不可见的，Colossus 增加了客户端的灵活性，使得客户端可以管理备份数据的存储地点，这样应用可以根据需求来指定数据存放地点，很明显这对于提高读/写效率是很有帮助的。

8.2 HDFS

HDFS 是 Hadoop 中的大规模分布式文件系统，随着 Hadoop 的日渐流行，HDFS 目前也在各个应用场合被广泛使用。HDFS 最初是 Yahoo 模仿 Google 的 GFS 开发的开源系统，所以在整个架构上和 GFS 大致相同，Hadoop1.x 中的 HDFS 可以被看作简化版的开源 GFS 系统，之所以说是简化版，是因为 HDFS 在实现时绕开了一些 GFS 的复杂方案而采用简化方案，比如 GFS 中的并发写与并发原子追加记录操作，在 HDFS 中就被简化为同一时刻只允许一个客户端对文件进行追加写操作，这样避免了复杂的并发管理功能，但也限制了系统性能。

与 GFS 一样，HDFS 适合存储大文件并为之提供高吞吐量的顺序读/写访问，不太适合大量随机读的应用场景，也不适合存储大量小文件等应用场景。

GFS 架构中的单一 "主控服务器" 设计是存在较大问题的，其中最主要的两个问题是：单点失效和水平扩展性不佳。早期的 HDFS 也按照此方案处理，但是由于数据规模增长很快，在很多工业界的实际应用中，这两个问题越来越突出，比如由于单点失效导致整个系统不可用，或者由于水平扩展不佳导致整个文件系统管理文件数目容易达到上限，所以集群规模达到一定程度就无法扩展（极限大约在 3000 到 4000 台机器左右）。Facebook 为了解决单点失效问题专门对 Hadoop 进行了改造，提出了 AvataNode 等改进方案，我国的百度针对这些问题也对 Hadoop 做了内部定制版本。很明显，这两点成为制约 HDFS 使用的重要障碍。

针对这两个问题，从 Hadoop 2.0 开始提出了统一的解决方案，即高可用方案（High Availability，HA）和 NameNode 联盟（NameNode Federation）。其中 HA 是为了解决单点失效问题，而 NameNode 联盟则是为了解决整个系统的水平扩展问题。

由于 HDFS 在整体架构和 GFS 的趋同性，本节简要介绍 Hadoop 1.x 版本中 HDFS 的整体架构，之后介绍 Hadoop 2.0 中的 HA 方案和 NameNode 联盟。

8.2.1　HDFS 整体架构

HDFS 的整体架构如图 8-5 所示，其由 NameNode、DataNode、Secondary NameNode 以及客户端构成。NameNode 类似于 GFS 的"主控服务器"，DataNode 类似于 GFS 的"Chunk 服务器"，下面分述其各自功能。

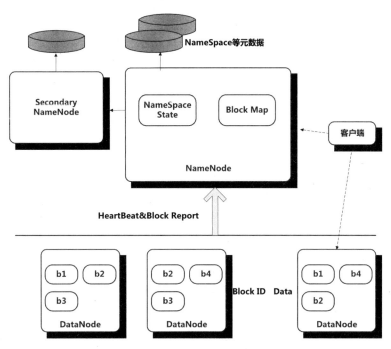

图 8-5　HDFS 的整体架构

- NameNode

NameNode 负责管理整个分布式文件系统的元数据，包括文件目录树结构、文件到数据块 Block 的映射关系、Block 副本及其存储位置等各种管理数据。这些数据保持在内存中，同时在磁盘保存两个元数据管理文件：fsimage 和 editlog。fsimage 是内存命名空间元数据在外存的镜像文件，editlog 则是各种元数据操作的 write-ahead-log 文件，在体现到内存数据变化前首先会将操作记入 editlog 中以防止数据丢失，这两个文件相结合可以构造出完整的内存数据。

NameNode 还负责 DataNode 的状态监控，两者通过短时间间隔的心跳来传递管理信息和数据信息。通过这种方式的信息传递，NameNode 可以获知每个 DataNode 保存的 Block 信息、DataNode 的健康状况、命令 DataNode 启动停止等。如果发现某个 DataNode 节点发生故障，NameNode 会将其负责的 Block 在其他 DataNode 机器增加相应备份以维护数据可用性。

- Secondary NameNode

Secondary NameNode 的职责并非是 NameNode 的热备机，而是定期从 NameNode 拉取 fsimage 和 editlog 文件并对这两个文件进行合并，形成新的 fsimage 文件并传回给 NameNode。这样做的目的是为了减轻 NameNode 的工作压力，NameNode 本身并不做这种合并操作。所以本质上 Secondary NameNode 是个提供检查点功能服务的服务器。

- DataNode

DataNode 类似于 GFS 的"Chunk 服务器"，负责数据块的实际存储和读/写工作，不过 HDFS 语境下一般将数据块称为 Block 而非 Chunk，Block 默认大小为 64MB，当客户端上传一个大文件时，HDFS 会自动将其切割成固定大小的 Block。为了保证数据可用性，每个 Block 会以多备份的形式存储，默认备份个数为 3。

- 客户端

与 GFS 客户端类似，HDFS 客户端和 NameNode 联系获取所需读/写文件的元数据，实际的数据读/写都是和 DataNode 直接通信完成的。其读/写流程和 GFS 的读/写流程类似，不同点在于 HDFS 不支持客户端对同一文件的并发写操作，同一时刻只能有一个客户端在文件末尾进行追加写操作。

8.2.2 HA 方案

为了避免"主控服务器"的单点失效问题，Hadoop 2.0 给出了一个解决方案（如图 8-6 所示）。"主控服务器"由 Active NameNode（简称 ANN）和 Standby NameNode（简称 SNN）一主一从两台服务器构成，ANN 是当前响应客户端请求的服务器，SNN 作为冷备份或者热备份机，在 ANN 发生故障时接管客户端请求并由 SNN 转换为 ANN。

为了能够使得 SNN 成为热备份机，SNN 的所有元数据需要与 ANN 的元数据保持一致，HA 方案通过以下两点来保证这一要求。

1. 使用第三方共享存储（NAS+NFS）来保存目录文件等命名空间元数据（editlog），ANN 将元数据的更改信息写入第三方存储，SNN 从第三方存储不断获取更新的元数据并体现在内存元数据中，以此来达到两者的数据一致性。从这里可以看出，这个方案仍然存在单点失效可能，因为如果第三方存储发生故障则会影响到整个系统的正常运行，所以其本质是将 NN 的单点失效问题转换成为第三方存储的单点失效问题。尽管如此，考虑到很多第三方存储自带很强的冗余与容错机制，所以其可靠性要比单台服务器强得多。

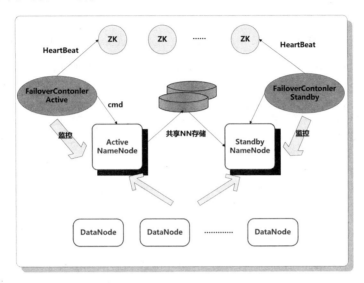

图 8-6　Hadoop 2.0 中的 HA 解决方案

2. 所有 DataNode 同时将心跳信息发送给 ANN 和 SNN。由于 NN 中的 Block Map 信息并不存储在命名空间元数据中，而是在 NN 启动时从各个 DataNode 获得的，为了能够使得故障切换时新 ANN 避免这一耗时行为，所以 DataNode 同时将信息发送给 ANN 和 SNN。

以上措施只能保证 SNN 的元数据和 ANN 保持一致，但是还不能够实现故障自动切换，为了达到这一点，HA 解决方案采用了独立于 NN 之外的故障切换控制器（Failover Controller，FC）。FC 用于监控 NN 服务器的硬件、操作系统及 NN 本身等各种健康状况信息，并不断地向 ZooKeeper 写入心跳信息，ZooKeeper 在此用作"领导者选举"，当 ANN 发生故障时，ZooKeeper 重新选举 SNN 作为"主控服务器"，FC 通知 SNN 从备份机转换为主控机。在 Hadoop 系统刚启动时，两台服务器都是 SNN，通过 ZooKeeper 选举使得某台服务器成为 ANN。

这里之所以要采取独立于 NN 的 FC，一方面是因为 NN 在做垃圾回收（GC）的时候很可能在较长时间（10 秒左右）内整个系统无响应，所以无法向 ZooKeeper 正常写入心跳信息；另外一方面的考虑是，在设计原则上应该将监控程序和被监控程序进行分离而非绑定在一起。

为了防止在故障切换过程中出现脑裂（Brain-Split）现象，即整个系统中同时有两个或者多个活跃的"主控服务器"，上述 HA 方案需要在以下 3 处采取隔离措施（Fencing）。

1. **第三方共享存储**：需要保证在任一时刻，只有一个 NN 能够写入。

2. **DataNode**：需要保证只有一个 NN 发出与管理数据副本有关的删除命令。

3. **客户端**：需要保证同一时刻只能有一个 NN 能够对客户端请求发出正确响应。

至于如何实施隔离措施有多种可选方案，此处不赘述，感兴趣的读者可以参考本章参考文献[3]。

以上是 Hadoop 2.0 中提供的 HA 解决方案，此方案与 Facebook 改造 Hadoop 提出的 AvatarNode 有相当大的功能重叠，从两者发布的时间先后看，Hadoop 2.0 中的 HA 解决方案应该是借鉴了 Facebook 的技术方案思路。

可以看出上述 HA 方案有两个明显缺点：其一是第三方存储仍然存在单点失效可能；其二是需要在多处进行隔离措施以防止脑裂现象出现。Cloudera 在其 Hadoop 发行版中提供了基于 QJM（Quorum Journal Manager）的 HA 方案。其思路如图 8-7 所示，本质上这是利用 Paxos 协议在多台备份机之间选举"主控服务器"的经典应用：QJM 在 $2F+1$ 个 JournalNode 中存储 NN 的 editlog，每次写入操作如果有 F 台服务器返回成功即可认为成功写入，通过 Paxos 协议保证数据的一致性，QJM 最多可以容忍 F 个 JournalNode 同时发生故障而系统仍然可以正常运行。

QJM 方案与 Hadoop 2.0 社区的版本 HA 方案比，提供了以下好处。

1. 彻底解决了单点失效问题，且可容忍最大故障 JournalNode 个数可通过配置进行管理。

2. 无须配置额外的第三方存储设备，这对于目前流行的采用普通商用服务器构建大规模集群的模式来说，减少了整个系统的复杂度和维护成本。

3. 无须防脑裂而单独在多处采用隔离措施，因为 QJM 本身内置了该功能。

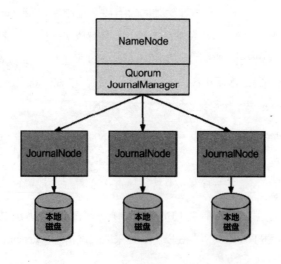

图 8-7　QJM 方案

8.2.3　NameNode 联盟

Hadoop 1.x 中的 HDFS 由于采取单一 NN 的架构，会导致系统具有如下缺陷。

1. 命名空间可扩展性差

命名空间指的是 HDFS 中的树形目录和文件结构以及文件对应的 Block 信息。在单一 NN 情形下，因为所有命名空间数据都需要加载到内存，所以机器物理内存的大小限制了整个 HDFS 能够容纳文件的最大个数，尽管 DataNode 作为实际存储数据块的场所是支持水平扩展的，但是由于 NN 物理内存限制造成命名空间可扩展性差。

2. 性能可扩展性差

由于所有元数据请求都需要经过 NN，单一 NN 导致所有请求都由一台服务器响应，容易达到机器吞吐极限，造成系统整体性能的提升无法做到水平扩展。

3. 隔离性差

在多租户环境下（Multi-Tenant），单一 NN 的架构无法在租户之间进行隔离，会造成不可避免的相互影响，比如如果有一个实验性的应用占据了整个系统大部分负载，这可能会影响同一个环境下的线上服务。

从 Hadoop 2.0 开始，HDFS 通过 NameNode 联盟的方式来解决上述问题。如果将 HDFS 的功能高度抽象，可以将其划分为 3 层：低层是物理存储层，其上是数据块管理层（Block Management），最高层是命名空间管理层。而在 Hadoop 1.x 的架构中，物理存储层是由众多的 DataNode 承担的，上面两层功能是由单一的 NN 来承担的（如图 8-8 所示）。

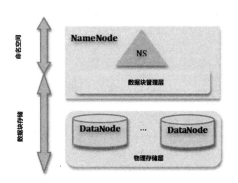

图 8-8　Hadoop 1.x 中 HDFS 的架构

NameNode 联盟的核心思想如图 8-9 所示，即将一个大的命名空间切割成若干子命名空间，每个子命名空间由单独的 NN 来负责管理，NN 之间独立，相互之间无须做任何协调工作。所有的 DataNode 被多个 NN 共享，仍然充当实际数据块的存储场所。而子命名空间和 DataNode 之间则由数据块管理层作为中介建立映射关系，数据块管理层由若干数据块池（Pool）构成，每个数据块唯一属于某个固定的数据块池，而一个子命名空间可以对应多个数据块池。

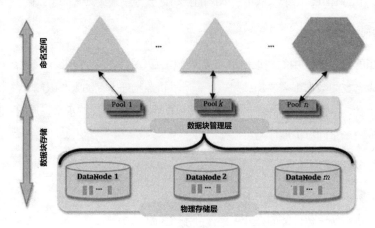

图 8-9　抽象的 NameNode 联盟

以上是 NameNode 联盟的基本思想，在具体实现时可有不同的实施方案，比如可以将子命名空间及其对应的数据块池管理功能都由相应的 NN 来承担；也可以将数据块管理层从 NN 中独立出来，单独形成一个映射层，并由另外一个服务器集群来承担此功能，这样的好处是每层功能都由对应的物理集群承担并提供独立服务，这样的话，下面两层的功能除了可以给 HDFS 的命名空间管理层服务外，也可以给其他的数据块类的存储框架提供底层存储和映射服务。目前 HDFS 还是采用了前一种做法，即每个 NN 同时负责子命名空间及其对应的数据块池的管理，并未将数据块管理层单独抽离出来，其示意如图 8-10 所示。

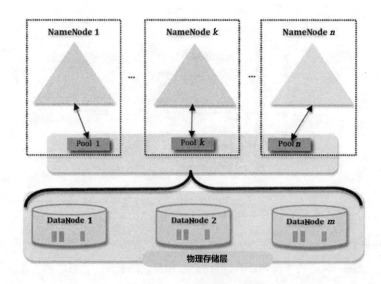

图 8-10　实际的 HDFS NameNode 联盟

通过以上的 NameNode 联盟解决方案，Hadoop 2.0 很好地克服了 1.x 版本中 HDFS 面临的问题，在整体的可扩展性方面有了很大的提升。

8.3 HayStack 存储系统

HayStack 是 Facebook 公司设计开发的一种"对象存储系统"，这里的"对象"主要是指用户上传的图片数据。作为一个社交平台，Facebook 用户需要设置"头像"或者与朋友分享图片，所以 Facebook 面临海量图片的存储和读取更新等任务，目前 Facebook 存储了超过 2600 亿的图片数据，而这些数据的存取与管理都是靠 HayStack 系统完成的。

大型商业互联网公司对于类似于 HayStack 这种"对象存储系统"有很大的需求，这里的"对象"往往是指满足一定性质的媒体类型，类似于图片数据的存储有其自身特点，典型的特征是：一次写入，多次读取，从不更改，很少删除。很多其他类型的数据也有此种特点，比如邮件附件、视频文件以及音频文件等，一般将这种数据称为"Blob 数据"，对应的存储可以称为"Blob 存储系统"。因为其特点是读多改少，所以在设计这种存储系统的时候，保证读取效率是需要重点考虑的要素。目前国内的淘宝和腾讯等大型互联网公司也独立开发了类似的存储系统，其实现思路应该与 HayStack 系统差异不大。

为了减少系统读取压力，对于海量的静态数据请求，一般会考虑使用 CDN 来缓存热门请求，这样大量请求由 CDN 系统就可以满足。HayStack 存储系统的初衷是作为 CDN 系统的补充，即热门请求由 CDN 系统负责，长尾的图片数据请求由 HayStack 系统负责。

由于图片数据请求具有"读多改少"的特点，所以如何优化图片的读取速度是 HayStack 系统的设计核心。一般读取一张图片需要有两次磁盘读操作，首先从磁盘中获得图片的"元数据"，根据"元数据"从磁盘中读出图片内容。为了增加读取速度，HayStack 系统的核心目标是减少读取磁盘的次数，将所有图片内容放入内存显然是不太可能的，所以可以考虑将图片的"元数据"放入内存中，因为相比图片本身内容的数据量来说，图片的"元数据"小很多，将所有图片的元数据放入内存理论上是可行的，这样就可以将两次磁盘操作减少为一次磁盘操作。

但是实际上，尽管每个图片的"元数据"量不大，由于图片数量太多，导致内存仍然放不下这么大的数据量。HayStack 在设计时，从两个方面来考虑减少"元数据"的总体数量：一方面是由多个图片数据拼接成一个数据文件，这样就可以减少用于管理数据的数量；另一方面，由于一个图片的"元数据"包含多个属性信息，故 HayStack 考虑将文件系统中的"元数据"属性减少，只保留必需的属性。通过这两种方式即可在内存保留所有图片的"元数据"，原先的两次磁盘读取就改为："元数据"从内存读取，图片数据从磁盘读取。通过这种方式，有效地减少磁盘读取操作，提高系统性能。

8.3.1 HayStack 整体架构

在了解 HayStack 架构之前，需要熟悉相关的一些基本概念，首先需要了解什么是"物理卷"（Physical Volume）和"逻辑卷"（Logical Volume），图 8-11 是这两个基本概念的示意图。HayStack 存储系统由很多 PC 构成，每个机器的磁盘存储若干"物理卷"，前面讲过，为了减少文件"元数据"的数量，需要将多个图片的数据存储在同一个文件中，这里的"物理卷"就是存储多个图片数据对应的某个文件，一般一个"物理卷"文件大小为 100GB，可以存储上百万张图片数据。不同机器上的若干"物理卷"共同构成一个"逻辑卷"，在 HayStack 的存储操作过程中，是以"逻辑卷"为单位的，对于一个待存储的图片，会同时将这个图片数据追加到某个"逻辑卷"对应的多个"物理卷"文件末尾，之所以要这么做，主要是从数据冗余的角度考虑的，即使某台机器宕机，或者因为其他原因不可用，还可以从其他机器的"物理卷"中读出图片信息，这种数据的冗余是海量存储系统必须考虑的。

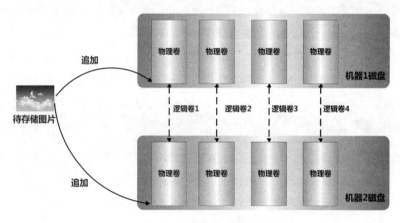

图 8-11　物理卷与逻辑卷

在了解了基本概念后，我们来看一下 HayStack 系统的整体架构（见图 8-12）。

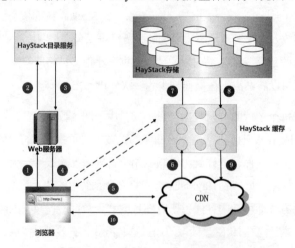

图 8-12　HayStack 系统的整体架构

HayStack 由 3 个部分构成：HayStack 目录服务、HayStack 缓存系统和 HayStack 存储系统。当 Facebook 用户访问某个页面时，"目录服务"会为其中的每个图片构造一个 URL，通常 URL 由几个部分构成，典型的 URL 如下：

> **http://<CDN>/<Cache>/<机器ID>/<逻辑卷ID,图片ID>**

<CDN>指出了应该去哪个 CDN 读取图片，CDN 在接收到这个请求后，在内部根据"逻辑卷" ID 和图片 ID 查找图片，如果找到则将图片返回给用户，如果没有找到，则把这个 URL 的<CDN>部分去掉，将改写后的 URL 提交给 HayStack 缓存系统。缓存系统与 CDN 功能类似，首先在内部查找图片信息，如果没有找到就会到 HayStack 存储系统内读取，并将读出的图片放入缓存中，之后将图片数据返回给用户。这里需要注意的是："目录服务"可以在构造 URL 的时候，绕过 CDN，直接从缓存系统查找，这样做的目的是减轻 CDN 的压力。其内部查找过程是一样的。

上述是 HayStack 系统读取图片的流程，如果用户上传一个图片，其流程可参考图 8-13。

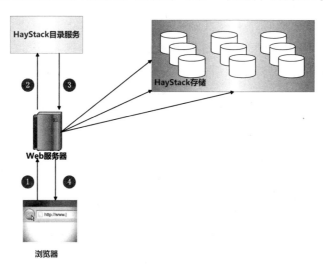

图 8-13　用户上传图片流程

当用户请求上传图片时，Web 服务器从"目录服务"中得到一个允许写入操作的"逻辑卷"，同时 Web 服务器赋予这个图片唯一的编号，之后即可将其写入这个"逻辑卷"对应的多个"物理卷"中。

8.3.2　目录服务

HayStack 的"目录服务"是采用数据库实现的，它提供多种功能。首先，"目录服务"保存了从"逻辑卷"到"物理卷"的映射关系表，这样在用户上传图片和读取图片时可以找到正确的文件。其次，"目录服务"提供了 HayStack 存储系统的负载均衡功能，保证图片写入和读取在不同机器之间负载是相当的，不至于出现机器之间忙闲不均的状况。再次，"目录服务"还决定是将用户请求直接提交给缓存系统还是提交给 CDN，以此来对这两者接收到的请求量进行均衡。此外，通过"目录服务"还可以知道哪些"逻辑卷"是只读的，哪些"逻辑卷"可以写入。在有些情况下，某些"逻辑卷"会被标记为只读的，比如其"物理卷"已经基本被写满或者存储系统需要进行调试的时候。

8.3.3　HayStack 缓存

HayStack 缓存从功能上讲是与 CDN 一致的，缓存接收到的访问请求可能来自 CDN，也可能直接来自用户浏览器请求。在其内部实现，HayStack 采用哈希表的方式存储图片 ID 和其对应的数据，如果在缓存内没有找到图片，则从 HayStack 存储系统中读取图片，并加入缓存中，之后将图片内容传给 CDN 或者直接传递给用户。

8.3.4　HayStack 存储系统的实现

HayStack 存储系统（见图 8-14）是整个系统的核心组成部分，对于某台存储机来说，在磁盘存储了若干"物理卷"文件及其对应的索引文件，在内存为每个"物理卷"建立一张映射表，将图片 ID 存放到"元数据"的映射信息。每个图片的"元数据"包括"删除标记位"、在"物理卷"中的文件起始地址以及图片信息大小，根据文件起始位置和图片大小就可以将图片信息读取出来（见图 8-15）。

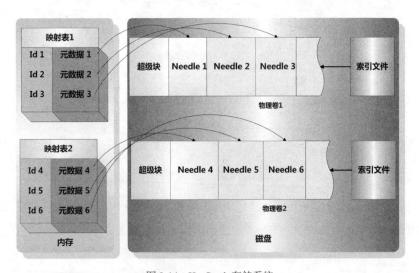

图 8-14　HayStack 存储系统

图 8-15　映射表项

对于每个"物理卷"文件，由一个"超级块"和图片数据组成。每个图片的信息被称为一个 Needle，图 8-16 是一个 Needle 的结构细节，具体包含图片属性信息，其中比较重要的属性信息包括图片唯一标记 Key 和辅助 Key、删除标记位、图片大小以及图片数据，除此之外还包含一些管理属性以及数据校验属性。

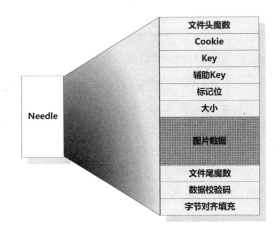

图 8-16　Needle 结构细节

图 8-14 中每个"物理卷"文件配有一个专门的索引文件，这个索引文件的目的是为了在机器重新启动时，能够快速恢复"物理卷"在内存中的映射表。其结构与"物理卷"的结构非常类似，也是由一个"超级块"和图片的 Needle 信息构成，不同点在于：索引文件里的 Needle 只包含少量重要信息，不包含图片本身的数据（见图 8-17）。这样在恢复内存映射表的时候，相比顺序扫描非常大的"物理卷"来逐步恢复，从索引文件恢复的速度会快很多。

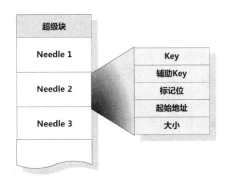

图 8-17　HayStack 索引文件结构

了解了 HayStack 的基本构成后，下面我们看看其是如何对文件信息进行存取的。

对于读取图片的请求来说，HayStack 缓存系统会向存储系统提供图片的"逻辑卷"ID 编号以及图片 ID（由 Key 和辅助 Key 构成），当存储系统接收到请求后，会在内存中的"物理卷"映射表中查找图片 ID，如果找到，则根据映射表保存的信息可以获取其在对应"物理卷"中的文件起始位置和文件大小，如此就可以读到这个图片的内容。

对于上传图片请求，HayStack 存储系统根据 Web 服务器传过来的图片"逻辑卷" ID 编号以及图片 ID 和图片数据，将这个图片信息追加到对应的"物理卷"文件末尾，同时在内存的映射表中增加相应的映射信息。

如果用户更改了图片的内容后再次上传，HayStack 存储系统不允许覆盖原先图片信息这种操作，因为这种操作严重影响系统效率，而是将这个修改的图片当作一个新的图片追加到"物理卷"的文件末尾，不过这个图片的 ID 是不变的。此时有两种情况：一种情况是更改后的图片的"逻辑卷" ID 和原始图片的"逻辑卷" ID 不同，这样更新图片会写入到不同的"物理卷"中，此时"目录服务"修改图片 ID 对应的逻辑卷映射信息，此后对这个图片的请求就直接转换到更新后的图片，原始图片不会再次被访问；另外一种情况是更改后图片的"逻辑卷"与原始图片的"逻辑卷"相同，此时 HayStack 存储系统将新图片追加到对应的"物理卷"末尾，也就是说，同一个"物理卷"会包含图片的新旧两个版本的数据，但是由于"物理卷"是顺序追加的，所以更改后的图片在"物理卷"中的文件起始位置一定大于原始图片的起始位置，HayStack 在接收之后的用户请求时会进行判断，读取文件起始位置较大的那张图片信息，这样就保证读取到最新的图片内容。

如果用户删除某张图片，HayStack 系统的操作也很直观，只要在内存映射表和"物理卷"中在相应的"删除标记位置"上做出标记即可。系统会在适当的时机回收这些被删除的图片数据空间。

与前面章节讲述的分布式文件系统比较而言，HayStack 存储系统比较简单直观。Facebook 在实际使用中也证明了这种"Blob 存储"系统的高效。

8.4 文件存储布局

Hive、Dremel、Impala 等交互式数据分析系统的底层都是基于 GFS 或者 HDFS 等文件系统来存储管理数据文件的，与此类似，应用于实时场景的 BigTable 及其开源实现 HBase 在底层文件存储也是依赖于 GFS 或者 HDFS。GFS 或者 HDFS 文件中记录的存储布局方式对于这些构建在上面的分析与存储系统来说非常重要，不同的存储布局方案会对上层系统的整体性能有着重要、甚至起决定性作用的影响。具体而言，底层文件存储布局对于将数据加载入数据仓库的效率、响应用户查询的速度，以及对于底层存储架构磁盘空间利用率的提升都有直接且重要的影响。

常见的文件存储布局有行式存储、列式存储及混合式存储 3 种类别，不同类别各有其优缺点，适应于不同应用场景。总体而言，目前的大数据分析系统中，列式和混合式存储方案因为其特殊优点被广泛使用，其中 RCFile、ORCFile 及 Parquet 等代表性的方案被广泛集成到各种大数据分析系统的底层架构中。

8.4.1 行式存储

行式存储广泛使用在主流关系型数据库及 HDFS 文件系统中，每条记录的各个字段连续存储在一起，而对于文件中的各个记录也是连续存储在数据块中的，图 8-18 是 HDFS 的行式存储布局，每个数据块除了存储一些管理元数据外，每条记录都以行的方式进行数据压缩后连续存储在一起。

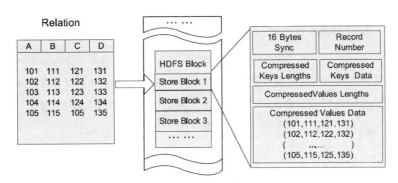

图 8-18　HDFS 的行式存储布局

对于构建于其上的大数据分析系统来说，行式存储布局有两个明显缺陷：其一是对于很多 SQL 查询来说，其所需读取的记录可能只涉及整个记录所有字段中的部分字段，而若是行式存储布局，即使如此也要将整个记录全部读出后才能读取到所需的字段；其二是尽管在存储时可以使用数据压缩模式，但是对于记录的所有字段只能统一采用同一种压缩算法，这样的压缩模式导致数据压缩率不高，所以磁盘利用率不是很高。

当然，行存储布局也有对应的优势，如果应用需要按行遍历或者查找数据，此时较适合使用此种存储布局，因为行数据连续存储，所以能够一次性地将所有字段的内容读出，而且同一记录的内容一定在一个数据块中，不像列式存储布局一样，为了读取完整记录内容，可能需要一些跨网络的数据读取操作。

8.4.2 列式存储

与行式存储布局对应，列式存储布局在实际存储数据时，按照列对所有记录进行垂直划分，将同一列的内容连续存放在一起。在各种应用场景中，记录数据的格式有简单的和复杂的两种。简单的记录数据格式类似于传统数据库的（记录-字段）这种平面型（Flat）数据结构，而复杂的记录格式则可能是嵌套（Nested）的记录结构，即字段内容可能是另外一个有结构的记录体，比如 JSON 格式就是这种支持嵌套表达的复杂记录格式。

对于平面型的数据格式，一般的列式存储布局采取列族（Column Group/Column Family）的方式；而对于嵌套类型的复杂记录格式，Google 在海量数据交互式分析系统 Dremel 中提出了一种列式存储布局方案，采取这种方案能够很大限度提高查询效率。本节分述这两种典型列式存储布局方案。

1．列族方式

典型的列式存储布局是按照记录的不同列，对数据表进行垂直划分，同一列的所有数据连续存储在一起。这样做有两个好处，一个好处是对于上层的大数据分析系统来说，如果 SQL 查询只涉及记录的个别列，则只需读取对应的列内容即可，其他无关字段不需要进行读取操作，这样可以增加I/O 效率；另外一个好处是，因为数据按列存储，所以可以针对每列数据的类型采取具有针对性的数据压缩算法，不同的字段可以采用不同的压缩算法，这样整体压缩效果会有极大的提升。但是列式存储也有明显缺陷：比如经典的 MR 任务往往需要遍历每条数据记录，并处理记录的各个字段或者多个字段，而列式存储要从列式数据中拼合出原始记录内容，这样对于 HDFS 这种按块存储的模式，有可能不同列的内容分布在不同数据块，而不同的数据块在不同的机器节点上，所以为了拼合出完整记录内容，可能需要大量的网络传输才行，很明显这样效率会比较低下。

采用列族方式存储布局可以在一定程度上缓解这个问题，所谓"列族"，就是将记录的列进行分组，将经常一起使用的列分为一组，这样即使是按照列式来存储数据的，也可以将经常联合使用的列数据存储在一个数据块中，避免不必要的网络传输来获取多列数据，对于某些场景会较大提高系统性能。图 8-19 就是在 HDFS 场景下采用列族方式存储数据的一个示意图，从图中可以看出，列被分为 3 组：A 和 B 分为一组，C 和 D 各自形成一组，即将列划分为 3 个列族并存储在不同数据块中。

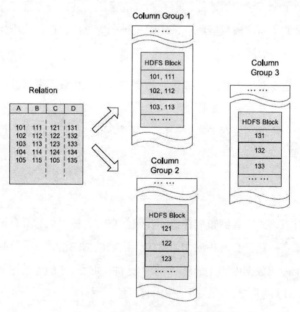

图 8-19　HDFS 的列族式存储布局

尽管列族式存储布局可以在一定程度上缓解上述的记录拼合问题，但是并不能彻底解决该问题，比如上面的例子中，很可能 3 个列族数据块分别存储在不同的机器节点上，如果应用需要记录的所有字段内容，还是无法避免网络传输操作。后文所述的混合式存储布局能够融合行式和列式两者各自优点，能比较有效地解决这一问题。

BigTable 和 HBase 的底层 GFS 或者 HDFS 存储布局就是采用上述列族方式。

2. Dremel 的列存储方式

Dremel 是 Google 开发的针对海量数据进行交互式查询与数据分析应用场景的大数据分析系统，利用 Dremel，可以对存储在数以千计 GFS 或者 BigTable 服务器上的海量数据进行秒级别的 SQL 查询，其能处理的数据量之大以及处理效率之高给人留下了深刻印象，而其中很关键的一点就是针对复杂嵌套数据的列式存储。

首先，我们对复杂嵌套式数据类型进行形式化定义如下：

$$\tau = \mathbf{dom} \mid (A_1 : \tau\,[*|?], \ldots, A_n : \tau\,[*|?])$$

其中的 τ 可以是原子型或者记录型结构，所谓原子型是指整数型、浮点数型或者字符串型等基础类型。如上定义可见，每个记录可以由若干字段（Field）构成，第 i 个字段有其名称 A_i 及其字段内容，字段内容可带有描述符*或者?，描述符*代表可重复（Repeated），即可出现 0 次或者多次，描述符? 代表可选（Optional），即可出现 0 次或 1 次，如果没有这两个操作符出现，则默认语义为必有（Required），即正好出现 1 次。

图 8-20 是采用这套定义规则对网页数据的一种描述，包括数据 Schema 及两个网页（r_1 和 r_2）嵌套数据的例子。对于一个互联网网页，DocId 代表其唯一的标识，是必有的；Links 代表和其他网页存在的链接关系，又可细分为 Backward 和 Forward，Backward 代表入链，即有链接指向本网页的其他网页的 DocId，Forward 代表出链，即由本网页发出链接指向网页的 DocId，由于网页的入链和出链都可以有多个，所以是可重复的。Name 则是网页属性信息，包括可选的 url 及可重复的语言与编码信息等。一般来说，某个数据项的全路径指的是在 Schema 中的路径位置，比如对于网页 r_1 "en-us" 数据项，其全路径就是：Name.Language.Code。

为了能够对复杂嵌套数据进行列式存储，除了保存每列数据项的内容外，还需额外存储一些信息，这样才能正确地从列式存储布局中恢复原始的数据，因为数据 Schema 存在嵌套及重复与省略等语义，所以不保存额外信息是无法定位数据原始位置的。除了数据项本身，Dremel 还需要额外记载两个信息：重复层（Repetition Level）和定义层（Definition Level）信息。

重复层的含义是：某个数据项的全路径所在的重复层级。这从概念上不太好理解，我们用图 8-20 中的例子来说明。以 Code 这个字段为例，在网页 r_1 中有 3 处出现该字段的值："en-us"、"en" 这两个值出现在第 1 个 Name 字段中，"en-gb" 出现在第 3 个 Name 字段中。重复层信息的引入就是为了鉴别其具体出现的位置。对于 Code 字段来说，其全路径为 Name.Language.Code，其中 Name 和 Language 都是可重复的，所以对于 Code 字段的值来说，其重复层的可能取值范围为：[0, 1, 2]。

数值 0 代表这是网页中该字段第一次出现，用于区分不同网页内容；数值 1 代表与上个数据项比，这个数据项出现在同一个网页中，但是不同的 Name 下，1 的含义是指两个可重复层级中，Name 这个第 1 个层级是处于相同层级的；而数值 2 代表与上个数据项比，这个数据项出现在同一个网页的相同 Name，不同 Language 下，即在 Name.Language 这两个重复层级是层级相同的。比如我们的程序在给网页 r_1 的 Code 字段进行列式存储并对重复层编码的时候，当遇到 "en-us"，因为之前没有任何相同重复级别字段内容，所以设置其值为 0，当遇到 "en" 的时候，其全路径中到 Language 这个层级都和 "en-us" 相同，所以其值为 2，而当遇到 "en-gb" 的时候，因为与 "en" 比，在 Name 这个层级相同，而在 Language 这个层级已经不同了，所以设置其值为 1。

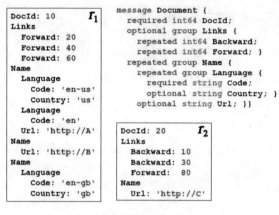

图 8-20 两个嵌套数据的例子及其 Schema

在网页 r_1 中，第 2 个 Name 字段中没有包含 Code 数据项，为了表明 "en-gb" 是位于第 3 个 Name 中而非第 2 个 Name，所以为第 2 个 Name 增加 NULL 数据项来指明这一点。

综上所述，可以看出对于 Code 这个字段，采取列式存储布局怎样对数据项设置对应的重复层数值，对于例子中 Schema 其他字段也是进行类似处理，其列式存储数据可以参考图 8-21。

DocId		
value	r	d
10	0	0
20	0	0

Name.Url		
value	r	d
http://A	0	2
http://B	1	2
NULL	1	1
http://C	0	2

Links.Forward		
value	r	d
20	0	2
40	1	2
60	1	2
80	0	2

Links.Backward		
value	r	d
NULL	0	1
10	0	2
30	1	2

Name.Language.Code		
value	r	d
en-us	0	3
en	2	3
NULL	1	1
en-gb	1	3
NULL	0	1

Name.Language.Country		
value	r	d
us	0	3
NULL	2	2
NULL	1	1
gb	1	3
NULL	0	1

图 8-21 列式存储

定义层的含义是：对于某个数据项来说，在文档内定义到其全路径的第几层。定义层对于那些因为其语义描述符是可选或者可重复，因而没有出现的数据项来说更为重要（上文有述，可选或者可重复允许出现 0 次）。比如上述例子中，网页 r_1 中没有出现 Backward 数据项，但是文档定义中出现了 Links（在层级 1 中出现），所以为了能够保留这一信息，在 Links.Backward 的列式存储中增加一个 NULL 数据项，并把其定义层设置为 1。类似地，网页 r_2 中 Name.Language.Country 也没有数据项，所以增加 NULL 数据项并将其定义层设置为 1。其他字段对应的定义层数值可参考图 8-21 中的数据。

Dremel 对于每列数据按照上述方式存储在数据块中，即每个数据项包含（数据项、重复层、定义层）3 个信息，其中的数据项信息可以采用压缩算法进行压缩编码。其实，并非所有信息都需要进行存储，比如对于设定为 NULL 的数据项就无须存储，因为这可以从定义层信息推导出来，只要某个数据项的定义层数值小于应该具有的数值，则可以推断这个数据项为 NULL。比如上述例子中，Name.Language.Country 字段如果数据项不为空，则其定义层值应该为 3，如果发现某些数据项其定义层数值小于 3，则说明其数据项应该为 NULL。而对于定义层数据来说，对于那些和其应该具有数值相同的也无须存储，比如 Name.Language.Country 字段中的 us/gb 数据项对应的定义层信息就无须存储。

对于大数据分析系统，能够根据列式存储数据快速拼合原始记录内容有时候很重要，比如针对 MR 任务很多时候就需要如此。针对上述嵌套数据的列式存储布局，Dremel 可以使用有限状态机（FSM）来根据当前的列式存储的数据快速拼合原始记录。

图 8-22 就是上述网页例子对应的有限状态机，图中的节点是字段信息，边是当前数据下一条数据的重复层信息。FSM 读取当前列数据，包括其数据项和对应的重复层及定义层信息，可将当前数据项顺序地输出到恢复文档中，之后判断当前数据的下一条数据的重复层信息，根据重复层信息来决定状态的转移，也就是说，下一个要输出的内容应该去哪个列数据里取。通过这种方式可以快速地根据列式存储数据恢复原始文档记录。

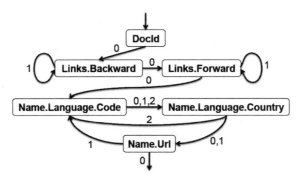

图 8-22　两个嵌套数据例子对应的 FSM

8.4.3 混合式存储

混合式存储布局融合了行式和列式存储各自的优点，首先其将记录表按照行进行分组，若干行划分为一组，而对于每组内的所有记录，在实际存储时按照列将同一列内容连续存储在一起。这种存储布局，一方面可以像行式存储一样，保证同一行的记录字段一定是在同一台机器节点上的，避免拼合记录的网络传输问题；另外一方面可以像列式存储布局一样按列存储，这样不同列可以采用不同的压缩算法，同时也可以避免读取无关列的数据。

典型的混合式存储方案包括 RCFile、ORCFile 和 Parquet。其中，RCFile 和 ORCFile 已经集成进入 Hive 系统，而 Parquet 则是 Twitter 模仿 Dremel 的列式存储开发并开源出的文件布局方案，因其效率极高而受到广泛关注，下一步获得广泛使用只是时间问题。

1. RCFile

RCFile 是典型的混合式存储布局，其布局如图 8-23 所示。其首先将记录表内的记录按照行划分为行组（Row Group），HDFS 每个数据块可以包含多个行组数据。对于每个行组，存储 3 类信息：Sync 是行组同步标识，用于识别是否是数据块中一个新的行组开始；元数据（Metadata Header）则记录了这个行组包含多少记录，每列占用空间大小等数据；另外一类是实际数据，在数据块中按照列式存储。

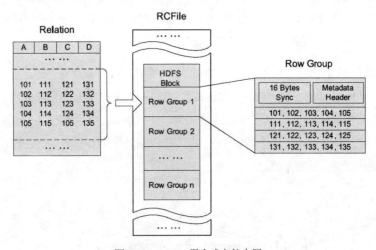

图 8-23　RCFile 混合式存储布局

2. ORCFile

ORCFile 是一种针对 RCFile 提出的优化的文件存储布局方案，其文件整体布局如图 8-24 所示。

ORCFfile 包含若干数据行组，每个数据行组被称为数据带（Stripe），文件尾（File Footer）记录文件中所有数据带的元信息，比如有多少个数据带，每个数据带包含的记录个数及每列采用何种数据压缩算法等信息，同时也记录每列的统计信息，比如该列的最大值、最小值等。附录（Postscript）中记载了压缩算法的参数信息。

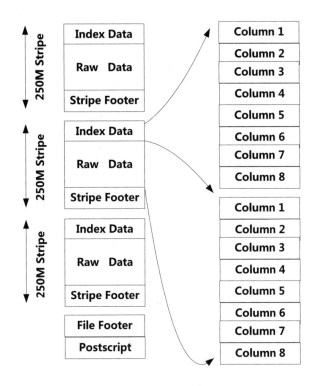

图 8-24　ORCFile 文件布局

每个数据带由 3 类信息构成：行数据区（Row Data）按列存储该行组记录的实际数据；数据带尾（Stripe Footer）记录压缩数据流的位置信息；索引数据（Index Data）记录了该行组所有记录中每一列的最大值和最小值，另外还记录了行组内部分记录的每一列字段在行数据区的位置信息，即记录的索引信息。利用这些记录索引信息，可以在查找记录时跳过不满足条件的记录，提高执行效率。

3. Parquet

Parquet 是 Twitter 参照 Dremel 的列式存储方案开发的针对 Hadoop 的混合式文件布局方案，目前已有开源版本。

针对复杂嵌套式文档类型，Parquet 采用了 Dremel 提出的重复层/定义层信息来描述列数据，同时，每列可以根据数据类型采用最合适的数据压缩方案。其文件布局如图 8-25 所示。

从图 8-25 中可以看出，一个 HDFS 文件由若干行组构成，每个行组的各个列形成一个列数据块（Column Chunk），而每个列数据块又被细分为若干个数据页（Page），每个数据页内连续存放列数据，每个列数据则采取类似 Dremel 的重复层、定义层和列数据项来存储相关信息。而在文件尾

（Footer）则存储了关于行组、列数据块及数据页的元数据。

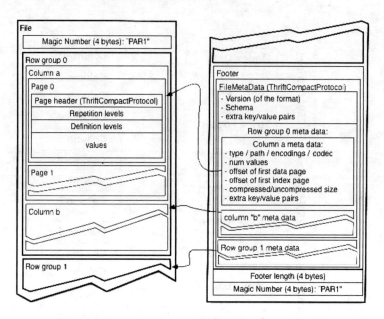

图 8-25　Parquet 文件布局

8.5　纠删码（Erasure Code）

　　纠删码是最近几年在分布式存储中很热门的技术，首先介绍一下为何要在这种场景下应用它。我们知道，为了增加存储系统的可靠性和数据的可用性，经常使用数据备份来达到这一点，比如工业界通常的做法是对数据做 3 备份。但是数据备份带来的缺点是增加存储成本，本来应该存 1 份的数据现在存储 3 份，直接增加了 200%的存储成本。那么能否在不对数据做备份的情形下提供类似的数据可靠性呢？纠删码就是为了达到这一目的而在分布式存储中开始被广泛使用的。

　　一种常见的做法是：对于热点数据，在大规模存储系统中仍然保留 3 个备份，而对于冷数据，则只保留 1 份数据，通过纠删码来保证数据的可靠性。之所以不对所有数据都采用纠删码的方式，是因为备份数据除了能够增加数据的可用性外，还可以提升数据的并发读取效率，所以对于热点数据用多备份的方式比较合适。

　　纠删码通过对原始数据进行校验并保留校验数据，以增加冗余的方式来保证数据的可恢复性。极大距离可分码（Maximum Distance Separable codes，MDS）是一种非常常用的纠删码，其将数据文件切割为等长的 n 个数据块，并根据这 n 个数据生成 m 个冗余的校验信息，这样使得 $n+m$ 块数据中即使任意 m 块数据损失，也可以通过剩下的 n 块数据对 m 块损失的数据进行重构，以此来完成数据容错功能。对于上述参数配置，一般称为满足(n, m)配置的 MDS。

本节介绍两种经典的纠删码，Reed-Solomon（简称 RS）编码和局部可修复编码（Locally Repairable Codes，LRC）。其中 RS 编码是最典型的 MDS 编码，目前在 Google 的 Colossus 以及 Facebook 的 HDFS-RAID 都已经引入这种编码。LRC 并非 MDS 编码，这是针对 RS 编码在分布式存储中面临的问题而在最近提出的一种编码，微软的 AWS 云存储系统及 Facebook 的 Xorbas 系统都采用了这种编码。

8.5.1 Reed-Solomon 编码

Reed-Solomon 编码是最常用的纠删码之一，被广泛应用在卫星通信、视频编码纠错等领域。就大规模存储系统而言，目前 Google 在 Colossus 以及 Facebook 在 HDFS-RAID 中都已经实现并部署了 RS 编码来减少存储成本。

如果要通过 RS 编码来计算原始数据的校验信息 C_i，需要设定涉及所有原始数据块的编码函数 F_i，图 8-26 是 $n=8$，$m=2$ 配置下的 RS 编码示意图，对于 8 块原始数据，两个函数 F_1 和 F_2 以这些数据块数据作为输入，生成对应的校验数据块 C_1 和 C_2，这种配置可以容忍 10 块数据中任意损失 2 块数据而不会造成数据丢失。

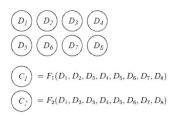

图 8-26　RS 纠删码示例

RS 编码在实际应用中，会将数据块划分为等长的数据字（Words），假设数据字长度为 w 比特（Bit），而数据块大小为 k 字节（Byte），那么数据块包含的数据字长度为 $l = \dfrac{8k\text{B}}{w}$。每个编码函数 F_i 在对数据块进行校验编码时，将所有数据块当前数据字作为输入，生成对应的校验字，然后开始对数据块中的下一个数据字进行编码。因为编码数据块的每个数据字过程都是一样的，为了后文叙述方便，我们假设每个数据块只包含一个数据字，于是 RS 编码就将问题转换为如下形式。

已知 n 个数据字 d_1，d_2，$\cdots$，d_n 分别存储在不同的存储设备上，需要根据这些数据字计算 m 个校验字 c_1，c_2，$\cdots$，c_m，使得 $n+m$ 个数据字可以容忍最多 m 个数据损失。

要达到这一点，RS 编码涉及 3 个主要问题。

1. 使用 Vandermonde 矩阵（Vandermonde Matrix）计算原始数据的校验字。

2. 使用高斯消元法（Gaussian Elimination）从数据错误中恢复原始数据。

3. 在有限域（Galois Fields）上进行快速计算。

1. 计算校验字

我们可以定义函数 F_i 为数据字的线性组合如下：

$$c_i = F_i(d_1, d_2, \cdots d_n) = \sum_{j=1}^{n} d_j f_{i,j}$$

也就是说，如果将数据表示为向量 D，校验信息表示为向量 C，同时将 F_i 作为矩阵 F 的行，会有以下等式成立：

$$FD = C$$

如果将 F 定义为大小为 $m \times n$ 的 Vandermonde 矩阵，并令 $f_{i,j}=j^{i-1}$，上述等式可以展开如下：

$$
\begin{bmatrix}
f_{1,1} & f_{1,2} & \cdots & f_{1,n} \\
f_{2,1} & f_{2,2} & \cdots & f_{2,n} \\
\vdots & \vdots & \vdots & \vdots \\
f_{m,1} & f_{m,2} & \cdots & f_{m,n}
\end{bmatrix}
\begin{bmatrix}
d_1 \\ d_2 \\ \vdots \\ d_n
\end{bmatrix}
=
\begin{bmatrix}
1 & 1 & 1 & \cdots & 1 \\
1 & 2 & 3 & \cdots & n \\
\vdots & \vdots & \vdots & & \vdots \\
1 & 2^{m-1} & 3^{m-1} & \cdots & n^{m-1}
\end{bmatrix}
\begin{bmatrix}
d_1 \\ d_2 \\ \vdots \\ d_n
\end{bmatrix}
=
\begin{bmatrix}
c_1 \\ c_2 \\ \vdots \\ c_m
\end{bmatrix}
$$

通过上述公式即可根据 Vandermonde 矩阵和数据 D 计算得出校验信息 C。

2. 错误恢复

为了能够从错误中恢复原始数据，我们定义矩阵 A 和向量 E 如下：

$$A = \begin{bmatrix} 1 \\ F \end{bmatrix} \qquad E = \begin{bmatrix} D \\ C \end{bmatrix}$$

其中 I 是单位矩阵，由上可得等式 $AD=E$ 如下：

$$
\begin{bmatrix}
1 & 0 & 0 & \cdots & 0 \\
0 & 1 & 0 & \cdots & 0 \\
\vdots & \vdots & \vdots & & \vdots \\
0 & 0 & 0 & \cdots & 1 \\
1 & 1 & 1 & \cdots & 1 \\
1 & 2 & 3 & \cdots & n \\
\vdots & \vdots & \vdots & & \vdots \\
1 & 2^{m-1} & 3^{m-1} & \cdots & n^{m-1}
\end{bmatrix}
\begin{bmatrix}
d_1 \\ d_2 \\ \vdots \\ d_n
\end{bmatrix}
=
\begin{bmatrix}
d_1 \\ d_2 \\ \vdots \\ d_n \\ c_1 \\ c_2 \\ \vdots \\ c_m
\end{bmatrix}
$$

我们可以将每个存储设备看作是矩阵 A 和向量 E 中对应的一行，当某个存储设备发生故障，可以看作将其对应的那行从 A 和 E 中删除，于是得到新的矩阵 A' 和新的向量 E'，很明显下列等式依然成立：

$$A'D=E'$$

假设恰好有 m 个设备发生故障，于是 A' 成为 $n \times n$ 的方阵。因为 I 是单位矩阵、而且 F 是

Vandermonde 矩阵，所以矩阵 A 的任意 n 行都是线性无关的，这说明 A' 是非奇异矩阵，即其存在逆矩阵，于是可以得出：

$$D=(A')^{-1}E'$$

也就是说数据 D 可以根据上述公式进行恢复，具体实现可通过高斯消元法来求得 D 的值。如果是校验信息 C_i 发生故障，因为数据 D 可以根据上述方法进行恢复，所以可以根据恢复过来的数据重新计算校验信息 C_i，这样即可恢复校验信息。

这里需要强调的是：包括计算校验字和错误恢复过程，上述矩阵运算中涉及的加法和乘法与我们一般见到的十进制数字加法和乘法不一样，是定义在有限域上的加法和乘法运算。

3. 有限域运算

包含有限个元素的域被称作有限域，因其首先被伽罗华发现，所以又被称为伽罗华域。有限域的一个特性是其包含的元素个数是 2^w 个（这个有限域简称为 GF(2^w)），且定义在其上的加法和乘法运算是封闭的，即任意两个有限域内的元素经过上述运算后其值仍然在有限域中。本节主要讲解在有限域上如何快速进行加减乘除运算。

为了在有限域上快速计算，可以将有限域 GF(2^w) 的元素映射成 $0\sim2^w-1$ 的数值，在 GF(2^w) 上定义加法和减法有多种方式，比如一种可选的方式是对数值进行异或操作，可以看出异或操作能够保证运算的封闭性，比如在 GF(2^4) 有限域中：

$$11+7=1011\oplus0111=1100=12$$

$$11-7=1011\oplus0111=1100=12$$

乘法和除法则相对复杂，为了加快计算速度，可以通过对数（log）和反对数（inverse log）将乘法和除法转换为对数操作、反对数操作及加减法操作的组合。我们知道，两个数值的乘法可以转写如下：

$$a\times b = x^{\log x(a)+\log x(b)}$$

首先可以构建两个备查映射表：gflog 和 gfilog，gflog 用来存储数值对应的对数表，gflilog 用来存储数值对应的反对数表。这样两个数值 a 和 b 的乘法就转换为：

① 首先在 gflog 中查找 a 和 b 的对数表数值。

② 两者相加。

③ 查找 gfilog 表，找到反对数表中对应的计算结果值。

这样即可通过对数、反对数及加法操作来实现乘法，除法操作与乘法操作流程类似，只是在第 2 步将加法操作换作减法操作即可。

这里需要注意的是：这里的对数运算是离散对数（Discrete Log）而非我们平常使用的对数运算。

下面的两个映射表是有限域 GF(2^4) 对应的 gflog 和 gfilog 表格内容。

i	0	1	2	3	4	5	6	7	8	9	10	11	12	13	14	15
gflog[i]	—	0	1	4	2	8	5	10	3	14	9	7	6	13	11	12
gfilog[i]	1	2	4	8	3	6	12	11	5	10	7	14	15	13	9	—

根据上述表格，可以计算如下的乘除法示例：

$$3×7=gfilog[gflog[3]+gflog(7)]=gfilog[4+10]]=gfilog[14]=9$$

$$13×10=gfilog[gflog[13]+gflog(10)]=gfilog[13+9]]=gfilog[7]=11$$

$$13÷10=gfilog[gflog[13]-gflog(10)]=gfilog[13-9]]=gfilog[4]=3$$

$$3÷7=gfilog[gflog[3]-gflog(7)]=gfilog[4-10]]=gfilog[9]=10$$

需要说明的是，上述例子中计算乘除法运算过程中的加法和减法并非异或操作，而是可以直观理解为在由 1 到 15 构成的首尾相接的圆环中移动，加法可以理解为顺时针移动，减法可以理解为逆时针移动，所以 13+9=7 并且 4−10=9，很明显这也是满足计算封闭性的一种计算方法。

4．Reed-Solomon 编码示例

根据上述内容，可以归纳 Reed-Solomon 编码流程如下。

① 选择字长 w，w 需要满足如下条件：$2^w > n+m$。一般选择 w 为 8 或者 16，这样便于字节对齐。

② 根据 w 设置两个备查映射表 gflog 和 gfilog 内容。

③ 设置 F 为大小等于 $m×n$ 的 Vandermonde 矩阵，并令 $f_{i,j}=j^{i-1}$，在其上的运算是定义在有限域 GF(2^w) 上的。

④ 使用矩阵 F 根据 $FD=C$ 对数据进行校验值计算，同样，其上的加法和乘法运算是定义在有限域 GF(2^w) 上的。

⑤ 如果 $n+m$ 个数据和校验值数据中，至多 m 个存储设备失效，那么可以通过如下方式对数据进行恢复：从剩余未发生故障的设备中选择 n 个，构建矩阵 A' 和向量 E'，通过 $D=(A')^{-1}E'$ 可以恢复原始数据。

为更直观地理解 RS 编码，下面给出具体例子。假设我们有 3 个原始数据和 3 个校验数据，即

$m=n=3$。将字长 w 设为 4，并设定备查映射表 gflog 和 gfilog，这两个表格的对应数据可参考上文的映射表内容。

在有限域 $GF(2^4)$ 上可以定义 Vandermonde 矩阵 $\boldsymbol{F}$ 如下：

$$\boldsymbol{F} = \begin{bmatrix} 1^0 & 2^0 & 3^0 \\ 1^1 & 2^1 & 3^1 \\ 1^2 & 2^2 & 3^2 \end{bmatrix} = \begin{bmatrix} 1 & 1 & 1 \\ 1 & 2 & 3 \\ 1 & 4 & 5 \end{bmatrix}$$

此时，我们可以根据 $\boldsymbol{FD}=\boldsymbol{C}$ 来计算校验信息，假设原始数据 D_1、D_2 和 D_3 的第一个数值分别为 3、13 和 9，加法采取异或方式，乘法如上节内容所述，于是可以计算 3 个校验值如下。

$$\begin{aligned} C_1 &= (1)(3) \oplus (1)(13) \oplus (1)(9) \\ &= 3 \oplus 13 \oplus 9 \\ &= 0011 \oplus 1101 \oplus 1001 = 0111 = 7 \\ C_2 &= (1)(3) \oplus (2)(13) \oplus (3)(9) \\ &= 3 \oplus 9 \oplus 8 \\ &= 0011 \oplus 1001 \oplus 1000 = 0010 = 2 \\ C_3 &= (1)(3) \oplus (4)(13) \oplus (5)(9) \\ &= 3 \oplus 1 \oplus 11 \\ &= 0011 \oplus 0001 \oplus 1011 = 1001 = 9 \end{aligned}$$

假设此时数据 D_2、D_3 以及校验信息 C_3 丢失，此时如何对数据进行恢复？可以将这 3 个数据在矩阵 $\boldsymbol{A}$ 和向量 $\boldsymbol{E}$ 中对应行删除，得到 $\boldsymbol{A'D}=\boldsymbol{E'}$ 如下：

$$\begin{bmatrix} 1 & 0 & 0 \\ 1 & 1 & 1 \\ 1 & 2 & 3 \end{bmatrix} \boldsymbol{D} = \begin{bmatrix} 3 \\ 11 \\ 9 \end{bmatrix}$$

通过高斯消元法，可得 $\boldsymbol{D}=(\boldsymbol{A'})^{-1}\boldsymbol{E'}$ 如下：

$$\boldsymbol{D} = \begin{bmatrix} 1 & 0 & 0 \\ 2 & 3 & 1 \\ 3 & 2 & 1 \end{bmatrix} \begin{bmatrix} 3 \\ 11 \\ 9 \end{bmatrix}$$

从中可以计算出 D_2 和 D_3 分别如下：

$$D_2 = (2)(3) \oplus (3)(11) \oplus (1)(9) = 6 \oplus 14 \oplus 9 = 1$$

$$D_3 = (3)(3) \oplus (2)(11) \oplus (1)(9) = 5 \oplus 5 \oplus 9 = 9$$

根据 D_1、D_2 和 D_3 重新计算校验值 C_3 如下：

$$C_3 = (1)(3) \oplus (4)(1) \oplus (5)(9) = 3 \oplus 4 \oplus 11 = 12$$

如此这般，就可以将损失的数据进行恢复。

8.5.2　LRC 编码

在介绍 LRC 编码前，首先我们要明确之所以要提出 LRC 的目的和原因。RS 编码作为 MDS 中最常见的一类，从可靠性和信息冗余之间的均衡角度讲已经是最优了，那么为何还要引入 LRC 呢？因为在分布式数据存储应用环境下，RS 编码有其固有的缺点。

从上述 RS 编码工作原理可以看出，如果将一个文件划分成 10 个数据块，即使只有其中一个数据块损毁，也需要其他所有数据块来共同恢复这个损毁的数据块。在分布式网络环境下，数据块往往存储在不同机器节点，这意味着即使单台存储机器发生故障，为了恢复少量数据块，需要大量的网络传输和磁盘 I/O 才能够将其进行恢复。HDFS-RAID 是 Facebook 使用(10,4)RS 编码对 HDFS 改造而成的系统，但是只对 8%左右的文件进行了 RS 编码，在很大程度上就是限于其在数据恢复时导致的大量网络传输会造成网络阻塞。

LRC 的提出就是为了解决这一难题，所以 LRC 面临的问题是：能否在可靠性与 RS 编码大致相同的情况下，减少恢复损毁数据所需的数据块数量？微软的 AWS 云存储系统及 Facebook 的 XorBas 系统都采用了 LRC 来达到这一目标。根据 XorBas 的数据，通过采用 LRC 编码，其恢复损毁数据所需的数据块数量可以降低为 RS 编码的一半，付出的代价是增加了 14%的额外存储成本。

为了理解 LRC，首先需要了解"块局部性"（Block Locality）和"最小码距"（Minimum Code Distance）概念。所谓"块局部性"，指的是对于某个纠删码来说，要对一个数据块编码，最多需要多少其他的数据块。这里我们用 r 来表示"块局部性"，这个概念表达了恢复某个数据块时需要的其他数据块的个数。"最小码距"则是指对于切割成 n 块的文件，最少损毁多少块数据文件就不可恢复了。

对于(n, m)配置的 MDS 来说，可以证明其"块局部性"不小于 n，其"最小码距"为 $m+1$。而我们希望能有一个算法使得其 r 远小于 n，这说明这类算法一定不是 MDS 类算法。而 LRC 就是希望能够获得一个最小码距接近 MDS 而 r 远小于 n 的纠删码。

下面我们用 XorBas 中实现的$(10, 6, 5)$LRC 编码来对 LRC 进行具体说明，这里$(10, 6, 5)$配置的含义是：通过 LRC 编码，对于 10 块原始数据，生成 6 块校验数据，其编码的最小码距是 5。

首先，将每个数据带划分为 X_1, X_2, …, X_{10} 10 个数据块，并用$(10, 4)$RS 编码为这些数据块生成 4 个校验数据块：P_1、P_2、P_3 和 P_4。到此为止，这是 HDFS-RAID 采用的技术方案，即标准的 RS 编码应用。LRC 的基本思想很简单直观：将数据块进行分组，为每组数据块生成一份额外的局部校验数据块（参考图 8-27）。

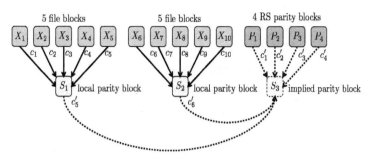

图 8-27　LRC 实例

在图 8-27 的例子中，将数据块及对应的 RS 校验数据块分为 3 组：X_1，X_2，$\cdots$，X_5 分为一组，X_6 到 X_{10} 分为一组，剩下的 4 份校验数据块分为一组。然后为每个分组生成局部校验数据块 S_1、S_2 和 S_3，比如 $S_1=c_1X_1+c_2X_2+c_3X_3+c_4X_4+c_5X_5$，这样 6 个数据块中的任意一个发生损毁，都可以通过其他 5 个数据块来进行恢复。假设 X_3 数据块丢失，那么通过如下公式即可对其进行恢复。

$$X_3=c_3^{-1}(S_1-c_1X_1-c_2X_2-c_4X_4-c_5X_5)$$

上述的公式中，只要保证因子 c_i 不为 0 并且通过一些手段使得选出的这些因子相互之间线性无关，就可以进行上述的数据互相恢复转换操作，对如何选择因子向量感兴趣的读者可以参考本章参考文献[16]。

从这个例子可以看出，LRC 本质上是在 RS 编码基础上通过增加数据冗余来换取校验数据的局部性。如果只采用 RS 编码，上述例子只需要存储 14 个数据块即可，改为 LRC 后，新增了 3 个局部校验数据块，所有需要存储的数据块增为 17 个，在此处 XorBas 做了优化，可以通过精心选择系数因子 c_i 以使得如下公式成立：

$$S_1+S_2+S_3=1$$

这样 S_3 的校验数据可以通过 S_1 和 S_2 推导出来，于是可以不用存储 S_3，数据块总数减为 16 块。在 S_3 被省略的情形下，如果某个 RS 校验数据块丢失，可以通过其他 RS 校验数据块和 LRC 校验数据块来对其进行数据恢复，比如假设 P_2 校验数据块失效，此时可以将 P_1、P_3、P_4、S_1、S_2 通过如下方式对其恢复：

$$P_2 = c_2'^{-1}(-S_1 - S_2 - c_1' P_1 - c_3' P_3 - c_4' P_4)$$

上述情形下 LRC 的最小码距是 5，也即对于所有 16 个数据块来说，最多允许任意 4 块数据同时发生损毁而数据可恢复。关于最多允许同时损毁 4 块数据，这一点比较容易看出：假设损毁的 4 块数据中不包含 LRC 生成的局部校验数据块，那么 RS 编码即可做到这一点。如果损毁的数据块中包含 S_1 和 S_2，则可以通过 RS 编码首先恢复损毁的原始数据块，而由这些恢复好的原始数据块生成 S_1

和 S_2。另外一个值得思考的问题是：既然增加了校验数据，那么最小码距可否达到 6？即最多允许同时损毁 5 块数据呢？这在有些情形下可以，但是存在反例。比如如果第 1 组数据块中损失 4 块，第 2 组数据块中损失 1 块，可以根据局部校验码 S_2 和第 2 组其他数据块首先恢复第 2 组损失的那个数据块，然后根据 RS 编码可以恢复第 1 组中损失的 4 块。但是如果数据损失的情形是第 1 组损失 2 块，第 2 组损失 3 块，那么明显是无法恢复的，读者可以思考其原因。由此反例可见，这个例子中 LRC 的最小码距只能是 5。

8.5.3　HDFS-RAID 架构

上述内容介绍了两种纠删码的技术原理，本节通过 HDFS-RAID 的架构来说明如何将其引入到现实系统中。

HDFS-RAID 是 Facebook 开源的在 HDFS 上引入(10,4)RS 编码的文件系统，一般称为 DRFS（Distributed Raid File system）。DRFS 中的文件被切割成数据带（Stripe），每个数据带由若干个数据块（Block）构成。对于每个数据带，DRFS 根据原始数据块计算其对应的校验数据块并分别存储。

HDFS-RAID 的系统架构中最主要的是 RaidNode 和 BlockFixer，其对应的功能如下。

1．RaidNode 的主要职责是对 DRFS 中的文件建立和维护对应的校验数据文件。其是运行在集群中某个机器上的守护进程，它周期性地扫描 HDFS 中的文件，以找出需要进行 RS 编码的对应文件。然后通过在集群运行 MR 程序的方式来对文件进行编码，编码结束后，RaidNode 将对应文件的备份数目降低为 1。

2．BlockFixer 是与 RaidNode 运行在同一机器上的独立进程。它周期性地扫描文件系统，从已经经过 RS 编码的文件中识别出那些损毁的，对于这些损毁数据块，也是通过 MR 程序，获得其所在数据带其他数据块文件和校验文件，之后对损毁数据块进行恢复的。

参考文献

[1] Sanjay Ghemawat, Howard Gobioff, and Shun-Tak Leung.The Google File System. 19th ACM Symposium on Operating Systems Principles,Lake George, NY, October, 2003.

[2] Hadoop.http://hadoop.apache.org/index.html.

[3] HDFS HA.https://issues.apache.org/jira/browse/HDFS-1623.

[4] HDFS Federation.https://issues.apache.org/jira/browse/HDFS-1052.

[5] HDFS Qurom Journal Manager.http://yanbohappy.sinaapp.com/?p=205.

[6]　Beaver, D., Kumar, S., Li, H. C., Sobel, J., and Vajgel, P. Finding a Needle in Haystack: Facebook's Photo Storage. In OSDI (Vancouver, BC, Oct. 2010).

[7]　Parquet.http://parquet.io/.

[8]　ORCFile.http://docs.hortonworks.com/HDPDocuments/HDP2/HDP-2.0.0.2/ds_Hive/orcfile.html.

[9]　Yongqiang He. Etc. RCFile: A fast and space-efficient data placement structure in MapReduce-based warehouse systems. IEEE 27th International Conference on Data Engineering. 2011.

[10]　Sergey Melnik, Andrey Gubarev, Jing Jing Long, Geoffrey Romer, Shiva Shivakumar, Matt Tolton, Theo Vassilakis. Dremel: Interactive Analysis of Web-Scale Datasets. Proc. of the 36th Int'l Conf on Very Large Data Bases (2010), pp. 330-339.

[11]　James S. Plank. A Tutorial on Reed-Solomon Coding for Fault-Tolerance in RAID-like Systems. Technical Report.1996.

[12]　Reed-Solomon.http://en.wikipedia.org/wiki/Reed%E2%80%93Solomon_error_correction.

[13]　Erasure Code.http://en.wikipedia.org/wiki/Erasure_code.

[14]　HDFS-RAID. http://wiki.apache.org/hadoop/HDFS-RAID.

[15]　Cheng Huang, Huseyin Simitci, Yikang Xu, Aaron Ogus, Brad Calder, Parikshit Gopalan, Jin Li, and Sergey Yekhanin. Erasure Coding in Windows Azure Storage. USENIX ATC (2012).

[16]　Maheswaran Sathiamoorthy. etc. XORing Elephants: Novel Erasure Codes for Big Data .in 39th International Conference on Very Large Data Bases (VLDB) 2013.

9

内存 KV 数据库

年月把拥有变作失去

疲倦的双眼带着期望

今天只有残留的躯壳

迎接光辉岁月

风雨中抱紧自由

一生经过彷徨的挣扎

自信可改变未来

问谁又能做到

——Beyond《光辉岁月》

　　随着电子制造业的快速技术进步，包括磁盘、SSD 和内存在内的存储设备单位制造成本正在快速下降，在价格不变甚至降低的情况下，普通服务器的各级存储设备的存储容量也在不断增大。具此背景，在某些应用场景下，为了大大提升服务的响应速度，可以考虑将数据全部加载到内存，而这涉及内存数据库的设计和实现。

　　本章讲解内存 KV 数据库，应该说目前此类数据库还不多，绝大部分数据库还是采用以外存为主的设计模式，但是随着硬件成本的快速下降，相信这类数据库会大量涌现。

　　对于内存 KV 数据库来说，极高的数据读/写速度和请求吞吐量是其题中应有之义。从系统设计角度来看，主要需要考虑的是：数据存储成本与系统高可用性如何均衡与选择的问题。我们知道，在大规模存储环境下，为了数据的高可用性，往往会将同一个数据保存 3 份，这对于以外存存储数据为主的系统来说不是障碍，因为其存储成本较低，可以承担这种额外成本，但是对于内存来说则是个问题，毕竟相对外存和 SSD 来说，内存的成本还是比较高的。

此时我们有两种选择：一种思路是忽略成本提高可用性，与外存存储系统一样，在内存里对数据进行备份，这样如果选择常见的 3 备份策略的话，成本会是只存储一份数据的 3 倍。这样做有 3 个好处，首先可以保证系统高可用性，其次系统实现起来也较为简单，还有一个明显的优点是通过内存多备份可以增加读操作的并发性。另外一个思路是降低成本，只在内存保留一份数据，数据备份放在磁盘或者 SSD 中，但是这会带来可用性问题，如果某台存储服务器发生故障，其负责的内存数据将不可用。

本章以 RAMCloud、Redis 和 Membase 这 3 个典型的内存 KV 数据库作为例子来讲解，从高可用性角度，RAMCloud 采取了第 2 种策略，Redis 和 Membase 采取了第 1 种策略。应该讲这两种策略都不能算是理想的技术方案，但如何设计出既能够降低内存使用成本同时又保证系统高可用性的方案目前看还是个开放问题，值得学术界和工业界进一步探索。

9.1　RAMCloud

RAMCloud 是斯坦福大学提出的大规模集群下的纯内存 KV 数据库系统，最大的特点是读/写效率高，其设计目标是在数千台服务器规模下读取小对象速度能够达到 5～10 纳秒，这种速度是目前常规数据中心存储方案性能的 50～1000 倍。

RAMCloud 在提升系统性能基础上，重点关注数据的持久化与保证数据高可用性措施，为了节省系统成本，只在服务器内存放置一份原始数据，同时将数据备份存储在集群其他服务器的外存中，以此达到数据的持久化与安全性并兼顾整体存储成本。另外采用了极为复杂的手段来尽可能保证系统的高可用性，但是其设计思路是有明显缺陷的。本节讲解 RAMCloud 的整体架构及其对应的优缺点。

9.1.1　RAMCloud 整体架构

RAMCloud 的整体架构如图 9-1 所示。

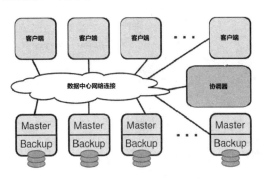

图 9-1　RAMCloud 的整体架构

由图 9-1 可见，存储服务器由高速网络连接，每台存储服务器包含两个构件：Master 和 Backup。Master 负责内存 KV 数据的存储并响应客户端读/写请求，Backup 负责在外存存储管理其他服务器节点内存数据的数据备份。每个 RAMCloud 集群内包含唯一的管理节点，称之为协调器（Coordinator）。协调器记载集群中的一些配置信息，比如各个存储服务器的 IP 地址等，另外还负责维护存储对象和存储服务器的映射关系，即某个存储对象是放在哪台服务器的。RAMCloud 的存储管理单位是子表（Tablet），即若干个主键有序的存储对象构成的集合，所以协调器记载的其实是子表和存储服务器之间的映射关系。为了增加读/写效率，客户端在本地缓存一份子表和存储服务器的映射表，当有对应数据读/写请求时，直接从缓存获取记录主键所在的存储服务器地址，然后直接和存储服务器进行交互即可，这样也能有效地减轻协调器的负载。但是这会导致以下问题：当子表被协调器迁移后，客户端的缓存映射表会过期。RAMCloud 的解决方案为：当客户端发现读取的记录不在某台存储服务器时，说明本地缓存过期，此时可以从协调器重新同步一份最新的映射表，之后可以重新对数据进行操作。

应该说 RAMCloud 的整体架构还是很简洁明晰的，其复杂性体现在数据副本管理及数据快速恢复机制。因为 RAMCloud 由几千台存储服务器构成，所以随时都有可能某台存储服务器发生故障，此时会导致该存储服务器内存中的对象不可访问。

9.1.2 数据副本管理与数据恢复

数据持久化是内存存储系统必须考虑的问题，这样即使服务器发生故障，内存数据丢失，也不至于导致数据丢失，对于 RAMCloud 这种内存单备份的系统尤为重要。为了能够支持快速数据持久化以及故障时快速数据恢复，RAMCloud 在内存和外存存储数据时都统一采用了 LSM 树方案，其对应的 Log 结构被切割为 8MB 大小的数据片段（Segment）。RAMCloud 的副本管理策略如图 9-2 所示。

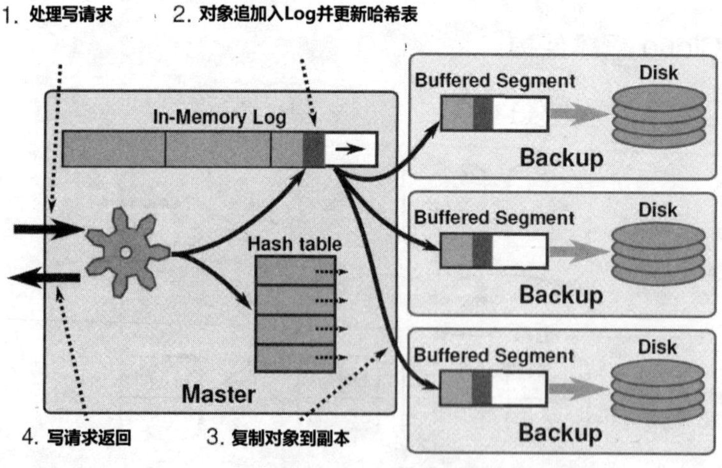

图 9-2   副本管理

当 RAMCloud 接收到写数据请求时，首先将其追加进入内存中的 Log 结构中，然后更新哈希表以记载记录在内存中的存储位置，这里之所以会需要哈希表，是因为内存数据采取 LSM 树结构后，是由若干个 Log 片段构成的，所以需要记载记录所在 Log 片段的位置信息。之后，RAMCloud 的主数据服务器将新数据转发给其他备份服务器，备份服务器将新数据追加到内存中 Log 片段后即通知主数据服务器返回，主数据服务器此时即可通知客户端写操作成功。因为整个备份过程都是内存操作不涉及外存读/写，所以这样做速度较快。当备份服务器用于备份的 Log 片段写满时将其写入外存的 LSM 结构中。

以上是 RAMCloud 的数据备份策略，其主要目的是通过内存数据备份避免磁盘读/写来加快其过程。当某台存储服务器发生故障时，其负责的对应数据此时不可用，RAMCloud 的策略是尽可能快速地从备份数据中重建内存数据。为了加快数据重建速度，其采用了如图 9-3 所示的数据恢复机制。这个机制包含两个方面：一方面是将待备份的数据尽可能多地分散到不同备份服务器中，这样在恢复内存数据的时候每台备份服务器只需传递少量数据，增加并发性。另外一方面是将待重建的内存数据分散到多台存储服务器来恢复，这样也减少了每台服务器需要恢复的数据量，增加并发性。通过以上两种措施可以实现快速数据恢复，RAMCloud 可以在 1 秒之内恢复崩溃的内存数据。

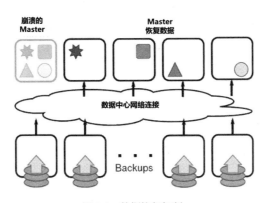

图 9-3　数据恢复机制

上面所述只是 RAMCloud 数据恢复的宏观机制，为了能够实现这一点，其采用了非常复杂的技术手段，包括内存和外存统一采取 LSM 树等也是在一定程度上为此目的服务，对其细节感兴趣的读者可以参考本章参考文献[1]。这里之所以不对其技术细节详细介绍，是出于以下考虑：RAMCloud 提高可用性的设计出发点是如果服务器崩溃后尽快从备份数据中恢复，尽管其采用了极其复杂的技术使得恢复速度可以达到 1 秒之内，但是在此期间部分数据仍然是不可用的，很明显这在现实应用尤其是工业界的应用中是不可行的。与其想尽办法快速恢复，不如换种思路：可以考虑外存备份数据也可提供读/写服务，当存储服务器崩溃时尽管内存数据不可用，此时可以将读/写操作降级到由外存备份数据来响应，同时快速恢复内存数据，这样的话就能够保证数据的高可用性，当然这个备选方案只是笔者的设想，具体实现方案可能会比较复杂。

9.2　Redis

Redis 是著名的内存 KV 数据库，在工业界获得了广泛使用。其不仅支持基本数据类型，也支持列表、集合等复杂数据结构，所以有较强的表达能力，同时有非常高的单机读/写效率。

我们知道，内存数据库最为关键的一点是如何保证数据的高可用性，所以本节主要关注 Redis 的数据副本维护策略。应该说，Redis 在发展过程中更强调单机系统读/写性能和系统的使用便捷性，在高可用性方面做得一直不太理想。下面我们以 2.8 版的 Redis 来介绍其数据副本维护策略。

图 9-4 展示了 Redis 的副本维护策略。

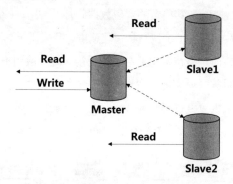

图 9-4　Redis 的副本维护策略

由图 9-4 可见，系统中唯一的 Master 负责数据的读/写操作，可以有多个 Slave 来保存数据副本，副本数据只能读不能做数据更新操作。当 Slave 初次启动时，从 Master 获取数据，在数据复制过程中，Master 是非阻塞的，即同时可以支持读/写操作。Master 采用快照加增量的异步方式完成数据复制过程，首先在时刻 T 将内存数据写入本地快照文件，同时在内存记录从 T 时刻起新增的数据操作，当快照文件生成结束后，Master 将文件传给 Slave，Slave 先保存为本地文件，然后将其加载入内存。之后，Master 将 T 时刻后的数据变更操作以命令流的形式传给 Slave，Slave 顺序执行命令流，这样就达到数据和 Master 保持同步。

如果 Master 和 Slave 之间的连接因某种原因中断，在 2.8 版之前，Slave 再次和 Master 建立连接后需要完全重新复制一遍数据，2.8 版本对此进行了改进，支持增量更新。Master 在内存维护命令流记录，同时，Master 和 Slave 都记载上次复制时的命令流地址（Offset），当 Slave 重新连接 Master 时，Master 可以根据地址偏移量将增量更新传递给 Slave。

由于 Redis 的主从复制采用异步方式，所以 Master 接收到数据更新操作与 Slave 接收到数据副本有一个时间差，这样如果 Master 发生故障可能会导致数据丢失。另外，因为 Redis 并未支持主从自动切换，如果 Master 故障，很明显此时系统对外表现为只读不能写入。从这些状况可以看出，即使是最新版本的 Redis 其数据可用性还是存在较大缺陷的。

尽管 Redis Cluster 是专注于解决多机集群问题的版本，但是进展较为缓慢，目前尚无正式版本发行。而且从目前发布的集群方案规范来看，在数据分片策略方面应该是借鉴了 MemBase 的 "虚拟桶" 思想，将记录主键空间哈希映射成 16384 个数据槽（Slot），每台服务器负责一定数据槽范围内的数据。至于其高可用方案则和上述 2.8 版本的 HA 思路基本一致，只是增加了 Master 故障时主备自动切换机制。一方面由于主备数据之间仍旧采用异步同步机制，所以在 Master 故障时仍有丢失数据的可能，这可能是 Redis 的作者出于不牺牲写性能而做出的设计取舍；另外一方面，在主备切换时，尽管基本思路很简单：当 Master 发生故障时，负责其他数据分片的多个 Master 投票从若干个 Slave 机器中选出一个 Slave 作为新的 Master，但是其整个投票机制复杂且不够优雅（对其方案感兴趣的读者可以参考本章参考文献[4]），其实在这里如果引入 ZooKeeper 是能简单而优雅地实现主备自动切换的，对此感兴趣的读者可以考虑一下使用 ZooKeeper 实现 Redis 的主备自动切换机制。

在实际使用 Redis 时，很多场景对数据高可用性有较高要求，那么在现有 Redis 版本下如何自助实现系统高可用呢？一种常见的解决思路是使用 Keepalived 结合虚拟 IP 来实现 Redis 的 HA 方案。Keepalived 是软件路由系统，主要的目的是为应用系统提供简洁强壮的负载均衡方案和通用高可用方案。使用 Keepalived 实现 Redis 高可用方案思路如下。

首先，在两台服务器（或者多台，机制类似）分别安装 Redis 并设置成一主一备。

其次，Keepalived 配置虚拟 IP 和两台 Redis 服务器 IP 的映射关系，这样，对外统一采用虚拟 IP，而虚拟 IP 和真实 IP 的映射关系及故障切换由 Keepalived 来负责。当 Redis 服务器都正常时，数据请求由 Master 负责，Salve 只需从 Master 同步数据；当 Master 发生故障时，Slave 接管数据请求，同时关闭主从复制功能以避免 Master 再次启动后 Slave 数据被清掉；当发生故障的 Master 恢复正常后，首先从 Slave 同步数据以获得最新的数据情况，然后关闭主从复制功能并恢复 Master 身份，与此同时 Slave 恢复其 Slave 身份。这种方式可以在某种程度上提供高可用方案，但是切换过程中往往时间过长（若干秒），在此期间数据可用性仍然成问题，而且在切换期间可能存在数据丢失的可能，所以不是理想的高可用方案，适合对高可用要求不是特别高且容忍数据丢失的缓存应用场景。

通过以上两种方式即可在某种程度上实现 Redis 的 HA 功能，当然，这仍然无法解决由于 Redis 主备之间异步同步可能造成的数据丢失问题。

9.3 MemBase

MemBase 是集群环境下的内存 KV 数据库，目前已更名为 CouchBase。MemBase 是由 NorthScale 和 Zynga 合作建立的项目，NorthScale 是广泛使用的缓存系统 MemCached 的制造商，Zynga 则是著名的社交游戏开发商。MemBase 缘起于 Zynga 的实际需求：在社交游戏环境下，需要高速、可靠且支持高吞吐量的存储系统，尤其是对写操作的效率要求很高。MemBase 就是在这种需求背景下产生的，其兼容 MemCached 协议，由 C、C++、Erlang 和 Python 混合语言写成。

MemBase 的整体架构如图 9-5 所示。我们在第 1 章 "数据分片与路由" 中提到过 MemBase 通过 "虚拟桶" 的方式对数据进行分片，其将所有数据的主键空间映射到 4096 个虚拟桶中，并在 "虚拟桶映射表" 中记载每个虚拟桶主数据及副本数据的机器地址，MemBase 对 "虚拟桶映射表" 的更改采用两阶段提交协议来保证其原子性。

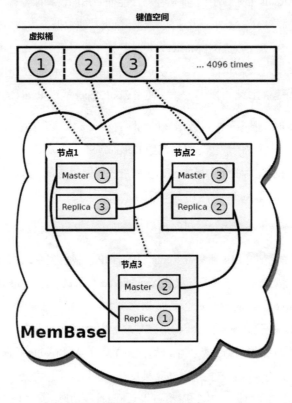

图 9-5　MemBase 的整体架构

MemBase 中的所有服务器都是地位平等的，并不存在一个专门进行管理功能的 Master 服务器，但是其数据副本管理采用了 Master-Slave 模式。每个虚拟桶有一台服务器作为主数据存储地，这台服务器负责响应客户端请求，副本存放在其他服务器内存中，其副本个数可以通过配置来指定。

客户端在本地缓存一份 "虚拟桶映射表"，所以通过哈希函数以及这个映射表可以直接找到主数据及副本数据的机器地址。客户端直接和存放主数据的服务器建立联系来读/写数据，如果发现连接上的服务器不是这个记录的主数据服务器，说明本地的 "虚拟桶映射表" 过期，则重新同步一份数据后再次发出请求。如果是读请求，则主数据服务器直接可以响应请求。如果是写请求，则主数据服务器以同步的方式将写请求转发给所有备份数据服务器，如果所有备份数据写成功则写操作成功完成。因为是同步写，所以可以保证数据的强一致性。

　　所有服务器上都会有一个负责相互监控的程序，如果监控程序发现某个"虚拟桶"主数据发生故障，则开始主从切换过程：首先从其他存有备份数据的服务器中选择一个，以其作为这个"虚拟桶"新的主数据存储地，之后所有对该"虚拟桶"的请求由其接管响应。然后，更新"虚拟桶映射表"，将旧的主数据服务器标为失效，并标明新选出的服务器作为主数据存储地，然后以广播方式将新的"虚拟桶映射表"通知给所有其他节点。当发生故障的服务器再次启动加入集群时，其同步更新内存数据并将自身设定为"虚拟桶"的副本。

　　从以上内容可以看出，MemBase 作为内存 KV 数据库，从架构设计上有比较完善的系统高可用性保障措施，但是就像本章开头所述，这种方式的缺点是所有副本数据放在内存，所以存储成本较高。笔者认为一种可能的改进措施可以考虑如下：在目前 MemBase 方案基础上集成 LSM 树存储系统，比如 LevelDB，将副本数据写入其他节点的 LevelDB 中，LSM 树存储系统具有高效写入特性，所以系统的整体写入效率有保证。当某个"虚拟桶"主数据服务器发生故障时，此时可以选择某个备份 LevelDB 节点作为主数据来响应用户请求，同时在其他服务器内存重建"虚拟桶"数据，建好后再次将新建数据设置为主数据。这样既能够实现系统的高可用，也能降低存储成本。

参考文献

[1]　Diego Ongaro, Stephen M. Rumble, Ryan Stutsman,John Ousterhout, and Mendel Rosenblum. Fast Crash Recovery in RAMCloud. SOSP '11, Cascais, Portugal.

[2]　John Ousterhout et al. The Case for RAMClouds: Scalable High-Performance Storage Entirely in DRAM. SIGOPS OSR 2009.

[3]　Redis. http://redis.io/.

[4]　Redis Cluster. http://redis.io/topics/cluster-spec.

[5]　Keepalived. http://www.keepalived.org/.

[6]　通过 Keepalived 实现 Redis Failover 自动故障切换功能。

　　　http://blog.csdn.net/xinhui88/article/details/8279684.

[7]　Membase. http://www.couchbase.com/wiki/display/couchbase/Home.

10

列式数据库

过了这个四月我就来看你　但是在此之前

还有一些其他的事

必须喂牛　砍一房子的柴火

把昨晚掉下来的星星藏在井里

你看　四月里雨下的铺天盖地

河水涨了　我的房子里到处都是银色的鱼

该织好了网抓他几尾的

吊在屋檐下　风吹来叮叮地响

我还要坐在院子里照顾猪仔和驴

真的　来看你之前

我必须先安慰这些容易伤心的东西

——佚名《马贡多》

　　列式数据库的提出和技术不断进步是与互联网的快速发展有密切关系的，随着大型互联网公司用户产生数据的快速增长，如何在 PB 级别数据量条件下提供快速数据读/写操作现已成为一种挑战，传统的关系型数据库已经很难处理如此规模的数据，以 BigTable 为代表的列式数据库便应运而生。

　　列式数据库兼具 NoSQL 数据库和传统数据库的一些优点，其具备 NoSQL 数据库很强的水平扩展能力、极强的容错性以及极高的数据承载能力，同时也有接近于传统关系型数据库的数据模型，在数据表达能力上强于简单的 Key-Value 数据库。从列式数据库的技术发展趋势可以看出，其发展方向是越来越多地融合和兼具两者的优点，包括全球范围的数据部署、千亿级别的数据规模、极低的数据读/写延迟、类 SQL 操作接口、分布式事务支持等。

本章主要以 Google 的 BigTable、MegaStore、Spanner 为主介绍列式数据库的特点、设计思路及其技术发展脉络，Yahoo 的 PNUTS 也是很有特色的列式数据库，所以本章也兼述了其基本设计思路。

10.1　BigTable

BigTable 是一种针对海量结构化或者半结构化数据的存储模型，在 Google 的云存储体系中处于核心地位，起到了承上启下的作用。GFS 是一个分布式海量文件管理系统，对于数据格式没有任何假定，而 BigTable 以 GFS 为基础，建立了数据的结构化解释，对于很多实际应用来说，数据都是有一定格式的，在应用开发者看来，BigTable 建立的数据模型与应用更贴近。MegaStore 存储模型、Percolator 计算模型都是建立在 BigTable 之上的存储和计算模型。由此可看出，BigTable 在其中的地位之重要。

10.1.1　BigTable 的数据模型

所谓数据模型，就是说在应用开发者眼里 BigTable 是怎样的一种结构。BigTable 本质上是一个三维的映射表，其最基础的存储单元是由（行主键、列主键、时间）三维主键（Key）所定位的。

图 10-1 展示了一个被称为 WebTable 的具体表格，里面存储了互联网的网页。表中每一行存储了某个网页的相关信息，比如网页内容、网页 MetaData 元信息、指向这个网页的链接锚文字等，每行以网页的逆转 URL 作为这一行的主键。BigTable 要求每行的主键一定是字符串的形式，而且在存储表格数据时，按照行主键的字母大小顺序排序存储。

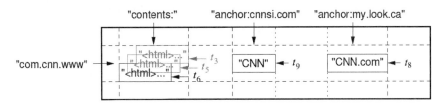

图 10-1　BigTable 数据模型——WebTable

BigTable 中的列主键包含两级，其中第一级被称为"列家族"（Column Families），第二级被称为"列描述符"（Qualifier），两者共同组成一个列的主键，即：

列主键="列家族:列描述符"

以 WebTable 表为例，链接锚文字组成一个"列家族"anchor，而每个网页的 URL 地址作为"列描述符"。"anchor:cnnsi.com"这个列主键的含义是：这一列存储的是 cnnsi.com 这个网页指向其他页面的链接锚文字。

BigTable 内可以保留同一信息随着时间变化的不同版本，这个不同版本由"时间"维度来进行表达。比如以行主键"com.cnn.www"和列主键"anchor:cnnsi.com"定位的信息，代表了网页"www.cnnsi.com"指向"www.cnn.com"的链接锚文字，随着时间的变化，这个链接锚文字也可能会不断地更改，所以可以存储多个更改版本，比如例子中显示的 t_9 这个时间的锚文字内容为"CNN"，此外还可以保留其他时间的锚文字信息。

BigTable 的数据模型粗看很像关系型数据库的关系模型，但是两者有很大差别，关系型数据库的列在设计表格之初就已经指定，而 BigTable 是可以随时对表格的列进行增删的，而且每行只存储列内容不为空的数据，这被称作"模式自由型"（Schema Free）数据库。

BigTable 是个分布式的海量存储系统，成百上千台机器为应用的相关表格提供存储服务。在实际存储表格信息时，会将表格按照"行主键"进行切割，将一段相邻的"行主键"组成的若干行数据作为一个存储单元，这被称为一个子表（Tablet），表格由子表构成，而每个子表的数据交由"子表服务器"来进行管理。图 10-2 是这种情形的形象说明。

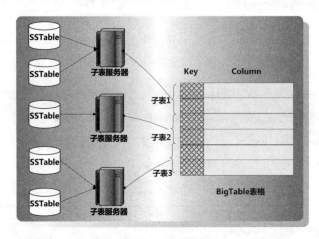

图 10-2　BigTable 表格的子表

BigTable 为应用开发者提供了 API，利用这些 API 可以进行创建或者删除表格、设定表格的列、插入/删除数据、以行为单位来查询相关数据等操作。另外，BigTable 提供针对行数据的事务操作，而不同记录之间不提供事务保证。

10.1.2　BigTable 的整体结构

10.1.1 节介绍了 BigTable 的数据模型，在应用开发者看来，BigTable 就是由很多类似于WebTable 这样的三维表格共同组成的一个系统，应用开发者只需要考虑具体应用包含哪些表格，每个表格对应包含哪些列，然后就可以在相应的表格内以行为单位增删内容。至于具体表格是如何在内部存储的，则交由 BigTable 来进行管理。

图 10-3 是 BigTable 的整体结构示意图，其中主要包含：主控服务器（Master Server）、子表服

务器（Tablet Server）和客户端程序（Client）。每个表格将若干连续的行数据划分为一个子表（Tablet），这样，表格的数据就会被分解为一些子表。"子表服务器"主要负责子表的数据存储和管理，同时需要响应客户端程序的读/写请求，其负责管理的子表以 GFS 文件的形式存在，BigTable 内部将这种文件称之为 SSTable，一个子表就是由"子表服务器"磁盘中存储的若干个 SSTable 文件组成的。"主控服务器"负责整个系统的管理工作，包括子表的分配、子表服务器的负载均衡、子表服务器失效检测等。"客户端程序"则是具体应用的接口程序，直接和"子表服务器"进行交互通信，来读/写某个子表对应的数据。

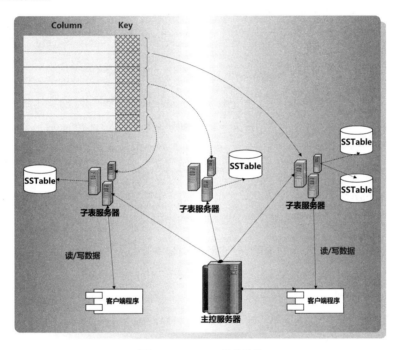

图 10-3 BigTable 整体结构

10.1.3 BigTable 的管理数据

对于具体应用来说，可以根据需要在 BigTable 系统中创建自己的表格，每个表格都会被分割成若干子表，并存储在不同的"子表服务器"中。那么，BigTable 是如何知道每个子表存储在哪台"子表服务器"中的呢？要知道这一点，需要维护一些特殊的管理数据。

BigTable 利用 Chubby 系统和一个被称为"元数据表"（MetaData Table）的特殊表格来共同维护系统管理数据（见图 10-4）。"元数据表"是 BigTable 中一个起着特殊作用的表，这个表格的每一行记载了整个 BigTable 中某个具体子表存储在哪台"子表服务器"上等管理信息，但是它一样也会被切割成若干子表并存储在不同的"子表服务器"中。这个表的第 1 个子表被称为"Root 子表"，用来记录"元数据表"自身除"Root 子表"外其他子表的位置信息，因为"元数据表"的子表也是分布在不同机器上的，所以通过"Root子表"的记录就可以找到"元数据表"中其他子表存储在哪台机器上，即通过"Root子表"可以找到完整的"元数据表"。

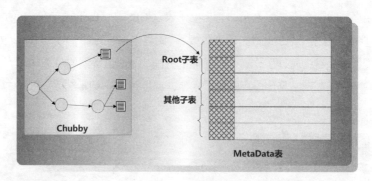

图 10-4　利用 Chubby 和"元数据表"来存储管理数据

"元数据表"中其他子表的每一行，则记录了 BigTable 中应用程序生成的表格（用户表）的某个子表的管理数据。其中，每一行以"用户表表名"和在这个子表内存储的最后一个"行主键"共同构成"元数据表"内此条记录的"行主键"，在记录行的数据里则存储了这个子表对应的"子表服务器"等其他管理信息。而 Chubby 中某个特殊文件则指出了"Root 子表"所在的"子表服务器"地址。这样，Chubby 文件、Root 子表以及"元数据表"中的其他子表构成了三级查询结构，通过这个层级结构就可以定位具体应用的某个子表放置在哪台"子表服务器"上。

图 10-5 是这种三级查询结构的示意图，假设某个客户端程序需要查找用户表的某行记录，首先读取 Chubby 系统中的特殊文件，从这个文件可以得知"Root 子表"所在的位置，然后根据"Root 子表"可以获知"元数据表"其他子表所在位置，其他子表的每一行的"行主键"是由用户表表名和对应子表最后一行的行主键共同构成的，所以通过和要查询的用户表及其待查记录的行主键比较，就可以知道是哪台"子表服务器"存储着这条记录，之后客户端程序将这些信息缓存在本地，并直接和"子表服务器"通信来读取对应的数据。

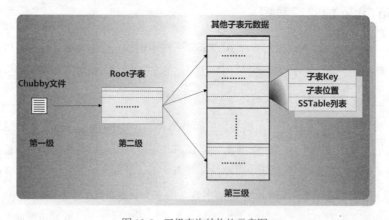

图 10-5　三级查询结构的示意图

10.1.4　主控服务器（Master Server）

"主控服务器"在 BigTable 中专门负责管理工作，比如自动发现是否有新的"子表服务器"加入，是否有"子表服务器"因为各种故障原因不能提供服务，是否有些"子表服务器"负载过高等情况，并在各种情况下负责"子表服务器"之间的负载均衡，保证每个"子表服务器"的负载都是合理的。

当"主控服务器"刚被启动时，需要获知子表的分配情况，图 10-6 是主控服务器启动时的运行流程。

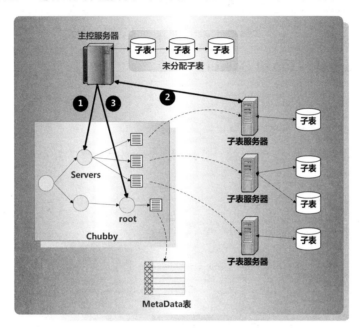

图 10-6　"主控服务器"的启动流程

Chubby 在 BigTable 的正常运转过程中起了很大的作用，不但在其中存储了最基础的管理数据，还提供了粗粒度的加锁服务。在 Chubby 的树形结构中，有一个特殊的 Servers 目录，每个"子表服务器"在该目录下生成对应的文件，记载了这个"子表服务器"的 IP 地址等管理信息。当"主控服务器"启动时，首先在 Chubby 中获得一个 Master 锁，这样可以阻止其他"主控服务器"再次启动，避免整个系统中出现多个管理节点。之后，主控服务器读取 Servers 目录，从该目录下的文件可以获得每个子表服务器的地址信息。获得地址信息后，在之后的管理过程中，"主控服务器"就可以直接和"子表服务器"进行通信。在启动时，"主控服务器"和"子表服务器"通信，获知每个"子表服务器"存储了哪些子表并记录在内存管理数据中。之后，"主控服务器"从 Chubby 的 root 节点可以读取 MetaData 元数据，这里记载了系统中所有子表的信息；通过 MetaData 和"子表服务器"反馈的信息，两者对比，可能会发现有一部分子表在 MetaData 中，但是没有"子表服务器"负责存储，说明这些子表是未获得分配的内容，所以将这些子表信息加入一个"未分配子表"集合中，之后会在适当的时机，将这些"未分配子表"分配给负载较轻的"子表服务器"。

当有新的"子表服务器"加入 BigTable 系统中时，这个"子表服务器"会在 Chubby 的 Servers 目录下生成对应的文件，"主控服务器"通过周期性地扫描 Servers 目录下文件可以很快获知有新的"子表服务器"加入，之后可以将高负载的其他"子表服务器"的部分数据，或者是"未分配子表"中的数据交由新加入的服务器来负责管理。

"主控服务器"会周期性地询问"子表服务器"的状态，当无法和"子表服务器"取得联系后，会将 Chubby 的 Servers 目录下对应的文件删除，并将这个"子表服务器"负责管理的子表放入"未分配子表"中，之后会将这些子表分配到有空闲空间的"子表服务器"中。

10.1.5 子表服务器（Tablet Server）

"子表服务器"是 BigTable 系统中用来存储和管理子表数据的，从具体功能来讲，子表服务器支持以下功能。

- 存储管理子表数据，包括子表存储、子表恢复、子表分裂、子表合并等。
- 响应客户端程序对子表的写请求。
- 响应客户端程序对子表的读请求。

1．更新子表数据

对子表内容的更新包括插入或删除行数据，或者插入/删除某行的某个列数据等操作。

图 10-7 是"子表服务器"响应客户端程序更新操作的流程图，当"子表服务器"接收到数据更新请求时，首先将更新命令记入 CommitLog 文件中，之后将更新数据写入内存的 MemTable 结构中，当 MemTable 里容纳的数据超过设定大小时，将内容输出到 GFS 文件系统中，形成一个新的 SSTable 文件。一个具体的子表数据就是由若干个陆续从 MemTable 产生的 SSTable 文件构成的。从这里可以看出，BigTable 的子表服务器对数据管理是个典型的 LSM 树结构。

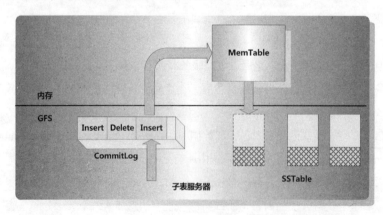

图 10-7 更新操作

在 BigTable 系统中，所有对子表的更新操作都是在内存中完成的，MemTable 即是内存中开辟的缓冲区，用来容纳子表的数据更新内容。对于一个分布式存储系统来说，系统故障经常发生。假设在 MemTable 还没有将内存更新内容输出到 SSTable 的时候"子表服务器"宕机，那么 MemTable 的数据会丢失。CommitLog 的引入就是为了防止这种情况发生，因为在写入 MemTable 之前的所有操作都在 CommitLog 中记录，即使"子表服务器"宕机，也可以根据 CommitLog 的命令再次恢复 MemTable 的内容。

SSTable 是 BigTable 内部用来存储数据的文件，其具有特定的格式。图 10-8 体现了 SSTable 的格式信息。每个 SSTable 划分为两块：数据存储区和索引区。数据存储区用来存储具体的数据，本身又被划分成小的数据块，每次读取的单位就是一个数据块。索引区记载了每个数据块存储的"行主键"范围及其在 SSTable 中的位置信息，当 BigTable 打开一个 SSTable 文件的时候，系统将索引区加载入内存，当要读取一个数据块时，首先在内存的数据块索引中利用二分查找，快速定位某条"行记录"在 SSTable 中的位置信息，之后就可以根据位置信息一次性读取某个数据块。

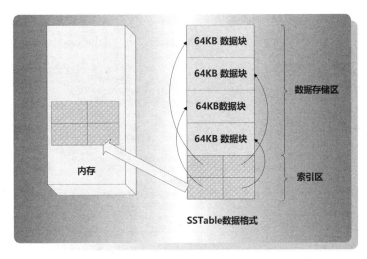

图 10-8　SSTable 结构

2．读取子表数据

由上面的叙述可知，一个子表是由内存中的 MemTable 和 GFS 中存储的若干 SSTable 文件构成的。在 MemTable 和 SSTable 中存储的数据都是按照"行主键"的字母顺序排序的，所以很容易将这些文件看作一个按照"行主键"排好序的整体序列结构，而读取操作就是首先查找数据的存储位置，如果找到则读出数据。由于 SSTable 是在 GFS 文件系统中，为了增快查找速度，BigTable 除了"块索引"外，还引入了"布隆过滤器（Bloom Filter）"算法，这种算法只占用少量内存，就可以快速判断某个 SSTable 文件是否包含要读取数据的"主键"，这样对于很多读操作而言，避免了在磁盘中查找，加快了读取速度（见图 10-9）。

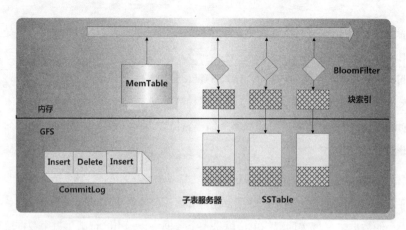

图 10-9　读操作

3. SSTable 合并

如果 SSTable 数量过多，会影响系统读取效率，所以"子表服务器"会周期性地对子表的 SSTable 和 MemTable 进行合并。根据合并规模的差异，存在 3 种不同类型的合并策略：微合并（Minor Compaction）、部分合并（Merging Compaction）以及主合并（Major Compaction）（见图 10-10）。

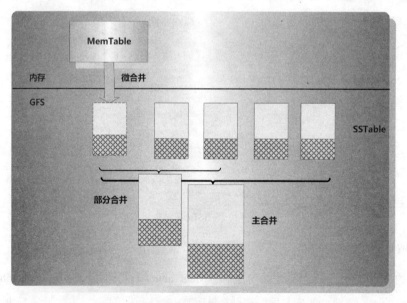

图 10-10　SSTable 合并

当 MemTable 写入数据过多时，会将内存中的数据写入磁盘中一个新的 SSTable 中，这个过程被称为"微合并"。这种合并有两种功能：首先，可以减少内存消耗量；其次，由于 MemTable 内数据量不会无限制地增长，即使这个"子表服务器"宕机后重启，那么系统根据 CommitLog 恢复 MemTable 的速度也会较快。

把 MemTable 的内容和部分 SSTable 合并的过程叫作"部分合并",通过部分合并,可以减少 SSTable 的数量,增加读操作的效率。而将 MemTable 和所有 SSTable 进行合并的过程被称为"主合并",这种合并周期地进行,使得所有子表数据集中到一个 SSTable 中。同时,在合并过程中,会将已经标记为"删除"的记录抛弃,有效回收存储资源。

4．子表恢复（Tablet Recovery）

当"子表服务器"死机后,BigTable 提供了完善的子表恢复机制(见图 10-11)。当死机的"子表服务器"重新启动后,会从"元数据子表"(MetaData)中读取管理信息,包括"子表服务器"负责管理的子表对应哪些 SSTable 文件,以及 CommitLog 对应的恢复点(Redo Point)。根据 CommitLog 恢复点,"子表服务器"可以找到 CommitLog 对应位置,恢复从这个位置之后的所有更新行为到 MemTable 中,这样就完成了 MemTable 的重建工作。从"元数据子表"中读取到对应的 SSTable 文件后,"子表服务器"将对应的 SSTable 的块索引读入内存,这样就能够完全恢复到死机前的状态。从这个过程可以看出 CommitLog 的具体功能。

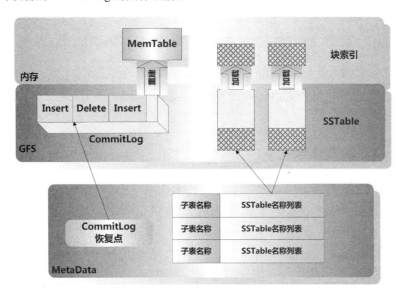

图 10-11　子表恢复机制

除了上述功能之外,"子表服务器"还负责"子表分裂"的管理,当某个子表存储的数据量过大,会将其分裂为两个均等大小的子表,并将相应的管理信息传递到"元数据子表"中记录,之后的数据更新以及读取分别在相应的子表中进行。

BigTable 作为对海量数据存取可以实时响应的大规模存储系统,其很多设计思路对后续的 NoSQL 系统具有很大的影响。最典型的是 Apache HBase,可以将其看作 BigTable 的开源版本,目前已广泛应用在各种大数据实时存取场景中。

10.2 PNUTS 存储系统

PNUTS 是 Yahoo 公司构建的提供在线数据服务的列式云存储系统，与其他的海量云存储系统相似，PNUTS 采取了弱一致性模型，以这种宽松的一致性模型为代价，换取系统更好的可扩展性、高可用性以及强容错性。

之所以讲解 PNUTS 系统，是因为这个存储平台有自己的特点，具有代表性，具体而言，PNUTS 在以下几方面有其特色。

1. 这个云存储平台支持在线实时请求的响应。

2. PNUTS 支持多数据中心的分布式存储和数据备份与同步。

3. 很多云存储系统对于数据更新，采取先写入系统 Log 文件，事后回放（Replay）的方式来保证数据操作的容错性。PNUTS 则采取了"消息代理"的机制来保证这一点，虽然从本质上说也是类似于 Log 回放机制，但是其表现形式并不相同。

4. 对于数据的一致性，PNUTS 采取了以记录为单位的"时间轴一致性"。

PNUTS 的数据模型类似于 BigTable 的数据模型，以行为一个数据单位，即一条记录，每条记录有不同的属性作为列，同时是"模式自由"的列属性方式，但两者的区别是 PNUTS 数据记录是二维表，不保留数据的不同时间版本信息。

10.2.1 PNUTS 的整体架构

PNUTS 支持数据的多数据中心部署，每个数据中心被称为一个"区域"（Region），每个区域所部署的系统都是完全相同的，每条记录在每个区域都有相应的备份（见图 10-12）。每个区域内主要包含 3 个基本单元："子表控制器"、"数据路由器"和"存储单元"，其中"存储单元"负责实际数据的存储，其他两个部分起到数据管理的作用，"消息代理"则横跨多个区域，主要负责数据在不同区域的更新与同步。

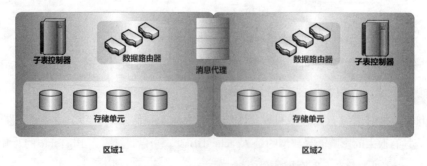

图 10-12　PNUTS 整体架构

10.2.2　存储单元

"存储单元"负责实际数据的存储,对于每个二维数据表格,若干条记录组成一个"子表"(Tablet),每个"存储单元"负责存储几百个不同的"子表",在具体某个区域内,只保留一份"子表",数据的冗余存储是通过不同区域备份来实现的,即每条记录在每个区域都有一个备份。

PNUTS 对于子表划分,有两种不同的方式:有序划分和哈希划分。所谓"有序划分",就是按照记录主键排序,然后将连续的一段记录划分成一个子表,每个子表内的记录主键仍然是有序的,此即我们在第 1 章"数据分片与路由"中介绍过的"范围分片"。对于这种类型的子表,PNUTS 采用 MySQL 数据库的方式存储。图 10-13 是这种划分方式的示意图,比如子表 2 存储了主键范围在"banana"到"grape"范围内的记录,其他子表含义类似。

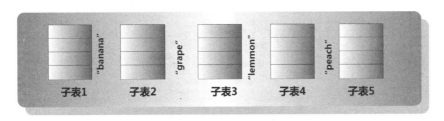

图 10-13　有序划分子表示意图

哈希划分基本思路与 Dynamo 系统的"一致性哈希"数据划分方式类似,即对所有记录的主键进行哈希计算,将所有哈希值看作一个闭环,将这个闭环切割,形成了不同的子表(见图 10-14)。

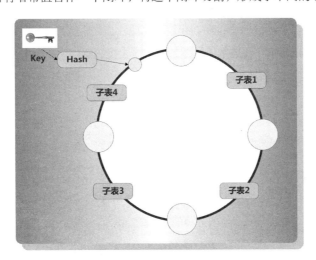

图 10-14　哈希划分子表

10.2.3　子表控制器与数据路由器

数据路由器负责查找某条记录所在存储单元的位置,当客户端程序要对某个记录进行读/写时,会询问数据路由器应该和哪个存储单元通信，数据路由器在内存保留记录主键所在存储单元的映射表，通过查找映射表，告知客户端存储单元地址。之后客户端程序和存储单元联系进行数据读取操作（见图 10-15）。

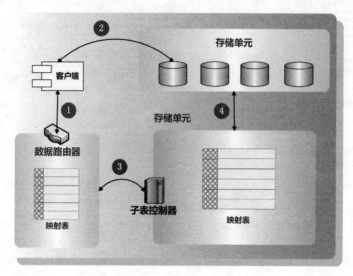

图 10-15 子表控制器与数据路由器

数据路由器的映射表来自于子表控制器，子表控制器负责存储单元的管理，比如负载均衡或者对子表进行分裂等操作，之后会修改对应的映射表。数据路由器周期性地从子表控制器获得更新后的映射表。如果数据路由器的数据没有及时与子表控制器的映射表保持一致，某个客户端此时有读取请求，那么数据路由器会返回一个过期的存储单元地址，之后客户端和存储单元联系，存储单元会报错，此时数据路由器知道自己的数据过期，会从子表控制器处更新映射表。

10.2.4 雅虎消息代理

雅虎消息代理负责数据的更新与同步，来保持记录数据的一致性。雅虎消息代理采取"发布/订阅"的消息队列方式，并且横跨不同数据中心，以保持不同数据中心的数据一致（见图 10-16）。

前文讲过，每条记录在同一个区域内没有副本，而在其他数据中心各自有一份副本存在，图 10-16 中假设有 3 个数据中心，所以每条记录在不同数据中心共有 3 个备份，其中某个记录作为"主记录"，其他两个作为"备份记录"，所有对记录的更新操作都由"主记录"来完成，"主记录"在更新数据后，即向"雅虎消息代理"发布一条数据更新信息，发布成功即可以认为数据更新完成，之后由"雅虎消息代理"负责将同样的更新操作体现到其他两个"备份记录"上，"雅虎消息队列"可以保证这种更新一定可以正确完成，这样就实现了数据的一致性。如果某个客户端对"备份记录"发出更新数据的请求，"备份记录"会将这个更新操作引导到"主记录"，由"主记录"来完成这种更新操作。

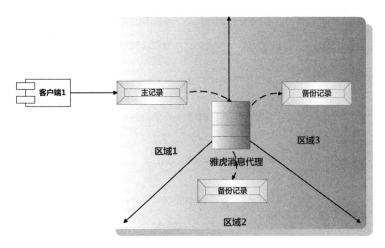

图 10-16　数据更新与同步

从上述过程可以看出，只要"主记录"完成更新操作并发布消息成功，即可以认为更新操作成功完成，之后的数据一致性由"雅虎消息代理"来保证，这就是为何 PNUTS 可以实时响应用户请求的关键。

10.2.5　数据一致性

PNUTS 采取了记录级别的时间轴一致性，前文讲述过，所有更新操作都由"主记录"来完成，"雅虎消息代理"负责按照相同的更新顺序来更新所有其他"备份记录"。

图 10-17 展示了这种时间轴一致性的原理，随着系统时间向前迈进，记录不断被更新，系统会记载当前记录的版本信息，随着更新的不断进行，记录的版本号持续增加，在某个时间点，记录只保留当前版本的数据，但是由于备份记录和主记录的更新存在时间差，可能整个 PNUTS 系统中存在多个版本的记录，不同版本的数据由版本号可以加以区分。

图 10-17　时间轴一致性原理

PNUTS 提供了多种读取 API 来满足不同应用的不同需求，可以指定读取最新版本的记录，但这往往需要较长的响应时间，也可以指定任意版本读取，这会加快系统响应时间，但是只有对数据一致性不敏感的应用才能这么做，对这些应用来说，即使数据有些老旧也没太大影响。此外，应用也可以指定读取记录版本号，只要记录本身的版本号大于指定的版本号就可以满足要求（见图 10-18）。PNUTS 提供的这种不同 API 给整个系统提供了灵活性。

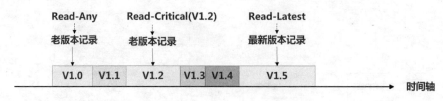

图 10-18　PNUTS 支持灵活读取操作

10.3　MegaStore

Google 的绝大多数应用都是建立在 GFS 文件系统和 BigTable 存储系统之上的，从本书前述章节关于这两个存储系统的运行机制可以看出，这套系统比较适合做大量数据的后台计算，对于实时交互的应用场景来说，并非是这套系统的优势应用场合。

时移世变，目前大多数互联网应用中相当重要的一部分需要与用户进行实时交互，如何针对这些应用的特点构造海量存储系统？这是非常具有挑战性的问题。MegaStore 即是 Google 针对这类应用自行研发的海量存储系统。

我们看一下这类应用本身对存储系统有哪些特殊的要求。首先，由于数据量太大，需要系统具有高可扩展性（Scalability），这对海量存储系统来说是一项非常基本的要求。其次，对互联网应用来说，推出时间早晚其最终的结局可能差异很大，所以存储系统应该支持应用的快速开发和部署。再次，因为是实时与用户交互，所以数据读/写要求满足高速度低延迟。另外，存储系统应该能够保证数据的一致性要求，否则用户写入数据后看到的仍然是过时的老数据，其体验可想而知。同时，系统要具有高可用性（Availability），即使服务提供方内部出现大规模故障，也应该保证用户仍然可用服务。

上面这些对存储系统的要求有些是有内在矛盾的，在所有方面做到最优是不太可能的，现在问题就成为了：如何提供一种折中方案，能够在几者之间取得平衡。

目前解决大规模数据存储有两种不同的解决方案，一种是传统的数据库方式，这种方法提供保证数据一致性的接口，而且开发者使用起来非常简单，开发成本低，但是这种方法可扩展性不高，面对超大规模数据无能为力。另外一个方式是 NoSQL 的方法，BigTable 就是一种典型的 NoSQL 技术方案，这种方案可扩展性强，可用性高，能够处理超大规模数据存储，但是往往无法保证数据的强一致性，比如 BigTable 只能对行数据提供事务支持，跨行跨表操作的数据一致性无法保证。

MegaStore 考虑到需求的矛盾性以及目前数据库方案和 NoSQL 方案各自的优缺点，希望能够找到一个折中的技术路线，既能够提供 NoSQL 方案的高扩展性，又能够吸取数据库方案的强数据一致性保证。

MegaStore 的基本思路是：将大规模数据进行细粒度切割，切分成若干实体群组（Entity Group），在实体群组内提供满足 ACID 语义的强一致性服务，但是在实体群组之间提供相对弱些的数据一致性保证。利用改造的 Paxos 协议来将数据分布到多个数据中心，这样同时满足了数据请求的高速度低延迟以及高可用性，可用性是通过将数据分布到不同数据中心获得的，而数据请求的高速度低延迟则是靠优化后的 Paxos 协议来保证的。

从 Google 的 GFS、BigTable、MegaStore、Spanner 等系统的技术发展脉络来看，MegaStore 很可能成为一个临时使用的过渡技术方案，最终类似的应用场景应该会逐步被 Spanner 替代。尽管如此，MegaStore 的很多设计思路还是值得借鉴的。

10.3.1　实体群组切分

图 10-19 是实体群组切分及其在各个数据中心分布的示意图，MegaStore 将数据切割成很多细粒度的实体群组，每个实体群组会同时分布到不同的数据中心，MegaStore 利用 Paxos 协议保证实体群组内数据具有 ACID 语义的强一致性，不同实体群组则提供了较弱的数据一致性。在同一个数据中心内，MegaStore 使用 BigTable 来作为数据存储系统。

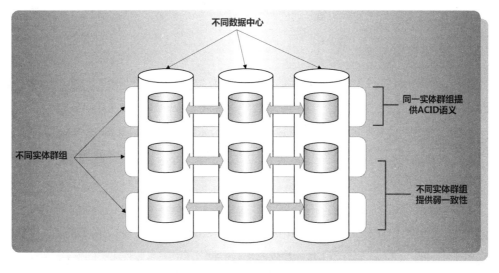

图 10-19　实体群组切分及其在各个数据中心分布的示意图

实体群组之间采用消息队列的方式来完成跨群组的事务操作，图 10-20 是这种机制的说明，实体群组 1 发出一个消息，将事务追加到消息队列中，实体群组 2 接收消息队列中自己对应的消息事务并对数据做出更改。MegaStore 对跨群组的事务采用了两阶段提交的方式（Two Phrase Commit），这种方法相对耗时，但是由于大部分数据更新操作发生在实体群组内部，所以从系统总体效率来说问题不大。另外，MegaStore 还提供了实体群组内的局部索引和全局范围的全局索引。

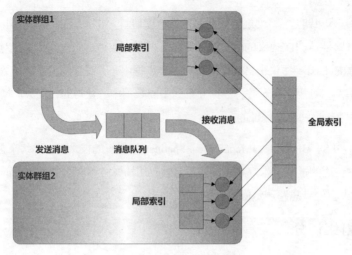

图 10-20　实体群组间通信

　　大部分应用都可以找到很自然的实体群组切分方法，以电子邮件应用为例，每个不同的用户账号就是一个个自然的实体群组，每个账号的邮件操作应该具有事务支持以及强数据一致性，比如用户将一封邮件标记为"重要"，则应该立即可以看到标记结果，但是用户 A 发送给用户 B 的邮件（不同实体群组）即使在时间上有些短暂延迟问题也不大。

10.3.2　数据模型

　　MegaStore 的数据模型介于关系型数据库和 NoSQL 存储系统的数据模型之间，数据模型由一个模式（Schema）定义，Schema 下面可以定义不同的表（Table），每个表可以包含不同的属性（Property），对于某个表来说，其中部分属性是表的主键（Key）。MegaStore 中有两种表：实体群组主表（Root Table）和子表（Child Table），子表归属主表管辖，并且要求子表的每条记录需要有外键指向主表。

　　我们以一个照片分享应用作为实例来说明 MegaStore 的数据模型，图 10-21 是其示意图。这个应用包含两个表格，用户表作为主表，每条记录包含"用户 ID"和"用户名"两个属性，其中"用户 ID"是这个主表的主键。"照片表"是用户表的子表，包含了很多与照片有关的信息作为表的属性，其中"用户 ID"和"照片 ID"共同构成了表的主键，MegaStore 的表属性支持可重复属性，比如例子中的照片"Tag"属性，代表用户给照片打上的文本标签，因为用户可以给同一个照片打上多个标签，所以这个属性是可重复的。"照片表"中的"用户 ID"属性是指向主表的外键，即其属性代表的含义是相同的。主表中的一个实体及其所有子表中有外键指向这个实体的所有信息组成了一个"实体群组"，在这个应用中，每个用户的信息和所有归属这个用户的照片相关信息组成了一个实体群组。

　　根据图 10-21 中两个表的示例可以看出，例子应用中包含两个实体群组，用户"张三"有两张照片，"李四"也拥有两张照片，用户"张三"和用户"李四"及其所有照片信息各自是一个实体群组。

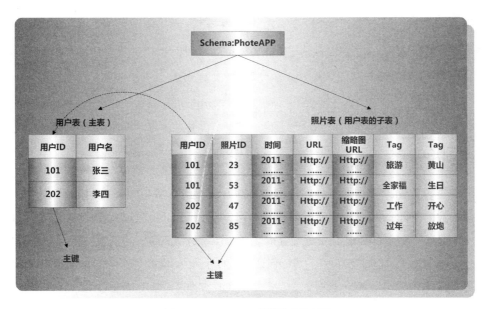

图 10-21　Megastore 数据模型示意图

MegaStore 使用 BigTable 来存储数据，BigTable 的列属性由 MegaStore 的表名和属性名共同构成，同一个实体群组尽管属于不同的表，但是在 BigTable 中是顺序存储的，这样有利于按照实体群组快速存取数据。图 10-22 展示了上面所举的例子在 BigTable 中是如何存储的。比如用户"张三"和其两张照片的数据顺序存储在 BigTable 中，用户"李四"数据的存储也是如此。

行主键	用户表.用户名	照片表.时间	照片表.URL	照片表.缩略图URL	照片表.Tag
101	张三				
101 , 23		2011-........	Http://......	Http://......	旅游,黄山
101 , 53		2011-........	Http://......	Http://......	全家福,生日
202	李四				

图 10-22　BigTable 中存储数据格式

10.3.3　数据读/写与备份

MegaStore 以实体群组为单位，将每份数据在多个数据中心备份，其利用优化的 Paxos 协议来保持备份数据之间数据的一致性。原始的 Paxos 协议可以保证分布式环境下的数据强一致性，但是效率太低，影响数据可用性，MegaStore 通过加入中心控制策略，有效地增加了 Paxos 的执行效率，保证了数据的可用性。

通过优化的 Paxos 协议，MegaStore 可以保证不论用户发出的读/写操作是从哪个备份数据发起的，都可以维持数据的强一致性，对于写操作来说，需要在数据中心之间进行通信来保证数据一致性，而对于读操作来说，因为写操作已经保证了数据的一致性，所以可以在任意一个数据中心保留的备份数据上进行读取。

通过优化的 Paxos 协议，MegaStore 实现了数据的可用性以及低延迟等存储要求的较好折中。

10.4 Spanner

Spanner 是 Google 开发的可在全球范围部署的具有极强可扩展性的列式数据库系统，其可以将千亿规模的数据自动部署到世界范围数百个数据中心中的百万台服务器中，通过细粒度的数据备份机制极大地提高了数据的可用性以及地理分布上的数据局部性。Spanner 具备数据中心级别的容灾能力，即使整个数据中心完全遭到破坏也可以保证数据的可用性。除此之外，Spanner 还具备接近于传统数据库关系型模型的半结构化数据模型定义、类 SQL 查询语言以及完善的事务支持等特性。

在 Google 的一系列大规模存储系统谱系中，BigTable 尽管有很多适合的使用场景，但是其在复杂或者不断演化的数据模式或者有跨行跨表的强一致性需求等应用场景下表现不佳；MegaStore 在一定程度上缓解了 BigTable 的上述问题，但是其写性能不佳一直被诟病。Spanner 可以看作是对 MegaStore 的改进增强版数据库，除了 MegaStore 具备的优点外，应用可以细粒度地自主控制数据备份策略，包括备份数目、在不同数据中心的存储配置、备份数据距离用户的物理距离远近、备份数据之间的距离远近等，都可由应用自由指定。Spanner 还具备传统分布式数据库系统所不具备的优点：其可提供外部一致（Externally Consistent）的读/写能力，以及跨数据库的全局一致性读能力。

Spanner 之所以能够提供上述诸种优点，很重要的原因是通过 TrueTime 机制为分布式事务打上具有全局比较意义的时间戳，这个时间戳由于跨数据中心全局可比，所以可以将其作为事务序列化顺序（Serialization Order）的依据。而且这种序列化顺序还满足如下的外部一致性：如果事务 T_1 的提交时间早于事务 T_2 的开始时间，那么 T_1 的提交时间戳要小于 T_2 的提交时间戳，即可以依据提交时间戳的大小顺序来将分布式事务全局序列化。Spanner 是第一个能够在全局范围提供此种能力的分布式存储系统。

Spanner 的整体架构如图 10-23 所示。一个 Spanner 部署被称为一个 Universe，其由众多的 Zones 集合构成，一个 Zone 类似于一套 BigTable 系统部署实例，数据可以跨数据中心进行备份。Zone 是部署单位，可以整体从 Universe 中添加或者删除 Zone，一个数据中心可以部署多个 Zone。一个 Zone 由唯一的 ZoneMaster、数量在一百到数千的 SpanServer 以及若干位置代理（Location Proxy）构成。ZoneMaster 负责向 SpanServer 分配其需要管理的数据，SpanServer 负责响应客户端数据请求，位置代理为客户端程序进行数据路由来让其能够定位到对应的 SpanServer。除了众多的 Zones 外，一个 Universe 还包含一个 Universe Master 和一个 Placement Driver，Universe Master 是一个能够显示 Zone

状态信息的控制台，Placement Driver 负责数据在不同 Zone 之间进行自动迁移。

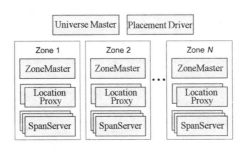

图 10-23　Spanner 的整体架构

10.4.1　SpanServer 软件栈

有关 Spanner 的论文并未全面描述其架构细节，主要透露了 SpanServer 的架构组成，其架构如图 10-24 所示。一台 SpanServer 负责管理 100～1000 数量范围内的 Tablet，Tablet 类似于 BigTable 系统中的定义，不过与其不同的一点在于，SpanServer 的 Tablet 为每个数据增加了时间戳，形成了如下类似于多版本数据库的数据映射关系：

$$(key:string, timestamp:int64)\rightarrow string$$

Tablet 存储在被称为 Colossus 的第二代 GFS 系统之上。为了能够支持数据跨数据中心复制，SpanServer 为每个 Tablet 构造一个单轮 Paxos 状态机（Single Paxos State Machine），每个状态机将其元数据和 Log 信息记入到对应的 Tablet 中。Paxos 状态机用于维护数据副本之间的一致性，若干个副本 Tablet 组成一个 Paxos 组，其中一个副本作为领导者，所有写操作都由领导者的 Paxos 发起，而读操作则可以从任意一个副本中读出足够新的数据。在领导者副本上，SpanServer 实现了一个锁表（Lock Table）用来进行并发访问控制，锁表将记录键映射为两阶段锁的锁状态信息。除此之外，领导者副本上还有一个事务管理器（Transaction Manager）来对分布式事务进行管理，事务管理器用

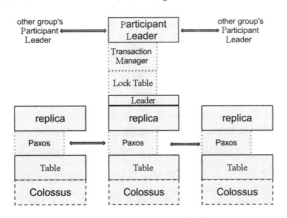

图 10-24　SpanServer 的架构

于实现上层的 Participant Leader。如果事务只涉及一个 Paxos 组，那么可以绕过事务管理器，因为锁表和 Paxos 可以实现此种情形下的事务；如果事务涉及多个 Paxos 组，则这些 Paxos 组的所有 Participant Leader 相互之间协调，通过两阶段提交来实现事务，为了能够实现两阶段提交，其中一个 Participant Leader 被称为 Coordinator Leader，由其作为领导者来协调整个事务过程。

10.4.2　数据模型

在介绍 Spanner 的数据模型前，首先需要了解"目录"（Directory）概念，目录可以被看作若干个具有相同前缀主键的 Key-Value 记录的集合。目录是 Spanner 进行数据复制与迁移的基本单位，一个 Tablet 往往由多个目录构成，目录内所有的记录主键有序，但是同一个 Tablet 内多个目录之间记录并不要求主键连续，这点是和 BigTable 中的 Tablet 有差异的地方，在 BigTable 中同一个 Tablet 中所有记录是主键有序的。应用可以配置单个目录的副本个数、副本放置的地理位置等参数，目录也可以在不同 Paxos 组之间进行迁移操作。因为其是目录级别，而非整个 Tablet 级别的数据复制与迁移，所以这就是为什么说 Spanner 是一种细粒度的数据备份机制的原因。

一个 Universe 中可以有不同的数据库（Database），一个数据库可以由无限量的各种数据表（Table）构成，数据表与关系型数据库的数据模式类似，由数据行、数据行内的数据列以及数据版本构成。之所以说 Spanner 是半关系型数据模型而非纯关系型数据库，是因为其类似于 NoSQL 数据库，每行都需要有个明确指明的名字（Name），这个名字往往是由顺序的一个或多个主键数据列共同构成的。

下面用一个具体的例子来说明 Spanner 的数据模型，如图 10-25 所示，这是一个为每个用户存储照片元数据的例子，其数据模型与 MegaStore 类似，区别是 Spanner 可以由客户端将数据切割成树形的目录构成的层次结构。在上述例子中，通过 Albums 表的 INTERLEAVE IN PARENT 命令将 Users 表和 Albums 表的数据形成目录结构，属于同一个用户的所有 Albums 形成一个目录，比如 Albums(2,1) 代表用户 ID 是 2，专辑 ID 是 1 的数据，其属于用户 ID 为 2 形成的目录数据。

10.4.3　TrueTime

前文有述，Spanner 之所以能够有很多吸引人的特性，很重要的原因是基于 TrueTime 机制，本节即叙述其 API 及实现机制。

TrueTime 的 API 如图 10-26 所示，其中最核心的是 TT.now()，其并非返回具体的时间点，而是返回一个时间区间 TTinterval，TrueTime 保证调用 TT.now() 的触发事件真实发生的时间一定落在这个时间区间之内，这种时间区间代表了时间表述的有界的不确定性。如果用 $t_{abs}(e)$ 表示事件 e 的绝对时间，那么 TrueTime 可以保证在事件 e 发生时刻调用 TT.now()。另外两个 API 则是在 TT.now() 基础上封装而成的，代表了确定的时间先后关系。

```
CREATE TABLE Users {
  uid INT64 NOT NULL, email STRING
} PRIMARY KEY (uid), DIRECTORY;

CREATE TABLE Albums {
  uid INT64 NOT NULL, aid INT64 NOT NULL,
  name STRING
} PRIMARY KEY (uid, aid),
  INTERLEAVE IN PARENT Users ON DELETE CASCADE;
```

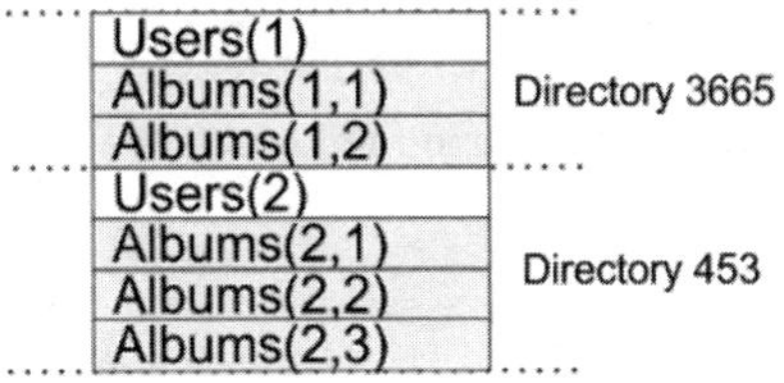

图 10-25　数据模型示例

Method	Returns
TT.now()	TTinterval: [earliest, latest]
TT.after(t)	true if t has definitely passed
TT.before(t)	true if t has definitely not arrived

图 10-26　TrueTime 的 API

TrueTime 具体实现时综合了 GPS 和原子时钟来共同决定准确的时间，每个数据中心部署一些时间服务器（Time Master），其中一些机器通过 GPS 确定时间，另外一些通过原子时钟确定时间，其他所有机器都安装一个时间监控进程。时间服务器之间通过定时互询来修正各自的准确时间，以避免单台时间服务器的时间和真实时间偏离太远，时间监控进程定期从多个数据中心的多台时间服务器拉取它们各自的时间标准，通过一定算法保证每个服务器自己的时间落在真实时间的一定精度范围内。

TrueTime 提供了全局可比时间服务，再结合 Paxos 算法，Spanner 可以提供读/写事务、只读事务以及快照读事务等各种分布式事务支持，并提供外部一致性读/写能力，这为上层应用开发带来了很大的灵活性和便利性。

参考文献

[1] F. Chang, J. Dean, S. Ghemawat, W. C. Hsieh, D. A. Wallach, M. Burrows, T. Chandra, A. Fikes, and R. E. Gruber. BigTable: A distributed storage system for structured data. ACM Trans. Comput. Syst., 26(2):1-26, 2008.

[2] HBase. http://hbase.apache.org/.

[3]   B. F. Cooper, R. Ramakrishnan, U. Srivastava, A. Silberstein, P. Bohannon, H.A. Jacobsen, N. Puz, D. Weaver, and R. Yerneni. Pnuts: Yahoo!'s hosted data serving platform. *Proc. VLDB Endow.*, 1(2):1277-1288, 2008.

[4]   J. Furman, J. S. Karlsson, J.-M. Leon, A. Lloyd, S. Newman, and P. Zeyliger. Megastore: A scalable data system for user facing applications. In ACM SIGMOD/PODS Conference, 2008.

[5]   James C. Corbett, Jeffrey Dean etc. Spanner: Google's Globally-Distributed Database. 10th USENIX Symposium on Operating Systems Design and Implementation (OSDI '12) 2012.

11

大规模批处理系统

有太多太多魔力　太少道理

太多太多游戏　只是为了好奇

还有什么值得　歇斯底里

对什么东西　死心塌地

一个一个偶像　都不外如此

沉迷过的偶像　一个个消失

谁曾伤天害理　谁又是上帝

我们在等待　什么奇迹

最后剩下自己　舍不得挑剔

最后对着自己　也不大看得起

谁给我全世界　我都会怀疑

心花怒放　却开到荼蘼

——王菲《开到荼蘼》

　　大数据计算中一类最常见的计算任务即为批处理，现代批处理计算系统的设计目标一般包括数据的高吞吐量、系统灵活水平扩展、能处理极大规模数据、系统具有极强的容错性、应用表达的便捷性和灵活性等，而非流式计算系统强调的处理的实时性等特性。现代大数据处理系统的发展趋势是特定应用领域设计专用系统，而非追求建立全能而各方面表现平庸的大一统系统，只有这样才能针对领域强调的目标做有针对性的优化与设计上的取舍，在重要特性上追求最优性能。

2004 年 Google 发表了 MapReduce 计算范型及其框架的论文，这是一种最典型的批处理计算范型，随着 Hadoop 的日渐流行，目前这种计算机制已经在很多领域获得了极为广泛的应用。尽管 2009 年左右以 Stone Braker 为首的并行数据库领域专家对 MapReduce 模型提出了质疑并引发了和 Jeff Dean 等人的技术争论，但是最终的结论是 MapReduce 和并行数据库系统（MPP）各有优劣且两者有一定互补和相互学习之处。与传统的 MPP 架构相比，MapReduce 更适合非结构化数据的 ETL 处理类操作，且其可扩展性及容错性明显占优，但是单机处理效率较低。尽管 MapReduce 提供了简洁的编程接口及完善的容错处理机制，使得大规模并发处理海量数据成为可能，但从发展趋势看，相对复杂的任务转换为 MapReduce 任务开发效率还是不够高，所以其有逐步被封装到下层的趋势，即在上层系统提供更为简洁方便的应用开发接口，在底层由系统自动转换为大量 MapReduce 任务，这一点值得读者关注。

DAG 计算模型可以认为是对 MapReduce 计算机制的一种拓展（也可以将 MapReduce 看作 DAG 计算的一种特例），MapReduce 尽管提供了简洁的用户接口，应用开发者只须完成 Map 和 Reduce 函数的业务逻辑即可实现大规模数据批处理任务，但是其支持的运算符仅仅限定于 Map 和 Reduce 两类，所以在表达能力上不够丰富。另外，MapReduce 机制本质上是由 Map 和 Reduce 序列两阶段构成的，之所以说是序列的，是因为尽管 Map 阶段和 Reduce 阶段都支持大规模并发，但是在 Map 阶段有个任务同步过程，只有所有 Map 任务执行完成才能开始 Reduce 阶段的任务。从中也可以看出，MapReduce 对于子任务之间复杂的交互和依赖关系缺乏表达能力，DAG 计算模型对此做出了改进，可以表达复杂的并发任务间的依赖关系，有些系统还提供了更加丰富多样的运算符，这样使得整个系统的表达能力更强。当然，DAG 计算模型在带来更强表达能力和灵活性的同时，也需要付出相应的代价：其应用表达结构复杂，使用和学习成本相对较高，所以 DAG 计算系统在设计中关键的一环就是如何简化应用描述，以提高开发效率。

本章首先介绍 MapReduce 的计算模型及整体架构，之后对常见的 MapReduce 应用的计算模式进行了归纳整理，总结了最常见的计算模式并分析其各自特点。最后一部分主要以微软的 Dryad 系统为例，来介绍 DAG 的计算机制和整体框架设计。这里需要说明的是：Spark 本质上也是 DAG 批处理系统，鉴于其最能发挥特长的领域是迭代式机器学习，所以将其放入机器学习相关章节中进行介绍。

11.1 MapReduce 计算模型与架构

MapReduce 分布式计算框架最初是由 Google 公司于 2004 年提出的，这不仅仅是一种分布式计算模型，同时也是一整套构建在大规模普通商业 PC（成千台机器）之上的批处理计算框架，这个计算框架可以处理以 PB 计（1PB=1024TB）的数据，并提供了简易应用接口，将系统容错以及任务调度等设计分布式计算系统时需考虑的复杂实现很好地封装在内，使得应用开发者只需关注业务逻辑本身即可轻松完成相关任务。

11.1.1　计算模型

MapReduce 计算提供了简洁的编程接口，对于某个计算任务来说，其输入是 Key/Value 数据对，输出也以 Key/Value 数据对方式表示。对于应用开发者来说，只需要根据业务逻辑实现 Map 和 Reduce 两个接口函数内的具体操作内容，即可完成大规模数据的并行批处理任务。

Map 函数以 Key/Value 数据对作为输入，将输入数据经过业务逻辑计算产生若干仍旧以 Key/Value 形式表达的中间数据。MapReduce 计算框架会自动将中间结果中具有相同 Key 值的记录聚合在一起，并将数据传送给 Reduce 函数内定义好的处理逻辑作为其输入值。

Reduce 函数接收到 Map 阶段传过来的某个 Key 值及其对应的若干 Value 值等中间数据，函数逻辑对这个 Key 对应的 Value 内容进行处理，一般是对其进行累加、过滤、转换等操作，生成 Key/Value 形式的结果，这就是最终的业务计算结果。

为了更好地理解其计算模型，下面我们用 3 个具体的简单实例来对 MapReduce 计算模型进行讲解。

- 实例一：单词统计

假设给定 10 亿个互联网网页内容，如何统计每个单词的总共出现次数？这个任务看似简单，但如果在单机环境下快速完成还是需要实现技巧的，主要原因在于数据规模巨大。MapReduce 计算框架下实现这个功能很简单直观，只要完成 Map 和 Reduce 操作的业务逻辑即可。这个任务对应的 Map 操作和 Reduce 操作如下所示：

```
map(String key, String value):
    // key:    文档名
    // value: 文档内容
    for each word w in value:
        Emit Intermediate(w, "1");

reduce(String key, Iterator values):
    // key:    单词
    // values: 出现次数列表
    int result = 0;
    for each v in values:            ❶ 累加values值
        result += ParseInt(v);
    Emit(AsString(result));
```

Map 操作的 Key 值是某个网页的网页 ID，对应的 value 是网页内容，即由相继出现在网页中的一序列单词构成，Map 操作对于每一个页面内容中依次出现的单词，产生中间数据<w,1>，代表了单词 w 在页面内容某个位置出现了一次；而 Reduce 操作的 Key 值为某个单词，对应的 Value 为出现次数列表，通过遍历相同 Key 的次数列表并累加其出现次数，即可获得某个单词在网页集合中总共出现的次数。可以看出，Map 阶段的 Key 值并未在后续操作中出现，因为其对于统计单词这个任务而言不是必需的信息。

- 实例二：链接反转

在搜索引擎对网页进行链接分析时，有些算法需要获知网页链接的反转链接，比如 BadRank 反作弊算法即是如此。所谓"链接反转"，就是将链接指向倒置，比如网页 A 包含指向网页 B 和网页 C 的链接，链接反转将(A,B)和(A,C)两个链接反置为(B,A)和(C,A)两个反转链接。

在 MapReduce 计算模式下，链接反转的相应 Map 操作和 Reduce 操作如下：

```
map(String source_url, Iterator outlinks):
    // key:    网页url
    // value:  出链列表
    for each outlink o in outlinks:
        Emit Intermediate(o, source_url);        ①  反转链接

reduce(String target_url, Iterator source_urls):
    // key:    target网页url
    // values: source网页url列表
    list result = [];
    for each v in source_urls:                    ①  累计链接
        Result.append(v);
    Emit(AsString(result));
```

Map 操作的 Key 是网页 URL，Value 是这个网页内包含的出链列表，其操作逻辑为将链接的指向者和被指向者反转输出。Reduce 操作的 Key 即为某个被指向网页的 URL，Value 内容为有链接指向 Key 这个 URL 的网页 URL 列表，其操作逻辑为将这个列表内容累加后输出。这样即可得到所有网页的入链列表。

- 实例三：页面点击统计

对于互联网网站来说，记录用户在网站的操作行为是后续数据挖掘和网站结构优化的必备步骤之一。通常的手段是通过 Log 形式将用户行为记载下来，Log 里每一行会记录相关信息，比如用户 ID、点击页面 URL、点击时间、用户所处地理位置等。图 11-1 是某个 Log 的片段信息。

```
Clicks(time                url                    user_id  geo_info)

2012-06-05 19:34:25  http://www.baidu.com       1451    bj
2012-06-05 19:35:13  http://tieba.baidu.com     2365    sh
2012-06-05 19:36:45  http://mp3.baidu.com       1578    gz
2012-06-05 19:37:26  http://www.baidu.com       1987    cs
             ..............
```

图 11-1 Log 片段信息

最常见的 Log 挖掘项目之一是统计页面点击数（PV），即网站各个页面在一定时间段内各自有多少访问量。在 MapReduce 计算框架下，相应的 Map 操作和 Reduce 操作如下：

```
map(String tuple_id, String tuple):
      Emit Intermediate(url, "1");

reduce(String url, Iterator list_tuples):
    int result = 0;
    for each v in list_tuples:
        result += ParseInt(v);        ① 累加值
    Emit(AsString(result));
```

其逻辑非常简单，Map 操作将 Log 中每条记录的 URL 计数设定为 1，而 Reduce 操作则对相同 URL 的计数进行累加并输出。这样即可获得页面 PV 值。

11.1.2　系统架构

MapReduce 是一种分布式批处理计算模型，可以开发不同的具体系统来实现这种计算思路，事实上有很多支持 MapReduce 计算模型的框架，其中最有名的当属 Google 的 MapReduce 计算框架和 Hadoop 的 MapReduce 计算框架。

Google 的 MapReduce 计算框架架构如图 11-2 所示。

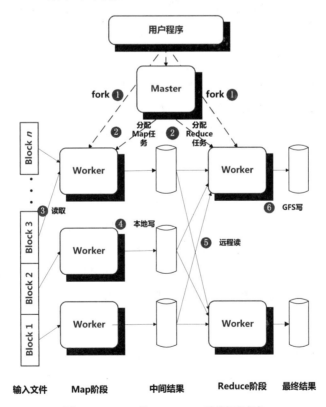

图 11-2　Google 的 MapReduce 计算框架架构

由图 11-2 可见，当用户程序执行 MapReduce 提供的调用函数时，其处理流程如下。

1. MapReduce 框架将应用的输入数据切分成 M 个数据块，典型的数据块大小为 64MB，然后可以启动位于集群中不同机器上的若干程序。

2. 这些程序中有一个全局唯一的主控 Master 程序以及若干工作程序（Worker），Master 负责为 Worker 分配具体的 Map 任务或者 Reduce 任务并做一些全局管理功能。整个应用有 M 个 Map 任务和 R 个 Reduce 任务，具体的 M 和 R 个数可以由应用开发者指定。Master 将任务分配给目前处于空闲状态的 Worker 程序。

3. 被分配到 Map 任务的 Worker 读取对应的数据块内容，从数据块中解析出一个个 Key/Value 记录数据并将其传给用户自定义的 Map 函数，Map 函数输出的中间结果 Key/Value 数据在内存中进行缓存。

4. 缓存的 Map 函数产生的中间结果周期性地被写入本地磁盘，每个 Map 函数的中间结果在写入磁盘前被分割函数（Partitioner）切割成 R 份，R 是 Reduce 的个数。这里的分割函数一般是用 Key 对 R 进行哈希取模，这样就将 Map 函数的中间数据分割成 R 份对应每个 Reduce 函数所需的数据分片临时文件。Map 函数完成对应数据块的处理后将其 R 个临时文件位置通知 Master，再由 Master 将其转交给 Reduce 任务的 Worker。

5. 当某个 Reduce 任务 Worker 接收到 Master 的通知时，其通过 RPC 远程调用将 Map 任务产生的 M 份属于自己的数据文件（即 Map 分割函数取模后与自己编号相同的那份分割数据文件）远程拉取（Pull）到本地。从这里可以看出，只有所有 Map 任务都完成时 Reduce 任务才能启动，也即 MapReduce 计算模型中在 Map 阶段有一个所有 Map 任务同步的过程，只有同步完成才能进入 Reduce 阶段。当所有中间数据都拉取成功，则 Reduce 任务根据中间数据的 Key 对所有记录进行排序，这样就可以将具有相同 Key 的记录顺序聚合在一起。这里需要强调的是：Reduce 任务从 Map 任务获取中间数据时采用拉取方式而非由 Map 任务将中间数据推送（Push）给 Reduce 任务，这样做的好处是可以支持细粒度容错。假设在计算过程中某个 Reduce 任务失效，那么对于 Pull 方式来说，只需要重新运行这个 Reduce 任务即可，无须重新执行全部所有的 Map 任务。而如果是 Push 方式，这种情形下只有所有 Map 任务都全部重新执行才行。因为 Push 是接收方被动接收数据的过程，而 Pull 则是接收方主动接收数据的过程。

6. Reduce 任务 Worker 遍历已经按照中间结果 Key 有序的数据，将同一个 Key 及其对应的多个 Value 传递给用户定义的 Reduce 函数，Reduce 函数执行业务逻辑后将结果追加到这个 Reduce 任务对应的结果文件末尾。

7. 当所有 Map 和 Reduce 任务都成功执行完成时，Master 便唤醒用户的应用程序，此时，

MapReduce 调用结束，进入用户代码执行空间。

为了优化执行效率，MapReduce 计算框架在 Map 阶段还可以执行可选的 Combiner 操作。所谓"Combiner 操作"，即是在 Map 阶段执行的将中间数据中具有相同 Key 的 Value 值合并的过程，其业务逻辑一般和 Reduce 阶段的逻辑是相似的，和 Reduce 的区别无非是其在 Map 任务本地产生的局部数据上操作，而非像 Reduce 任务一样是在全局数据上操作而已。这样做的好处是可以大大地减少中间数据数量，于是就减少了网络传输量，提高了系统效率。比如上面的单词计数例子中，如果 Map 阶段的中间结果数据中对单词进行了 Combiner 操作，则对某个单词来说网络只须传输一个 <key,value>数值即可，而无须传输 Value 个<key,1>，这明显大大减少了网络传输量。Combiner 一般也作为与 Map 和 Reduce 并列的用户自定义函数接口的方式存在。

Hadoop 的 MapReduce 运行机制基本上与 Google 的 MapReduce 机制类似，图 11-3 是其运行机制示意图。Mapper 任务调用用户自定义 Map 函数后对中间结果进行局部排序，然后运行 Combiner 对数据进行合并。Reducer 任务的 Shuffle 过程就是上述 MapReduce 运行流程中的步骤 5，不过 Hadoop 是采用 HTTPS 协议来进行数据传输的，并采用归并排序（Merge-Sort）来对中间结果 Key 进行排序，然后调用用户自定义 Reduce 函数进行业务逻辑处理并输出最终结果的。

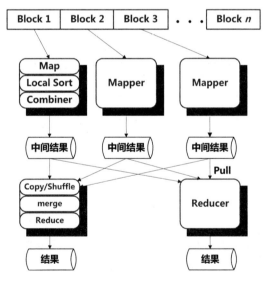

图 11-3　Hadoop 的 MapReduce 运行机制

Google 的 MapReduce 框架支持细粒度的容错机制。Master 周期性地 Ping 各个 Worker，如果在一定时间内 Worker 没有响应，则可以认为其已经发生故障。此时将由这个 Worker 已经完成的和正在进行的所有 Map 任务重新设置为 Idle 状态，这些任务将由其他 Worker 重新执行。至于为何将已经完成的任务也重新执行，是因为 Map 阶段将中间结果保存在执行 Map 任务的 Worker 机器本地磁盘上，Map 任务的 Worker 发生故障意味着机器不可用，所以无法获取中间结果，此时只能重新执行来获得这部分中间数据。对于已经完成的 Reduce 任务来说，即使 Worker 发生故障也无须重新执行，因为其结果数据是保存在 GFS 中的，数据可用性已经由 GFS 获得了保证。但因为 Master 是单点的，所以如果 Master 失败，则整个 MapReduce 任务失败，应用可以通过反复提交来完成任务。

11.1.3　MapReduce 计算的特点及不足

MapReduce 计算模型和框架具有很多优点。首先，其具有极强的可扩展性，可以在数千台机器上并发执行。其次，其具有很好的容错性，即使集群机器发生故障，一般情况下也不会影响任务的正常执行。另外，其具有简单性，用户只需要完成 Map 和 Reduce 函数即可完成大规模数据的并行处理。

一般认为 MapReduce 的缺点包括：无高层抽象数据操作语言、数据无 Schema 及索引、单节点效率低下、任务流描述方法单一等。其中前两个缺点其实并不能认为是其真正的缺点，因为其设计初衷就是高吞吐、高容错的批处理系统，所以不包含这两个特性是很正常的。在目前的大数据处理架构范型下，试图构造满足所有类型应用各种不同特性要求的处理系统是不现实、也不明智的，最好的发展思路是对特定领域制定特定系统，这样可以在系统设计时充分强调领域特色的专用设计以使其效率达到最优，而不是去追求大而全但是各方面表现都平庸的系统。至于后两个缺点确实是客观存在的，对于任务流描述单一这个缺点，可以考虑将其拓展成更为通用的 DAG 计算模型来解决。

从上述 MapReduce 架构及其运行流程描述中也可以看出，为什么将其作为典型的批处理计算模型。MapReduce 运算机制的优势是数据的高吞吐量、支持海量数据处理的大规模并行处理、细粒度的容错，但是并不适合对时效性要求较高的应用场景，比如交互式查询或者流式计算，也不适合迭代运算类的机器学习及数据挖掘类应用，主要原因有以下两点。

第一，其 Map 和 Reduce 任务启动时间较长。因为对于批处理任务来说，其任务启动时间相对后续任务执行时间来说所占比例并不大，所以这不是个问题，但是对于时效性要求高的应用，其启动时间与任务处理时间相比就太高，明显很不合算。

第二，在一次应用任务执行过程中，MapReduce 计算模型存在多处的磁盘读/写及网络传输过程。比如初始的数据块读取、Map 任务的中间结果输出到本地磁盘、Shuffle 阶段网络传输、Reduce 阶段的磁盘读及 GFS 写入等。对于迭代类机器学习应用来说，往往需要同一个 MapReduce 任务反复迭代进行，此时磁盘读/写及网络传输开销需要反复进行多次，这便是导致其处理这种任务效率低下的重要原因。

11.2　MapReduce 计算模式

鉴于 MapReduce 已经在各种应用领域获得了广泛的使用，本节归纳了使用 MapReduce 机制来解决批处理任务中若干最常见的计算模式，在实际应用中大部分 ETL 任务都可以归结为这些计算模式或者其变体。

11.2.1　求和模式（Summarization Pattern）

对于海量数据来说，通过对相似数据进行简单求和、统计计算或者相似内容归并是非常常见的应用场景，求和模式即描述这类应用场景及其对应的 MapReduce 解决方案，根据求和对象的类型，可以细分为数值求和以及记录求和两种情况。

1. 数值求和

如果计算对象是数值类型，那么对其进行统计计算是最常见的应用，统计计算包括简单计数、求最小值/最大值、求平均值/中位数等各种情况。11.1.1 节所举的例子中，实例一计算单词的出现频次，实例三计算网页 PV 数，就是简单计数的典型应用。对于此类应用，典型的 Hadoop MapReduce 解决方案的结构如图 11-4 所示。

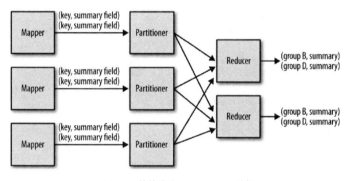

图 11-4　数值求和 MapReduce 结构

Mapper 以需要统计对象的 ID 作为 Key，其对应的数值作为 Value，比如单词计数中 Key 为单词本身，Value 为 1。在此种应用中如果使用 Combiner 会极大地减少 Shuffle（拖曳）阶段的网络传输量。另外，Partitioner 在这种应用中如何设计也很重要，一般的策略是对 Reducer 个数哈希取模，但是这可能会导致数据分布倾斜（Skewed），即有些 Reducer 需要处理大量的信息，如果能够合理选择 Partitioner 策略会优化此种情形。通过 Shuffle 阶段，MapReduce 将相同对象传递给同一个 Reducer，Reducer 则对相同对象的若干 Value 进行数学统计计算，得到最终结果。比如单词计数中这个数学计算就是简单求和，对于其他类型的应用，在这里也可以采取求均值或者中位数等各种统计操作。

2. 记录求和

对于非数值的情况，往往需要将非数值内容进行累加形成队列，一般应用中累加内容是对象的 ID。比如 11.1.1 节的实例二中对链接关系进行反转就是一种典型的记录求和计算模式，其累加的对象是网页 ID，即 URL。

对于此类应用，典型的 Hadoop MapReduce 解决方案的结构如图 11-5 所示。由图可以看出，其与数值求和流程基本类似，区别主要是在 Reducer 阶段采用累加对象 ID 形成信息队列。

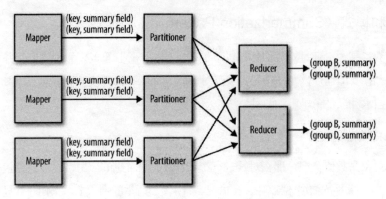

图 11-5　记录求和 MapReduce 结构

此类应用中最典型的就是搜索引擎中建立倒排索引，其 MapReduce 算法如下所示。

```
map(String pageID, String pageContent):
    // key:    网页ID
    // value:  网页内容
    for each distinct word w in pageContent:
        Emit Intermediate(w, pageID);              ① 单词所在文档

reduce(String word, Iterator pageID_List):
    // key:    单词
    // values: 包含单词的网页ID列表
    list result = [];
    for each v in pageID_List:                      ① 累计倒排文档列表
        Result.append(v);
    Emit(AsString(result));
```

Map 函数中的 Key 为网页 ID，Value 为网页内容，Map 函数输出网页内不同单词及其对应的文档编号。通过 Shuffle 阶段，相同单词信息传输给同一个 Reducer，Reduce 任务累加同一个单词的不同文档 ID 列表并输出，这个列表就代表了包含某个单词的所有文档，如此即可建立倒排索引。当然这个例子是简化版本，真实情形要复杂些，但是基本思路是一致的。

11.2.2　过滤模式（Filtering Pattern）

数据过滤也是非常常见的应用场景，很多情形下，需要从海量数据中筛选出满足一定条件的数据子集，这就是典型的数据过滤应用场景。这种场景的一个特点是并不对数据进行任何转换，只是从大量数据中筛选。

1. 简单过滤

简单过滤即根据一定条件从海量数据中筛选出满足条件的记录。我们假设存在一个函数 f 对记

录内容进行判断，并以返回 True 或者 False 作为判断结果，这个函数即是记录满足条件与否的判断标准，不同应用只是这个函数内容不同而已，其整体处理逻辑是一致的。

对于此类应用，典型的 Hadoop MapReduce 解决方案的结构如图 11-6 所示。因为这类应用不需要对数据进行聚合等操作，所以无须 Reduce 阶段，是一个 Map-Only 类型的 MapReduce 方案。Mapper 从数据块中依次读入记录，并根据条件判断函数 f 判断该记录是否满足指定条件，如果满足则输出结果。

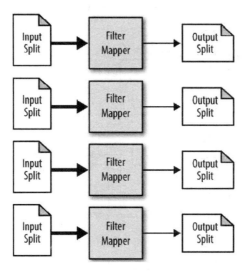

图 11-6　简单过滤 MapReduce 结构

这类应用适用场景非常广，比如对数据进行清理将无关数据清除、从大量数据中追踪感兴趣的记录、分布式 Grep 操作、记录随机抽样等。下面我们以分布式 Grep 作为例子，其 Map 函数如下：

```
map(Int lineNum, String lineContent):
    // key:    行标号
    // value:  行内容
    If(lineContent.Match(RegexRules)):        ① 判断条件
        Emit(lineContent);
```

2. Top 10

从大量数据中，根据记录某个字段内容的大小取出其值最大的 k 个记录，这也是非常常见的数据过滤应用场景（不失一般性，这里以 k=10 作为例子）。这和简单过滤的差异是：简单过滤的条件判断只涉及当前记录，而 Top k 计算模式则需要在记录之间进行比较，并获得全局最大的数据子集。

典型的例子比如搜索引擎统计当日热搜榜，即是从用户搜索日志中找出最常搜索的 Top k 个热门查询。对于热搜榜的应用，可以首先使用数值求和计算模式的 MapReduce 任务统计出当日搜索日志中每个查询的频次，再串接一个 Top 10 数据过滤计算模式的 MapReduce 任务即可得出所需的数据。

对于此类应用，典型的 Hadoop MapReduce 解决方案的结构如图 11-7 所示。其基本思路很简单：Mapper 首先统计出数据块内所有记录中某个字段满足 Top 10 条件的记录子集，不过这只是局部 Top 10 记录，然后通过 Reducer 对这些局部 Top 10 记录进一步筛选，获得最终的全局最大的 10 条记录。在这里 Mapper 和 Reducer 的处理逻辑是类似的，即找到数据集合中指定字段最大的若干记录，在实际使用中可以使用排序算法来实现，比如堆排序。

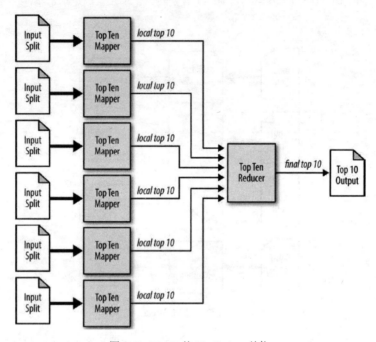

图 11-7　Top 10 的 MapReduce 结构

11.2.3　组织数据模式（Data Organization Pattern）

很多应用需要对数据进行整理工作，比如转换数据格式、对数据进行分组归类、对数据进行全局排序等，这是组织数据模式发挥作用的应用场景。

1. 数据分片

有些应用场景需要对数据记录进行分类，比如可以将所有记录按照日期进行分类，将同一天的数据放到一起以进一步做后续数据分析；再比如可以将相同地区的记录分类到一起等。因为 MapReduce 计算流程中天然具有 Partition 过程，所以对于这类应用，MapReduce 方案的工作重心在 Partition 策略设计上。

对于此类应用，典型的 Hadoop MapReduce 解决方案的结构如图 11-8 所示。一般情况下，Mapper 和 Reducer 非常简单，只需要将原始 KV 输入数据原样输出即可（即 Identity Mapper 和 Identity Reducer），其重点在 Partitioner 策略的设计，通过改变 Partition 策略来将相同标准的数据经过 Shuffle

过程放到一起，由同一个 Reducer 来输出，这样即可达到按需数据分片的目的。比如对于日期类型的数据，可以通过将同一天数据分配到一起实现。

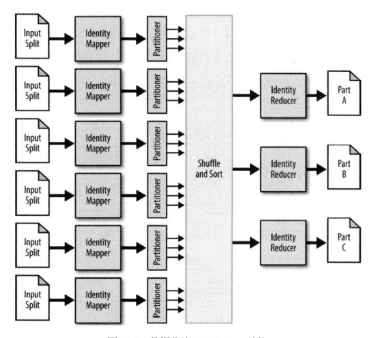

图 11-8　数据分片 MapReduce 结构

2. 全局排序

对于海量数据全局排序应用场景来说，可以充分利用 MapReduce 本身自带的排序特性来实现。从前面所述的 MapReduce 架构可知，在 Reduce 阶段需要首先将中间数据按照其 Key 大小进行排序，目的是将相同 Key 的记录聚合到一起，所以对于全局排序类应用可以直接利用这个内置排序过程。

Mapper 逻辑很简单，只需要将记录中要排序的字段作为 Key，记录内容作为 Value 输出即可。如果设定一个 Reducer，那么 Reduce 过程不需要做额外工作，只需以原样输出即可，因为 Reduce 过程已经对所有数据进行了全局排序。但是如果设定多个 Reducer，那么需要在 Partition 策略上做些研究，因为尽管每个 Reducer 负责的部分数据是有序的，但是多个 Reducer 产生了多份部分有序结果，仍然没有得到所需要的全局排序结果。此时，可以通过 Partition 策略，在将数据分发到不同 Reducer 的时候，保证不同 Reducer 处理一个范围区间的记录，比如 Key 的范围是 1～10000，那么可以将 1～1000 的 Key 记录交给第 1 个 Reducer 处理，1001～2000 交给第 2 个 Reducer 处理……依次类推，这样将所有结果顺序拼接即可得到全局有序的记录。一种 Partition 策略列举如下。

```
Partition(key) {
    range = (KEY_MAX - KEY_MIN) / Number_of_Reducers;
```

```
    reducer_no = (key - KEY_MIN) / range;
    return reducer_no;
}
```

11.2.4 Join 模式（Join Pattern）

两个数据集合进行 Join 操作也较常见，所谓"Join"，就是将两个不同数据集合内容根据相同外键进行信息融合的过程，图 11-9 和图 11-10 展示了论坛应用中用户信息表和帖子信息表根据用户 ID 进行 Join 的过程。

User ID	Reputation	Location
3	3738	New York, NY
4	12946	New York, NY
5	17556	San Diego, CA
9	3443	Oakland, CA

User ID	Post ID	Text
3	35314	Not sure why this is getting downvoted.
3	48002	Hehe, of course, it's all true!
5	44921	Please see my post below.
5	44920	Thank you very much for your reply.
8	48675	HTML is not a subset of XML!

图 11-9　用户信息表和帖子信息表

A.User ID	A.Reputation	A.Location	B.User ID	B.Post ID	B.Text
3	3738	New York, NY	3	35314	Not sure why this is getting downvoted.
3	3738	New York, NY	3	48002	Hehe, of course, it's all true!
5	17556	San Diego, CA	5	44921	Please see my post below.
5	17556	San Diego, CA	5	44920	Thank you very much for your reply.

图 11-10　Join 操作

常见的 Join 包括 Reduce-Side Join 和 Map-Side Join，下面我们分述之。

1. Reduce-Side Join

Reduce-Side Join 是解决数据集合 Join 操作的一种比较通用的方法，很多其他类型的 Join 操作也可以通过 Reduce-Side Join 来完成，所以其具有实现简单以及具备通用性的优点，但是缺点是因为其没有根据不同 Join 类型的特点做出特定优化，所以计算效率较低。

对于此类应用，典型的 Hadoop MapReduce 解决方案的结构如图 11-11 所示。这里需要注意的一点是：Reduce-Side Join 和一般 MapReduce 任务不同的地方在于其需要两个输入数据，而常见的 MapReduce 任务只需要一个输入数据。如何解决这个问题？

参照图 11-11，其运行流程如下。

首先，Mapper 将两个数据集合 A 和 B 的记录进行处理，抽取出需要 Join 的外键作为 Key，记录的其他内容作为 Value 输出，为了解决在 Reduce 阶段进行实际 Join 操作的时候判断数据来源的问题，可以增加一个标志信息，表明这条记录属于数据集合 A 还是属于数据集合 B，实际实现时可将这个标记信息存储在 Value 中。

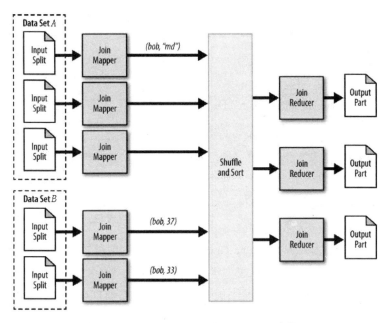

图 11-11　Reduce-Side Join 的 MapReduce 架构

　　然后，通过正常的 Partition 策略并经过 Shuffle 过程，两个数据集合中具有相同外键的记录都被分配到同一个 Reducer，Reducer 根据外键排序后可以将同一个外键的所有记录聚合在一起。之后，Reducer 根据标识信息区分数据来源，并维护两个列表（或哈希表），分别存储来自于数据集合 A 以及数据集合 B 的记录内容，然后即可对数据进行 Join 操作并输出结果。

　　从上述计算流程可以看出，之所以将其称为 "Reduce-Side"，是因为真正的 Join 操作是在 Reduce 阶段完成的。另外，从其流程也可以看出 Reduce-Side Join 具备很强的通用性，一般的 Join 操作都可以通过上述方式完成，但是所有的数据需要经过若干轮中间数据的磁盘读/写、Shuffle 阶段网络传输以及 Reduce 阶段的排序等耗时的操作，所以其计算效率比较低。

2．Map-Side Join

　　另外一类常见的 Join 操作是 Map-Side Join，其含义是：有些场景下，两个需要 Join 的数据集合 L 和 R，一个大一个小（假设 L 大 R 小），而且小的数据集合完全可以在内存中放入，此时，只需要采用一个 Map-Only MapReduce 任务即可完成 Join 操作。Mapper 的输入数据块是 L 进行拆分后的内容，而由于 R 足够小，所以将其分发给每个 Mapper 并在初始化时将其加载到内存存储，一般比较高效的方法是将 R 存入内存哈希表中，以外键作为哈希表的 Key，这样即可依次读入 L 的记录并查找哈希表来进行 Join 操作，其算法如下。

```
class Mapper
    initialize():
        H = new Associative Array : join_key -> tuple from R
        R = loadR();
        for all [ join_key k, tuple [r1, r2,...] ] in R
                H{k} = H{k}.append( [r1, r2,...] );


    map(join_key k, tuple 1):
        for all tuple r in H{k}:
            Emit(null, tuple [k r 1]) ;
```

① Join

与 Reduce-Side Join 相比，Map-Side Join 处理效率要高很多，因为其避免了 Shuffle 网络传输过程以及 Reduce 中的排序过程，但是其必须满足 R 小到可以在内存存储这一前提条件。

11.3　DAG 计算模型

DAG 是有向无环图（Directed Acyclic Graph）的简称，在数据结构领域里我们很早就接触过这个概念。在大数据处理领域，DAG 计算模型往往是指将计算任务在内部分解成为若干个子任务，这些子任务之间由逻辑关系或运行先后顺序等因素被构建成有向无环图结构。

本节主要以微软的 Dryad 系统来讲解在批处理领域是如何构建 DAG 架构的。DAG 是在分布式计算中非常常见的一种结构，在各个细分领域都可见其身影，比如批处理中的 Dryad、FlumeJava 和 Tez，都是明确构建 DAG 计算模型的典型系统，再比如流式计算领域的 Storm 等系统抑或机器学习框架 Spark 等，其计算任务大多数也是以 DAG 的形式出现的，除此外还有很多场景都可见其踪影。DAG 之所以如此常见，是因为其通用性强，所以表达能力自然也强。比如前面介绍的 MapReduce 计算模型，在本质上是 DAG 的一种特例，在下文介绍 Dryad 的时候可以体会到这一点。

11.3.1　DAG 计算系统的三层结构

在大数据处理领域，很容易归纳出 DAG 计算系统比较通用的由上到下三层结构。

最上层是应用表达层，即通过一定手段将计算任务分解成由若干子任务形成的 DAG 结构，这层的核心是表达的便捷性，主要目的是方便应用开发者快速描述或者构建应用。因为 DAG 作为一种任务描述方式尽管表达能力足够强，但正是因其灵活性高，导致开发者适应这种表达方式有较大难度，也即学习和使用成本较高，所以如何降低使用成本是非常重要的，同时这也是应用表达层应该重点解决的问题。

最下层是物理机集群，即由大量物理机器搭建的分布式计算环境，这是计算任务最终执行的场所。

中间层是 DAG 执行引擎层，其主要目的是将上层以特殊方式表达的 DAG 计算任务通过转换和映射，将其部署到下层的物理机集群中来真正运行。这层是 DAG 计算系统的核心部件，计算任务的调度、底层硬件的容错、数据与管理信息的传递、整个系统的管理与正常运转等都需要由这层来完成。

11.3.2　Dryad

Dryad 是微软的批处理 DAG 计算系统，其主要目的是为了便于开发者便捷地进行分布式任务处理，其是在大数据处理领域较早明确提出 DAG 计算模型的系统。

Dryad 将具体计算任务组织成有向无环图，其中图节点代表用户写的表达应用逻辑的程序，图节点之间的边代表了数据流动通道，如果节点 A 具有有向边指向节点 B，代表节点 A 对数据加工后的输出数据流向节点 B，成为节点 B 的输入数据供其进行后续加工。Dryad 在实现时以共享内存、TCP 连接以及临时文件的方式来进行数据传递，绝大多数情况下采用临时文件的方式。

1. Dryad 整体架构

Dryad 的整体架构如图 11-12 所示。系统中的"任务管理器"（Job Manager，JM）负责将逻辑形式存在的 DAG 描述映射到物理集群机器中，起到任务调度器以及全局管理者的作用。命名服务器（Name Server，NS）负责维护集群中当前可用的机器资源，从命名服务器还可以查到机器在物理拓扑结构中的位置，这样便于 JM 在任务调度时考虑到数据局部性，尽可能地将计算推送到数据节点上，以此来减少网络通信开销，加快任务执行速度。集群中每台工作机上安装 Daemon 守护进程（图中标为 D 的即是），其作为 JM 在计算节点上的代理，负责具体子任务的执行和监控。当 DAG 中某个图节点首次被分配到工作机上时，JM 将二进制代码传输给 Daemon 进程由其来负责执行，Daemon 进程在执行过程中和 JM 通信，来汇报执行进度以及数据处理完成情况。DAG 图节点之间的有向边代表数据流动的方向，分配到 DAG 图节点的工作机之间，直接进行通信来传输数据，并不需要 JM 介入，所以 JM 不会成为整个系统的瓶颈。

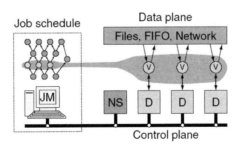

图 11-12　Dryad 的整体架构

2. Dryad 的图结构描述

为了能够方便地描述复杂任务，Dryad 采用了由若干简单的 DAG 结构及其描述符的不断组合来构建复杂结构的方式。可以形式化地用以下方式描述一个 DAG 图结构：

$$G=\{V_G,E_G,I_G,O_G\}$$

其中，V_G 代表图节点集合，E_G 代表 DAG 中有向边集合，$I_G \subseteq V_G$ 是 DAG 图中的数据输入节点子集合，$O_G \subseteq V_G$ 是 DAG 图中的数据输出节点子集合。当 DAG 图只有一个节点 v 时，可以表示为：

$$G=\{(v),\phi,(v),(v)\}$$

一个基本的图描述符为"克隆"，可以表达为 $G=G\wedge k$，其含义是某个图结构重复 k 次，也即同一计算结构并发为 k 个，比如图 11-13 中的 a 和 b 子图所示的例子。

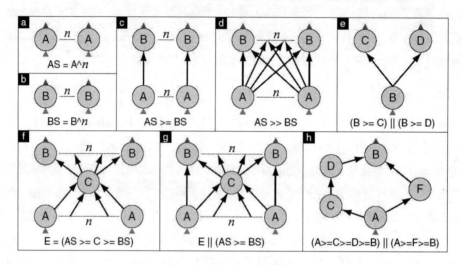

图 11-13　DAG 结构描述符

另外一个表达图结构串行连接的描述符是：$C=A\circ B$，其表达的含义是：

$$C=\{V_A \oplus V_B, E_A \cup E_B \cup E_{New}, I_A, O_B\}$$

即图 C 由 A 和 B 顺序串接而成，其包含图 A 和图 B 的所有节点和边，图 A 的输入节点集合成为图 C 的输入节点集合，图 B 的输出节点集合成为图 C 的输出节点集合。此时往往还需要在图 A 的输出节点和图 B 的输入节点之间构建新的有向边，即 E_{New}。为了建立新边，可以定义以下两个描述符。

（1）A≥B

即图 A 的输出节点和图 B 的输入节点间进行点对点的边连接。如果 $|O_A| \geq |I_B|$，即图 A 的输出节点等于或者多于图 B 的输入节点个数，那么此时采取 Round Robin 方式在 O_A 节点和 I_B 节点之间构建有向边，也就是说，图 B 中的输入节点中有些节点输入边可能不止一条。如果 $|O_A| < |I_B|$，即图 A 的输出节点少于图 B 的输入节点个数，也采用 Round Robin 方式建立边连接，此时图 B 的输入节点中有些节点没有输入边。图 11-13 中的子图 c 说明了这种情况。

（2）A>>B

即在 A 的输出节点和 B 的输入节点之间形成完全二分图。图 11-13 中的子图 d 说明了这种情况。前文提到 MapReduce 计算模式可以被视为 DAG 的一种特例，如果对照子图 d 的结构和 MapReduce 的架构即可发现两者是同构的，即 MapReduce 是由并发执行的 Map 阶段产生的图 A 和 Reduce 阶段产生的图 B 串行而成的完全二分图。

另外一个代表图结构横向融合的描述符是||，C=A||B 代表的含义是图 C 由图 A 和图 B 水平融合而成，这种情况允许 A 和 B 有相同的节点，在融合过程中，将相同的节点进行合并。图 11-13 中的子图 e 就是 B>=C 和 B>=D 两个子图水平融合后的例子。

通过以上几个基础图描述符，可以由简单图构件来构造复杂的图结构，比如图 11-13 中的子图 f、g、h 就是由此构造出的复杂图结构。

3. Dryad 的任务执行

Dryad 的 JM 将图节点的可执行代码分发到可用机器节点上，同时将该图节点涉及的输入和输出数据路径地址发送给相应的工作机，这样该工作机就可执行计算任务。调度程序跟踪 DAG 图中节点的执行状态和执行历史，如果 JM 调度程序崩溃，则整个任务失败。如果工作节点发生故障，调度程序会将图节点对应代码发送到其他可用节点重新执行图节点程序，以此来达到容错目的。

当 DAG 图中某个图节点所有输入数据准备齐全后，JM 即可调度使得这个工作机上的图节点程序开始运行，在调度过程中，还会考虑数据局部性，将计算尽可能分配到存储数据的节点，以此增加运行效率。如此这般，DAG 图中的图节点依次或者并行执行，直到所有节点执行结束，将执行结果文件合并后即可输出最终结果。

11.3.3　FlumeJava 和 Tez

以上介绍的 Dryad 是典型的批处理 DAG 计算系统，除此外，Google 的 FlumeJava 和 Apache Tez 也是比较著名的批处理 DAG 系统。

FlumeJava 是 Google 内部开发的 DAG 系统，考虑到很多任务是需要多个 MapReduce 任务连接起来共同完成的，而如果直接使用 MapReduce 来完成会非常烦琐，因为除了完成每个 MapReduce 任务本身的业务逻辑外，还需要考虑如何衔接 MapReduce 任务以及清理各种中间结果数据等琐碎工作。为了能够提高效率，FlumJava 构建了 Java 库，其本质上是在 MapReduce 基础上的 DAG 计算系统，图中每个节点可以看作是单个的 MapReduce 子任务，FlumeJava 还提供了常用的操作符来建立图之间的边，即将若干 MapReduce 程序以一定语义串接起来形成 DAG 任务。通过 FlumeJava 可以高效地完成复杂的任务。

　　Tez 是 Apache 孵化项目，其本身也是一个相对通用的 DAG 计算系统，最初提出 Tez 是为了改善交互数据分析系统 Stinger 的底层执行引擎，Stinger 是 Hive 的改进版本，最初底层的执行引擎是 Hadoop 的 MapReduce 任务形成的 DAG 任务图，考虑到其运行效率较低，所以提出使用 Tez 来替换底层执行引擎。Tez 使用 Map 任务或者 Reduce 任务作为 DAG 的图节点，图节点的有向边是数据传输通道。Tez 通过消除 Map 阶段中间文件输出到磁盘过程以及引入 Reduce-Reduce 结构等改进措施极大提升了底层执行引擎的效率。

参考文献

[1] Kyong-Ha Lee, Yoon-Joon Lee, Hyunsik Choi etc. Parallel data processing with MapReduce: a survey. ACM SIGMOD Record archive. Volume 40 Issue 4, December 2011 Pages 11-20.2011.

[2] Jeffrey Dean and Sanjay Ghemawat. MapReduce: simplified data processing on large clusters. 0SDI'04. 2004.

[3] Donald Miner and Adam Shook. Mapreduce design patterns: Building Effective Algorithms and Analytics for Hadoop and Other Systems. O'Reilly Media. 2012.

[4] MapReduce. MapReduce Patterns, Algorithms, and Use Cases.

http://highlyscalable.wordpress.com/2012/02/01/mapreduce-patterns/.

[5] Michael Isard, Silicon ValleyMihai etc. Dryad: Distributed Data-Parallel Programs from SequentialBuilding Blocks. EuroSys'07, March 21–23, 2007, Lisboa, Portugal.2007.

[6] Craig Chambers, Ashish Raniwala etc. FlumeJava: Easy, Efficient Data-Parallel Pipelines. PLDI'10, June 5–10, 2010, Toronto, Ontario, Canada. 2010.

[7] Tez. http://tez.incubator.apache.org/.

12

流式计算

他不羁的脸　像天色将晚
她洗过的发　像心中火焰
短暂的狂欢　以为一生绵延
漫长的告别　是青春盛宴

我冬夜的手　像滚烫的誓言
你闪烁的眼　像脆弱的信念
贪恋的岁月　被无情偿还
骄纵的心性　已烟消云散

疯了　累了　痛了
人间喜剧
笑了　叫了　走了
青春离奇

良辰美景奈何天
为谁辛苦为谁甜
这年华青涩逝去
却别有洞天

　　　　　　　　　　——王菲《致青春》

流式计算（Stream Processing）是越来越受到重视的一个计算领域。在很多应用场所，对大数据处理的计算时效性要求很高，要求计算能够在非常短的时延（Low Latency）内完成，这样能够更好地发挥流式计算系统的威力，比如，搜索引擎根据用户输入查询匹配相关的广告、搜索风向标和趋势的实时计算、微博和社交网站消息流的实时处理、入侵检测、作弊（Spam）识别与过滤等很多场景都是如此。

其实，"流式计算"并非最近几年才出现的概念，作为一个研究领域，它已经存在较长的时期，不过其概念的内涵和目前比较流行的"流式计算"含义有明显的差异，虽然早期的"流式计算"可以被看作是当前流行的"流式计算"的先导。我们可以将早期和当前的"流式计算"系统分别称为"连续查询处理类"和"可扩展数据流平台类"计算系统。

连续查询处理往往是数据流管理系统（DSMS）必须要实现的功能，一般用户输入 SQL 查询语句后，数据流按照时间先后顺序被切割成数据窗口，DSMS 在连续流动的数据窗口中执行用户提交的 SQL 语句，并实时返回查询结果。著名的"连续查询处理类"计算系统包括 STREAM、StreamBase、Borealis、Aurora、Telegraph 等，这类系统往往会为用户提供 SQL 查询接口来对流数据进行挖掘。

"可扩展数据流平台类"计算系统与此不同，其设计初衷都是出于模仿 MapReduce 计算框架的思路，即在对处理时效性有高要求的计算场景下，如何提供一个完善的计算框架，并暴露给用户少量的编程接口（对 MR 来说就是 Map 和 Reduce 处理逻辑接口），使得用户能够集中精力处理应用逻辑。至于系统性能、低延迟、数据不丢失以及容错等问题，则由计算框架来负责，这样能够大大增加应用开发的生产力。此类"流式计算系统"中最著名的当属 Yahoo 的 S4 和 Twitter 的 Storm 系统。

本章所讲述的内容主要集中在第二类，即"可扩展数据流平台类"流式计算框架，在后文提到的"流式计算"除非明确指出，否则都是指这类系统。

与批处理计算系统、图计算系统等相比，流式计算系统有其独特性。优秀的流式计算系统应该具备以下特点。

（1）记录处理低延迟

对于可扩展数据流平台类的流式计算系统来说，对其最重要的期待就是处理速度快，从原始输入数据进入流式系统，再流经各个计算节点后抵达系统输出端，整个计算过程所经历的时间越短越好，主流的流式计算系统对于记录的处理时间应该在毫秒级。虽然有些流式计算应用场景并不需要如此低的计算延迟，但很明显，流式系统计算延迟越低，其应用场景越广泛。

（2）极佳的系统容错性

对目前大多数的大数据处理问题，一般会采用大量普通的服务器甚至台式机来搭建数据存储与计算环境，尤其在物理服务器成千上万的情形下，各种类型的故障经常发生，所以应该在系统设计阶段就将其当作一个常态，并在软件和系统级别能够容忍故障的常发性。

对流式计算系统来说，这点更为关键，如果流式系统因为机器的物理故障产生数据或者计算状态丢失的问题，那么很多计算如聚集类（Aggregation）或者 Join 类操作会产生错误的计算结果，这是不能接受的。另外，如果因为机器故障导致整个系统的处理性能下降，也会严重影响流式计算系统对处理实时性的要求。所以，对优秀的流式计算系统来说，保证数据不会丢失、保证数据的送达，以及对计算状态的持久化、快速的计算迁移和故障恢复等都是必需的要求。

（3）极强的系统扩展能力

系统可扩展性一般指当系统计算负载过高或者存储计算资源不足以应付手头的任务时，能够通过增加机器等水平扩展方式便捷地解决这些问题。流式计算系统对于系统扩展性的要求除了常规的系统可扩展性的含义外，还有额外的要求，即在系统满足高可扩展的同时，不能因为系统规模增大而明显降低流式计算系统的处理速度。

（4）灵活强大的应用逻辑表达能力

对流式计算系统来说，应用逻辑表达能力的灵活性体现在两方面。通常情况下，流式计算任务都会被部署成由多个计算节点和流经这些节点的数据流构成的有向无环图（DAG），所以灵活性的一方面就体现在应用逻辑在描述其具体的 DAG 任务时，以及为了实现负载均衡而需要考虑的并发性等方面的实现便捷性。灵活性的另一方面指的是流式计算系统提供的操作原语的多样性，传统的连续查询处理类的流式计算系统往往是提供类 SQL 的查询语言，这在很多互联网应用场景下表达能力不足。大多数可扩展数据流平台类的流式计算框架都支持编程语言级的应用表达，即可以使用编程语言自由表达应用逻辑，而非仅仅提供少量的操作原语，比较典型的如 MillWheel、Storm 和 Samza 等系统，可以使用一种或者多种编程语言自由撰写应用逻辑，有极强的表达能力。当然也有少数现代的流式计算系统（比如 D-Stream）仅提供有限的编程原语供应用使用，这是由于其依赖更底层的 Spark 框架的计算机制导致的约束，而这在很大程度上限制了其应用的广泛性。

目前典型的流式计算系统有很多，比如 S4、Storm、MillWheel、Samza、D-Stream、Hadoop Online、MUPD8 等。对照上述优秀的流式计算系统应该具备的多项特性，在这些系统中，Storm 和 MillWheel 是各方面比较突出的，其他系统多多少少存在不同的比较严重的缺陷，比如，MUPD8 和 S4 的数据丢失问题，D-Stream 和 Hadoop Online 分别对底层的 Spark 和 Hadoop 框架及其批处理计算机制的依赖导致其实时性不佳等问题。考虑到这点，本章后续内容主要根据 Storm、MillWheel 以及 Samza（其技术方案比较有特色）技术原理来分述各个重要的技术点。当然，在必要的时候也会对其他系统比较有特色的功能进行介绍。

12.1 流式计算系统架构

与目前大多数大数据处理系统一样，常见的流式计算系统架构分为两种：主从模式（Master-Slave）和 P2P 模式。大多数系统架构遵循主从模式，主要是因为主控节点做全局管理比较简洁，比如 Storm、MillWheel 和 Samza 都是这类架构，本节以 Storm 为例讲述流式计算系统的典型主从架构。P2P 架构因为无中心控制节点，所以系统管理方面相对较复杂，使用该类架构的系统较少，S4 是一个典型例子。Samza 是利用消息系统 Kafka 和 Hadoop 2.0 的资源管理系统 YARN 综合而成的，可以理解为是在 YARN 平台之上的一个应用计算框架，从本质上讲，也遵循主从架构，但是鉴于其架构的独特性，本节单独描述其架构。

12.1.1 主从架构

Storm 架构中存在两类节点：主控节点和工作节点，如图 12-1 所示。主控节点上运行 Nimbus，其主要职责是分发计算代码、在机器间分配计算任务以及故障检测等管理功能，类似于 Hadoop 1.0 中的 JobTracker 的角色。集群中的每台工作服务器上运行 Supervisor，其监听 Nimbus 分配给自己的任务，并根据其要求启动或者停止相关的计算任务，一个 Supervisor 可以负责 DAG 图中的多个计算任务。

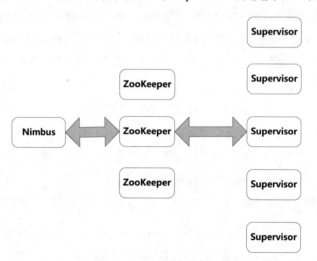

图 12-1　Storm 主从架构

ZooKeeper 集群用来协调 Nimbus 和 Supervisor 之间的工作，同时，Storm 将两者的状态信息存储在 ZooKeeper 集群上，这样 Nimbus 和 Supervisor 都成为无状态的服务，从而可以方便地进行故障恢复，无论哪个构件发生故障，都可以随时在另外一台机器上快速重新启动而不会丢失任何状态信息。这里需要注意：Nimbus 和 Supervisor 通过使用 ZooKeeper 达到节点无状态，但是具体的 DAG 流式计算任务的计算节点可能是有状态的，一个是 Storm 的架构管理系统，另一个是运行其上的计算任务，要明确区分两者之间的区别和联系。

12.1.2　P2P 架构

S4 采用了 P2P 架构，没有中心控制节点，集群中的每台机器既负责任务计算，同时也做一部分系统管理工作，每个节点功能对等，这样的好处是系统可扩展性和容错性能好，不会产生主从模式中的单点失效问题，但是缺点是管理功能实现起来较复杂。

图 12-2 是 S4 中单个节点的功能分层图。PE（Processing Element）是基本计算单元，属于 DAG 任务的计算节点，其接收到数据后触发用户应用逻辑对数据进行处理，并可能产生送向下游计算节点的衍生数据。为了使应用在编程时更加便捷，S4 已经实现了一些常用的应用逻辑，比如计数、聚集和 Join 等操作。PN（Processing Node）是 PE 运行的逻辑宿主（物理主机与逻辑宿主存在一对多关系），其中的事件监听器负责监听管理消息和应用数据，PEC 调用对应的 PE 执行应用逻辑，分发器在通信层的帮助下分发数据，发送器负责对外产生衍生数据。

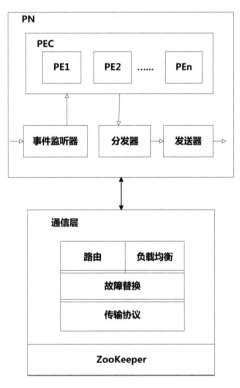

图 12-2　S4 的 P2P 架构

通信层主要负责集群管理、自动容错以及逻辑宿主到物理节点的映射等功能，其可以自动侦测硬件故障，并做故障切换以及修正逻辑宿主和物理节点映射表。通信层利用 ZooKeeper 来协助管理 P2P 集群。

对数据送达的保证，S4 提供了可选项，可以出于效率考虑不采用送达保证，也可以选择采用，还可以混合使用，比如，对于管理信息使用送达保证，而普通应用数据则不使用。S4 有一个比较严重的问题是没有合理的应用状态持久化策略，当机器出现故障时，可能存在应用状态信息丢失的问题。

12.1.3　Samza 架构

Samza 的体系结构如图 12-3 所示，其是在 Kafka 和 YARN 之上封装了流式计算语义 API 的系统，其中，Kafka 负责数据流的存储与管理，YARN 负责资源管理、系统执行调度和系统容错等功能，Samza API 则提供了描述执行流式计算 DAG 任务的接口。由此可以看出，其本质上是类似于 MR 2.0 一样运行在 YARN 统一框架下的具体计算框架。

Samza 的任务执行流程如图 12-4 所示。通过 YARN 客户端向资源管理器（RM）提交任务，RM 从节点管理器（NM）分配计算容器给 Samza 的应用管理器（AM），计算容器包含了计算所需

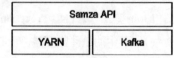

图 12-3　Samza 体系结构

要的内存、CPU 等各种资源，一旦分配成功，YARN 在容器内启动 Samza AM，Samza AM 起到类似于 Hadoop 1.0 中 JobTracker 的功能，负责具体计算任务的管理协调等功能，Samza AM 向 RM 申请一个或者多个容器启动 Samza 任务运行器（Task Runner），任务运行器执行用户编码的应用逻辑，其对应的输入流和输出流都通过 Kafka Broker 来进行管理。这样，一个具体的 Samza 流式计算任务就可以启动起来并连续执行。

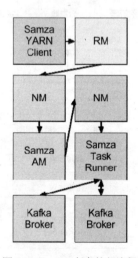

图 12-4　Samza 任务执行流程

12.2　DAG 拓扑结构

从流式计算的计算任务拓扑结构角度来看，一般的流式计算任务都是由计算节点和流式数据构成的 DAG 有向无环图。DAG 中的节点一般是完成一个计算任务所需要的各种处理功能，比如过滤、

数值累加、Join 等具体计算功能，而流经各个计算节点的实时数据流构成了 DAG 中的各种有向边。图 12-5 是 Storm 的某个计算任务形成的 DAG 拓扑结构图示意。

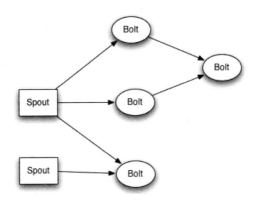

图 12-5　Storm 的计算任务拓扑结构

12.2.1　计算节点

一般而言，在流式计算系统的 DAG 拓扑结构图中，计算节点分为两类，一类是整个计算任务的数据输入节点，负责和外部其他系统进行交互，并将输入数据接入流式计算系统，Storm 中将这类计算节点称为 Spout，MillWheel 将这类计算节点称为 Injector，S4 中对计算节点也有类似的划分，其中无主键事件（Keyless Event）充当类似的角色。第二类节点是完成计算任务的任务计算节点，在 Storm 中被称为 Bolt，整个计算任务就是由若干此类节点通过流经计算节点的流式数据串接起来完成的。每个此类计算节点往往从上游节点接收数据流，对数据流进行特定的计算处理，然后产生衍生数据流，并分发到其下游的计算节点。

为了应用开发的便捷，一般流式计算框架会事先定义好一个抽象计算节点的对外接口，应用在实现具体处理逻辑时，可以继承该抽象类并实现接口逻辑，这样即可完成计算节点的具体处理逻辑。比如，MillWheel 提供计算节点的抽象接口如下：

```
MillWheel: 计算节点 API
    class Computation {
    // 系统回调函数
    void ProcessRecord(Record data);
    void ProcessTimer(Timer timer);

    // 辅助函数
    void SetTimer(string tag, int64 time);
    void ProduceRecord(Record data, string stream);
    StateType MutablePersistentState();
};
```

MillWheel 的 API 接口分为两类，一类是计算节点的主要处理逻辑，包括 ProcessRecord 和

ProcessTimer。当计算节点接收到一条数据记录时会触发 ProcessRecord 处理逻辑，其对数据进行加工；ProcessTimer 则是由定时器触发的计算逻辑。第二类接口主要做一些完成任务的辅助操作，比如，状态持久化或者产生衍生数据，或者设定定时器等操作。当应用开发者完成每个计算节点对应接口的逻辑，并描述清楚各个计算节点的拓扑连接关系时，则整个流式计算系统的驱动都交由流式计算框架来负责。

12.2.2　数据流

DAG 拓扑结构中的边是由连续不断进入流式计算系统的数据构成的数据流，这对所有的流式计算系统都是一样的，区别在于表达数据流中数据的方式各异。

在 MillWheel 中，每条流经计算节点的数据由以下三元组来表达：

$$（Key, Value, TimeStamp）$$

即每条数据是由主键（Key）、数据值（Value）和时间戳（TimeStamp）构成的。其中的数据值可以是任意字符串，以此代表整个待处理数据的记录内容。

Storm 则将每条数据用数据元组（Data Tuple）来表示，虽然并未明确指明数据主键，但是实际可以将主键放在元组中特定的位置来对主键和其他内容进行区分，接收到数据的计算节点可以从元组对应的内容中读出所需的数据。

S4 使用[K,A]方式来表达某条数据，其中，K 和 A 分别是主键和属性构成的数据元组。比如下面的例子就表明了单词及其计数的数据：

```
Key:word="Hello"
Attribute: count=2
```

12.2.3　拓扑结构

如果已经定义好各个计算节点的处理逻辑和对应的输入/输出数据，那么接下来面临的问题是：如何使用数据流将这些计算节点连接起来表达整体的计算任务？这本质上是图拓扑结构的构建问题。

有些计算任务是非常复杂的，但是我们可以将其分解，即复杂的任务可以由若干基本的结构单元通过嵌套关系关联而成，DAG 结构中最常见的基本拓扑结构包含：流水线、乱序分组、定向分组和广播模式。

流水线（Pipeline）是最常见的基本拓扑结构，如图 12-6 所示，其将两个计算任务通过数据流连接起来。

图 12-6 流水线

乱序分组（Shuffle Grouping）是描述并发的两个计算任务间某种特殊连接方式的基础拓扑结构，如图 12-7 所示。计算任务 A 有两个并发计算节点，计算任务 B 有三个并发计算节点，如果计算任务 A 向下游的计算任务 B 分发数据流时遵循乱序分组机制，即上游节点将其输出的数据随机分发到下游某个计算节点中，则这个结构可被看作是乱序分组的基本结构。乱序分组往往是大数据情况下对数据进行负载均衡的较好机制。

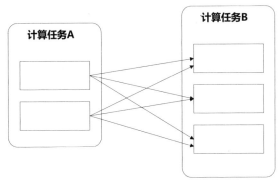

图 12-7 乱序分组

定向分组（Field Grouping）从体系结构上与乱序分组类似，不同点在于上下游计算节点分发数据的模式，定向分组的上游节点在分发数据时，往往根据数据的某个属性（比如主键）进行哈希计算，保证同一属性内容的数据被固定分发到下游的某个计算节点。这种结构对流式计算中类似于数据累加和 Join 等类型的操作是必需的，因为如果要累加某个 Key 的数值，不论上游哪个节点输出，都应该路由到同一个下游节点进行累加才能保证数据的正确性。

广播模式拓扑结构也与乱序分组类似，只是其数据分发模式与其不同。广播模式的上游计算节点在分发数据时，同一个数据要向所有的下游计算节点各自分发一次。

通过上述几个最常见的基本拓扑结构，可以对其进行组合形成复杂的 DAG 拓扑结构图，以此来解决复杂的计算任务。在现有的流式计算系统中，Storm 是在图拓扑结构定义方面最灵活的，除了能够提供上述几种基本的拓扑连接方式，还提供了其他几种不常见的模式。其他流式计算系统往往提供了一到两种上述基本拓扑模式，所以在描述复杂的计算任务时会有一定困难。Samza 由于受限于下层的 Kafka 和 YARN 架构，在表达任务方面严重缺乏灵活性，只能表达一些简单的计算任务。

流式计算框架需要提供一定的机制让应用开发者定义其计算任务的拓扑结构，有些流式计算系统通过配置文件的方式来指定任务拓扑结构，比如，S4 和 Samza，有些则通过程序语言对其拓扑结构进行明确编码，比如 Storm 和 MillWheel。

MillWheel 和 Storm 尽管都是通过程序语言明确对拓扑结构进行编码，但是也有很大的不同，MillWheel 是通过局部计算节点来定义整体的拓扑结构，而 Storm 则是从全局出发来定义整体的拓扑结构。

下面是 MillWheel 的某个计算任务的计算节点定义的拓扑结构。

MillWheel：单计算节点拓扑结构定义

```
Computation SpikeDetector {

input_streams {
    stream model_updates {
        key_extractor = 'SearchQuery'
    }
    stream window_counts {
        key_extractor = 'SearchQuery'
    }
}

output_streams {
    stream anomalies {
        record_format = 'AnomalyMessage'
    }
}
}
```

可以看出，对 SpikeDetector 这个计算节点来说，上述语句描述了这个计算节点有两个输入数据流（Input_Streams），其名字分别是 model_updates 和 window_counts，同样，有一个输出数据流（Output_Stream），其名字是 anomalies。这样根据每个计算节点的拓扑定义，即可得到整体的 DAG 拓扑结构。这里需要提及的一点是：对每个输入或者输出数据流，其数据的主键可能是不同的，为了能够表达这个语义，MillWheel 允许应用开发者写一些不同的主键抽取程序，并与数据流进行绑定，这样对应的数据流会在计算时调用不同的主键抽取程序，比如，对于 model_updates 数据流来说，其对应的主键抽取程序为 SearchQuery，其他的数据流对应的主键抽取程序也在上述拓扑结构定义代码中指出。

Storm 则通过程序代码显式地指出全局的拓扑结构，比如，下述代码就是一个计算文本流单词计数计算任务的拓扑结构描述。

Storm：DAG 整体拓扑结构定义

```
TopologyBuilder builder = new TopologyBuilder();

builder.setSpout("sentences", new RandomSentenceSpout(), 5);
```

```
builder.setBolt("split", new SplitSentence(), 8)
        .shuffleGrouping("sentences");

builder.setBolt("count", new WordCount(), 12)
        .fieldsGrouping("split", new Fields("word"));
```

从上面的代码可以看出，通过全局拓扑结构 TopologyBuilder 可以构建流式计算任务的 DAG 结构，通过 setSpout 指定 Spout 节点，其名称为 "sentences"，RandomSentenceSpout()则是其对应的处理逻辑，而且可以指定这个计算节点的并发个数，比如上述例子的 Spout 并发个数是 5，这个 Spout 的主要功能是随机生成文本内容。Storm 通过 setBolt 设定 Bolt 计算节点，split 计算节点的功能是将句子切割成单词，其并发个数是 8，shuffleGrouping("sentences")则指出了 split 节点和上游的 "sentences" 节点的联系方式是乱序分组，即上游的 5 个 "sentences" 计算节点随机生成句子后均衡地随机分发给下游的 8 个 "split" 计算节点，以此达到负载均衡的目的。"split" 节点将句子切割成单词后将同一个单词分发给固定的某个下游 "count" 节点来实现单词计数功能，fieldsGrouping("split",newFields("word"))指明其连接方式是定向分组，其负责分发的指定属性是 "word" 属性。

12.3　送达保证（Delivery Guarantees）

对于流式计算系统的 DAG 任务结构来说，流数据进入系统后经过多个计算节点的不断变换，最终到达输出节点形成计算结果。如何保证流数据正确地从上游节点送达下游节点是非常重要的问题，这个问题的解决方案一般被称作数据的 "送达保证机制"。

从上下游计算节点之间同一数据传递的次数来说，可能是 0 次、1 次或者多次，根据其可能的组合，可以定义如下三种送达可能。

其一，至少送达一次（At-Least Once Delivery）：即上游节点保证向下游节点送达一次或者多次相同的数据。

其二，至多送达一次（At-Most Once Delivery）：即上游节点不能保证将消息送达下游节点。如果流式计算系统容错机制不完善，存在丢失数据的情形，则一般属于这种类型的送达保证机制。上游节点将流数据发向下游节点后，不管下游节点是否收到，都继续进行后续处理，S4 和 MUDP8 就属于这种送达类型，很明显，这意味着计算结果的正确性无法得到保证，因为数据如果没有正确送达下游节点，这个送达机制并不考虑继续重新发送数据。

其三，恰好送达一次（Exact-Once Delivery）：即上游节点保证将流数据正确地送达下游节点且只正确送达一次，不会出现多次送达的情况。

在很多应用场景下，流式计算系统内数据的"恰好送达一次"是必需的要求，否则出现数据丢失或者数据被重复送达并计算多次都有可能会导致计算结果的错误，比如在聚合类或者 Join 类的操作中就必须满足"恰好送达一次"的要求。在搜索引擎 CPC 广告计费模式中，如果少计算或者多计算用户点击广告的次数都意味着收入计算的错误，少计算广告点击次数意味着搜索引擎服务商收入的减少，而多计算点击次数则意味着对广告客户的多扣费，无论哪种情况发生，都会导致很多现实中的问题。

如果流式计算系统能够提供"恰好送达一次"语义，会为应用开发者提供很大便利，因为应用开发者可以假设无论发生什么状况，系统在数据传递方面没有任何问题，无须在应用层提供这种保证。

12.3.1　Storm 的送达保证机制

Storm 在系统级提供"恰好送达一次"语义，这是通过"送达保证机制"和"事务拓扑"（Transaction Topology）联合完成的。"送达保证机制"能够实现"至少送达一次"语义，而"事务拓扑"则保证不会出现多次送达的情形，本节主要介绍前者，后者在 12.4 节"状态持久化"中介绍，因为通过"事务拓扑"能同时实现状态持久化以及"恰好送达一次"语义。

Storm 独创的"送达保证机制"优雅明快，其运行机制如下。

- 数据源节点（Spout）对于每条送入系统内的数据（假设是数据 i）赋予一个 64 位长的消息 ID，作为输入数据 i 的唯一标识，这个原始 ID 会跟着数据 i 在后续的下游节点中被传递，不论后续走到哪个计算节点，凡是由这条输入数据衍生的新数据都会记住其是由原始输入数据 i 衍生出的。Storm 系统在系统表 T 中为数据 i 维护数值对[ID→*Signature*]，其中，Signature 是数据 i 的签名，其初值为消息 ID 数值。之后，Spout 将消息 ID 随着数据 i 传给下游节点。

- 下游节点在接收到数据 i 及其消息 ID 后，对数据 i 进行变换，可以生成 0 个或者多个其他数据，对于新产生的数据，也分别赋予一个 64 位的随机值 ID。如上所述，每个新数据也会记住其原始输入数据消息 ID，以此表明其是由数据 i 衍生出的。

- 如果计算节点 N 成功地接收到了数据 i（或者由其衍生的数据），并完成了相应的应用逻辑操作，则通过 ACK()函数用异或（XOR）操作来更新表 T 中数据 i 对应的签名，即将 N 的输入数据的随机 ID 和由这个输入数据产生的所有新数据的随机 ID 一起与消息 i 的签名进行 XOR 操作，用 XOR 之后的值替换原先的签名数值。

- 一个新数据可以由多个不同的输入数据共同生成，此时，虽然 Storm 为这个新数据只生成一个随机 ID，但多个标识输入数据来源的数据源 ID 会绑定到这个新数据上，用来标明其是由这些原始输入数据衍生的（本节后面的例子中，F 节点生成的数据就是这种情况）。

- 当在某个计算节点更新数据 i 对应的签名后，如果其签名变为数值 0，则说明 Storm 已经成功地处理掉了原始输入数据 i，不会再向下游节点传播数据 i 产生的衍生数据。此时，Storm 向最初产生这条数据的数据源 Spout 节点发送 commit 消息告知已成功处理此条数据。

- Storm 会定期扫描系统表 T，对那些一定时间内没有被正确处理的消息（即 ID 对应的签名不为 0），则认为在处理这条消息的某个环节产生问题，于是通知数据源 Spout 节点重新发送该消息。这样就达到了识别送达失败的数据并反复尝试的目的。

- 上述根据数据 i 的衍生数据被 Storm 赋予的随机 ID 不断更新签名的过程中，并不能保证完全的可靠性，因为有可能在数据并未正确处理完之前，碰巧通过 XOR 得出一个数值 0，即数值 0 并不一定代表数据被正确处理，虽然这种可能性还是存在的，但是其发生概率为 2^{-64}，小到基本可以忽略不计，所以以绝大多数场合基本不存在什么问题。

为了便于理解上述机制，下面以一个具体实例来说明。

如图 12-8 所示，例子中 A 和 B 是 Storm 某个任务的两个 Spout 节点，其中由 A 注入数据 d1，Storm 赋予唯一的随机 ID=01111（5 位二进制数表示，下面相同），其签名与 ID 相同。同理，由 B 注入数据 d2 的唯一 ID 和签名都是 01001。

然后参考图 12-9，节点 A 将数据 d1 传递给下游节点 C，节点 C 对 d1 进行转换，生成两个新数据分别传递给节点 E 和 F，Storm 对新数据赋予的随机 ID 分别为 10010 和 00100，节点 C 在做完数据转换操作后调用 ACK() 函数，将 d1 原先的签名 01111 与其输入数据及两个新生成数据对应的随机 ID 进行 XOR 操作，得到新签名 10110（注：01111 XOR 01111 XOR 10010 XOR 00100=10110）。同理，d2 对应的签名更新为 11011。

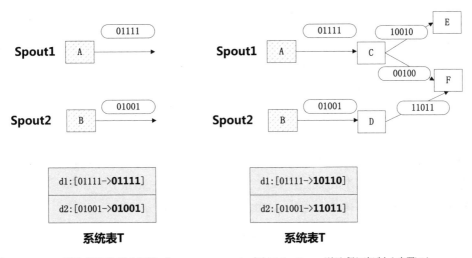

图 12-8　Storm 送达保证机制（步骤 1）　　　　图 12-9　Storm 送达保证机制（步骤 2）

接着参考图 12-10，节点 E 根据输入数据生成新数据传递给下游节点 G，节点 F 根据输入数据生成新数据，也传递给下游节点 G。节点 E 更新 d1 的签名为 00010 （注：10110 XOR 10010 XOR

00110=00010），节点 F 更新 d1 的签名为 11011（注：00010 XOR 00100 XOR 11101=11011）。注意，节点 E 和 F 哪个先更新签名对最终结果并无影响，因为 XOR 操作是满足交换律的。之后，节点 G 更新 d1 的签名为 0（注：11011 XOR 00110 XOR 11101=0），此时 Storm 知道 d1 已经被正确处理，所以给 A 节点发送 commit 消息通知 d1 已经处理完。d2 的处理过程也是此理。

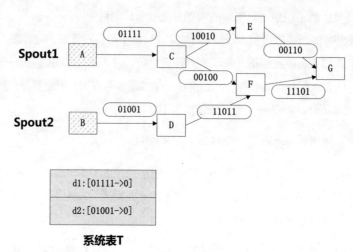

图 12-10　Storm 送达保证机制（步骤 3）

通过上述实例可以较容易地理解 Storm 的"至少送达一次"语义是如何实现的，但是从原理角度讲为何上述过程能够保证：如果数据被正确处理，则其对应的签名一定为 0？其实很好理解，首先我们要知道 XOR 操作的特性。对于任意一个数值 N，其与自身的 XOR 操作结果为 0，即 N XOR N=0，而 0 与任意数值 N 异或结果为 N 自身，即 N XOR 0=N。

在 Storm 的送达保证机制中，如果一条数据 i 能够从 Spout 流转到某个终结节点（即这个节点不再产生数据 i 的衍生数据），对于其中任意一个由 i 衍生的数据，其对应的随机 ID 一定会被 XOR 操作两次：一次是在产生这个数据的上游节点，因为如果计算节点正确执行后，新产生的数据随机 ID 会被用来更新签名；另外一次是在其对应的下游节点，如果下游节点能够接收到上游节点传送来的数据，那么会用输入数据的随机 ID 去更新签名。所以对于任意一个衍生数据，其被赋予的随机 ID 被两次用来更新签名，所有的数据都是如此，所以签名的最后一定是 0。以上面所举例子中的数据 d2 为例，更新签名的节点顺序依次为 B、D、F、G，其对应完整的 XOR 操作过程是：（01001 XOR 01001）XOR（11011 XOR 11011）XOR（11101 XOR 11101）=0。

如果某个上游节点产生的新数据未能送达下游节点，那么这个新数据就只会被 XOR 操作一次，即在上游节点更新一次签名，因为下游节点没有收到新数据，所以就没有第二次 XOR 操作，这样最终的签名就不会是 0，这是通过该机制发现数据未能送达的基本原理。

12.3.2 MillWheel 的"恰好送达一次"机制

当 MillWheel 的某个计算节点接收到数据记录后，依序执行以下操作。

1）通过重复检测判断这条记录是否在之前发送过，如果是重复记录，则抛弃此条记录。

2）用户定制的数据处理函数被触发，执行结束后，计算节点的中间状态、计时信息可能被改变，也可能产生衍生数据。

3）步骤 2）涉及的所有状态、计时改变及衍生数据被写入外部数据库作为状态持久化。

4）向上游节点发送 ACK 消息，通知上游节点自己已正确接收并处理了发送来的数据记录。

5）向下游节点发送本次计算产生的衍生数据。

上述处理步骤既包括状态持久化，也涵盖了"恰好送达一次"语义的实现方法，其中步骤 3）是状态持久化过程，步骤 1）和步骤 4）联合实现了"恰好送达一次"语义，步骤 4）实现了"至少送达一次"语义，即上游节点向下游节点发出数据后，需要下游节点向上游节点发送 ACK 消息确认，如果在一定时间内未能收到确认消息，则上游节点反复发送数据来确保下游节点至少可以成功接收到一次消息。而步骤 1）则通过重复检测保证即使多次发送某条消息，也不会被多次处理。两者联合即实现了"恰好送达一次"的语义。

可以看到，重复检测在其中起了很关键的作用。下面来看看，如果没有重复检测会发生什么：假设下游节点在接收到数据后处理完成步骤 3），之后发生故障，没有来得及向上游节点发送 ACK 消息，然后下游节点的计算逻辑在本地或者其他机器重新启动，上游节点长时间未收到确认消息，会再次发送，这样该条数据会被再次处理并重复修改状态等信息，然后将错误的状态信息持久化到外部存储中。

为了能够正确检测重复的数据，MillWheel 的计算节点将每条新产生的数据都赋予一个唯一的 ID，在状态持久化过程中，将这个 ID 和各种状态信息一同写入外部数据库中。这样，当再次接收到相同的数据时，通过数据库就可以知道是否重复发送数据，如果是重复数据，则抛掉该数据，并向上游节点发送 ACK 消息确认（否则上游节点会反复发送该消息）。如果阅读了后续章节 Storm 的"事务拓扑"机制可以看出，这和 Storm 的防止重复机制是非常类似的。为了增加查找效率，MillWheel 在计算节点内存中使用了 Bloom Filter 在历史数据记录集合中进行快速查找。

Samza 依靠 Kafka 的消息持久化联合其 broker 缓存机制，可以保证"至少送达一次"语义，因为其消息是持久化到磁盘的，只要能够记录计算节点对应的消息队列目前处理消息的偏移位置（offset），即使出现故障，也可以实现消息回放（Replay），以此实现"至少送达一次"语义。尽管有后续支持"恰好送达一次"语义的机制，但 Samza 0.70 还未提供此功能，也即对多次发送同一消息还不能很好地处理。

12.4 状态持久化

对很多流式计算任务来说，计算节点在计算过程中需要在内存中保持中间结果等各种状态信息，最典型的比如累加计数中间值。在大规模集群环境下，出现各种系统物理故障或者服务故障是再正常不过的事情，此时如果计算框架不能很好地进行系统容错处理，很可能会因为物理故障丢失计算状态信息，而这些状态信息对后续计算是必需的，所以如何能够很好地设计容错机制非常重要。对于流式计算系统来说，状态持久化机制就是特别重要的一项容错措施，优秀的流式计算系统必须有合理的状态持久化机制来保证系统计算的正确性。

12.4.1 容错的三种模式

和其他系统容错机制一样，流式计算系统中常见的系统容错有三种模式：备用服务、热备和检查点机制。三者各有特点，现分述如下。

1. 备用服务（Standby Service）

如图 12-11 所示，计算任务的某个计算节点 N 在另外一台物理机上设置其对应的备份服务 S，计算框架定时通过心跳或者 ZooKeeper 来及时捕获服务状态，当节点 N 发生故障时，启动备份服务 S 来接替计算节点 N 的功能。这是非常常见的一种模式，但是这只适合计算节点属于无状态（Stateless）类型的服务，因为一旦计算节点 N 死掉，如果存有状态信息，则状态信息全部丢失，无法在计算节点 S 进行状态恢复。Yahoo 的 S4 在容错机制方面就是采取这种方式的，所以存在状态信息丢失的可能，这对于流式计算系统来说是很严重的功能不足，大大限制了其使用场景。

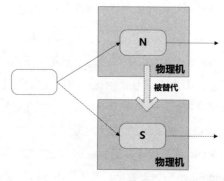

图 12-11　备用服务

2. 热备（Hot Standby）

热备机制可以避免备用服务机制的不足，其架构如图 12-12 所示。与备份服务不同的是，热备机制的计算节点 N 和其备用节点 S 同时运行相同的功能，上游节点将数据流同时发往下游的计算节点 N 及其备用节点 S，当计算节点 N 发生故障时对系统无任何影响，因为备用节点 S 一直和节点 N

同时运行，所以即使是有状态的服务，两者也时刻保持着相同的状态信息。其好处是显而易见的，但是也有对应的缺点：一个是备用节点额外耗费各种系统资源。另外，正常运行时，在两个节点的下游需要有"流选择器"来保证只有一个上游数据能够通过，避免数据重复。

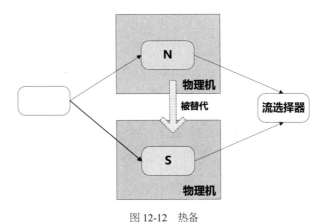

图 12-12　热备

3. 检查点（Checkpointing）

检查点是另外一种容错机制，这是目前大数据处理系统中使用最多的一种类型，其架构如图12-13 所示。其与"备用服务"架构基本相同，但是两者的不同点在于：为了能够在故障替换时恢复计算节点 N 的状态信息，计算节点 N 周期性地将其状态信息通过检查点的方式在其他地方进行备份，当计算框架侦测到计算节点 N 发生故障时，则启动备用节点 S，并从 Log 中将对应的状态信息进行恢复，这样，即使对有状态的服务也可以保证正常切换。

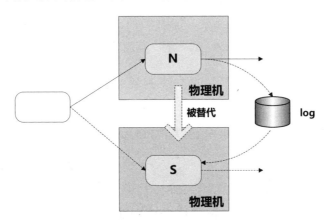

图 12-13　检查点

检查点方式也有其对应的两个缺点。首先，如果状态信息较多，为了恢复状态信息，备用节点切换过程可能较长。其次，检查点备份的时间周期也需要仔细斟酌，如果备份周期长，则很可能在上次和下次备份信息之间的系统发生故障，这样依然会存在丢失状态信息的可能；而如果备份周期短，则系统会花费很多资源用在数据备份上，也会影响系统整体的性能。

目前主流的流式计算系统都采用检查点的容错机制，比如 Storm、MillWheel 和 Samza 都采用了这一机制。为了保证不会丢失任何状态信息，对于流经的每条数据，只要计算节点处理之后状态信息发生变化都需要进行状态信息备份，也就是下文要介绍的状态持久化过程。尽管通过这种方式可以保证不会损失任何状态信息，但是这在一定程度上无疑会影响系统的运行性能，所以这些流式计算系统一般会以灵活的方式让用户根据任务类型选择是否进行这种频繁的状态备份，比如，如果用户确信应用无须保存状态信息，则可以设置为不启用该功能，以此来兼顾正确性和效率的平衡。

12.4.2　Storm 的状态持久化

通过 Trident 提供的强大功能，Storm 使用了"事务拓扑"（Transaction Topology）机制来同时实现状态持久化和"恰好送达一次"语义，其具体机制如下。

- 为了减少持久化动作的次数，首先将多条数据记录封装成一份批数据（Batch），每份批数据由 Storm 绑定一个事务 ID，事务 ID 是单调增长数值类型，也即先进入系统的批数据，其事务 ID 小；后进入系统的批数据，其事务 ID 大。正像前面讲述 Storm "保证送达机制"一样，系统如果发现某份批数据处理失败，则通知数据源 Spout 重发该份数据，保持事务 ID 不变。

- 在发送这份批数据前，Storm 首先通知任务的所有计算节点要开始一项事务意图（Transaction Attempt）。然后 Storm 将数据送入流式系统中，历经各个应达的计算节点，直到计算结束。最后，Storm 通知所有的计算节点该事务意图已经结束，各个计算节点此时可以通过 Trident 提交其状态信息，也即可以通过事务的方式进行状态持久化。

- Storm 保证每个节点的事务提交顺序是全局有序的，即事务 ID 编号小的一定在编号大的事务之前提交，此时，计算节点可以执行下列持久化逻辑。

  ➢ 最新的事务 ID 和此时对应的节点状态信息一起存入 Trident，在真正存入之前做下面两个步骤的检查。

  ➢ 对该节点来说，如果在 Trident 中未发现有目前要提交的事务 ID，此时可以将事务 ID 和状态更新到数据库中。

  ➢ 如果在 Trident 中已经发现存在待提交的事务 ID，那么 Storm 会放弃这次提交，因为这说明这次接收到的批数据是系统重发后到达该节点的，而这个节点之前已经成功处理过这份数据，并成功将状态信息在数据库中持久化了，之所以系统会重发，应该是 Storm 的其他计算节点而非本节点的故障导致的。

很明显，通过上述逻辑可以实现状态持久化。另外，这样也可以实现"恰好送达一次"语义，因为结合 Storm 提供的事务提交顺序要求全局有序可知：如果是上述第 3 个步骤的情形，说明对于接收到重发数据的非故障计算节点来说，不会重复计算和提交两次，保证了"恰好一次"的语义。而对于故障计算节点来说，由于只有接收到重发数据并成功提交后，后续绑定了更高事务 ID 的数据才会获得处理，所以也能保证"恰好送达一次"语义并正确地进行持久化。

如果严格按照上述事务提交顺序全局有序的要求，则进入 Storm 的数据会串行执行，即第一份批数据在经过所有的节点计算完成并提交成功后，第二份批数据才开始运行。很明显，这样的效率太低，可以将其改造成类似于 CPU 流水线执行命令的并行方式，即第一份批数据经过上游节点计算后进入下游节点，而第二份批数据进入上游节点，此时上游节点处理第二份批数据，下游节点处理第一份批数据，这样在维持事务提交顺序全局有序的约束下增加了并发性。

12.4.3　MillWheel 和 Samza 的状态持久化

MillWheel 的状态持久化也是使用外部存储数据库，具体而言，是采用 Bigtable 或 Spanner 作为状态存储数据库。因为计算节点对于每条流入数据都需要进行状态持久化，考虑到有些应用场景是无状态的，为了在此种场景下加快系统性能，MillWheel 提供了两种持久化方式：强方式（Strong Production）和弱方式（Weak Production）。

所谓强方式，就如介绍 MillWheel 的计算节点执行处理流程若干步骤所讲的一样，先将状态信息持久化，然后向下游节点发送衍生数据。持久化是每个节点对每条数据都必须做的，而且要维持此种处理顺序，这是称之为强方式的原因。

相应的，弱方式的状态持久化是可选的，即非必需的步骤，这样对于无状态应用场景，通过弱方式可以加快系统处理速度。这里的"可选"值得强调，它的含义是在某些计算节点的某种情况下选用状态持久化。一般容易理解为：如果所有的节点都取消状态持久化，应该是效率最高的，但是如果应用需要"恰好送达一次"或者"至少送达一次"语义，那么事情就没那么简单了，因为下游节点需要向上游节点发送 ACK 消息，如果是强方式，那么下游节点在持久化后就可以向上游节点发生 ACK 消息（因为即使下游计算节点发生故障，也可以从持久化数据获得待发送的衍生数据并重新向下游发送，保证系统通畅及数据送达语义），与下游节点后面的计算节点没有依赖关系。但是如果是弱方式，下游节点 B 只有接收到自己的下游节点 C 发送回来的 ACK 消息，才能给上游节点 A 发送 ACK 消息（读者可以花些时间思考这是为什么？其原因为：如果不这样，而是下游节点 B 立即给上游节点 A 发送 ACK 消息，如果下游节点 B 在发送 ACK 后崩溃，B 再次启动后，若 C 没有接收到 B 的数据，B 也无法再次发送，因为没有将这个衍生数据持久化，而上游节点 A 因为已经接收到 B 的 ACK 消息，所以也不会再次发送，导致无法实现"至少送达一次"语义），这样就造成了对所有下游节点的 ACK 逐层依赖，如果流计算任务层级较多，尤其糟糕的是某些节点拖后腿（Straggler）或者发生故障，会整体拖慢系统的执行效率。

　　从上面的叙述可知，在要求"至少送达一次"语义要求下，弱方式的所谓"状态持久化可选"，指的是如果计算节点 B 的下游节点 C 在一定时间内没有 ACK 确认，那么此时节点 B 可以做一次状态持久化，这样就摆脱了对下游节点 C 的 ACK 依赖，计算节点 B 在持久化后可以不用等待下游节点 C 的 ACK 消息而直接发送 ACK 消息给自己的上游节点 A。即使此时计算节点 B 崩溃，在重启后可以从持久化信息里读出衍生数据，并再次发给下游节点 C（图 12-14 展示了这一过程）。通过这种方式就在整体性能和送达保证之间做了一个较好的均衡。

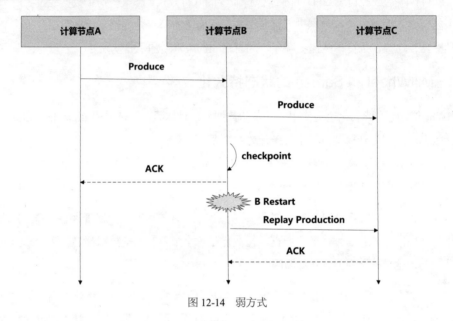

图 12-14　弱方式

　　Samza 除了可以支持如 Leveldb 等外部键值数据库来进行状态持久化外，还采取了一种比较巧妙的方式。因为 Samza 是搭建在消息系统 Kafka 和 Hadoop YARN 之上的，而 Kafka 是提供消息持久化和容错机制的，所以 Samza 将状态持久化也采用消息队列的机制来处理，即某个计算节点可以将其状态信息形成 Kafka 的一个消息队列，这样由 Kafka 来保证状态信息的持久性和可恢复性。如果某个节点发生故障，YARN 会在另一个节点的容器中重新启动服务，并从 Kafka 对应的存储该节点状态信息的消息队列中恢复节点状态。

参考文献

[1]　T.Akidau, A.Balikov, K.Bekir, S.Chernyak, J.Haberman,R. Lax, S.McVeety, D. Mills, P. Nordstrom and S. Whittle. MillWheel: Fault-Tolerant Stream Processing atInternet Scale. In Very Large Database Conference, 2013.

[2]　Twitter storm. https://github.com/nathanmarz/storm/wiki,2012.

[3] Trident. https://github.com/nathanmarz/storm/wiki/Trident-tutorial,2012.

[4] Samza.http://samza.incubator.apache.org/, 2013.

[5] T. Condie, N. Conway, P. Alvaro, J. M. Hellerstein,K. Elmeleegy, and R. Sears. MapReduce online.In USENIX Symposium on Networked Systems Design & Implementation, 2010, pp. 21-29.

[6] M. Zaharia, T. Das, H. Li, S. Shenker, and I. Stoica. Discretized streams: an effcient and fault-tolerant model for stream processing on large clusters. In USENIX AssociationHotCloud Conference, 2012.

[7] L. Neumeyer, B. Robbins, A. Nair, and A. Kesari. S4: Distributed stream computing platform.In Proceedings of the 9th IEEE International Conference on Data Mining,2010, pp. 170 –177.

[8] D. J. Abadi, Y. Ahmad, M. Balazinska, M. Cherniack, J. hyon Hwang, W. Lindner, A. S. Maskey, E. Rasin, E. Ryvkina, N. Tatbul, Y. Xing, and S. Zdonik. The design of the borealis stream processing engine.The biennial Conference on Innovative Data Systems Research,2005,pp.277–289.

[9] D. J. Abadi, D. Carney, U. C¸ etintemel, M. Cherniack, C. Convey, S. Lee, M. Stonebraker, N. Tatbul, and S. Zdonik. Aurora: a new model and architecture for data stream management. The VLDB Journal, 2003,(2):120–139.

[10] MUPD8. https://github.com/walmartlabs/mupd8.2013.

[11] L.Wang, L. Liu, S.T.S Prasad, A.Rajaraman, Z.Vacheri, A.H Doan. Muppet: MapReduce-Style Processing of Fast Data.The Proceedings of the VLDB, 2012, (5): 1814-1825.

[12] IlyaKatsov. In stream big data processing http://blog.csdn.net/macyang/article/details/10183393.

13

交互式数据分析

I've seen the world, lit it up as my stage now

阅尽繁华　点亮红尘做舞台

Channeling angelsin, the new age now

粉墨登场　有你有我新时代

Hot summer days, rock and roll

The way you'd play for me at your show

激情夏日　知君歌舞皆为我

And all the ways I got to know

Your pretty face and electric soul

我亦永记　君之深意与俊颜

Will you still love me when I'm no longer young and beautiful

青春若逝　容颜易老　君爱知否能如故？

Will you still love me when I got nothing but my aching soul

身无一物　徒留伤悲 君爱知否能如初？

——Lana Del Rey *Young and Beautiful*

支持对大数据进行交互式数据分析的数据仓库最近两年成为日益受关注的领域，从最早期的 Pig、Hive，到 Dremel、PowerDrill、Tajo、Stinger、Drill、Shark、Impala 乃至 Presto，可谓异彩纷呈，乱花迷眼。

在大数据基础上的便捷交互式分析系统的出现，应该说是大数据处理技术积累到一定程度后的历史必然。Hadoop 解决了大规模数据的可靠存储与批处理计算问题，随着其日渐流行，如何在其上构建适合商业智能（Business Intelligence，简称 BI）分析人员使用的便捷交互式查询与分析系统便成为亟待解决的问题，毕竟 Hadoop 提供的 MR 计算接口还是面向技术人员的底层编程接口，在易用性上有其天生的缺陷。于是出现了目前我们看到的各种 SQL-On-Hadoop 系统争奇斗艳的局面。

从 SQL-On-Hadoop 系统的发展阶段来说，如果将 Hive 和 Pig 时代称为早期，那么目前应该处于竞争发展期，针对 Hive 效率不高的缺点，各种 SQL-On-Hadoop 系统都在探索更具竞争力的技术解决方案。随着各个系统的不断探索，如何构建大数据上的高效交互式分析数据仓库这一问题的解决方案已经日渐清晰，很多高效的技术手段逐渐成为共识，比如采取列式存储、热点内容放置在内存进行处理、在扫描数据记录时尽可能多地跳过无关记录、避免将执行引擎直接构建在 MR 基础上、Join 操作的效率优化等。估计再经过 2 至 3 年的竞争，市场上会有 2 到 3 个数据仓库系统会成为主流产品，但是其采取的技术方案会大同小异，只不过针对不同的应用场景有微小的差异而已。

本章对目前的各种 SQL-On-Hadoop 系统进行归类梳理，根据其整体技术框架和技术路线的差异，将其分为以下四类。

第一类：Hive 系。Hive 是直接构建在 Hadoop 之上的早期提出的数据仓库系统，也是目前使用最广泛的 SQL-On-Hadoop 产品，它和 Hadoop 的紧密耦合关系既成就了 Hive，同时也成为制约 Hive 发展的瓶颈因素。本章除了介绍 Hive 的技术方案外，还简要介绍 Hive 的改进系统 Stinger Initiative 系统。

第二类：Shark 系。如果将 Hive 理解为在 Hadoop 基础上的交互式数据分析系统，那么可以将 Shark 理解为在 Spark 系统之上的数据仓库系统。我们知道，Spark 是非常适合解决迭代式机器学习问题的大数据处理系统，其最大的特点是以 RDD 的方式可以将数据载入内存进行处理。Shark 对 Spark 的依赖程度与 Hive 对 Hadoop 的依赖程度类似，这种与下层平台的过度绑定是其优点，同时也是其缺陷。之所以说是优点，是因为 Shark 可以很方便地将数据加载入内存进行处理，并且支持除 SQL 外的复杂的机器学习处理，这两点正是 Shark 区别于其他数据仓库的最大特点。之所以说是缺陷，是因为和 Hive 一样，与底层系统耦合过紧。Spark 从其本质上讲更适合机器学习类应用，所以如果要在其上构建用于其他目的专有系统，会受到 Spark 运行机制的影响，很难将很多具有针对性的专有改进措施引进来，因此其发展潜力是比较有限的，除非将下层的 Spark 平台做根本性的改变。这其实和 Hive 面临的困境是一样的。

第三类：Dremel 系。严格地说，将很多归于此类的数据仓库统称为"Dremel 系"是不够严谨的，因为很多系统不仅参考了 Dremel 的设计思路，在很大程度上也融合了 MPP 并行数据库的设计思想。但是为了便于讲解，我们还是将其统称为"Dremel 系"。目前比较流行的系统如 Impala、Presto 都被归于此类，除此之外，还会介绍 Google 的 PowerDrill 系统。Drill 系统是典型的模仿 Dremel 的开源数据仓库，但是鉴于其进展非常慢，估计很快会在竞争过程中落后，所以本章不对其进行讲解。从体系架构层面来说，这一类系统是最有发展前景的。

第四类：混合系。混合系是直接将传统的关系数据库系统和 Hadoop 进行有机混合而构造出的大规模数据仓库，其中，HadoopDB 是最具代表性的。本章以 HadoopDB 为例讲解其构造原理及其优缺点。从本质上讲，HadoopDB 和 Hive 面临类似的性能瓶颈问题。

本章后续章节按照以上四个分类来对目前比较典型的系统进行分述，这里值得一提的是：目前很多 SQL-On-Hadoop 系统都宣称其查询效率是 Hive 的几十倍甚至一百倍，那么事实是怎样的？真的与 Hive 有如此天壤之别的差异吗？如果是这样，它们是怎么做到的？如果不是这样，那么事实的真相又是什么？相信读者在阅读完本章内容后会对上述问题有明确的答案。

13.1　Hive 系数据仓库

Hive 是最早出现的架构在 Hadoop 基础之上的大规模数据仓库之一，Hadoop 为其带来很大的优势，比如，大规模数据的可扩展性、细粒度的容错机制等，但是也是约束其性能的重要因素。Stinger Initiative 系统直接通过修改 Hadoop 和 Hive 来试图对 Hive 进行改进。本节分述这两者的架构及其设计思路。

13.1.1　Hive

Hive 是 Facebook 设计并开源出的构建在 Hadoop 基础之上的数据仓库解决方案，与传统的数据仓库系统相比，Hive 能够处理超大规模的数据且有更好的容错性。尽管目前来看，因为查询处理效率较低，Hive 有逐渐被其他系统替代的趋势，但是从某种程度上讲，在超大规模数据上构建便捷实用的数据仓库这一点上，Hive 起到了领风气之先的作用，很多后续起类似作用的数据仓库系统，比如 Stinger Initiative、Shark、Impala、Presto 等都在一定程度上借鉴了其思想，甚至大量复用了 Hive 的代码。

Hive 的出现有其历史必然性：当 Hadoop 作为存储和处理大规模数据的开源工具日益流行起来时，如何更加便捷地分析和处理海量数据的任务就日益迫切，毕竟 MR 作为一种底层的编程模式，对大多数用户来说有很高的学习成本。所以，如何简易操作大数据的问题必然会随着 Hadoop 的流行愈发引人关注，Hive 的出现就是为了解决这个问题的。从某种程度上讲，如何更加简易方便地存储操作大数据也是越来越多新的大数据处理工具日益涌现的原始推动力。

Hive 的本质思想可以看作是：为 Hadoop 里存储的数据增加模式（Schema），并为用户提供类

SQL 语言，Hive 将类 SQL 语言转换为一系列 MR 任务来实现数据的处理，以此手段来达到便利操作数据仓库的目的。

目前对 Hive 的诟病有很多，主要是其处理效率不够高，这主要是因为 Hive 和 Hadoop 的绑定关系太紧密导致的，可以说，Hadoop 成就了 Hive，同时也是制约 Hive 的主要原因。之所以说 Hadoop 成就了 Hive，是因为作为 Hive 的数据存储源，Hadoop 本身提供的超大规模数据管理功能是使得 Hive 区别传统数据仓库的重要特点，之所以说 Hadoop 制约 Hive，是因为 Hive 效率低的主要原因是 MR 固有的一些特性导致的。很多后续的改进版数据仓库都将这种和 Hadoop 的紧密耦合放松，仅将 Hadoop 作为数据存储源之一，而命令执行层换为其他更高效的处理机制。

1. 数据组织形式

Hive 将存储在 HDFS 中的文件组织成类似于传统数据库的方式，并为无模式（Schema Less）的数据增加模式信息。除了支持常见的基本数据类型如 int、float、double 和 string 外，Hive 还支持 List、Map 和 Struct 等复杂的嵌套数据类型。

Hive 的数据组织形式采取分级结构，如图 13-1 所示，其中，Table 是最基本的数据单元，从概念上看，与关系数据库的数据表是基本一致的，即 Table 由若干行记录构成，每条记录由若干列组成。其层级结构如下（其中的 Partition 和 Bucket 层级是可选的）。

- Table：每个数据表存储在 HDFS 中的一个目录下。
- Partition：一个数据表可以切割成若干数据分片，每个数据分片的数据存储在对应数据表在 HDFS 相应目录下建立的子目录中。
- Bucket：数据桶可以理解为将数据表或者某个数据分片根据某列的值通过哈希函数散列成的若干文件，一个文件对应一个数据桶。

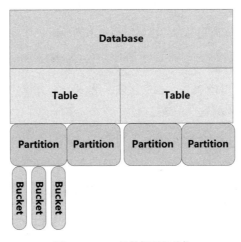

图 13-1　Hive 的数据组织结构

下面以一个具体实例来说明以上数据的组织结构，假设 Hive 的数据存储根目录为/usr/hive/warehouse，而且现已有一个名字为 test_table 的数据表，那么这个数据表在 HDFS 中对应的目录名称为：/usr/hive/warehouse/test_table，这个数据表的所有数据存储在该目录下。

是否对数据表做数据分片是可选的，如果要对上述数据表做数据分片，可以在创建数据表时利用 PARTITIONED BY 子句来完成，比如，可以在创建数据表时使用如下 SQL 语句：

```
CREATE TABLE test_table(c1 string, c2 int)
    PARTITIONED BY (ds string, hr int);
```

这样可以根据不同的 ds 和 hr 数值组合建立不同的数据分片，这里需要注意的是，用来进行数据分片的字段未必出现在数据表中，正如上例所示。可以通过 INSERT 或者 ALTER 子句来创建数据分片，比如使用如下两个 SQL 语句：

```
INSERT OVERWRITE TABLE
    test_table PARTITION(ds='2009-01-01', hr=12)
    SELECT * FROM t;

ALTER TABLE test_table
    ADD PARTITION(ds='2009-02-02', hr=11);
```

INSERT 语句从其他数据表中导入数据到某个数据分片，而 ALTER 语句则创建一个数据为空的数据分片。如果执行上述两个 SQL 语句，Hive 会在 HDFS 中产生对应的目录：

```
/user/hive/warehouse/test_table/ds=2009-01-01/hr=12
/user/hive/warehouse/test_table/ds=2009-02-02/hr=11
```

增加数据分片的好处是在后续 Hive 执行 SQL 语句时可以通过数据分片信息跳过一些无须扫描的数据，比如：

```
SELECT * FROM test_table WHERE ds='2009-01-01';
```

Hive 在执行这个 SQL 语句时只需要扫描对应目录下的数据即可，这样可以便捷地跳过大量无关的数据，极大地加快执行速度。

数据桶是数据组织层次中的最底层，在创建数据表的时候，用户可以指定分桶个数及根据哪一列数据对数据表或者数据分片进行分桶。

为了能够支持更多的 Hadoop 数据存储方式，Hive 提供了 SerDe 接口，用户可以定制数据序列化与反序列化程序，通过 SerDe 接口将数据表及其对应的用户解析程序进行绑定，这样就可以灵活地扩展并支持各种数据存储方式，比如列式存储等。目前最新版本的 Hive 已经能够支持 RCFile 和 ORCFile 等行列式混合存储文件。

2. Hive 架构

Hive 提供了 HiveQL 语言来供用户对数据进行相关操作，HiveQL 语言是类似于 SQL 的语言，支持用户自定义函数（UDF）。Hive 本质上就是通过数据组织形式为无模式的 Hadoop 数据增加模式信息，并通过将用户提交的 HiveQL 语言编译成由 MR 任务构成的 DAG 任务图，利用 Hadoop 的 MR 计算机制来完成各种数据操作请求。

Hive 的整体架构如图 13-2 所示，其主要组成部分由元数据管理、驱动器、查询编译器、执行引擎、交互界面等构成。

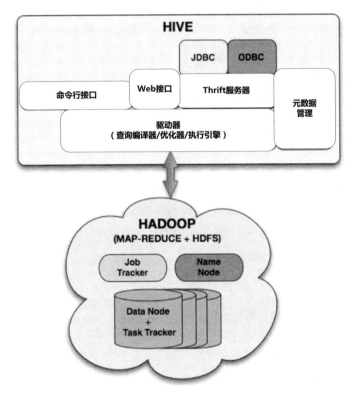

图 13-2　Hive 整体架构

每个构件的主要功能和职责如下。

- 元数据管理（Metastore）：存储和管理 Hive 中数据表的相关元数据，比如各个表的模式信息、数据表及其对应的数据分片信息、数据表和数据分片存储在 HDFS 中的位置信息等。为了加快执行速度，Hive 内部使用关系数据库来保存元数据。
- 驱动器（Driver）：驱动器负责 HiveQL 语句在整个 Hive 内流动时的生命周期管理。
- 查询编译器（Query Compiler）：其负责将 HiveQL 语句编译转换为内部表示的由 MR 任务构成的 DAG 任务图。

- 执行引擎（Execution Engine）：以查询编译器的输出作为输入，根据 DAG 任务图中各个 MR 任务之间的依赖关系，依次调度执行 MR 任务来完成 HiveQL 的最终执行。
- Hive 服务器（Hive Server）：提供了 Thrift 服务接口及 JDBC/ODBC 服务接口，通过这个部件将应用和内部服务集成起来。
- 客户端（Client）：提供了 CLI、JDBC、ODBC、Web UI 等各种方式的客户端。
- 扩展接口（Extensibility Interface）：提供了 SerDe 和 ObjectInspector 接口，通过这两类接口可以支持用户自定义函数（UDF）和用户自定义聚合函数（UDAF），也能支持用户自定义数据格式解析。

HiveQL 语句可以通过以下方式提交：命令行接口（CLI）、Web UI、满足 Thrift 接口定义的外部调用或者 JDBC/ODBC 接口。驱动器在接收到 HiveSQL 语句后，将其交给查询编译器，查询编译器首先利用元数据信息对语句进行类型检查和语义解析等工作，之后生成逻辑计划（Logical Plan），然后使用一个简单的基于规则的优化器（Optimizer）对逻辑计划进行优化，其后生成由若干 MR 任务构成的物理规划（Physical Plan）。执行引擎根据这些 MR 任务之间的依赖关系来调度执行对应的任务最终完成查询，并将查询结果返回给用户。

3. HiveSQL 查询编译

Hive 利用元数据，通过一系列依次执行的步骤将原始 HiveQL 语句解析为由 MR 任务构成的 DAG 任务图。按照顺序，其主要步骤包括：SQL 语句解析、类型检查与语义分析、优化步骤及物理计划的生成。下面分别介绍每个步骤的任务。

（1）SQL 语句解析

Hive 使用 Antlr 将 SQL 语句转换为抽象句法树（Abstract SyntaxTree，简称 AST）。

（2）类型检查与语义分析

在本阶段，Hive 根据 SQL 语句中涉及的数据表及其字段信息，获取相关的元数据，使用这些元数据来生成逻辑计划。Hive 对 SQL 语句中的数据表和字段进行类型检查和语义分析，之后通过两个步骤生成逻辑计划。首先，将 AST 转换为查询块树（Query Block Tree，简称 QBT），其将 SQL 语句中的嵌套关系转换为 QBT 中的父子关系。之后，将 QBT 转换为操作符 DAG（Operator DAG），即由操作符节点构成的有向无环图，这就是 SQL 语句对应的逻辑计划。

（3）优化步骤

优化步骤是通过对逻辑计划进行优化，使得最终的执行效率更高。Hive 实现了一个简单的基于规则的优化方案，具体而言，构造了一系列串行的转换规则，并遍历 DAG 中的节点，对操作符 DAG 中的某个节点依次判断每个转换规则是否满足转换条件，如果满足转换条件，则对该节点进行转换操作。其遍历 DAG 节点和调用对应的转换规则的流程如图 13-3 所示。

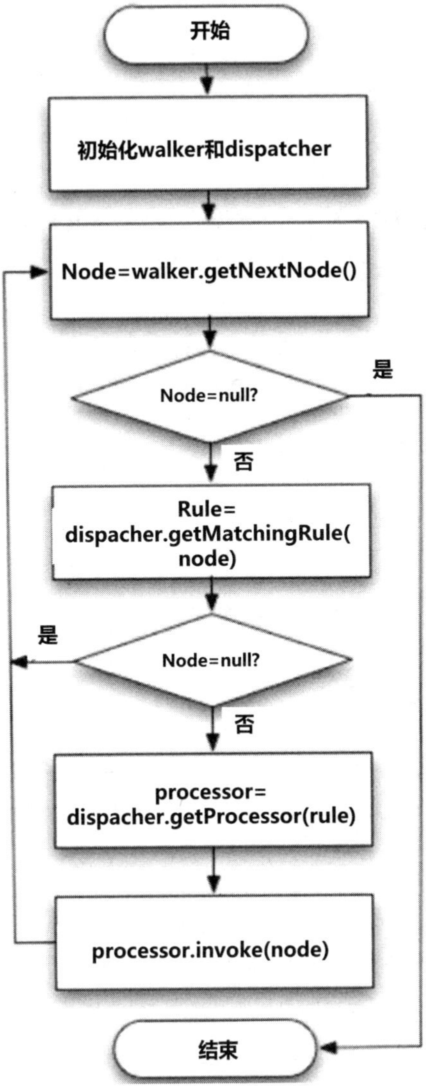

图 13-3　优化流程

目前 Hive 的优化策略主要涉及如下几类。

● 列过滤：保证只将数据表的每行数据中与 SQL 语句相关的列数据筛选出来。

● 数据分片过滤：将 SQL 语句中谓词（Predicate）涉及的数据分片筛选出来，其他无关的数据
分片可跳过。

● 谓词下推：将 SQL 语句中的谓词尽可能向最下端的数据扫描类 DAG 节点下推，这样在做数
据扫描时可以跳过不满足条件的记录。

- Map Join：也被叫作 Broadcast Join，如果 Map 阶段涉及 Join 操作，且两个数据表一大一小，则将小数据表复制到每个 Map 的内存中来进行 Join 操作，这样能有效地加快 Join 的效率。
- Join 重排序：在 Reduce 阶段，对一大一小的数据表类型进行 Join 操作，将大数据表数据持久化到外存，以此避免消耗内存过大的问题。

（4）物理计划的生成

对优化后的操作符 DAG 进行转换，将其转换为由若干 MR 任务构成的 DAG 任务图。下面以一个多表插入 SQL 命令及其对应的物理计划来说明，假设多表插入操作语句如下：

```
FROM (SELECT a.status, b.school, b.gender
    FROM status_updates a JOIN profiles b
        ON (a.userid = b.useridAND a.ds='2009-03-20' )) subq1

INSERT OVERWRITE TABLE gender_summar
    PARTITION(ds='2009-03-20')
SELECT subq1.gender, COUNT(1)
    GROUP BY subq1.gender

INSERT OVERWRITE TABLE school_summary
    PARTITION(ds='2009-03-20')
SELECT subq1.school, COUNT(1)
    GROUP BY subq1.school
```

上面的 SQL 命令由一个 Join 和两个不同的聚合操作（GROUP BY）构成，其对应的物理计划如图 13-4 所示，它由三个 MR 任务构成，第一个 MR 任务将其结果写入 HDFS 中的临时文件，后续两个并行的 MR 任务分别从临时文件中读出数据作为其输入数据。

以上介绍了 Hive 的查询和编译过程，对于很多其他新型的数据仓库来说，其查询和编译过程与 Hive 在整体流程上是类似的，区别往往体现在优化步骤和物理计划生成阶段，其他数据仓库可能会采取不同的优化方案及物理计划生成方案，这也是为何在此详述 Hive 查询和编译过程的原因。

4. 制约 Hive 效率的原因

前文有述，与 Hadoop 耦合过紧是导致 Hive 查询效率较低的主要原因，最关键的地方在于：Hive 将其逻辑计划解析为由 MR 任务组成的 DAG 形式的物理计划后，其执行引擎使用一系列 MR 任务来完成查询操作。由于 MR 是针对批处理系统构建的计算范型，所以应用在对交互响应时间有要求的场景下会有其固有的问题。具体而言，Hive 在以下几方面的因素是导致其效率不高的主要原因。

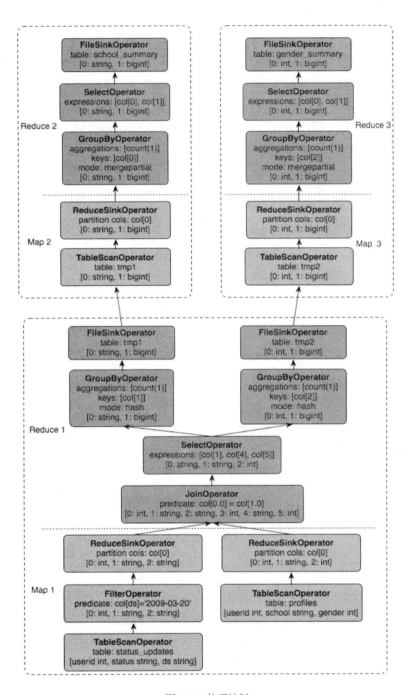

图 13-4　物理计划

首先，在 MR 任务执行期间，Hive 需要做很多中间结果持久化到磁盘的操作，很明显，这是比较耗时的。对由 MR 构成的 DAG 任务来说，有两处需要显式地进行持久化操作。第一处是在 MR 任务内部发生的，Map 任务结束时，需要将中间结果持久化到本地磁盘，为了增加 Reduce 任务的容错性，Reduce 以拉取（Pull）方式从 Map 端获取中间数据，这样做的好处是即使 Reduce 任务发生故障，也只需要从持久化数据重新拉取中间结果，再次启动 Reduce 任务即可，而不需要所有的 Map 任务重新执行，所以这是一种细粒度的容错机制。第二处发生在相继执行的两个 MR 任务之间，在一个 MR 任务结束后，需要首先将中间结果持久化到 HDFS 文件系统中以保证系统对数据的容错性，而对 Hive 来说，很多 DAG 任务图是由若干并行和串行的 MR 任务构成的，所以下一个串行的 MR 任务需要从 HDFS 中重新读取上次 MR 任务保存的中间计算结果。如果是批处理任务，这些持久化措施对于系统容错来说是一种优点，但是对有时效性要求的交互式分析系统来说，其付出的时间成本是比较高的。

其次，Hadoop 的任务启动与调度花销比较大。比如，Hadoop 在分配任务时，要周期性地每隔 3 秒来获取各个工作进程的状态，所以启动一个任务要花费 5 到 10 秒的时间。由于 Hadoop 的设计初衷是解决大数据批处理的问题，所以任务启动与调度所花费的开销与以小时为单位进行计算的任务执行本身相比可以忽略不计，但是在需要时效性的应用场景，比如，一个较短的时间可以完成的 SQL 查询来说，其所占时间的比重就明显过高，这也是影响其效率的重要原因。

以上两点是直接由于下层的 Hadoop 固有特性造成的，所以很多后续研发的数据仓库都将物理计划生成策略及对应的执行引擎替换为类似 MPP 并行数据库的自有系统，以此来大幅度提升系统的效率。当然，除了上面列出的两点原因外，Hive 还有其他因素导致其效率较低，比如，其在由 SQL 语句转换为逻辑计划后有优化操作，但是这种优化操作还是比较简单的静态启发式方法，并未采用基于数据动态统计特性的优化方案，这导致一些 Join 操作和聚合操作的效率较低。另外，早期的 Hive 并未支持列式或者行列混合式存储，这也是影响其效率的重要原因。

现在市场上很多新型数据仓库系统都宣称其查询效率高达 Hive 的 100 倍，这种笼统的说法难逃炒作嫌疑，这与是否使用全面的测试实例有很大的关系，比如，数据量是否足够大以及 SQL 语句的类型等。正如上所述，Hive 确实有其固有的一些缺点，所以对于有些类型的 SQL 查询来说，效果较差，但是对于很多其他类型的查询，尤其在数据量达到一定规模后（因为有些系统是内存保存数据为主的，在数据量小的时候会比外存方式性能有很大的提升，但是数据量大到一定程度后会导致有些系统性能严重下降，比如 Shark），一般，这些新型系统性能的提升并不能达到其所宣称的程度，所以笼统地说，效率有两个数量级的提升是含糊其辞的说法，对更多的细节感兴趣的读者，可以阅读本章的参考文献[11]和文献[12]。

13.1.2　StingerInitiative

Stinger 是 Hortonworks 公司专门针对 Hive 性能不足提出的阶段性改进计划，通过对底层 Hadoop 及上层 Hive 做出有针对性的改进，期望能够使 Hive 性能有大幅度的提升。图 13-5 是 Stinger 的改进点技术分布图。

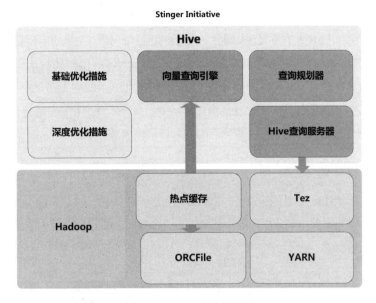

图 13-5　Stinger 技术优化图

在图 13-5 所示的技术改进点中，有一些是针对 Hadoop 的改造，比如 Yarn、ORCFile 和热点缓存（Buffer Caching）等。YARN 是 Hadoop 2.0 的主要内容，ORCFile 的引入可以增加更优秀的行列式混合存储布局，提升 Hive 的处理效率。热点缓存则是将一些热点数据缓存在内存，这样也可以增加查询处理速度。Tez 则是在 Yarn 之上的通用 DAG 系统，加入比 MR 表达能力更强的多种运算操作符，同时避免了 MR 任务的持久化带来的时间开销。通过使用 Tez 来替代 Hive 的 MR DAG 任务可以有效地提升 Hive 的效率。

针对 Hive 的优化，除了增加更丰富的 SQL 语言支持、自动进行 Join 操作的优化选择等基础改进外，Stinger 还提出了向量查询引擎（Vector Query Engine）和基于成本的优化器（Cost-based Optimizer）。向量查询引擎的主要出发点是充分利用现代 CPU 架构的 L1 缓存和流水线，减少程序判断分支及减少函数调用次数，以此来加快查询处理速度，同时，将原先的一次处理一条记录的模式改造为一次处理一批记录的并行处理方式，增加并发性。而基于成本的优化器则是利用数据本身的特点进行动态优化，其基本思路应该和 13.2.2 节 "部分 DAG 执行引擎（Partial DAG Execution）" 中的实现思路类似。

13.2　Shark 系数据仓库

Shark 是 Berkeley 大学 AMPLab 实验室在 Spark 大数据处理协议栈上建立的支持交互式分析的数据仓库。就像 Hive 构建的基础是 Hadoop 一样，Shark 构建的基础是 Spark 系统。我们知道，Spark 是比较适合解决迭代式机器学习问题的，采用 RDD 的处理模型来对数据进行高效处理。得益于此，

Shark 很自然地获得了两个优势：其一是方便地将待处理数据放在内存，所以效率较高；其二是可以通过用户自定义函数（UDF）的方式便捷地加入复杂的机器学习算法，比如，对数据的 K-Means 聚类等。第一个优点应该说目前很多 SQL-On-Hadoop 系统都已经采用，比如 Impala 和 Presto 也是如此。第二个优点是 Shark 在众多 SQL-On-Hadoop 系统中相对有特色的功能，但是这个优势在实际应用场景中其实并不能发挥太大的作用，因为现实应用场景中，交互式查询和复杂的机器学习往往很少有现实是要求两者必须紧密结合的，两者相分离的需求场景更常见一些。

13.2.1　Shark 架构

　　Shark 是能够兼容 Hive 系统的，Shark 在整体架构上和 Hive 比较类似，因为其整体复用了 Hive 的架构和代码，只是将某些相对底层的模块替换为自身独有的。图 13-6 和图 13-7 可以展示两者在体系结构方面的共性和差异。

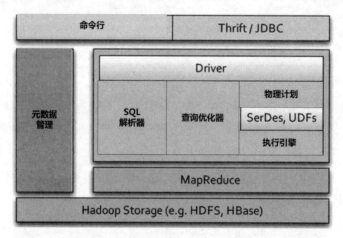

图 13-6　Hive 体系结构

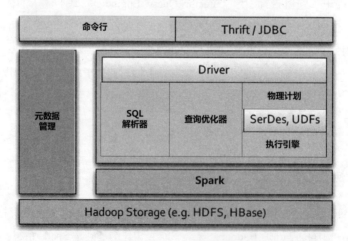

图 13-7　Shark 体系结构

从图中可以看出，两者整体架构的相似性很高，除了底层的 Spark 和 MR 的平台差异外，Shark 在以下模块对 Hive 进行了改写：查询优化器（Query Optimizer）、物理计划（Physical Plan）和执行引擎（Execution）。之所以是这三个模块有差异，是因为在将一个 SQL 语句映射为最终可执行程序的过程中，直到逻辑计划生成阶段，这两个系统都没有差异，差异出现在由逻辑计划到物理计划的生成过程及物理计划的最终执行上。Shark 的查询优化器也基本上和 Hive 的查询优化器类似，只是增加了额外的转换规则，比如，将 LIMIT 操作符下推到底层数据分片。在物理规划阶段，Shark 将逻辑计划转换为 RDD 上的操作符运算，除了 Spark 提供的操作运算符外，Shark 还新增了广播 Join（Broadcast Join）等操作符。底层执行则交由 Spark 来具体实现。

通过以上步骤，就可以在 Spark 平台上运行 SQL 语句，但是系统此时的整体效率还不算高，通过引入额外的改进措施，Shark 可以将系统性能提升到 Hive 的若干倍。归纳起来，其大幅度提升性能主要靠以下三个因素。

其一，采用了基于内存的列簇式存储方案，这种存储方式的具体技术方案及其优势可以参考"分布式文件系统"一章的相关内容，本节不再赘述。

其二，采用了"部分 DAG 执行引擎（Partial DAG Execution，简称 PDE）"，这本质上是对 SQL 查询的动态优化，与很多其他 SQL-On-Hadoop 系统的基于成本的查询优化（Cost-based Optimizer）功能类似。

其三，数据共同分片（Data Co-Partition）。在语言层级支持数据共同分片，这有利于提升 Join 的操作效率。

下面分别介绍上面第二和第三点的改进措施。

13.2.2　部分 DAG 执行引擎（PDE）

PDE 本质上是一种对查询的动态优化，可以优化 Join 操作效率，并动态调整操作符运算的并发数。

PDE 动态收集数据表或者中间数据的统计信息，包括数据表及数据分片的大小、热点数据以及数据分片的统计直方图等信息。具体的收集方法是每个工作服务器（Worker）将自己负责的数据分片统计信息提交给主控服务器（Master），主控服务器由此可以计算得到全局的统计信息，利用这种统计信息可以做动态优化，即更改操作符 DAG 图中的操作符类型或者更改其并发数目等节点参数。

我们知道，在 MR 计算范式下，有两种最常见的 Join 类型：Shuffle Join 和 Map Join。对 Shuffle Join 来说，Map 阶段通过哈希方式将两个数据表根据 Join Key 切割成数据分片，使得两个表中具有相同 Join Key 的数据分布到同一台机器上，Reduce 阶段执行真正的 Join 操作。这里涉及 Shuffle 的过程，而这是影响查询效率的重要原因。在前面介绍 Hive 优化时提到过 Map Join，其另一个叫法是 Broadcast Join，是指当两个要进行 Join 操作的数据表一大一小时，可以将小表完整地分发到各个计算节点，与大表的数据分片在计算节点进行 Join 操作，因为避免了 Shuffle 过程，所以 Map Join 的效率明显比 Shuffle Join 要高，但只有两个表中有小表才能按这种方式执行，而 Shuffle Join 则无此限制。

因为 PDE 可以收集动态的数据，所以对将要进行的 Join 操作，可以根据数据表的大小动态选择是以 Shuffle Join 还是 Map Join 的方式来实际完成，这样能够提升 Join 操作效率。

PDE 也可以根据动态信息来决定运算的并发数。Reduce 任务的并发数对整体效率有明显的影响：如果 Reducer 数目太少，则运行 Reducer 的机器网络带宽以及内存都会比较紧张，有时会产生过载情形；如果 Reducer 数目太多，则任务调度花销过高。对 Hive 来说，Reducer 数目对其有直接影响。PDE 可以根据每个数据分片的大小，将很多较小的数据分片合并成较大的数据分片，以此减少 Reducer 的数目，增加系统的执行效率。

13.2.3　数据共同分片

表的 Join 操作在数据仓库中是非常常见的操作，MPP 并行数据库通常采用"共同分片"的措施来加快这种操作运行过程。也就是说，在数据加载的过程中，两个表在进行数据分片时，根据要进行 Join 操作的列通过哈希等方法把相同 Key 的不同表记录内容放到同一台机器中存储，这样后续进行 Join 操作时可以避免 Shuffle 等网络传输开销。

Shark 在语言层面支持数据共同分片，这样可以加快 Join 操作，比如下面例子中的 DISTRIBUTE BY：

```
CREATE TABLE l_mem TBLPROPERTIES ("shark.cache"=true)
    AS SELECT *FROM lineitem DISTRIBUTE BY L_ORDERKEY;

CREATE TABLE o_mem TBLPROPERTIES (
    "shark.cache"=true, "copartition"="l_mem")
    AS SELECT *FROM order DISTRIBUTE BY O_ORDERKEY;
```

上述内容介绍了 Shark 的整体架构、与 Hive 的异同及其改进措施等，Shark 最大的特点一个是速度较快，另一个是可以支持复杂的机器学习挖掘。但是其对应的缺点其实与 Hive 是类似的，即与底层 Spark 平台的紧密耦合可能会造成后续更多优化措施的引入困难。

13.3　Dremel 系数据仓库

本节介绍 Dremel 系数据仓库，包括 Dremel、PowerDrill、Impala 和 Presto。从性能角度及发展

前景来看，这类数据仓库是最值得关注的。

13.3.1　Dremel

作为 BigQuery 的后台服务，Dremel 是 Google 设计开发的超大规模数据交互分析系统，PB 级（10 亿记录级别）的数据存储在几千台普通的商用服务器上，数据分析人员可以采用类 SQL 语言对海量数据进行分析和处理，对于大多数查询，Dremel 可以在若干秒内返回查询结果。Dremel 自 2006 年在 Google 内部部署，拥有以万计的内部用户，并使用在很多 Google 内部产品的数据分析上。

Dremel 之所以能够在如此级别的数据上快速响应用户查询，主要依赖于以下三点设计。

- 在整个系统的服务器组织架构上借鉴了 Google 搜索引擎响应用户查询时采用的多级服务树（Serving Tree）结构。即所有的服务器组织成若干深度的树形层级结构，用户查询被 Dremel 系统由上层服务器逐级下推，每层服务器在接收到查询后会对查询进行改写，并推给下一层服务器，在返回结果时则由底层服务器逐级上传，在上传过程中，各级服务器对部分结果进行局部聚集等操作。
- 为终端用户提供了类 SQL 查询语言，与 Pig 和 Hive 不同的是，Dremel 并不将用户查询转换为若干 MR 任务来执行，而是通过 Dremel 自身的机制（类 MPP 并行数据库方式）对存储在磁盘中的数据直接进行扫描等数据处理操作，这也是其效率较高的重要原因之一。
- Dremel 在数据组织形式上采用了针对嵌套式复杂数据（Nested Data）的行列式混合存储结构，这对提升整个系统性能也是至关重要的。

上述三点原因中，针对嵌套式复杂数据的列式存储在本书"分布式文件系统"一章的"文件存储布局"章节单独介绍，本节不再赘述。本节内容主要讲解其他两点设计思路。

1. 服务树结构

图 13-8 是 Dremel 的服务树架构示意图。最上层一般由一台服务器充当根服务器（Root Server），其负责接收用户查询，并根据 SQL 命令找到命令中涉及的数据表，读出相关数据表的元数据，改写原始查询后推入下一层级的服务器（即中间服务器）。中间服务器（Intermediate Server）改写由上层服务器传递过来的查询语句并依次下推，直到最底层的叶节点服务器（Leaf Server）。叶节点服务器可以访问数据存储层或者直接访问本地磁盘，通过扫描本地数据的方式执行分配给自己的 SQL 语句，在获得本地查询结果后仍然按照服务树层级由低到高逐层将结果返回，在返回过程中，中间服务器可以对部分查询结果进行局部聚集等操作，当结果返回到根服务器后，其执行全局聚集等操作后将结果返给用户。

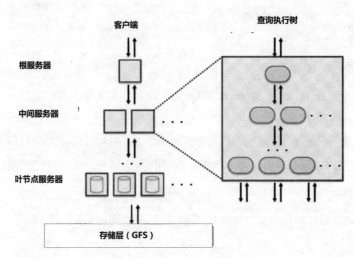

图 13-8　Dremel 服务树架构示意图

在实际中可以根据服务器总数来规划整个树形架构包含几个层级，以及每个层级包含的机器数目，比如有大约 3000 台服务器，既可以将其规划为 1 台根服务器，2999 台叶节点服务器这种两层结构，也可以将其规划为 1 台根服务器，100 台中间服务器加上 2900 台叶节点服务器的三层架构。实验表明，在上述规模的服务器集群中，三层架构的效率要优于两层架构，这是因为如果只有两级服务器，则所有的叶节点服务器的结果需要根服务器串行聚集，而三层结构则可以在中间服务器层进行并行的局部聚集，所以可以明显提升效率。当然，这并不意味着层级越深，效率越高，因为增加层级深度要付出额外的通信成本。

下面以一个具体的例子说明服务树的逐层查询下推与结果收集流程。假设用户发出如下查询：

$$\text{Select A，Count(B) From T Group By A;}$$

根服务器接收到上述查询后，从元数据中获得数据表 T 的所有子表（Tablet）及其对应的存储服务器，然后改写原始查询为：

$$\text{Select A，Sum(c) From (} R_1^1 \text{ } Union \text{ } All \dots \dots R_n^1 \text{) Group By A;}$$

其中，R_1^1 和 R_n^1 代表第一层服务树（即最高的中间服务器层级）中第 1 到第 n 个服务器节点执行如下查询后的返回结果集合：

$$R_i^1 = \text{Select A，Count(B) As c From } T_i^1 \text{ Group By A;}$$

T_i^1 是数据表 T 中由第一层服务树中的第 i 个服务器负责存储和处理的数据子表。其他中间服务器层也类似地对查询进行改写后下推，直到叶节点服务器。叶节点服务器扫描自己负责的数据表 T 的子表数据，并将查询结果向上级服务器返回，在逐级返回过程中，中间服务器对结果进行局部聚集操作（Union All 操作），直到根节点后返回最终结果给用户。

一般来说，一个 SQL 查询要处理的数据表子表数目远远大于可用机器的节点数目。为了能够处理这种情况，Dremel 在每个叶节点服务器上启动多个处理线程，每个 SQL 语句处理线程称为一个"槽位"（Slot）。比如，一个拥有 3000 个叶节点服务器的系统，每台服务器启动 8 个线程，即这个系统总共拥有 24000 个"槽位"。如果一个数据表包含 10 万个子表，那么每个"槽位"大约可被分配 5 个子表作为处理对象。

在这种大规模分布式计算系统中，严重影响系统整体性能的往往是为数不多的"拖后腿"任务，即少数任务完成所需时间远远超出平均水平，而这最慢的若干子任务总体上延续了整个任务的执行时间。为了能够解决这个问题，Dremel 的"查询分发器"（Query Dispatcher）负责维护子表执行时间的统计直方图数据，当发现某个线程执行时间超出平均时间较多，则将其调度到另一台机器上执行。在一个 SQL 查询完成的过程中，很可能有些子任务会被多次调度。这个策略是很常用的处理"拖后腿"任务的方式，比如 Hadoop 中 MapReduce 的运行机制也是采取类似的策略。

2. 查询语言

Dremel 的查询语言是类 SQL 语言，并针对列式嵌套数据形式做出了专门的性能优化。Google 发表的论文并未对这种语言进行说明，下面以一个例子来体会其大致风格。

假设查询的数据对象是图 13-9 所示的两个实例，对应的 SQL 查询语句及结果如图 13-10 所示。

```
DocId: 10                    r'₁        message Document {
Links                                      required int64 DocId;
  Forward: 20                               optional group Links {
  Forward: 40                                 repeated int64 Backward;
  Forward: 60                                 repeated int64 Forward; }
Name                                       repeated group Name {
  Language                                   repeated group Language {
    Code: 'en-us'                              required string Code;
    Country: 'us'                              optional string Country; }
  Language                                   optional string Url; }}
    Code: 'en'
  Url: 'http://A'
Name
  Url: 'http://B'              DocId: 20                  r'₂
Name                          Links
  Language                      Backward: 10
    Code: 'en-gb'               Backward: 30
    Country: 'gb'               Forward:  80
                              Name
                                Url: 'http://C'
```

图 13-9　两个嵌套数据的例子及其 Schema

图 13-10 中的 SQL 查询语句涉及选择（Selection）、投影（Projection）及聚集（Aggregation）操作。在嵌套数据中进行选择操作（比如 Where 条件），不仅仅像关系数据库一样只对记录进行过滤，因为记录内部也有嵌套记录，所以也包含对记录内字段的条件过滤。可以将嵌套数据想象成带标签的树形结构，标签即是对应字段的字段名，在这种复杂数据上的选择操作就是过滤掉不满足指

定条件的子树分支。比如，上面 SQL 查询中的 Where 子句，REGEXP 条件指出了满足指定条件的记录应该定义了 Name.Url 字段且其内容以 "http" 开头，所以记录 r1 中的第三个 Name 字段被过滤掉。对于嵌套数据，其聚集也包含记录内的聚集，比如上述查询的 Count 就是在 Name 字段内的局部聚集。

```
SELECT DocId AS Id,
  COUNT(Name.Language.Code) WITHIN Name AS Cnt,
  Name.Url + ',' + Name.Language.Code AS Str
FROM t
WHERE REGEXP(Name.Url, '^http') AND DocId < 20;
```

```
Id: 10                      t₁    message QueryResult {
Name                              required int64 Id;
  Cnt: 2                          repeated group Name {
  Language                          optional uint64 Cnt;
    Str: 'http://A,en-us'           repeated group Language {
    Str: 'http://A,en'                optional string Str; }}}
Name
  Cnt: 0
```

图 13-10　查询语句及查询结果

综上所述，Dremel 作为能够在十亿级别记录上进行快速交互式数据分析的系统，可以说引领了此类 OLAP 系统的发展方向，并催生了起到类似作用的很多其他开源系统，比如 Drill、Impala、Presto 等系统，所以深度了解其运作机理对于熟悉这些相关系统有很大的帮助作用。

13.3.2　PowerDrill

PowerDrill 是 Google 开发的针对大规模数据采用类 SQL 语句提供查询接口的交互数据分析系统，除 PowerDrill 外，Google 的 Dremel 和 Tenzing 系统也可以提供类似的功能。与 Dremel 相比，PowerDrill 最大的不同是将待分析的大部分数据加载到内存中进行查询，这决定了 PowerDrill 的特点：分析速度快，但是处理的数据规模相对有限。

下面先介绍一下 PowerDrill 的背景知识及其使用场景。PowerDrill 提供了可拖曳的可视化分析界面，用户可以通过鼠标拖曳、点击等操作来绘制数据统计分析图表，当用户在操作界面时，PowerDrill 自动将用户行为解释转换为针对数据的多条 SQL 语句，并提交给后台系统进行数据分析，将数据分析结果在界面中展示出来。其应用场景决定了大部分 SQL 语句都是 Group-By 类的查询，PowerDrill 在设计系统时也专门针对这一点做了优化。PowerDrill 于 2009 年年中在 Google 内部开始使用，每月大约有 800 位用户发出总共 400 万条 SQL 查询。

与 Dremel 相比，PowerDrill 更像一个定制系统，其通用性不如 Dremel 强，从其内部用户数量也可大致看出这一点。PowerDrill 的处理对象集中在特定的数据集上，而且其功能更倾向于优化与上述用户 UI 操作有关的 SQL 功能。从后文所述技术方案也能明显感觉到这一点。

与系统的通用性和能处理的数据量相比，PowerDrill 更关注特定场景下数据分析的低延迟。为了能够加快 SQL 的执行速度，PowerDrill 采取了如下关键措施。

首先，与大多数高效的交互分析系统一样，采用列式存储，因为列式存储只需加载 SQL 语句涉及的字段，无须将记录中所有的字段都加载到内存中，且有更好的数据压缩效果，所以这样既节省内存，又可以减少磁盘 I/O 时间。

其次，将待查询数据大部分都加载到内存中，这样会明显加快 SQL 语句的执行速度，但是考虑到内存资源有限，所以通过设计一些精巧的数据结构和更好的数据压缩算法来增加内存利用率。后文介绍中可以比较明显地体会出这一点。

最后，考虑到 SQL 执行的特点，与对所有的记录数据进行全扫描（Full Scan）相比，很明显，如果能够跳过大多数不满足指定条件的记录，只扫描部分数据，效率会有极大的提升。为了能够达到跳过尽可能多数据记录的目的，PowerDrill 采取了两个措施：一个是将数据记录进行分片；第二个是设计一些精巧的数据结构。通过这两个措施可以达到快速跳过无关数据的目标。实验表明，一般而言，采用这种方式大约有 92.4%的记录可被跳过，真正需要扫描的数据比例很小，这无疑会极大地提升 SQL 语句的执行速度。

以上三点是 PowerDrill 最核心的设计思想，下面介绍其数据分片策略及基本数据结构。

PowerDrill 采取"复合范围分片"（Composite Range Partitioning）策略，在加载数据的时候将数据分成若干片段。所谓"复合范围分片"，就是由对这个数据集比较熟悉的专家指定有序的若干字段作为分片基准。刚开始将所有的数据看作一个完整的数据分片，然后根据指定字段将其均衡地切分为两个大小类似的数据分片，不断如此进行，直到数据分片包含的记录个数大致达到指定的阈值为止。从 PowerDrill 的这种数据分片策略也可以看出其通用性是不强的，比较适合相对固定或者有限的数据集。

接下来介绍 PowerDrill 内存中的基础数据结构，不失一般性，为了简洁，我们以一列数据作为例子来说明。假设 PowerDrill 要处理的数据集是搜索引擎用户的搜索日志，我们以用户的搜索串 search_string 这一列来作为例子，而且我们假设数据集已经经过上述的"复合范围分片"算法将其划分成为三个数据分片（Chunk）。针对这一列数据，PowerDrill 在内存中维护的数据结构如图 13-11 所示。

在图 13-11 最左端是一个"全局字典"（Global Dictionary）。全局字典记载了该列出现过的所有字段值，并对其排序，然后顺序编号，称这个编号为"全局编号"（Global-Id），PowerDrill 可以提供单词及其全局编号的双向快速查询，比如，可以查询"amazon"的全局编号是 1，也可以根据全局编号 1 查到其单词是"amazon"。

Data Column: search_string

global-dictionary *dict*		chunk 0			chunk 1			chunk 2		
id	search string	chunk-dict		elements	chunk-dict		elements	chunk-dict		elements
		$ch_0.dict$		$ch_0.elems$	$ch_1.dict$		$ch_1.elems$	$ch_2.dict$		$ch_2.elems$
0	ab in den Urlaub	id	global-id		id	global-id		id	global-id	
1	amazon	0	1	3	0	0	5	0	1	0
2	cheap tickets	1	2	2	1	1	2	1	3	0
3	chaussures	2	4	0	2	5	1	2	5	2
4	cheap flights	3	5	4	3	6	4	3	10	4
5	ebay	4	12	0	4	7	3	4	11	3
6	faschingskostüme			0	5	8	0			4
7	immobilienscout			2			0			4
8	karnevalskostüme			1			1			5
9	la redoute			3			5			2
10	pages jaunes			2			5			1
11	voyages snfc									
12	yellow pages									

图 13-11　PowerDrill 内存数据结构

每个数据分片中包含一个"局部字典"，其记载了在这个数据分片中出现过的字段值，以该单词的"全局编号"代表单词内容，同时对这些单词再次进行内部编号，可称之为"局部编号"。PowerDrill提供了"局部编号"和其对应单词的"全局编号"的双向快速查询。

除了"局部字典"，每个数据分片还需要记载其包含记录对应字段的字段值，即 $ch_i.$elements。这里记录了第 i 个数据分片中该列的数据内容，以"局部编号"来表示单词。

以上数据结构被称为"双字典编码"（Double Dictionary Encoding）。采用这种数据结构有几个好处。首先，这种数据结构可以快速判断数据分片是否可被跳过，这一点在后文有例子说明。其次，实验表明这种数据结构对于高效计算 Group-by 类型的 SQL 查询非常有帮助。另外，采用"局部编号"后，字段内容成为相对连续的小数值，这对于提高数据压缩效果有很大的帮助。

接下来用一个具体的 SQL 查询来说明如何在上述"双字典编码"数据结构中快速执行 SQL 语句。假设 SQL 查询如下：

```
SELECT search_string, COUNT(*) as c FROM data
    WHERE search_string IN("la redoute", "voyages sncf")
    GROUP BY search_string ORDER BY c DESC LIMIT 10;
```

首先需要判断哪些数据分片可被跳过。通过查找"全局字典"，可以知道 IN 子句中的单词对应的全局编号为 9 和 11。查找"局部字典"可知：只有数据分片三（即 Chunk 2）包含单词 11，没有数据分片包含单词 9。也就是说，第一个和第二个数据分片可被跳过，我们只需要处理第三个数据分片，即可完成这个 SQL 查询。

为了能够处理每个数据分片中 SQL 语句里的 Group-By 子句，可以设定一个 int 型的数组 counts，其大小为数据分片中局部字典的大小（在这个例子里大小为 5），通过遍历该数据分片中包含的记录字段值，并不断累加 counts 对应的下标数据，这样计算得到单词 11 对应的 counts[4]中的值为 3。这个数值即为 COUNT(*)在本数据分片中的取值，为了能够得到全局的 COUNT(*)，可以设立一个哈希表数据结构，其 Key 为单词的"全局编号"，Value 为从各个数据分片的局部 COUNT(*)累加得到的数值，这样即可计算得到全局 COUNT(*)值，通过查找"全局字典"，可以得到上述 SQL 查询的结果为：（"voyages sncf", 3）。

上面的例子可以典型地说明 PowerDrill 如何通过一些技术手段来加快 SQL 语句的执行效率。当然，以上所述仅是其基本思路，PowerDrill 还用了很多包括数据压缩在内的其他优化手段，以此来更大幅度地提升 SQL 语句的执行效率，减少数据的内存占用，对此感兴趣的读者可阅读本章参考文献[14]。

实验表明，在单机环境下，与 Dremel 相比，PowerDrill 的执行效率提升了 10 到 100 倍。当然，单机情形下的 Dremel 并未发挥其大规模并行计算的优势，只能体现其列式存储的好处，所以这种比较方式是不太公平的。但是无论如何，PowerDrill 设计思路中的优化执行速度的技术方案，尤其是通过数据分片结合精巧数据结构来跳过大多数数据记录的思想是非常值得借鉴的。

13.3.3　Impala

Impala 是 Cloudera 推出的开源的大数据实时交互式查询系统，其基本设计思路借鉴了 Google 的 Dremel 和 MPP 并行数据库，可以将其看作是 Dremel 的开源改进版，尽管目前其功能还不是特别完善，正处于快速改进过程中，但是从评测结果看，Impala 是目前此类开源系统中非常有竞争力和发展潜力的，值得重点关注。

1. Impala 整体架构

Impala 的体系结构如图 13-12 所示，其由三部分构成：客户端 CLI、Impalad 和 Statestore。CLI 是 Impala 提供的客户端交互接口，同时也支持 Hue、JDBC、ODBC 查询接口。集群中每个数据节点上部署一个 Impalad 进程，当客户端发出 SQL 语句时，Impala 以 Round Robin 方式选择某个 Impalad 进程负责该语句的处理过程，该 Impalad 进程接收用户的 SQL 语句，查询计划器（Query Planner）根据 Hive 的 Metastore 中存储的元数据将 SQL 语句转换为分布式的查询计划，调度器（Query Coordinator）将查询计划分发给存储 SQL 语句中涉及的数据表数据的其他相关 Impalad 进程，每个 Impalad 进程的查询执行器（Query Executor）读写数据来处理查询，并把处理结果通过网络流方式传送回负责该 SQL 语句的调度器，调度器做全局统计操作后将结果返回给客户端，完成 SQL 语句的执行。StateStore 通过周期性心跳检测的方式跟踪集群中的所有 Impalad 进程的健康状况，并将信息动态通知所有的 Impalad 进程，这有助于调度器在进行任务分配时做出合适的分配策略，避免将任务分配给发生故障的节点。当 Impalad 加入集群的时候会在 StateStore 进行注册，这样其他 Impalad 进程能够很快知晓这一情况。通过图 13-13 可以更加直观地理解上述 SQL 语句的执行过程。

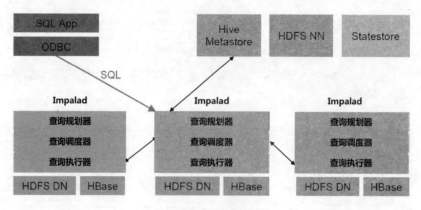

图 13-12　Impala 体系结构

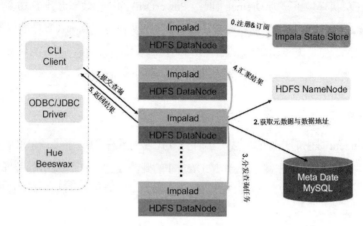

图 13-13　Impala 执行 SQL 过程

为了加快执行速度，Impala 还做了很多其他的改进措施，比如，将数据加载到内存中进行处理，Hadoop 文件存储采用 Twitter 的 Parquet 列式存储布局，Impalad 使用 C++编码，绕过 NameNode 直接读取 HDFS 数据，查询执行时采用 LLVM 进行本地代码编译生成和执行等措施。

与 MPP 并行数据库一样，Impala 通过进程间直接通信的方式能够极大地提升系统的执行效率，但也同样有 MPP 并行数据库的问题，即 Impala 目前对系统容错支持得不好，查询在执行过程中，如果某个相关的 Impalad 发生问题，整个查询会以失败告终。此外，Impala 暂时不支持 UDF 等功能。

2. Impala 的查询计划

Impala 的查询计划将 SQL 语句转换为若干可并行执行的计划片段（Plan Fragment），下面介绍其转换过程。

Impala 查询计划的两个基本目标如下。

目标 1：最大程度地进行并行化。

目标 2：最大化数据局部性，即计算离数据越近越好，尽可能减少网络数据传输。

其步骤分为顺序执行的两个阶段：单节点计划阶段（Single Node Plan）和并行化阶段。单节点计划阶段将 SQL 语句解析为操作符节点树，其中的操作符包括：Scan、HashJoin、HashAggregation、Union、TopN 和 Exchange。并行化阶段对操作符节点树进行划分，划分为若干计划片段，每个计划片段都可并行执行。某些复杂操作的并行化策略如下。

- Join 操作：可以根据数据集大小以及数据局部性来动态选择 Shuffle Join 或者 Map Join。
- 聚合操作：操作符节点首先做并行的局部聚合，之后做全局聚合操作。
- Top-N 操作：操作符节点首先执行本地 Top-N 操作，之后对汇聚信息进行全局 Top-N 过滤。

下面通过一个具体的实例来说明 Impala 查询计划的两个阶段，假设有如下 SQL 语句。

```
SELECT t1.custid, SUM(t2.revenue) AS revenue
    FROM LargeHdfsTablet1
    JOIN LargeHdfsTable t2 ON (t1.id1 = t2.id)
    JOIN SmallHbaseTable t3 ON (t1.id2 = t3.id)
    WHERE t3.category = 'Online'
    GROUP BY t1.custid
    ORDER BY revenue DESC LIMIT 10
```

其对应的单节点计划的操作符树如图 13-14 所示。从图 13-14 中可看出，其执行计划首先对 t1 和 t2 表的数据进行扫描，之后对扫描结果执行 Join 操作，然后与 t3 表进行 Join 操作，针对 GROUP BY 有对应的聚合操作，最后是针对 ORDER BY…LIMIT 的 Top-N 操作，之后可得出最终的查询结果。

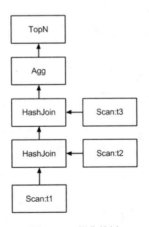

图 13-14　操作符树

经过第二阶段的并行化操作（参考图 13-15），操作符树被切割成 6 个计划片段，除了在调度器执行的 Top 计划片段非并行执行外，其他 5 个计划片段都是并行执行的，其执行位置如图 13-15 所示，除了对 t3 表的扫描是在 HBase 节点执行外，其他都是在 HDFS 节点执行。同时，从图中也可以看出，t1 表和 t2 表的 Join 操作选择了 Shuffle Join 模式，因为这两个都是大表，而之后和 t3 表的 Join 操作则选择了 Broadcast Join（即 Map Join），因为 t3 是一个小表。对于聚合操作，则分为首先局部聚合（PreAgg），然后全局聚合（MergeAgg），相应地，Top 操作也是首先执行本地 Top 操作，然后在调度器进行全局 Top 操作。这样，就完成了后续调度器可以并发分配的计划片段，交由其他有关的 Impalad 来执行。

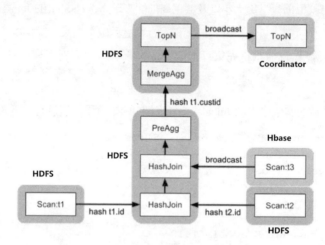

图 13-15　并行化

13.3.4　Presto

Presto 是 Facebook 开源出的 Hive 替代产品，主要用于实时场景的交互式数据分析，其架构如图 13-16 所示。

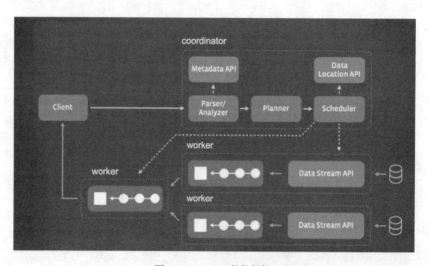

图 13-16　Presto 整体架构

客户端将 SQL 查询提交到协调器（Coordinator），协调器根据元数据对 SQL 语句进行语法检查、语义分析以及并行的查询计划，调度器（Scheduler）将查询计划分配到保存数据表数据的各个工作进程，并监督 SQL 语句的执行过程，执行结束后将结果返回给客户端。Presto 将数据加载到内存进行处理，而且采用 MPP 并行数据库类似的进程间直接通信的方式来完成查询计划。

从 Presto 的架构来看，其和 Impala 比较类似（协调器类似于 Impala 中的 Impalad，查询计划类似于 Impalad 中的 Query Planner，调度器类似于 Impalad 中的 Query Coordinator，worker 类似于 Impalad 中的 Query Executor），都是借鉴了 MPP 并行数据库的思路来替代 Hive 中的 MR 任务以加快查询执行速度。Presto 中值得提及的一项特性是为了增强系统可扩展性，增加了数据存储抽象层，通过这层抽象，将数据存储系统和数据分析系统耦合放松，只要新的存储系统提供对元数据、数据存储位置以及数据本身三类信息的存取接口，就可以很方便地使用 Presto 的 SQL 接口对不同来源的数据进行统一分析。这个特性代表了大数据交互数据分析系统的未来发展方向之一。目前 Presto 可以支持 HDFS、HBase、Scribe 等多种数据源（见图 13-17）。

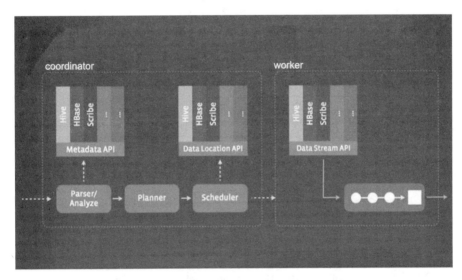

图 13-17　数据存储抽象层

13.4　混合系数据仓库

我们知道，传统的 MPP 并行数据库和 Hadoop 各有特点。传统的 MPP 并行数据库的优点是整体执行效率高，但是系统可扩展性差，目前商用 MPP 数据库（Vertica、GreenPlum、Infobright 等）集群最大的规模很少超过百台。另一个缺点是容错性不佳，如果某台服务器发生故障，就会影响到整个集群的正常运行。Hadoop 的特点正好与 MPP 数据库相反，其优点是可扩展性极强，可以容纳海量数据，而且支持细粒度的容错，但缺点是整体性能较低。

混合系数据仓库的出发点是希望能够通过有机集成 Hadoop 和 DBMS，使得整个系统既有 Hadoop 的高可扩展性和强容错性，又有关系数据库的高效率。下面以 HadoopDB 为这类系统的代表，其具体做法是：在分布式集群中，每个数据节点上部署单机关系型数据库，Hadoop 作为任务调度和通信层将关系数据库连接成为有机整体。

HadoopDB 是建立在 Hadoop 和 Hive 基础上的，其整体架构如图 13-18 所示，图中深色部分是 HadoopDB 的改造模块，浅色部分是 Hadoop 和 Hive 的部件。HadoopDB 自身的改造模块包括：数据库连接器、元信息管理、数据加载器和 SMS 规划器。

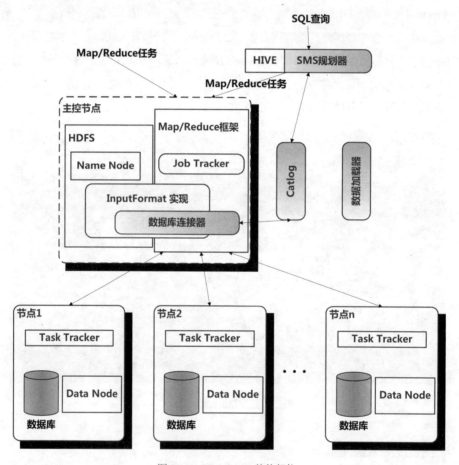

图 13-18　HadoopDB 整体架构

1. 数据库连接器（Database Connector）

数据库连接器是连接各个关系数据库与 MR JobTracker 的接口，通过扩充 Hadoop 的 InputFormat 类实现。每个 MR 任务为 SQL 语句提供数据库连接器及其对应的参数。数据库连接器连接数据库并执行 SQL 语句，然后将结果以 KV 形式返还。

2. 元信息管理（Catalog）

元信息管理负责维护系统中包含的数据库表的元信息，内容如下。

- 数据库连接参数，例如数据库位置、驱动类及认证信息等。
- 数据集的元信息以及数据副本位置等。

3. 数据加载器（Data Loader）

数据加载器负责如下操作。

- 在加载数据时根据指定的主键将数据进行数据分片。
- 将分配到单个节点的数据进行更小粒度的切分，分成数据块（Chunk）。
- 将数据块批量加载到数据库中。

数据加载器由两个部件构成：全局哈希器和局部哈希器。全局哈希器是用户定制的 MR 任务，它从 HDFS 中读出原始数据，并将其切割成和数据库节点个数一样的数据分片；局部哈希器将数据分片从 HDFS 复制到数据库所在机器节点，并进一步切割成指定大小的数据块。

4. SMS 规划器

这里的 SMS 是 SQL to MapReduce to SQL 的简称。顾名思义，其对于用户输入的 SQL 语句，首先转换为 MR 物理计划，然后转换为 SQL 和 MR 的混合结构。其实 SMS 的主体还是使用 Hive 的查询编译器，只是在以下两部分对 Hive 进行了改造。

- 在查询执行前，将 Hive 获取元数据的位置从 MetaStore 指向 HadoopDB 自身的元数据管理构件 Catalog，因为对于 HadoopDB 来说，所有的元数据存储于此。
- 其实 HadoopDB 的查询计划最终还是以一系列 MR 任务的方式运行。SQL 语句首先提交给 Hive，通过 Hive 将其转换为物理计划，在最终由执行引擎执行 MR 任务之前，HadoopDB 对物理计划进行改写，归并一些运算符节点，并将其改写为 SQL 语句，尽可能将很多运算压到底层的关系数据库来执行，期望这样能够利用数据库高效的优点，提升整体执行效率，这就是 SMS 中 MapReduce to SQL 的含义，也是 HadoopDB 整个系统的精华所在。

下面以一个具体例子来说明 HadoopDB 的 SMS 流程及其与 Hive 的异同。假设 SQL 语句如下：

```
SELECT YEAR(saleDate), SUM(revenue)
    FROM sales GROUP BY YEAR(saleDate);
```

其对应的 Hive 物理计划参考图 13-19（a），HadoopDB 对 Hive 物理计划的改写参考图 13-19（b）和图 13-19（c）。在由 Hive 的物理计划改写为 HadoopDB 的物理计划过程中，对 Hive 的物理计划由底向上进行运算符的扫描，尽可能合并一些可由数据库完成的操作并改写为对应的 SQL 语句。之所以会有两个不同的物理计划，这取决于数据在加载时是否按照 YEAR（saleDate）做了数据分片，如果已经按照这个字段进行了数据分片，则说明同一年的销售数据都在同一个数据库中，所以无须全局汇总，于是可以产生物理计划 b，即一个 Map-Only 任务即可完成，大部分操作都交由数据库来执行，MR 任务只是将各个数据库的执行结果进行合并而已。如果并未按照 YEAR（saleDate）做过数据分片，同一年的销售数据可能分布在不同的关系数据库中，那么对图 13-19（a）中操作符由下到上的扫描过程只合并最下层的三个操作符并改写为 SQL 查询，其他操作仍然采用 Hive 的物理计划，即数据库完成局部聚合操作，之后还需要通过 MR 的 Reduce 阶段进行全局的聚合汇总。

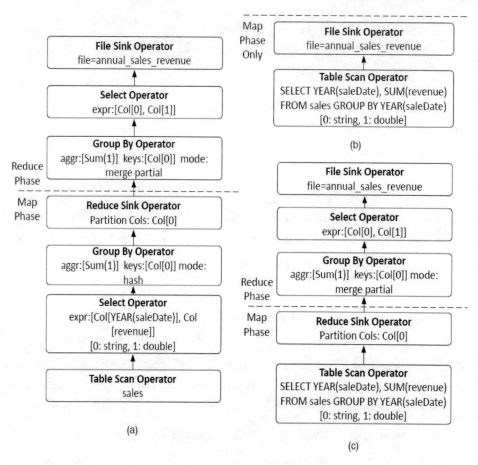

图 13-19　Hive 与 HadoopDB 物理计划

以上示例主要展示 HadoopDB 对 Selection、Filter 和 Aggregation 操作如何由 Hive 物理计划转换为自身的物理计划。对于 Join 类型的操作，HadoopDB 将其完全下推到关系数据库来完成。目前 HadoopDB 只支持上述四种操作符。

以上介绍了 HadoopDB 的整体设计思路及其架构，从 SMS 的功能可以看出，HadoopDB 在本质上最终执行的还是一系列的 MR 任务，所以 Hive 面临的问题如 MR 任务启动开销大以及中间结果的磁盘读写仍然存在，这决定了其整体性能提升也有较大的瓶颈。但是由于其对于部分聚合类操作和全部 Join 类操作都下推到数据库节点执行，这样能够充分利用数据库对此类操作的高效率，所以性能也有一定提升。从实验结果看，其整体性能要明显弱于 MPP 数据库，与 Hadoop 相比，其性能整体提升不大，但是 Join 类的操作性能可以提升 7 ~ 10 倍，这其实是可以从其整体架构和设计思路推导预测出来的。

参考文献

[1]　Hive. http://hive.apache.org/

[2]　A. Thusoo, J. S. Sarma, N. Jain, Z. Shao, P. Chakka, N. Zhang, S. Anthony, H. Liuand R. Murthy. Hive - a petabyte scale data warehouse using Hadoop. In International Conference on Data Engineering, 2010, pp: 996-1005.

[3]　Stinger.http://hortonworks.com/labs/stinger/

[4]　R. Xin, J. Rosen, M. Zaharia, M. Franklin, S. Shenker, and I. Stoica. Shark: SQL and Rich Analytics at Scale, In ACM SIGMOD Conference, 2013.

[5]　S. Melnik, A. Gubarev, J. J. Long, G. Romer, S. Shivakumar, M. Tolton, and T. Vassilakis. Dremel: interactive analysis of web-scale datasets. Communication of ACM, 2011,54(6):114–123.

[6]　J. Dean. Challenges in building large-scale information retrieval systems.In ACM Web Search and Data Mining Conference, 2009.

[7]　Apache Tajo.http://tajo.apache.org/

[8]　Impala.https://github.com/cloudera/impala

[9]　Impala 源码分析. http://yanbohappy.sinaapp.com/?p=339

[10] J. Kinley. Impala: A Modern SQL Engine for Hadoop.Tech Report,2013.

[11] 陈跃国. SQL-on-Hadoop 结构化大数据分析系统性能评测. 2013 中国大数据大会.

[12] H. Kim. SQL-on-Hadoop: What does "100 times faster than Hive" actually mean?http://www.gruter.com/blog/?p=391

[13] B. Chattopadhyay, et al. Tenzing a SQL implementation on the mapreduce framework. InProceeding

of International Conference on Very Large Data Bases, 2011,4(12):1318–1327.

[14] A. Hall et al.   Processing a trillion cells per mouse click.InInternational Conference on Very Large Data Bases,2012.

[15] M. Traverso. Presto: Interacting with petabytes of data at Facebook.Facebook Blog, 2013.

[16] Presto. https://github.com/Facebook/presto

[17] A. Abouzeid et al. Hadoopdb: an architectural hybrid of mapreduce and DBMS technologies for analytical workloads.InInternational Conference on Very Large Data Bases, 2009.

14

图数据库：架构与算法

董小姐　我也是个复杂的动物

嘴上一句带过　心里却一直重复

董小姐　鼓楼的夜晚时间匆匆

陌生的人　请给我一支兰州

——宋冬野《董小姐》

图计算是一类在实际应用中非常常见的计算类别，当数据规模大到一定程度时，如何对其进行高效计算即成为迫切需要解决的问题。最常见的大规模图数据的例子就是互联网网页数据，网页之间通过链接指向形成规模超过 500 亿节点的巨型网页图。再如，Facebook 社交网络也是规模巨大的图，仅好友关系已经形成超过 10 亿节点、千亿边的巨型图，考虑到 Facebook 正在将所有的实体数据节点都构建成网状结构，其最终形成的巨型网络数据规模可以想见其规模。要处理如此规模的图数据，传统的单机处理方式显然已经无能为力，必须采用由大规模机器集群构成的并行图数据库。

在处理图数据时，其内部存储结构往往采用邻接矩阵或邻接表的方式，图 14-1 是这两种存储方式的简单例子示意图。在大规模并行图数据库场景下，邻接表的方式更加常用，大部分图数据库和处理框架都采用了这一存储结构。

图数据与大数据处理中常见的 KV 数据相比，有自身独有的特点，这也决定了其处理机制与其他类型的海量数据处理系统有很大的差异。具体而言，图数据的数据局部性很差，相互之间有很密切的关联，具体体现就是图节点所展现出的边，其表征着数据之间的关联。很多自然图的结构遵循 Power Law 规则，满足 Power Law 规则的图数据分布极度不均匀，极少的节点通过大量的边和其他众多的节点发生关联。这给分布式存储和计算带来很大的困难，因为数据局部性差意味着数据分布到集群中的机器时存在潜在的数据分布不均匀或者计算中需要极高的网络通信量等问题。

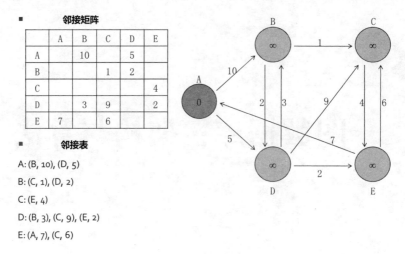

图 14-1　图的表示方式

　　由于与图相关的应用形式多种多样，为了能够方便地对现有技术进行系统性的介绍，我们将图数据库分为两类：一类是在线查询类，另一类是离线挖掘类。在线查询类图数据库更关注用户查询低延时响应和系统高可用性，比如，Facebook 用户登录时需要将好友列表以及实时变化的信息快速体现到用户交互界面上。离线挖掘类图数据库则更强调数据挖掘等后台处理任务的数据吞吐量及任务完成效率。两者在任务目标上相差很大，这也造成了相关系统设计思路的巨大差异。

　　本章首先以 Facebook 的 TAO 为例介绍在线查询类图数据库的基本设计思路，之后将重点放在离线挖掘类图数据库上，分别介绍如何对百亿级别的图数据进行数据分片、图计算的计算范型与编程模型，以及若干具有代表性的图数据库系统。

14.1　在线查询类图数据库

14.1.1　三层结构

　　在线查询类图数据库的主要目的往往是给具体应用提供在线数据读写服务，其中尤其关注数据查询类服务，所以更强调系统的高可用性和读写的低延迟。其体系结构一般由底向上可以划分为三层：分布式存储引擎层、图数据管理层和最上端的图操作 API 层。

　　为了能够处理海量数据，底层的存储引擎往往采用分布式架构，从理论上看，具体使用何种存储引擎没有限制，实际上，这一层采用 MySQL 数据库居多，主要是可以利用成熟数据库的很多特有功能，比如事务等，这一层只负责数据的存储，分布式管理功能并不在这一层实现。

位于中间层的图数据管理层主要起到以下三个作用。

其一，对底层分布式存储引擎的管理功能，比如，数据的分片与分发、对查询的路由、系统容错等。

其二，图操作逻辑到底层物理存储层读写操作的逻辑转换。图操作逻辑与其他类型的数据操作有较大的差异，比如，经常需要查询图节点之间的关系，为了更好地支持应用，在图数据管理层一般会将数据模型封装成具有图语义的模式，而由于底层存储引擎并不能直接支持这种图语义，所以需要有一个映射和转换过程，比如，若底层存储引擎采用关系数据库，那么需要将图语义转换为对应的若干 SQL 语句，这样才可能实现底层真正存取数据。

其三，在线查询类图数据库往往更注重系统的高可用性和低延迟，其中，读操作的效率更是重中之重。为了达到实时存取的目标，图数据管理层往往会采用优化措施来达到这一目标。

最上层的 API 层主要是封装符合图操作逻辑的对外调用接口函数，以方便应用系统使用在线查询类图数据库。

工业界比较知名的在线查询类图数据库包括 Twitter 的 FlockDB 和 Facebook 的 TAO，这两者的架构基本符合上述三层体系。

FlockDB 是 Twitter 用来存取用户关注关系的图数据库，底层采用 MySQL 作为存储引擎，中间层采用 Gizzard 和 Gizzmo 来进行分布式数据管理，Gizzrad 是用来进行数据分片的开源工具，而 Gizzmo 负责 Gizzard 集群拓扑信息的持久存储以及在 Gizzard 服务器之间传播数据变化信息。两者配合，可以实现数据的分片、数据副本的维护、数据的物理定位和查询路由等分布式管理工作。此外，FlockDB 也提供了方便的对外 API 以利于应用对系统的调用。

本节后续部分重点讲述 Facebook 的 TAO 图数据库，从其实现可以更深切地体会在线查询类图数据库的特性及为满足这些特性所需的设计思路。至于 Neo4j 等常见的在线查询类图数据库，由于其能处理数据的规模有限，所以本章不做专门介绍。

14.1.2 TAO 图数据库

Facebook 是目前世界上最著名的社交网站，如果从数据抽象的角度来看，Facebook 的社交图不仅包括好友之间的关系，还包括人与实体以及实体与实体之间的关系，每个用户、每个页面、每张图片、每个应用、每个地点以及每个评论都可以作为独立的实体，用户喜欢某个页面则建立了用户和页面之间的关系，用户在某个地点签到则建立了用户和地点之间的关系……如果将每个实体看作是图中的节点，实体之间的关系看作是图中的有向边，则 Facebook 的所有数据会构成超过千亿条边的巨型实体图（Entity Graph）。实体图中的关系有些是双向的，比如，朋友关系；有些则是单向的，比如用户在某个地点签到。同时，实体还具有自己的属性，比如某个用户毕业于斯坦福大学，出生于 1988 年等，这些都是用户实体的属性。图 14-2 是 Facebook 实体图的一个示意片段。

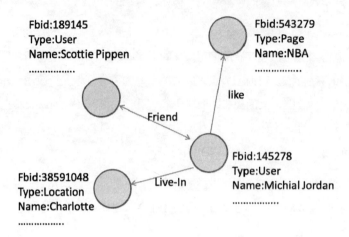

图 14-2　Facebook 实体图（Fbid 是 Facebook 内部唯一的 ID 编号）

Facebook 将所有的实体及其属性、实体关系数据保存在 TAO 图数据库中，网站页面的数据读写请求都由 TAO 来提供服务。TAO 是一个采用数据"最终一致性"的跨数据中心分布式图数据库，由分布在多个数据中心的数千台服务器构成，为了能够实时响应应用请求，TAO 以牺牲强一致性作为代价，系统架构更重视高可用性和低延时，尤其是对读操作做了很多优化，以此保证在极高负载的情况下生成网站页面时的高效率。

TAO 为客户端封装了图操作相关的数据访问 API，使得客户端不仅可以访问实体及其属性，也可以方便地访问各种实体关系数据。比如，对于关系数据的访问可以提供如下关系列表方式的查询接口：

$$(ID, aType) \rightarrow [a_{new}, ..., a_{old}]$$

其中，ID 代表某个实体的唯一标记，aType 指出关系类型（朋友关系等），关系列表则按照时间先后顺序列出 ID 指向的其他满足 aType 类型关系的实体 ID 列表。例如，（i，COMMENT）就可以列出关于 i 的所有评论信息。

1. TAO 的整体架构

TAO 是跨越多个数据中心的准实时图数据库，其整体架构如图 14-3 所示。首先，TAO 将多个近距离的数据中心组合成一个分区（Region），这样形成多个分区，每个分区内的缓存负责存储所有的实体和关系数据。其中，在一个主分区的数据库和缓存中集中存储原始数据，其他多个从分区存储数据副本（这是一种比较独特的设计方式，建议读者在此处先花些时间考虑一下其设计的出发点，然后阅读后续内容）。

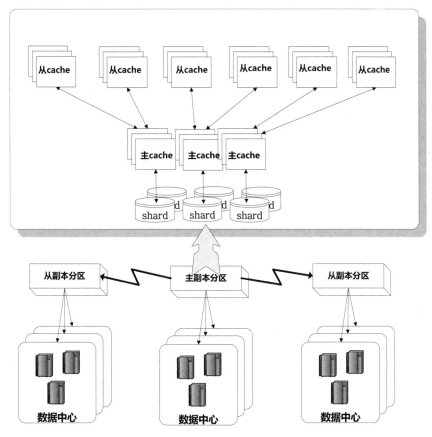

图 14-3　TAO 的跨数据中心架构

　　之所以如此设计架构，是出于如下考虑：缓存结构是 TAO 中非常重要的一部分，对于快速响应用户读请求有巨大的帮助作用，而缓存需要放在内存中，如果内存资源成本低且足够大，那么理想的情况是每个数据中心都存放完整的数据副本以快速响应用户的读操作，避免用户跨数据中心读取数据这种耗时操作。但是考虑到要存储的数据量太大（PB 级），每个数据中心都分别存储一份完整的备份数据成本过高，所以退而求其次，将在地域上比较接近的多个数据中心作为一个整体来完整地存储所有的备份数据，因为数据中心地域接近，所以通信效率也较高，这样就在成本和效率之间做了一种权衡和折中。

　　在每个分区会存储完整的实体及其关系数据，TAO 在分区内的存储架构可划分为三层（见图 14-3），底层是 MySQL 数据库层，因为数据量太多，将数据分表后形成若干数据切片（Shard），一个数据切片由一个逻辑关系数据库存储，一台服务器可存储多份数据切片。第二层是与底层数据切片一一对应的缓存层，称之为主 Cache 层（Leader Cache），主 Cache 负责缓存对应的逻辑数据库内容，并和数据库进行读写通信，最上层是从 Cache 层（Follower Cache），多个从 Cache 对应一个主 Cache，负责缓存主 Cache 中的内容。TAO 将缓存设计成二级结构降低了缓存之间的耦合程度，有利于整个系统的可扩展性，当系统负载增加时，只要添加存储从 Cache 的服务器就能很方便地进行系统扩容。

2. TAO 的读写操作

客户端程序只能与最外层的从 Cache 层进行交互，不能直接和主 Cache 通信（见图 14-4）。客户端有数据请求时，和最近的从 Cache 建立联系，如果是读取操作且从 Cache 中缓存了该数据，则直接返回即可，对于互联网应用来说，读操作比例远远大于写操作，所以从 Cache 可以响应大部分网站负载。

如果从 Cache 没有命中用户请求（Cache Miss），则将其转发给对应的主 Cache，如果主 Cache 也没有命中，则由主 Cache 从数据库中读取，并更新主 Cache（图 14-4 中标 A 和 D 的位置展示了这一逻辑），然后发消息给对应的从 Cache 要求其从主 Cache 加载新数据。

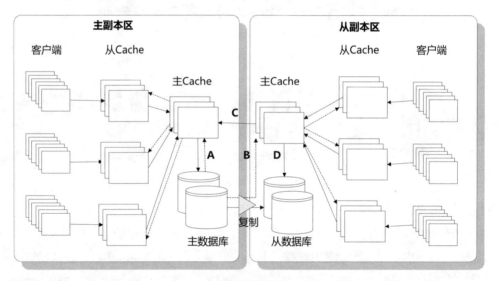

图 14-4　TAO 中的读写操作

对于读取操作，所有的分区不论主从都遵循上述逻辑，但是对于客户端发出的写操作，主分区和从分区的行为有所不同。对于主分区来说，当从 Cache 接收到写操作请求，将其转给对应的主 Cache，主 Cache 负责将其写入对应的逻辑数据库，数据库写操作成功后，主 Cache 向对应的从 Cache 发出消息告知原信息失效或者要求其重新加载。对于从分区来说，当从 Cache 接收到写请求时，将其转给本分区对应的主 Cache，此时主 Cache 并不直接写入本地数据库，而是将这个请求转发到主分区的主 Cache（图 14-4 中标 C 的位置说明了此种情况），由其对主数据库进行写入。

也就是说，对于写操作，不论是主分区还是从分区，一定会交由主分区的主 Cache 来更新主数据库。在主数据库更新成功后，主数据库会通过消息将这一变化通知从分区的从数据库以保持数据一致性，也会通知从分区的主 Cache 这一变化，并触发主 Cache 通知从分区的从 Cache 更新缓存内容（见图 14-4 标 B 的位置）。

请思考：为何从分区的主 Cache 在读操作未命中时从本地数据库读取，而不是像写操作一样转发到主分区？由本地数据库读取的缺点是很明显的，会带来数据的不一致，因为从数据库可能此时是过期数据，那么这么做的目的何在或者说有何好处？

答案：因为读取数据在 Cache 中无法命中的概率远远大于写操作的数量（在 Facebook 中，大约相差 20 倍），所以跨分区操作对写操作来说，整体效率影响不大，但是如果很多读操作采取跨分区的方法，读取操作效率会大幅降低。TAO 牺牲数据一致性是为了保证读取操作的低延迟。

3．TAO 的数据一致性

TAO 为了优先考虑读操作的效率，在数据一致性方面做出了牺牲，采取了最终一致性而非强一致性。在主数据库有数据变化通知从数据库时，采取了异步通知而非同步通知，即无须从数据库确认更新完成，即可返回客户端对应的请求。所以主数据库和从数据库的数据达到一致有一个时间差，在此期间，可能会导致从分区的客户端读出过期数据，但是经过较小的时延，这种数据变化一定能够体现到所有的从数据库，所以遵循最终一致性。

具体而言，在大多数情况下，TAO 保证了数据的"读你所写"一致性。即发出写操作的客户端一定能够读到更新后的新数值而非过期数据，这在很多情况下是很有必要的，比如，用户删除了某位好友，但如果还能在消息流看到这位好友发出的信息，这是不能容忍的。

TAO 是如何做到这一点的？首先，如果数据更新操作发生在主分区，由上述写入过程可知，一定可以保证"读你所写"一致性，比较棘手的情形是从分区的客户端发出写请求。在这种情形下，从 Cache 将请求转发给主 Cache，主 Cache 将写请求再次转发给主分区的主 Cache，由其写入主数据库，在写入成功后，从分区的主 Cache 通知本分区的从 Cache 更新缓存值，以上操作是同步完成的，尽管此时从分区的数据库可能还未接收到主数据库的更新消息，但是从分区的各级 Cache 已经同步更新了，之后在这个从分区发出的读请求一定可以从各级 Cache 中读到新写入的内容。通过这种手段就可以保证从分区的"读你所写"一致性。

14.2　常见图挖掘问题

本节简述最常见的几个图挖掘问题及算法：PageRank 计算、单源最短路径计算以及二部图最大匹配。后面会有这些问题的具体解决思路及实现代码示例，本节主要讲述问题本身或其典型算法的基本思想。

14.2.1 PageRank 计算

PageRank 是 Google 创始人在 1997 年构建早期搜索系统原型时提出的链接分析算法，自从 Google 在商业上获得空前的成功后，该算法也成为其他搜索引擎和学术界十分关注的计算模型，目前已经衍生并应用在诸多不同的研究领域。

PageRank 计算得出的结果是根据网络拓扑结构分析出的网页重要性评价指标。对某个互联网网页 A 来说，该网页 PageRank 的计算基于以下两个基本假设。

- 数量假设：在 Web 图模型中，如果一个页面节点接收到其他网页指向的入链数量越多，那么这个页面越重要。
- 质量假设：指向页面 A 的入链质量不同，质量高的页面会通过链接向其他页面传递更多的权重。所以质量越高的页面指向 A，则 A 越重要。

通过利用以上两个假设，PageRank 算法刚开始赋予每个网页相同的重要性得分，通过迭代递归计算来更新每个页面节点的 PageRank 得分，直到得分稳定为止。

如将上述问题抽象表示为有向图 $G(V,E)$，其中 V 是所有节点的集合，E 是有向边集合。对图中的某个节点 v_i 来说，有边指向 v_i 的节点集合为 $N_-(v_i)=\{v_j\,|\,(v_j,v_i)\in E\}$，而节点 v_i 有边指向的节点集合为 $N_+(v_i)=\{v_j\,|\,(v_i,v_j)\in E\}$，那么每次迭代计算节点 v_i 的 PageRank 得分计算公式如下：

$$PR(v_i;t)=\begin{cases}1/|V| & (t=0)\\ \dfrac{1-d}{|V|}+d\sum_{v_j\in N_-(v_i)}\dfrac{PR(v_j;t-1)}{|N_+(v_j)|} & (t>0)\end{cases}$$

即刚开始时（$t=0$），所有节点的初始 PageRank 值为 $1/|V|$，$|V|$ 是图节点总数目；在后续的迭代过程中，v_i 的 PageRank 值是所有指向该节点的边权值之和，而边的权值则是上一轮计算获得的 PageRank 值被所有外出指向边均分的结果。公式中的 d 是调整因子，使得系统可以按照一定概率跳转向图中其他任意节点（即 $(1-d)/|V|$），这是为了防止链接分析中的"链接陷阱"现象出现。

算法不断如上迭代计算，当运行了指定的次数后，或者发现本次计算各个节点的 Pagerank 值与上一次数值大小的差异很小时，则可以中止计算输出最终结果。

14.2.2 单源最短路径（Single Source Shortest Path）

求图节点之间的最短路径是一个经典的图计算问题，现实生活中的很多应用都可以映射到这个问题上，比如，社交网络上的六度空间理论。单源最短路径是众多最短路径问题中的一种：指定源节点 $StartV$ 后，求 $StartV$ 到图中其他任意节点的最短路径。可形式化将这个问题表述如下：

给定有向图 $G(V,E)$，图中有向边 $e:(i\rightarrow j)$ 上的权值代表从节点 i 到节点 j 的距离，若选定其中

某个节点 *StartV*，求 *StartV* 到 *G* 中其他任意节点的最短距离各是多少。

对于单源最短路径问题来说，需要计算图中其他任意节点到源节点 *StartV* 的最短距离。具体进行分布式计算时的思路为：在迭代计算过程中，每个图节点 *V* 保存当前自己能看到的到 *StartV* 的最短距离，图中的有向边 $e:(i{\to}j)$ 上带有权值，权值代表从 i 节点到 j 节点之间的距离。对于任意一个图节点 p 来说，首先从上一轮迭代中有入边指向节点 p 的其他邻接节点中传来的消息中进行查找（每个消息包含指向节点 p 的邻接节点 q 自身目前到 *StartV* 节点的最短距离和 $e:(q{\to}p)$ 权值之和），找出外部节点传入的所有距离信息中最短的距离值，如果这个最短距离比节点 p 自身保存的当前最短距离小，则节点 p 更新当前最短的距离，并将这一变化通过出边传播出去，也就是将最新的最短距离加上出边的权值传播给节点 p 有出边指向的节点，代表了从 p 到这个节点最新的最短距离。通过若干次迭代，当节点的数值趋于稳定时，则每个节点最终保存的当前最短距离就是计算结果，即这个节点到 *StartV* 的最短距离。

14.2.3　二部图最大匹配

二部图是这样一个图 $G(V,E)$：其图节点 V 可以划分为两个集合 V_x 和 V_y，图中任意边 $e{\in}E$ 连接的两个顶点恰好一个在 V_x，一个在 V_y 中。所谓二部图的匹配，指的是二部图 G 的一个子图 M，M 中的任意两条边都不依附于同一个节点。而最大匹配即是指边数最多的那个二部图匹配。

二部图最大匹配也是一个比较典型的图应用问题，比如资源的最优分配与任务的优化安排等问题都可以归结为二部图最大匹配问题。典型的解决二部图最大匹配问题的方法包括网络最大流和匈牙利算法等，在此不做详细叙述，在后文介绍 Pregel 应用时给出了采用随机匹配的方式迭代求解该问题的一个具体代码示例。

14.3　离线挖掘数据分片

对于海量待挖掘数据，在分布式计算环境下，首先面临的问题就是如何将数据比较均匀地分配到不同的服务器上。对于非图数据来说，这个问题解决起来往往比较直观，因为记录之间独立无关联，所以对数据切分算法没有特别约束，只要机器负载尽可能均衡即可。由于图数据记录之间的强耦合性，如果数据分片不合理，不仅会造成机器之间负载不均衡，还会大量增加机器之间的网络通信（见图 14-5），再考虑到图挖掘算法往往具有多轮迭代运行的特性，这样会明显放大数据切片不合理的影响，严重拖慢系统整体的运行效率，所以合理切分图数据对于离线挖掘类型图应用的运行效率来说非常重要，但是这也是至今尚未得到很好解决的一个潜在问题。

对于图数据的切片来说，怎样才是一个合理或者是好的切片方式？其判断标准应该是什么？就像上面的例子所示，衡量图数据切片是否合理主要考虑两个因素：机器负载均衡以及网络通信总量。

如果单独考虑机器负载均衡，那么最好是将图数据尽可能平均地分配到各个服务器上，但是这样不能保证网络通信总量是尽可能少的（参考图 14-5 右端切割方式，负载比较均衡，但是网络通信较多）；如果单独考虑网络通信，那么可以将密集连通子图的所有节点尽可能放到同一台机器上，这样就有效地减少了网络通信量，但是这样很难做到机器之间的负载均衡，某个较大的密集连通子图会导致某台机器高负载。所以，合理的切片方式需要在这两个因素之间找到一个较稳妥的均衡点，以期系统整体性能最优。

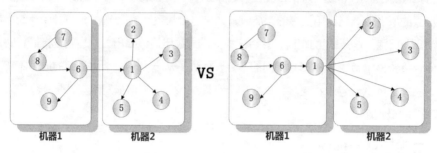

图 14-5　不同图切割方式的差异

下面介绍两类从不同出发点切割图数据的方法，并分别介绍典型的具体切分算法及其对应的数学分析，首先需要强调一点：在选择具体的切分算法时并非越复杂的算法越可能在实际系统中被采纳，读者可以思考其中的道理，在后面会给出解答。

14.3.1　切边法（Edge-Cut）

现在面临的问题是：给定一个巨大的图数据和 p 台机器，如何将其切割成 p 份子图？解决这个图切割问题有两种不同的思路。

切边法代表了最常见的一种思路，切割线只能穿过连接图节点的边，通过对边的切割将完整的图划分为 p 个子图。图 14-6 代表将 7 个节点的图分发到 3 台机器上，左端展示了切边法方式，图节点的编号代表节点被分发到的机器编号。

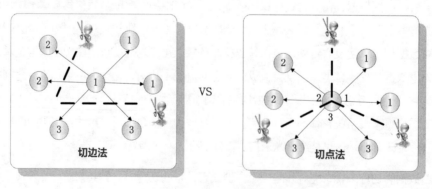

图 14-6　切边法和切点法

通过切边法切割后的图数据，任意一个图节点只会被分发到一台机器，但是被切割开的边数据会在两台机器中都保存，而且被切割开的边在图计算的时候意味着机器间的远程通信。很明显，系统付出的额外存储开销和通信开销取决于被切割开的边的数量，图切割时通过的边越多，则系统需额外承载的存储开销和通信开销越高。

前文有述，衡量图数据分片合理与否有两个考虑因素：负载均衡和机器通信量，所以对于切边法来说，所有具体的切割算法追求的目标不外是：如何在尽可能均衡地将图节点分配到集群中的不同机器上这一约束下，来获得最小化切割边数量。

假设图的节点集合为 V，将任意节点 $v \in V$ 分发到某台机器后，以 $M(v) \in \{1, 2, \cdots, p\}$ 代表节点 v 被分发到的机器编号，以：

$$W(e) = \begin{cases} 1 & \text{如果边被切开} \\ 0 & \text{如果边没被切开} \end{cases}$$

代表边被切割后的代价函数。那么，可将优化目标定义为：

$$\min \sum_{e \in E} W(e)$$

$$\text{s.t.} \max_m |\{v \in V \mid M(v) = m\}| < \lambda \frac{|V|}{p}$$

即在每台机器被分发到的节点尽可能均匀的条件约束下，求切割边最少的方法。其中，$|V|/p$ 代表所有的节点被 p 台机器均分所得数值，$\lambda \geq 1$ 代表不平衡调节因子，通过调节 λ 的大小可以控制节点分配的均匀度，当其值为 1 时，要求完全均分，其值越大，允许的不均衡程度越高。

从上述形式化描述可以看出，λ 约等于 1 的时候，这个问题本质上是一个图切割中的均衡 p 路分区（Balanced p-way Partitioning）问题，解决这个问题有很多相关研究（有兴趣的读者可以阅读本章参考文献[4]），但是由于图切割算法的时间复杂度较高，基本不太适合处理大规模数据，所以在真实的大规模数据场景下很少被采用。

在实际的图计算系统中，经常使用的策略是节点随机均分法，即通过哈希函数将节点均分到集群的各个机器中，并不仔细考虑边切割情况。Pregel 和 GraphLab 都采用了这种策略。这种方法的优点是快速、简单且易实现，但是从定理 14.1 可以证明这种方法会将图中绝大多数的边都切开。

【定理 14.1】如果将图中的节点随机分发到集群中的 p 台机器上，被切开的边数比例的数学期望是：

$$\mathbb{E}\left[\frac{|Edge\ Cut|}{|E|}\right] = 1 - \frac{1}{p}$$

证明：对于任意一条边 e 来说，如果联系边的两个图节点被分发到不同的机器上，则边被切开。如果其中一个图节点被分配到某台机器后，另一个图节点被分发到同一台机器的概率为 $1/p$，也即其被切开的概率为 $1-1/p$。因此可证。∎

由定理 14.1 可知，假设集群包含 10 台机器，则被切割的边比例大约为 90%，即 90%的边会被切开，而如果包含 100 台机器，则 99%的边会被切开。可见，这种切分方式是效率很低的一种。

14.3.2　切点法（Vertex-Cut）

切点法代表另外一种切割图的不同思路。与切边法不同，切点法在切割图的时候，切割线只能通过图节点而非边，被切割线切割的图节点可能同时出现在多个被切割后的子图中。图 14-6 右侧是切点法示意图，从图中可看出，图中心的节点被切割成三份，也就是意味着这个节点会同时出现在被切割后的三个子图中。

与切边法正好相反，切点法切割后的图中，每条边只会被分发到一台机器上，不会重复存储，但是被切割的节点会被重复存储在多台机器中，因此，同样存在额外存储开销。另外，如此切割带来的问题是：图算法在迭代过程中往往会不断更新图节点的值，因为某个节点可能存储在多台机器中，也即存在数据多副本问题，所以必须解决图节点值数据的一致性问题。对这个问题，在后面讲解 PowerGraph 系统时，会给出一种典型的解决方案。

那么，既然切点法图中的边都没有被切割，机器之间是否就无须通信开销了呢？事实并非如此，在维护被切割的图节点值数据一致性时仍然会产生通信开销。所以，对于切点法来说，所有具体算法追求的合理切分目标是：如何在尽可能均匀地将边数据分发到集群的机器中这个约束条件下，最小化被切割开的图节点数目。

可以进一步形式化表达上述切分目标为：假设图的边集为 E，将任意边 $e \in E$ 分发到某台机器后，以 $A(e) \in \{1,2,\cdots,p\}$ 代表边 e 被分发到的机器编号，以 $A(v) \subseteq \{1,2,\cdots,p\}$ 代表图节点 v 的副本所在的机器集合，$|A(v)|$ 代表其数值。那么，可将优化目标定义为：

$$\min_A \frac{1}{|V|} \sum_{v \in V} |A(v)|$$

$$\text{s.t.} \max_m |\{e \in E \mid A(e) = m\}| < \lambda \frac{|E|}{p}$$

即在每台机器被分发到的边尽可能均匀的条件约束下，求平均副本数最少的方法。其中，$|E|/p$ 代表所有边被 p 台机器均分所得数值，$\lambda \geq 1$ 代表不平衡调节因子，通过调节 λ 的大小可以控制边分配的均匀度，当其值为 1 时，要求完全均分，其值越大，允许的不均衡程度越高。

同样，由于采用复杂图切割算法的时间复杂度太高，所以实际系统中最常用的还是边随机均分法，即通过哈希函数将边均匀地分发到 p 台机器，这基本上是效率最高的一种切割方式，定理 14.2 对这种边随机均分法的数学性质做出了量化描述。另外，如果能够精心选择对边的哈希函数 $h(i{\to}j)$，我们可以保证每个节点的副本数目不会超过 $2\sqrt{p}$（这里 p 是集群的机器数目），只需构造如下哈希函数即可。

$$h(i \to j) = \sqrt{p} \times (h(i) \bmod \sqrt{p}) + (h(j) \bmod \sqrt{p})$$

即可达到此目的，其中，$h(i)$ 和 $h(j)$ 是针对图节点 ID 的均匀哈希函数，同时可以调整机器数目，保证 $\sqrt{p}$ 属于整数。

【定理 14.2】如果将图中的边随机分发到集群中的 p 台机器上，则图节点副本数目的数学期望为：

$$\mathbb{E}\left[\frac{1}{|V|}\sum_{v \in V}|A(v)|\right] = \frac{p}{|V|}\sum_{v \in V}(1-(1-\frac{1}{p})^{D|v|})$$

其中，$D|v|$ 代表节点 v 的边数。

证明：根据数学期望的性质，可知

$$\mathbb{E}\left[\frac{1}{|V|}\sum_{v \in V}|A(v)|\right] = \frac{1}{|V|}\mathbb{E}[\sum_{v \in V}|A(v)|]$$

对于任意图节点 v 来说，其副本个数的数学期望可以通过考虑与节点 v 相关联的边的随机分发过程来推理。若以指示变量 X_i 来代表第 i 号机器至少分发到与节点 v 相连的一条边这一事件，那么事件 X_i 的数学期望为：

$\mathbb{E}[X_i] = 1 - p$（机器 i 不会被分发到任意与 v 关联的边）

$$= 1-(1-\frac{1}{p})^{D|v|}$$

所以，对于图节点 v 来说，其副本数的数学期望是：

$$\mathbb{E}[|A(v)|] = \sum_{i=1}^{p}\mathbb{E}[X_i] = p(1-(1-\frac{1}{p})^{D|v|})$$

即有

$$\mathbb{E}\left[\frac{1}{|V|}\sum_{v \in V}|A(v)|\right] = \frac{1}{|V|}\mathbb{E}[\sum_{v \in V}|A(v)|]$$

$$= \frac{p}{|V|}\sum_{v \in V}(1-(1-\frac{1}{p})^{D|v|})$$

由此可证。∎

现实世界中的大多数图的边分布都遵循 power law 法则，理论和实践已经证明，对于遵循这一法则的图数据来说，属于切点法的边随机均分法要比切边法里的节点随机均分法强，其计算效率要高出至少一个数量级。所以总体而言，对于一般情形的图数据，采取切点法要明显优于切边法。

请思考：为何不是越复杂、有效的切分算法越受欢迎?

解答：一般来说，图挖掘算法分为两个阶段。

阶段一：集中式图数据切分与分发；阶段二：分布式图计算。

如果采用复杂的图切割算法，则系统负载均衡好，机器间通信量较少，所以第二阶段运行的效率高，但是采用复杂算法不仅开发成本高，在第一阶段付出的时间成本也很高，甚至因此付出的时间成本要高于在第二阶段产生的效率收益，所以选择何种切分算法也需要有全局的效率权衡。

14.4 离线挖掘计算模型

对于离线挖掘类图计算而言，目前已经涌现出众多各方面表现优秀而各具特点的实际系统，典型的比如 Pregel、Giraph、Hama、PowerGraph、GraphLab、GraphChi 等。通过对这些系统的分析，我们可以归纳出离线挖掘类图计算中一些常见的计算模型。

本节将常见的计算模型分为两类，一类是图编程模型，另一类是图计算范型。编程模型更多地面向图计算系统的应用开发者，而计算范型则是图计算系统开发者需要关心的问题。在本节中，关于编程模型，主要介绍以节点为中心的编程模型及其改进版本的 GAS 编程模型；关于计算范型，则重点介绍同步执行模型和异步执行模型。这几类模型已经被广泛采用在目前的大规模图挖掘系统中。

14.4.1 以节点为中心的编程模型

以节点为中心的编程模型（Vertex-Centered Programming Model）首先由 Pregel 系统提出，之后的绝大多数离线挖掘类大规模图计算系统都采用这个模型作为编程模型。

对图 $G=(V,E)$ 来说，以节点为中心的编程模型将图节点 $vertex \in V$ 看作计算的中心，应用开发者可以自定义一个与具体应用密切相关的节点更新函数 $Function(vertex)$，这个函数可以获取并改变图节点 $vertex$ 及与其有关联的边的权值，甚至可以通过增加和删除边来更改图结构。对于所有图中的节点都执行节点更新函数 $Function(vertex)$ 来对图的状态（包括节点信息和边信息）进行转换，如此反复迭代进行，直到达到一定的停止标准为止。

典型的图节点更新函数 $Function(vertex)$ 基本遵循如下逻辑。

伪码：以节点为中心编程模型的节点更新函数

```
Function(vertex) begin
    x[]←read values of in- and out-edges of vertex ;
    vertex.value←f(x[]) ;
    foreach edge of vertex do
        edge.value←g(vertex.value, edge.value);
    end
end
```

即首先从 *vertex* 的入边和出边收集信息，对这些信息经过针对节点权值的函数 *f*()变换后，将计算得到的值更新 *vertex* 的权值，之后以节点的新权值和边原先的权值作为输入，通过针对边的函数 *g*()进行变换，变换后的值用来依次更新边的权值。通过 *vertex* 的节点更新函数，来达到更新部分图状态的目的。

以节点为中心的编程模型有很强的表达能力。研究表明，很多类型的问题都可以通过这个编程模型来进行表达，比如很多图挖掘、数据挖掘、机器学习甚至是线性代数的问题都可以以这种编程模型来获得解决。这也是为何以图节点为中心的编程模型大行其道的根本原因。

14.4.2　GAS 编程模型

GAS 模型可以看作是对以节点为中心的图计算编程模型的一种细粒度改造，通过将计算过程进一步细分来增加计算并发性。GAS 模型明确地将以节点为中心的图计算模型的节点更新函数 *Function(Vertex)*划分为三个连续的处理阶段：信息收集阶段（Gather）、应用阶段（Apply）和分发阶段（Scatter）。通过这种明确的计算阶段划分，可以使原先的一个完整计算流程细分，这样在计算过程中可以将各个子处理阶段并发执行来进一步增加系统的并发处理性能。

这里假设当前要进行计算的节点是 *u*，并以此为基础来说明 GAS 模型。

在信息收集阶段，将 *u* 节点的所有邻接节点和相连的边上的信息通过一个通用累加函数收集起来：

$$\sum \leftarrow \oplus_{v \in Nbr[u]} g(D_u, D_{(u,v)}, D_v)$$

其中，D_u、D_v 和 $D(u,v)$分别是节点 *u*、节点 *v* 和从 *u* 到 *v* 的边上的值信息，$v \in Nbr[u]$代表所有有边指向 *u* 节点的其他节点。用户可以定义累加函数⊕的逻辑，具体定义方式与应用有关，比如，可以是数值累加求和，也可以是对数据求并集操作等。

信息收集阶段计算得到的最终值∑在接下来的应用（Apply）阶段用来更新节点 *u* 的当前值：

$$D_u^{new} \leftarrow a(D_u, \Sigma)$$

在分发阶段，将节点 *u* 更新后的当前值通过与节点 *u* 关联的边分发到其他节点：

$$\forall v \in Nbr[u] : (D_{(u,v)}) \leftarrow s(D_u^{new}, D_{(u,v)}, D_v)$$

通过以上三个阶段的操作，可以定义以图节点为中心的高度抽象的 GAS 计算模型。在 GAS 模型中，节点的入边和出边在信息收集和分发阶段如何使用取决于具体的应用，比如，在 PageRank 计算中，信息收集阶段只考虑入边信息，分发阶段只考虑出边信息，但是在类似于 Facebook 的社交关系图中，如果边表达的语义是朋友关系，那么在信息收集和分发阶段则是所有边的信息都会纳入计算范围。

14.4.3　同步执行模型

同步执行模型是相对于异步执行模型而言的。我们知道，图计算往往需要经过多轮迭代过程，在以节点为中心的图编程模型下，在每轮迭代过程中对图节点会调用用户自定义函数 *Function(vertex)*，这个函数会更改 *vertex* 节点及其对应边的状态，如果节点的这种状态变化在本轮迭代过程中就可以被其他节点看到并使用，也就是说变化立即可见，那么这种模式被称为异步执行模型；如果所有的状态变化只有等到下一轮迭代才可见并允许使用，那么这种模式被称为同步执行模型。采用同步执行模型的系统在迭代过程中或者连续两轮迭代过程之间往往存在一个同步点，同步点的目的在于保证每个节点都已经接受到本轮迭代更新后的状态信息，以保证可以进入下一轮的迭代过程。

在实际的系统中，两种典型的同步执行模型包括 BSP 模型和 MapReduce 模型。关于 BSP 模型的介绍及其与 MapReduce 模型的关系，可以参考本书"机器学习：范型与架构"一章，这里不再赘述。下面介绍图计算中的 MapReduce 计算模型，总体而言，由于很多图挖掘算法带有迭代运行的特点，MapReduce 计算模型并不是十分适合解决此类问题的较佳答案，但是由于 Hadoop 的广泛流行，实际工作中还有一些图计算是采用 MapReduce 机制来进行的。

Mapreduce 计算模型也可以用来进行大规模的图计算，但是其本质上并不适合做这种挖掘类运算。下面主要探讨如何在该框架下解决大规模图计算的问题，并分析其存在的问题和不足。

1. 使用 Mapreduce 进行图计算

使用 MapReduce 框架来针对大规模图数据进行计算的研究工作相对较少，这主要归结于两方面原因：一方面，将传统的图计算映射为 MapReduce 任务相对其他类型的很多任务而言不太直观；另一方面，从某种角度讲，使用该分布计算框架解决图计算任务也并非最适宜的解决方案。

尽管有上述缺点，但很多图算法还是可以转换为 Mapreduce 框架下的计算任务。下面以 PageRank 计算为例讲述如何在该框架下进行图计算。PageRank 的计算原理在前面已有介绍，本节重点分析如何在 Mapreduce 框架下对算法进行改造，使得可以用多机分布方式对大规模图进行运算。

Mapreduce 框架下的输入往往是 key-value 数据对，其中，value 可以是简单类型，比如数值或字符串，也可以是复杂的数据结构，比如数组或者记录等。对于图数据来说，其内部表示方式以邻接表为宜，这样，输入数据的 key 为图节点 ID，对应的 value 为复杂记录，其中记载了邻接表数据、key 节点的 PageRank 值等。

对很多图算法来说，Mapreduce 内部计算过程中的 Shuffle 和 Sort 操作起到类似于通过图中节点出边进行消息传播的效果。从图 14-7 的 PageRank 伪码中可见此技巧的运用。

```
1: class Mapper
2:    method Map(id n, vertex N)
3:        p=N.PageRank/|N.AdjacencyList|
4:        Emit(id n, vertex N)
5:        for all nodeid m in N.AdjacencyList do
6:            Emit(id m, value p)


1: class Reducer
2:    method Reduce(id m, [p1, p2, ······])
3:        M = Null
4:        for all p in [p1, p2, ······] do
5:            if IsVertex(p) then
6:                M= p
7:            else
8:                s = s + p
9:        M.PageRank = s
10:       Emit(id m, vertex M)
```

图 14-7　简化版本的 PageRank 伪码（略去了常规计算中的跳转因素）

在该例的 Map 操作中，输入数据的 key 是图节点 ID，value 是图节点数据结构 N，其中包括邻接表 AdjacencyList 信息以及节点对应的当前 PageRank 值。第 3 行代码计算当前节点传播到邻接节点的 PageRank 分值，第 5、6 行代码将这些分值转换为新的 key1-value1，以邻接节点 ID 作为新的 key，而从当前节点传播给邻接节点的分值作为新的 value1。除此之外，还需要将当前节点的节点信息继续保留，以便进行后续的迭代过程，所以第 4 行代码将输入记录本身再次原封不动地传播出去。

通过 MapReduce 内部的 Shuffle 和 Sort 操作，可以将相同 key1 对应的系列 value1 集中到一起，即将 ID 为 key1 的图节点从其他节点传入的 PageRank 部分分值聚合到一起，这起到了类似于消息传播的作用。图 14-7 示例里的 Reduce 操作中，其对应的输入数据包括图节点 ID 以及对应的 PageRank 部分分值列表，伪码第 4 行到第 8 行累积这部分分值形成新的 PageRank 值，同时判断某个 value1 是否是节点信息（第 5 行代码）。第 9 行代码则更新节点信息内的 PageRank 值，而第 10 行代码输出更新后的节点信息。这样就完成了一轮 PageRank 迭代过程，而本次 Reduce 阶段的输出结果可以作为下一轮迭代 Map 阶段的输入数据。如此循环往复，直到满足终止条件，即可输出最终的计算结果。

```
1: class Combiner
2:    method Combine(id m, [p1, p2, ……])
3:       M = Null
4:       for all p in  [p1, p2, ……] do
5:          if IsVertex(p) then
6:             Emit(id m, vertex p)
7:          else
8:             s = s + p
9:       Emit(nid m, value s)
```

图 14-8　Combine 操作伪码

Mapreduce 计算框架在 Map 操作后会通过网络通信将具有相同 key 值的中间结果记录映射到同一台机器上，以满足后续 Reduce 阶段操作的要求。一般情况下，这种网络传输数据量非常大，往往会严重影响计算效率，而 Combine 操作即为减少网络传输以优化效率而提出。Combine 操作在本地机器 Map 操作后，首先将具有相同 key 值的 Map 结果数据 value 部分进行本地聚合，这样本来应该分别传输的项目即被合并，大大减少了网络传输量，加快了计算速度。对于图计算，同样可以采用这种优化手段改善效率，图 14-8 展示了相应的 Combine 操作，其运行流程与 Reduce 操作大体相似，第 4 行到第 8 行代码累加相同 key 的本地 value 数据，第 9 行代码将这种累加数据传播出去，key 保持不变，value 成为聚合数据 s，这样就大量减少了网络传输量。

上面介绍了如何在 Mapreduce 框架下进行 PageRank 计算，很多其他图算法也可用近似的思路处理，其关键点仍然是通过上述的 Shuffle 和 Sort 操作，将同一节点的入边聚合到一起，而 Reduce 操作可以类似例中的部分数值求和，也可能是取边中的 Max/Min 等其他类型的操作，这依据应用各异，但基本思想无较大的区别。

2．MapReduce 在图计算中存在的问题

MapReduce 尽管已经成为主流的分布式计算模型，但有其适用范围，对于大量的机器学习数据挖掘类科学计算和图挖掘算法来说，使用 Mapreduce 模型尽管经过变换也可以得到解决，但往往并非解决此类问题的最佳技术方案。根本原因在于：很多科学计算或者图算法内在机制上需要进行多轮反复迭代，而如果采用 Mapreduce 模型，每一次迭代过程中产生的中间结果都需要反复在 Map 阶段写入本地磁盘，在 Reduce 阶段写入 GFS/HDFS 文件系统中，下一轮迭代一般是在上一轮迭代的计算结果的基础上继续进行，这样需要再次将其加载入内存，计算得出新的中间结果后仍然写入本地文件系统以及 GFS/HDFS 文件系统中。如此反复，且不必要的磁盘输入/输出严重影响计算效率。除此之外，每次迭代都需要对任务重新进行初始化等任务管理开销也非常影响效率。

下面以 Mapreduce 模型计算图的单源最短路径的具体应用实例来说明此问题的严重性。所谓"单源最短路径"，就是对于图结构 $G<N,E>$（N 为图节点集合，E 为图中边集合且边具有权值，这个权值代表两个节点间的距离），如果给定初始节点 V，需要计算图中该节点到其他任意节点的最短距离是多少。这个例子的图结构如图 14-9 所示，图的内部表示采用邻接表方案。假设从源节点 A 出发，

求其他节点到节点 A 的最短距离，在初始化阶段，设置源节点 A 的最短距离为 0，其他节点的最短距离为 *INF*（足够大的数值）。

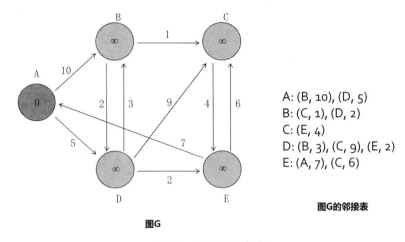

A: (B, 10), (D, 5)
B: (C, 1), (D, 2)
C: (E, 4)
D: (B, 3), (C, 9), (E, 2)
E: (A, 7), (C, 6)

图G的邻接表

图G

图 14-9　例图及其邻接表

对 Mapreduce 模型来说，计算分为两个阶段，即 Map 阶段和 Reduce 阶段。针对上述问题，Map 阶段的最初输入即为稍加改造的图 G 的邻接表，除了节点的邻接表信息外，还需要额外记载节点当前获得的最小距离数值。以常见的 key-value 方式表示为：key=节点 ID，value=<节点到源节点 A 的当前最小距离 *Dist*，邻接表>。以源节点 A 为例，其 Map 阶段的输入为：<A, <0, <(B, 10), (D, 5)>>>，其他节点输入数据形式与此类似。

Map 阶段对输入数据的转换逻辑为：计算 key 节点的邻接表中节点到源节点 A 的当前最短距离。即将 key-value 转换为 key1-value1 序列，这里 key1 是 key 节点的邻接表中节点 ID，value1 为 key1 节点到源节点 A 的当前最短距离。以源节点 A 为例，其输入为<A, <0, <(B, 10), (D, 5)>>>，经过 Map 转换后，得到输出<B,10>和<D,5>，<B,10>的含义是：B 节点到 A 节点的当前最短距离是 10（由 A 节点到源节点 A 距离 0 加上 B 节点到 A 节点距离 10 获得），<D,5>的含义与之类似。通过此步可以完成 Map 阶段计算，图 14-10 展示了原始输入转换为 Map 阶段输出结果对应的 KV 数值。

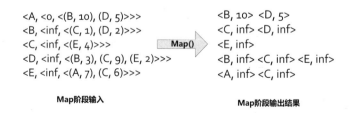

图 14-10　单源最短路径 Map 阶段

在 Map 阶段产生结果后，系统会将临时结果写入本地磁盘文件中，以作为 Reduce 阶段的输入数据。Reduce 阶段的逻辑为：对某个节点来说，从众多本节点到源节点 A 的距离中选择最短的距离作为当前值。以节点 B 为例，从图 14-10 中 Map 阶段的输出可以看出，以 B 为 key 有两项：<B,10>和<B,inf>，取其最小值得到新的最短距离为 10，则可输出结果<B,<10,<(C,1),(D,2)>>>。图 14-11 展示了 Reduce 阶段的输出。

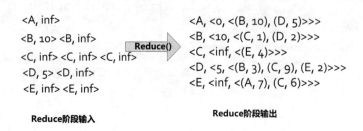

<A, inf>
<B, 10> <B, inf>
<C, inf> <C, inf> <C, inf>
<D, 5> <D, inf>
<E, inf> <E, inf>

Reduce()

<A, <0, <(B, 10), (D, 5)>>>
<B, <10, <(C, 1), (D, 2)>>>
<C, <inf, <(E, 4)>>>
<D, <5, <(B, 3), (C, 9), (E, 2)>>>
<E, <inf, <(A, 7), (C, 6)>>>

Reduce阶段输入   **Reduce阶段输出**

图 14-11　单源最短路径 Reduce 阶段

在 Reduce 阶段结束后，系统将结果写入 GFS/HDFS 文件系统中，这样完成了单源最短路径的一轮计算。使得图节点 B 和图节点 D 的当前最短路径获得了更新。而为了能够获得最终的结果，还需要按照上述方式反复迭代，以本轮 Reduce 输出作为下一轮 Map 阶段的输入。由此可见，如果完成计算，则需要多次将中间结果往文件系统输出，这会严重影响系统效率。这是为何 Mapreduce 框架不适宜做图应用的主要原因。

14.4.4　异步执行模型

异步执行模型相对于同步执行模型而言，因为不需要进行数据同步，而且更新的数据能够在本轮迭代即可被使用，所以算法收敛速度快，系统吞吐量和执行效率都要明显高于同步模型。但是异步模型也有相应的缺点：其很难推断程序的正确性。因为其数据更新立即生效，所以节点的不同执行顺序很可能会导致不同的运行结果，尤其是对图节点并发更新计算的时候，还可能产生争用状况（Race Condition）和数据不一致的问题，所以其在系统实现的时候必须考虑如何避免这些问题，系统实现机制较同步模型复杂。

下面以 GraphLab 为例讲解异步执行模型的数据一致性问题，GraphLab 比较适合应用于机器学习领域的非自然图计算情形，比如马尔科夫随机场（MRF）、随机梯度下降算法（SGD）等机器学习算法。

在讲解异步模型的数据一致性问题前，先来了解一下 GraphLab 论文提出的图节点的作用域（Scope）概念。对于图 G 中的某个节点 v 来说，其作用域 S_v 包括：节点 v 本身、与节点 v 关联的所有边，以及节点 v 的所有邻接图节点。之所以定义图节点的作用域，是因为在以节点为中心的编程模型中，作用域体现了节点更新函数 $f(v)$ 能够涉及的图对象范围及与其绑定的数据。

在并发的异步执行模型下，可以定义三类不同强度的数据一致性条件（见图 14-12），根据其一致性限制条件的强度，由强到弱分别为：完全一致性（Full Consistency）、边一致性（Edge Consistency）和节点一致性（Vertex Consistency）。

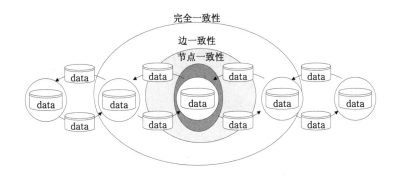

图 14-12　三种一致性

完全一致性的含义是：在节点 v 的节点更新函数 $f(v)$ 执行期间，保证不会有其他更新函数去读写或者更改节点 v 的作用域 S_v 内图对象的数据。因此，满足完全一致性条件的情形下，并行计算只允许出现在无公共邻接点的图节点之间，因为如果两个图节点有公共邻接图节点，那么两者的作用域必有交集，若两者并发执行，可能会发生争用状况，而这违反了完全一致性的定义。

比完全一致性稍弱些的是边一致性条件，其含义为：在节点 v 的节点更新函数 $f(v)$ 执行期间，保证不会有其他更新函数去读写或者更改节点 v，以及与其邻接的所有边的数据。即与完全一致性条件相比，放松了条件，允许读写与节点 v 邻接的其他图节点的数据。在满足边一致性条件下，并行计算允许出现在无公共边的图节点之间，因为只要两个节点 u 和 v 不存在共享边，则一定会满足边一致性条件。

更弱一些的是节点一致性，其含义为：在节点 v 的节点更新函数 $f(v)$ 执行期间，保证不会有其他更新函数去读写或者更改节点 v 的数据。很明显，最弱的节点一致性能够允许最大程度的并发，之所以说其限制条件较弱，是因为除非应用逻辑可以保证节点更新函数 $f(v)$ 只读写节点本身的数据，否则很易发生争用状况，使得程序运行结果不一致。

选择不同的一致性模型对于并行程序执行的结果正确性有很大影响，所谓并行执行的结果正确性，可以用其和顺序执行相比是否一致来进行判断。因此，可以定义"序列一致性"如下：

如果对所有可能的并发执行顺序总是存在与序列执行完全一致的执行结果，在此种情形下，我们可以将这个并发程序称为是满足序列一致性的。

是否满足序列一致性可以帮助我们验证将一个顺序执行的程序改造为并行执行程序后的正确性。在并行的异步图计算环境下，以下三种情形是可以满足序列一致性的。

情形一：满足完全一致性条件。

情形二：满足边一致性条件，并且节点更新函数 $f(v)$ 不会修改邻接节点的数据。

情形三：满足节点一致性条件，并且节点更新函数 $f(v)$ 只会读写节点本身的数据。

上面三种情形可供应用者在设计算法时参考，以在并发性和结果正确性之间做好权衡：一致性条件越弱，则并发能力越强，但是争用状况发生概率越高，即结果可能越难保障正确性。如果应用能够明确节点更新函数的数据涉及范围，就可以根据上述几种情形来进行选择，更好地做到在保证结果正确性的前提下提高并发性能。

14.5 离线挖掘图数据库

从前面已经知道，离线挖掘类图计算范型包括同步模型和异步模型。本节介绍具有代表性的离线挖掘图数据库，其中，Pregel 和 Giraph 采用了典型的同步模型，GraphChi 采用了典型的异步模型，而 PowerGraph 则可以看成是混合模型的代表，即其既可以模拟同步模型，也可以模型异步模型。

14.5.1 Pregel

Pregel 是 Google 提出的大规模分布式图计算平台，专门用来解决网页链接分析、社交数据挖掘等实际应用中涉及的大规模分布式图计算问题。

1. 计算模型

Pregel 在概念模型上遵循 BSP 模型，整个计算过程由若干顺序执行的超级步（Super Step）组成，系统从一个"超级步"迈向下一个"超级步"，直到达到算法的终止条件（见图 14-13）。

Pregel 在编程模型上遵循以图节点为中心的模式，在超级步 S 中，每个图节点可以汇总从超级步 S-1 中其他节点传递过来的消息，改变图节点自身的状态，并向其他节点发送消息，这些消息经过同步后，会在超级步 S+1 中被其他节点接收并做出处理。用户只需要自定义一个针对图节点的计算函数 $F(vertex)$，用来实现上述的图节点计算功能，至于其他的任务，比如任务分配、任务管理、系统容错等都交由 Pregel 系统来实现。

典型的 Pregel 计算由图信息输入、图初始化操作，以及由全局同步点分割开的连续执行的超级步组成，最后可将计算结果进行输出。

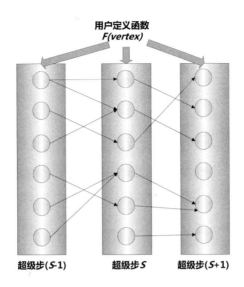

图 14-13　Pregel 的计算模型

　　每个节点有两种状态：活跃与不活跃，刚开始计算的时候，每个节点都处于活跃状态，随着计算的进行，某些节点完成计算任务转为不活跃状态，如果处于不活跃状态的节点接收到新的消息，则再次转为活跃，如果图中所有的节点都处于不活跃状态，则计算任务完成，Pregel 输出计算结果。

　　下面以一个具体的计算任务来作为 Pregel 图计算模型的实例进行介绍，这个任务要求将图中节点的最大值传播给图中所有的其他节点，图 14-14 是其示意图，图中的实线箭头表明了图的链接关系，而图中节点内的数值代表了节点的当前数值，图中虚线代表了不同超级步之间的消息传递关系，同时，带有斜纹标记的图节点是不活跃节点。

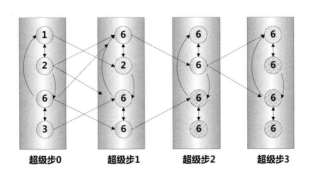

图 14-14　Pregel 传播最大值

　　从图中可以看出，数值 6 是图中的最大值，在第 0 步超级步中，所有的节点都是活跃的，系统执行用户函数 F(vertex)：节点将自身的数值通过链接关系传播出去，接收到消息的节点选择其中的最大值，并和自身的数值进行比较，如果比自身的数值大，则更新为新的数值，如果不比自身的数值大，则转为不活跃状态。

在第 0 个超级步中，每个节点都将自身的数值通过链接传播出去，系统进入第 1 个超级步，执行 F(vertex)函数，第一行和第四行的节点因为接收到了比自身数值大的数值，所以更新为新的数值 6。第二行和第三行的节点没有接收到比自身数值大的数，所以转为不活跃状态。在执行完函数后，处于活跃状态的节点再次发出消息，系统进入第 2 个超级步，第二行节点本来处于不活跃状态，因为接收到新消息，所以更新数值到 6，重新处于活跃状态，而其他节点都进入了不活跃状态。Pregel 进入第 3 个超级步，所有的节点处于不活跃状态，所以计算任务结束，这样就完成了整个任务，最大数值通过 4 个超级步传递给图中所有其他的节点。算法 14.1 是体现这一过程的 Pregel C++代码。

算法 14.1[C++]：最大值传播

```cpp
Class MaxFindVertex
: public Vertex<double, void, double> {
public:
virtual void Compute(MessageIterator* msgs) {
    intcurrMax = GetValue();                    //节点保存了到目前为止看到的最大值
    SendMessageToAllNeighbors(currMax);         //将当前的最大值通过消息传播出去

    /*从当前消息队列查找是否有比当前值更大的值*/
    for ( ; !msgs->Done(); msgs->Next()) {
        if (msgs->Value() >currMax)
            currMax = msgs->Value();
    }

    if (currMax>GetValue())                     //如果有，更新最大值
        *MutableValue() = currMax;
    else                                        //如果没有，转入休眠态
        VoteToHalt();
    }
};
```

2. 系统架构

Pregel 采用了"主从结构"来实现整体功能，图 14-15 是其架构图，其中一台服务器充当"主控服务器"，负责整个图结构的任务切分，采用"切边法"将其切割成子图（Hash(ID)=ID mod n，n 是工作服务器个数），并把任务分配给众多的"工作服务器"，"主控服务器"命令"工作服务器"进行每一个超级步的计算，并进行障碍点同步和收集计算结果。"主控服务器"只进行系统管理工作，不负责具体的图计算。

每台"工作服务器"负责维护分配给自己的子图节点和边的状态信息，在运算的最初阶段，将所有的图节点状态置为活跃状态，对于目前处于活跃状态的节点依次调用用户定义函数 F(Vertex)。需要说明的是，所有的数据都是加载到内存进行计算的。除此之外，"工作服务器"还管理本机子

图和其他"工作服务器"所维护子图之间的通信工作。

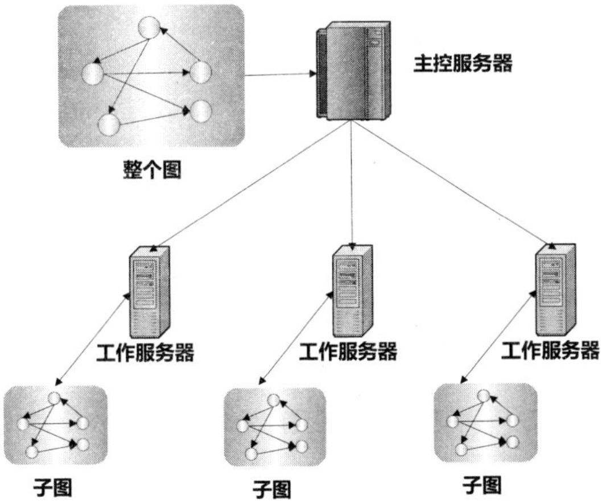

图 14-15　Pregel 的分布协作关系

在后续的计算过程中，"主控服务器"通过命令通知"工作服务器"开始一轮超级步的运算，"工作服务器"依次对活跃节点调用 $F(Vertex)$，当所有的活跃节点运算完毕，"工作服务器"通知"主控服务器"本轮计算结束后剩余的活跃节点数，直到所有的图节点都处于非活跃状态为止，计算到此结束。

Pregel 采用"检查点"（CheckPoint）作为其容错机制。在超级步开始前，"主控服务器"可以命令"工作服务器"将其负责的数据分片内容写入存储点，内容包括节点值、边值以及节点对应的消息。

"主控服务器"通过心跳监测的方式监控"工作服务器"的状态，当某台"工作服务器"发生故障时，"主控服务器"将其负责的对应数据分片重新分配给其他"工作服务器"，接收重新计算任务的"工作服务器"从存储点读出对应数据分片的最近"检查点"以恢复工作，"检查点"所处的超级步可能比现在系统所处的超级步慢若干步，此时，所有的"工作服务器"回退到与"检查点"一致的超级步重新开始计算。

从上述描述可以看出，Pregel 是一个消息驱动的、遵循以图节点为中心的编程模型的同步图计算框架。考虑到"主控服务器"的功能独特性和物理唯一性，很明显，Pregel 存在单点失效的可能。

请思考： 在容错周期选择方面，每一轮超级步都可以进行一次，也可以选择相隔若干超级步进行一次，那么这两种做法各自有何优缺点？

解答： 如果选择较短周期的容错措施，在完成任务的过程中，需要的额外开销会较多，但是好处在于如果机器发生故障，整个系统回退历史较近，有利于任务尽快完成；较长周期的容错措施正好相反，因为频次低，所以平常开销小，但是如果机器发生故障，则需要回退较多的超级步，导致拉长任务的执行过程。所以这里也有一个总体的权衡。

3. Pregel 应用

本节通过若干常见的图计算应用，来说明 Pregel 框架下如何构造具体的应用程序。

（1）PageRank 计算

PageRank 是搜索引擎排序中重要的参考因子，其基本思路和计算原理在本章前面有所说明，此处不再赘述。下面是利用 Pregel 进行 PageRank 计算的 C++示例代码。

算法 14.2[C++]：PageRank

```
Class PageRankVertex
: public Vertex<double, void, double> {
public:
virtual void Compute(MessageIterator* msgs) {
    if (superstep() >= 1) {
    double sum = 0;

    /*根据传入消息更新节点的当前 Pagerank 值*/
    for (; !msgs->done(); msgs->Next())
        sum += msgs->Value();
        *MutableValue() = 0.15 + 0.85 * sum;
    }

    if (supersteps() < 30) { //是否达到指定的迭代次数
        const int64 n = GetOutEdgeIterator().size();
        SendMessageToAllNeighbors(GetValue() / n); //当前 Pagerank 值传播出去
    }
    else {
        VoteToHalt();
        }
    }
};
```

Compute()函数即为前面介绍的针对 S 超级步中图节点的计算函数 F（$Vertex$），用户通过继承接口类 Vertex 并改写 Compute(MessageIterator* msgs)接口函数，即可快速完成应用开发，其中 MessageIterator* msgs 是 S-1 超级步传递给当前节点的消息队列。该计算函数首先累加消息队列中传递给当前节点的部分 PageRank 得分，之后根据计算公式得到图节点当前的 PageRank 得分，如果当前超级步未达循环终止条件 30 次，则继续将新的 PageRank 值通过边传递给邻接节点，否则发出结束通知，使得当前节点转为不活跃状态。

（2）单源最短路径

在图中节点间查找最短的路径是非常常见的图算法。所谓"单源最短路径"，就是指给定初始节点 StartV，计算图中其他任意节点到该节点的最短距离。下面是如何在 Pregel 平台下计算图节点的单源最短路径的 C++代码示例。

算法 14.3[C++]：单源最短路径

```
Class ShortestPathVertex
: public Vertex<int, int, int> {
public:
virtual void Compute(MessageIterator* msgs) {
intminDist = IsSource((vertex_id()) ? 0 : INF;
//中间变量记载当前最短的距离，源节点赋初始值 0，其他赋初始值无穷大

/*从传入消息中查找最短距离*/
for ( ; !msgs->Done(); msgs->Next())
   minDist = min(minDist, msgs->Value());

/*如果传入的最短距离小于目前节点保存的最短距离*/
if (minDist<GetValue()) {
   *MutableValue() = minDist; //更新最短距离
   OutEdgeIteratoriter = GetOutEdgeIterator();

   /*向外传播:当前最短距离+边的权值*/
   for ( ; !iter.Done(); iter.Next())
      SendMessageTo(iter.target(), minDist + iter.GetValue());
}
VoteToHalt();
}
};
```

从代码中可看出，某个图节点 *v* 从之前的超级步中接收到的消息队列中查找目前看到的最短路径，如果这个值比节点 *v* 当前获得的最短路径小，说明找到更短的路径，则更新节点数值为新的最短路径，之后将新值通过邻接节点传播出去，否则将当前节点转换为不活跃状态。在计算完成后，如果某个节点的最短路径仍然标为 *INF*，说明这个节点到源节点之间不存在可达通路。

（3）二部图最大匹配

二部图最大匹配也是经典的图计算问题，下面给出 Pregel 利用随机匹配思想解决该问题的一个思路。

算法 14.4[C++]：二部图最大匹配

```
Class BipartiteMatchingVertex
    : public Vertex<tuple<position, int>, void, boolean> {
```

```
public:
virtual void Compute(MessageIterator* msgs) {
    switch (superstep() % 4) {
    /*左端节点*/
    case 0: if (GetValue().first == 'L') {
        SendMessageToAllNeighbors(1);
        VoteToHalt();
    }
    /*右端节点*/
    case 1: if (GetValue().first == 'R') {
      Rand myRand = new Rand(Time());
      for ( ; !msgswitch (supersteps->Done(); msgs->Next()) {
        if (myRan d.nextBoolean()) {
            SendMessageTo (msgs->Source, 1);
            break;
        }
    }
    VoteToHalt();
    }
    /*左端节点*/
    case 2: if (Get Value().first == 'L') {
        Rand myRand = new Rand(Time());
    for ( ; !msgs->Done(); msgs->Next) {
        if (myRand.nextBoolean()) {
            *MutableValue().second = msgs->Source());
            SendMessageTo(msgs->Source(), 1);
            break;
        }
    }
    VoteToHalt(); }
    /*右端节点*/
    case 3: if (GetValue().first == 'R') {
        msgs->Next();
        *MutableValue().second = msgs->Source();
    }
    VoteToHalt();
    }
}};
```

上面的 Pregel 程序采用随机匹配的方式来解决二部图最大匹配问题，每个图节点维护一个二元组：('L/R'，匹配节点 ID)，'L/R'指明节点是二部图中的左端节点还是右端节点，以此作为身份识别标记。二元组的另一维记载匹配上的节点 ID。

算法运行经过以下四个阶段。

阶段一：对于二部图中左端尚未匹配的节点，向其邻接节点发出消息，要求进行匹配，之后转入非活跃状态。

阶段二：对于二部图中右端尚未匹配的节点，从接收到的请求匹配消息中随机选择一个接收，并向接收请求的左端节点发出确认信息，之后主动转入非活跃状态。

阶段三：左端尚未匹配的节点接收到确认信息后，从中选择一个节点接收，写入匹配节点 ID 以表明已经匹配，然后向右端对应的节点发送接收请求的消息。左端节点已经匹配的节点在本阶段不会有任何动作，因为这类节点在第一阶段中根本就没有发送任何消息。

阶段四：右端尚未匹配的节点至多选择一个阶段三发过来的请求，然后写入匹配节点 ID 以表明已经匹配。

通过上述类似于两次握手的四个阶段的不断迭代，即可获得一个二部图最大匹配结果。

14.5.2　Giraph

Giraph 是用于大规模图计算的 Hadoop 开源框架，在计算机制和体系结构上，Giraph 基本上可以看作是 Pregel 的开源版本，绝大部分机制和架构与 Pregel 类似，也是采取 BSP 计算模型，采用以节点为中心的编程模型，并通过消息传递方式将多轮超级步运算串接起来。

但是 Giraph 也有一些技术与 Pregel 有不同之处，本节主要讲述 Giraph 和 Pregel 之间有较大差异的两个技术点。当然，除此之外，Giraph 还有其他一些技术改进，比如，虽然数据默认是全部放入内存进行计算，但是用户也可以选择使用外存存储数据，此改进可以使系统不受集群内存总量限制，能够运算超出内存限制的海量数据。考虑到其他差异点的影响较小，所以此处不再赘述，我们重点讲解重大的差异点。

值得强调的重大的差异点有两个：其一，Giraph 解决了 Pregel 存在的单点失效问题；其二，出于技术复用目的，Giraph 底层采用的是 Hadoop 的 HDFS 作为存储系统以及对应的 MapReduce 计算机制。前文有述，使用 MR 机制进行图运算效率很低，那么 Giraph 是如何克服这一效率瓶颈的呢？

1. 单点失效问题

请思考：如果你是 Giraph 的架构师，任务是要解决 Pregel 的"主控服务器"单点失效问题，你会如何做？

在讲解 Pregel 时，我们提到"主控服务器"存在单点失效问题。"主控服务器"承担总体管理和调度的重要角色，如果其发生故障，整个图计算系统都无法正常运行，所以解决这个问题对系统可用性的提升有很大的帮助。

Giraph 采用 ZooKeeper 来解决"主控服务器"单点失效问题。当"主控服务器"发生故障时，ZooKeeper 可以侦测到这一现象，并通过投票从其他"工作服务器"中选举出新的"主控服务器"承担后续的管理与调度任务。

但是，问题并未获得彻底解决。

我们知道，Pregel 图计算是有状态的，"主控服务器"需要维护系统持续运行所需的状态信息，这些状态信息包括：数据分片和"工作服务器"之间的映射关系、目前正在进行的超级步步数、检查点存储路径信息等。如果"主控服务器"失效，尽管新选出的"主控服务器"可以接管后续的管理调度操作，但是之前的运行状态信息如何获得？答案同样是：ZooKeeper。本书"分布式协调系统"一章有述，ZooKeeper 也可以作为各种配置文件和状态信息的存储地，所以只要将这些系统状态信息存入 ZooKeeper，就可以彻底解决"主控服务器"的单点失效问题。

2. Hadoop 的低效率问题

Giraph 在底层采用 HDFS 作为存储，MapReduce 作为内部计算机制，要避免 MR 运算机制对于迭代类计算的低效率问题，必须采取一定的改造手段。

首先，一个图计算任务在 Giraph 内部就是由一个巨大的 Map-Only 任务构成的，没有 Reduce 阶段。其次，系统将所有计算需要的数据保持在内存中，这样就避免了 MapReduce 固有的磁盘频繁读/写操作。在传统的 MR 计算任务中，Shuffle 起到了消息传递的作用，而在 Giraph 中，串接起各个超级步的消息通信机制则采取 Netty 网络通信框架，Netty 是由 JBOSS 提供的一个 Java 开源框架，它提供异步的、事件驱动的网络应用程序框架和工具，常常用以快速开发高性能、高可靠性的网络服务器和客户端程序。通过以上几个改进措施，Giraph 就可以既重用 Hadoop 框架，又避免了传统 MR 运算机制在迭代计算中的低效率问题。

算法 14.5 列出了"工作服务器"运行的 Map 任务函数计算流程，由此可以看出 Giraph 是如何通过 Map-Only 任务来完成图计算的 BSP 模型的。

算法 14.5[伪码]：Map 任务函数

```
Void Map()
{
    superstep=0;
    vertices=LoadPartitionsFromHDFS(path);

    do{
        For(Vertex v: vertices.GetActive()){
            v.compute();
        }

        SendMessagesToWorkers();
        CheckPointIfNecessary(superstep);
        Synchronize();
        superstep++;
```

```
    }while(superstep<MAX_SUPERSTEP&& !allHalted(vertices));

    DumpResultToHDFS(vertices);
}
```

关于 Giraph，除了上面介绍的与 Pregel 的两个较大差异点外，算法 14.6 列出了使用 Giraph 解决单源最短路径问题的简化版代码，读者可与前面提到的 Pregel 对应算法的代码进行对比，可以看出两者基本一致，关于其他常见的图算法，也可仿照"Pregel"一节列出的代码一一写出。

算法 14.6[Java]：单源最短路径

```java
public void compute(Iterable<DoubleWritable> messages)
{
    double minDist = Double.MAX_VALUE;
    for (DoubleWritable message : messages) {
        minDist = Math.min(minDist, message.get());
    }
    if (minDist<getValue().get()) {
        setValue(new DoubleWritable(minDist));
        for (Edge<LongWritable, FloatWritable> edge : getEdges()) {
            double distance = minDist + edge.getValue().get();
            sendMessage(edge.getTargetVertexId(),new DoubleWritable(distance));
        }
    }
    voteToHalt();
}
```

类似于 Giraph，HAMA 也是针对大规模图计算的开源 Hadoop 孵化项目，同样也构建于 HDFS 和 MapReduce 之上，不同点在于 HAMA 除了适合做图计算外，也可以进行科学计算的任务。相较于 Giraph，HAMA 在项目活跃度及开源社区参与人数方面的差距都较大，其发展前景与 Giraph 相比稍逊一筹。

14.5.3　GraphChi

GraphChi 是 GrapLab 实验室推出的单机版大规模图计算系统，虽然没有采取目前常用的分布式架构，但是其运算效率及大规模数据处理能力却毫不逊色于采用并行架构的图计算系统。实验表明，在一台配备 8GB 内存和 256GB 容量 SSD 硬盘，以及 1TB 容量普通硬盘的苹果笔记本电脑上，其大规模图计算的效率与当前主流的分布式架构性能相当。

GraphChi 是如何做到这一点的呢？从其设计方案可以学习到设计大数据处理系统的一些技巧。

1. 并行滑动窗口（Parallel Sliding Windows，PSW）

为了加快运行效率，目前几乎所有的挖掘类大规模图计算系统都是将数据加载到内存进行计算的，GraphChi 也不例外，但问题是单机环境的内存有限，不可能将所有的图数据加载到内存，所以必须将图切割成若干子图，每次加载子图数据到内存进行计算，依次加载各个子图可以完成一轮迭代，经过若干轮迭代，即可完成图的计算任务。并行滑动窗口（PSW）即是完成上述流程的具体实现方案。

PSW 在对图进行切分时，虽然看上去是采用切点法，但本质上是采用了切边法。在对图节点进行顺序编号并由小到大排序后（称为技巧 1），根据编号大小，将图节点划分为不相交的 P 个间隔（Interval），每个间隔代表子图节点集合 S，与每个间隔相对应绑定一份数据分片（Shard），用来记录该子图需要保存的信息，这里记载的是图节点集合 S 中的所有入边（Inlink）信息，并按照有向边的源节点序号由小到大对边进行排序后有序存储（称为技巧 2），图切分后的效果如图 14-16 所示。

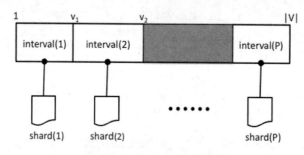

图 14-16　GraphChi 的数据分片

在 PSW 运行的过程中，完成一轮图计算需要依次将每个间隔包含的图节点相关信息加载到内存进行子图数值更新计算。子图数值更新由三个顺序步骤构成：加载子图数据到内存、并发执行图节点更新函数、将更新后的子图数据写回磁盘。

PSW 计算时按顺序依次将每个间隔对应的数据分片加载到内存里，当处理某个间隔 i 时，在内存重建间隔 i 所包含的子图信息，包括子图包含的所有图节点以及附着在这些节点上的所有边，因为与间隔 i 绑定的数据分片 shard(i) 中记载了子图的所有入边，所以对于一个完整的子图来说，所缺少的只剩下子图的所有出边（Outlink）信息。这些出边信息在哪里保存？它们分布在其他间隔的数据分片中，因为对于间隔 i 来说，其包含子图中图节点的所有出边意味着其他间隔中所包含子图的入边，因此需要从其他 $P-1$ 个间隔对应的数据分片中将这些出边信息读出，并加载到内存以重建子图。如果这些出边信息不连续地散落在其他间隔对应的数据分片中，则意味着要有很多次的外存随机读操作，这无疑会严重影响系统效率。所幸的是，在经过前面标出的两个实现技巧后，可以保证间隔 i 的出边在其他每个间隔对应的数据分片中一定是连续存储的，这样就将潜在的大量磁盘随机读取操作转换成了对磁盘块数据（Block）的 $P-1$ 次顺序读取操作，再加上加载间隔 i 所需的 1 次数据分片的顺序读操作，以 P 次顺序读操作即可将子图计算所需的信息全部加载到内存以重建子图信息，这样无疑会大大提升系统的效率。这是 GraphChi 处理图数据保持高性能的很重要的原因之一。

之所以被称为"并行滑动窗口"，是因为如果当前正在处理第 i 个间隔，则需在其他 P-1 个间隔对应的数据分片中读取对应的连续出边信息，而处理完后继续处理第 i+1 个间隔时，其他 P-1 个间隔对应的数据分片中需要读取的连续出边信息紧跟在之前处理第 i 个间隔时候取的出边信息数据后面，随着计算的进行，每个数据分片就像有一个滑动窗口在随着计算的进行不断下移。图 14-17 展示了其形象示意。

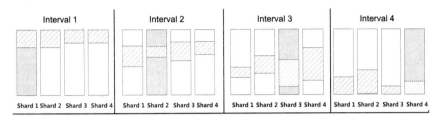

图 14-17　并行滑动窗口示意

当某个间隔的完整子图信息在内存构建完成后，GraphChi 可以并发对子图中的节点执行用户自定义的节点更新函数来完成具体的应用逻辑，所以可以看出，它也属于以节点为中心的编程模型。节点更新函数可以修正边上的权值，因为 GraphChi 是异步模型，所以这种数值变化会立即生效，在并发执行环境下，为了避免不同的节点对同一条边同时更改数值产生的"写-写冲突"，GraphChi 在调度节点并发执行时遵循如下约定。

将子图内的节点分为两类，如果两个节点都在子图中且两者有边相连，那么这些节点作为第一类，子图中其他节点作为第二类。对于第二类节点，可以并发执行，因为可以保证任意两个节点不存在共享边，而对于第一类节点，因为节点之间存在共享边，存在潜在的"写-写冲突"风险，所以顺序执行，以避免这种风险可能带给应用逻辑的结果错误。很明显，第一类节点的计算完全无并发，这是 GraphChi 值得改进的一点，可以引入并发机制来进一步提升系统效率。

由此可见，整个 GraphChi 系统在运行过程中，只有上述对第二类节点的节点更新是并行的，其他阶段（包括间隔的顺序执行），间隔内第一类节点的更新以及后续的更新值写回磁盘都是顺序执行的。

当上述节点的更新阶段完成后，GraphChi 将更新后的边信息写回磁盘。为了提升效率，原先保存在外存的数据块在内存中也顺序放在缓存中，当边值发生更改时，直接更改缓存信息块内对应的数值信息。当整个子图的图节点更新完成后，将更新后的缓存数据块写回各个间隔对应的数据分片的磁盘文件相应的位置，因为数据块是连续的，更新各个文件也以顺序写的方式，所以写磁盘效率非常高，对于一个间隔来说，磁盘顺序写入 P 次即可完成本次迭代的数据输出（称为技巧 3）。更新后的数值在下一个间隔节点更新计算时已经可见，所以 GraphChi 采用的是异步计算模式。

请思考：GraphChi 采用了典型的异步模式，是否有简单的办法将其改造成 BSP 模型等同步计算模式？

答案：只要将 Shard 数据保存两份，一份用来记录本轮迭代之前的数值，在本轮迭代计算时使用这套数据，本轮迭代计算结果写入另一份数据中，这样就可以将其改造为同步计算模式。

完成上述三个阶段即是完成了一个间隔包含的子图内容更新，当序列完成 P 个间隔，则完成了一轮迭代过程，经过多轮如此迭代，即可完成图计算任务。整个计算流程如算法 14.7 所示。

算法 14.7[伪码]：PSW 算法

```
foreach iteration do
    shards[]←InitializeShards(P)
    forinterval←1 to P do
        /*加载子图数据：包括 inlink 和 outlink */
        subgraph←LoadSubgraph(interval)
        parallel foreach vertex ∈subgraph:vertex do
            /* 执行用户自定义函数*/
            UDF_updateVertex(vertex)
        end

        /* 将本数据分片写入磁盘*/
        shards[interval].UpdateFully()
        /* 将滑动窗口信息更新到磁盘*/
        for s ∈1,……P, s ≠interval do
            shards[s].UpdateLastWindowToDisk()
        end  //end for
    end  //end for
end  //end foreach
```

为了便于理解上述执行流程，下面以一个具体例子来说明。假设图 G 包含 6 个节点，首先对这些节点一一进行编号，并根据编号大小顺序将其切割为 $P=3$ 个间隔，即 1 和 2 号节点作为间隔 1，3 号节点和 4 号节点作为间隔 2，间隔 3 包含 5 号和 6 号节点。每个间隔对应一个数据切片文件，其中存放间隔内子图节点的所有入边，并按照源节点编号由小到大排序。然后根据间隔编号由小到大依次处理子图，示意图 14-18 中阴影部分的边信息代表加载数据分片信息时需要加载到内存的内容，从其顺序执行过程中可以看出滑动窗口的滑动方向。

由上述 GraphChi 的执行流程可以看出其是如何只依靠单机就能快速处理海量图数据的。

之所以能够通过单机处理海量数据，是因为将原始数据进行数据切片后存储在外存，一次读入某个数据切片信息，这样通过调整 P 的个数可以保证：尽管数据量很大，但如果外存足够大，只要增加 P 的数量，也能够有足够的内存使计算可行。

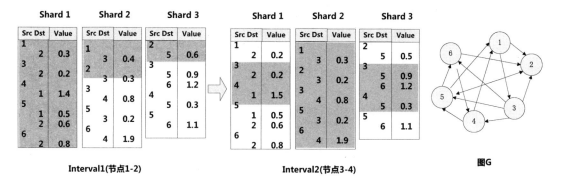

图 14-18 PSW 示例

就像上文所述，整个 GraphChi 在执行期间，并发执行的阶段其实很少，只有在更新节点内容阶段对第二类节点更新的时候才有并发行为，其他各个阶段都是顺序执行的。那么既然这样，为何其运算效率能够达到大规模分布式架构类似的程度呢？其最关键之处即在通过前面介绍的几个实现技巧，将本来不得不进行的大量磁盘随机读写改造成快速的磁盘顺序读写，这里的磁盘 I/O 操作相当于分布式架构中需要进行的机器之间的网络通信阶段的工作，通过这种高效磁盘操作，尽管其对于子图是顺序执行的，也能够大大加快整个系统的运行效率。

2. 应用实例

下面以 PageRank 计算和寻找连通子图两个简单的例子来说明如何使用 GraphChi 解决具体的应用问题。PageRank 较简单，通过带有注释的代码可以很容易理解其思路。对于寻找连通子图应用来说，其基本思路是：在初始化阶段，将节点 ID 作为图节点值，在之后的多轮迭代过程中，每个节点从邻接节点查找最小值，并将目前看到的最小值通过边传播到邻接节点，当图中节点值稳定后完成计算。标为相同数值的节点集合就是一个连通子图。代码分别如算法 14.8 和算法 14.9 所示。

算法 14.8[C++]：PageRank

```cpp
void update(graphchi_vertex<VertexDataType,EdgeDataType>&v,graphchi_
context&ginfo){
        float sum=0;
        if(ginfo.iteration==0){
            /* 初次迭代，初始化节点和边值*/
            for(inti=0;i<v.num_outedges();i++){
                graphchi_edge<float>*edge=v.outedge(i);
                edge->set_data(1.0/v.num_outedges());
            }
            v.set_data(RANDOMRESETPROB);
        }else{
```

```
/* 从入边累加邻接节点传入的 pagerank 值 */
for(inti=0;i<v.num_inedges();i++){
    floatval=v.inedge(i)->get_data();
    sum+=val;
}

/* 计算 pagerank 得分 */
float pagerank=RANDOMRESETPROB+(1-RANDOMRESETPROB)*sum;

/* 将当前 pagerank 值通过出边传播出去 */
if(v.num_outedges()>0){
    float pagerankcont=pagerank/v.num_outedges();
    for(inti=0;i<v.num_outedges();i++){
        graphchi_edge<float>*edge=v.outedge(i);
        edge->set_data(pagerankcont);
    }
}

/* 记录 pagerank 值变化 */
ginfo.log_change(std::abs(pagerank-v.get_data()));

/* 设置的节点当前 pagerank 值*/
v.set_data(pagerank);
    }
}
```

算法 14.9[C++]：发现连通子图

```
void update(graphchi_vertex<VertexDataType,EdgeDataType>&vertex,
graphchi_context&gcontext){
    /*初始化，以节点 ID 设置当前值*/
    if(gcontext.iteration==0){
        vertex.set_data(vertex.id());
        gcontext.scheduler->add_task(vertex.id());
    }

    /* 从邻接节点的边中寻找最小值 */
    vid_tcurmin=vertex.get_data();
    for(inti=0;i<vertex.num_edges();i++){
        vid_tnblabel=vertex.edge(i)->get_data();
        if(gcontext.iteration==0)
            nblabel=vertex.edge(i)->vertex_id();

        curmin=std::min(nblabel,curmin);
    }

    /* 设置节点当前值*/
    vertex.set_data(curmin);
```

```
/*将当前值通过边传播出去*/
vid_t label=vertex.get_data();

if(gcontext.iteration>0){
    for(inti=0;i<vertex.num_edges();i++){
        if(label<vertex.edge(i)->get_data()){
            vertex.edge(i)->set_data(label);

/* 将边指向的节点加入调度队列*/
            gcontext.scheduler->add_task(vertex.edge(i)->vertex_
id());
        }
    }
}else if(gcontext.iteration==0){
    for(inti=0;i<vertex.num_outedges();i++){
        vertex.outedge(i)->set_data(label);
    }
}
}
```

14.5.4　PowerGraph

PowerGraph 是一个非常值得关注的系统，其无论在图计算的理论分析方面还是实际的系统实施方面都达到了相当的高度，实际效果也表明 PowerGraph 基本上是目前主流图计算系统里效率最高的。

顾名思义，PowerGraph 主要解决满足以 Power Law 规则分布的自然图的高效计算问题。满足 Power Law 规则的图数据分布极度不均匀，极少的节点通过大量的边和其他众多节点发生关联，比如，Twitter 的关注关系中，仅有占比 1%的图节点与占比 50%的边数据发生关联。这种数据分布的极度不均匀给分布式图计算带来了很多问题，比如很难均匀地切分图数据以及由此带来的机器负载不均衡和大量的机器远程通信，这都严重影响了图计算系统的整体效率。

本节探讨 PowerGraph 是如何对这种分布不均匀的数据进行处理来达到高效率计算目的的。

1. PowerGraph 计算机制

PowerGraph 之所以能够获得极高的运行效率，归结起来，原因在于利用并融合了以下三个因素：切点法分布图数据、利用 GAS 编程模型增加细粒度并发性，以及对中间结果使用增量缓存（Delta Cache）减少计算量。

在本章"离线挖掘数据分片"一节中介绍过切点法，切点法在切割图的时候，切割线只能通过图节点而非边，被切割线切割的图节点可能同时出现在多个被切割后的子图中。在图计算迭代进行过程中，需要更新图节点 u 的数据 D_u，因为切点法导致节点 u 可能会出现在多个机器上，即存在常见的数据多副本问题，所以这里必须维护多副本的数据一致性。

同时，PowerGraph 采用了细粒度的 GAS 编程模型（请参考本章"离线挖掘计算模型"一节），将对数据更新操作划分为连续的三个阶段，这样可以细粒度地增加并发性。在 GAS 模型下，PowerGraph 是以如下方式保证多副本数据一致性的（见图 14-19）。

对于多副本的节点数据，PowerGraph 会指定其中一份数据为主数据，其他数据作为镜像从数据，在信息收集阶段（Gather），每个副本数据可以并行执行，但是每个副本节点只能累计部分数据，所以在 Gather 阶段完成后，需要进行数据同步操作，从数据将自身累积的那部分信息传到主数据，由主数据进行最后的总累加操作，并采用 Apply 操作更新主数据数值，同时通知其他镜像从数据对节点数据进行更新。在接下来的 Scatter 阶段，各个副本数据同样可以像在 Gather 阶段一样并发执行，去更改邻接边或者邻接节点的数据。可以看出，对于切点法来说，其机器间的通信工作主要是维护数据一致性产生的。

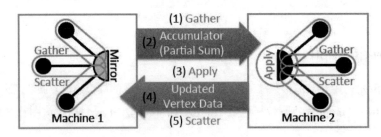

图 14-19　PowerGraph 的数据同步

如上所述，PowerGraph 采用切点法分布图数据，对于符合 Power-Law 原则的自然图，这是比切边法高效的一种数据分布方式，同时 PowerGraph 采用细粒度的 GAS 编程模型，使得 Gather 和 Scatter 两个阶段可以并发操作，这种细粒度的并发模型也可以加快系统的运行效率。对于应用开发者来说，只要实现如下四个接口函数程序实体，即可完成具体的应用，代码如算法 14.10 所示。

算法 14.10[伪码]：GAS 编程接口

```
interface GASVertexProgram(u) {
    // 运行 gather_nbrs(u)
    gather(D_u, D_(u,v), D_v) →Accum

    sum(Accum left, Accum right) →Accum
    apply(D_u, Accum) → D_u^new

    // 运行 scatter_nbrs(u)
    scatter(D_u^new, D_(u,v), D_v) → (D_(u,v)^new, Accum)
}
```

其中的 gather、apply 和 scatter 接口即是 GAS 三阶段对应的应用行为，sum 函数定义了如何累加中间数据，并作为中间函数被 GAS 接口调用，之所以要定义累加函数，是因为不同应用下累加操作的逻辑含义可能不同，比如也许是数值累加行为，也许是对集合采取并集操作等。

当用户遵循 GAS 接口定义清楚上述四个函数的程序实体后，余下的工作交由 PowerGraph 完成，其以节点为中心的编程模型的具体执行语义如算法 14.11 所示。

算法 14.11[伪码]: GAS 编程模型执行语义

Input: Center vertex u

```
/*增量缓存无中间结果，执行 gather 阶段*/
if cached accumulator aᵤ is empty then
    foreach neighbor v in gather_nbrs(u) do
        aᵤ← sum(aᵤ, gather(Dᵤ, D₍u,v₎, Dᵥ)))
    end
end


Dᵤ←apply(Dᵤ, aᵤ)


Foreach neighbor v scatter_nbrs(u) do
    (D₍u,v₎, Δa)← scatter(Dᵤ, D₍u,v₎, Dᵥ)
    if aᵥ and Δa are not Empty then
        aᵥ←sum(aᵥ, Δa)
    else
        aᵥ←Empty
end
```

为了能够正确理解上述执行语义，首先需要介绍增量缓存的概念。"增量缓存"也是 PowerGraph 引入的一种增加系统执行效率的重要手段。我们知道，以图为中心的编程模型其实是以与节点有关联的边的数值变化驱动的，Gather 阶段会反复收集边上传递来的数据变化情况，而很多时候，节点上的边数值并未发生变化，此时进行的 Gather 操作其实是一种计算资源的浪费。所以，可以对每个图节点引入一个数值 a_u，并将其放入缓存中，用它来记载上次 Gather 阶段产生的中间结果，如果其值未发生变化，则无须执行 Gather 阶段，通过这种"增量缓存"的方式有效地节省了部分 Gather 阶段的计算，加快了系统执行效率。

为了更容易理解上述执行语义，我们可以结合 PageRank 的例子来进一步梳理，其对应的程序逻辑参考算法 14.12 所示。结合 PageRank 定义的四个操作逻辑，并将这四个操作逻辑分别引入算法 14.11 的 GAS 编程模型执行语义，可以更明晰其执行过程和"增量缓存"的意义所在。

算法 14.12[伪码]: PageRank 算法

```
// gather_nbrs: IN_NBRS
gather(Dᵤ, D₍u,v₎, Dᵥ):
    return Dᵥ.rank / #outNbrs(v)      //outNbrs(v)是节点 v 的出边个数
```

```
sum(a, b): return a + b

apply(Du, acc):
    rnew = 0.15 + 0.85 * acc
    Du.delta = (rnew - Du.rank)/#outNbrs(u) //Δa 指的是新旧值分配到每条出边的变化量
    Du.rank = rnew

// scatter_nbrs: OUT_NBRS
scatter(Du, D(u,v), Dv):
    if(|Du.delta|>e) Activate(v)
    return delta
```

将 GAS 接口的四个函数引入算法 14.12 后，Gather 和 Apply 阶段很好理解，关键是 Scatter 阶段，在这个阶段，对当前计算的节点 u 的出边指向的节点集合 scatter_nbrs(u)中的任意节点 v 来说，首先调用用户定义的 Scatter 函数，其逻辑是：判断节点 u 的数值变化是否足够大，如果足够大，则需要继续迭代过程，激活节点 v 使得后续计算能够继续，同时返回Δa，也即节点 u 的 PageRank 变化值分配到每条出边后获得的增量值。此时如果"增量缓存"中已经包含了 a_v，则将这种变化累加到 a_v 之上，其实这就是在做节点 v 的 Gather 阶段的工作。对于节点 v 来说，如果所有指向它的其他节点都将变化增量值累加到 a_v，那么在本轮计算节点 u 的 Scatter 阶段已经将节点 v 的 Gather 阶段工作做完，当接下来调度到节点 v 执行时，发现节点 v 的 a_v 在增量缓存中，所以可以跳过第一阶段直接进入 Apply 阶段。

与 PageRank 算法类似，算法 14.13 列出了单源最短路径的 PowerGraph 接口函数的操作逻辑，读者可以按照上述分析 PageRank 的算法，自行分析其代入执行语义后的执行逻辑。

算法 14.13[伪码]：单源最短路径

```
// gather_nbrs: ALL_NBRS
gather(Du, D(u,v), Dv):
    return Dv+ D(u,v)

sum(a, b): return min(a, b)

apply(Du, new_dist):
    Du= new_dist

// scatter_nbrs: ALL_NBRS
scatter(Du, D(u,v), Dv):
    // 如果值发生变化，则激活邻接节点
    if(changed(Du))
        Activate(v)
    if(increased(Du))
        return NULL
```

```
else
        return D_u + D_(u, v)
```

2. 模拟同步模型和异步模型

PowerGraph 的整体运行机制为：在最初的阶段，用户可以设置部分节点或者所有的节点为活跃状态，执行引擎负责对每个节点调用用户的 GAS 自定义函数，一旦图节点完成分发阶段（Scatter），则将自身设置为不活跃状态，直到系统中不存在活跃节点，系统执行结束。

GAS 编程模型不仅能够带来更细粒度的并发，其灵活性也可以支持 PowerGraph 同时模拟同步模型和异步模型。其对异步模型的模拟比较直接，只要在数据更新阶段（Apply）和分发阶段（Scatter）使更新数据直接被使用即可。而其对同步模型的模拟可以在 GAS 三个阶段都设立"微同步"（minor step），即所有的节点执行完前面某个子步骤并进行同步后，再依次进入下一个阶段。在所有的节点执行完 GAS 三个阶段后可看作是完成了一次超级步。数据的更新只有在"微同步"完成后才能在下一阶段可见，而本轮被激活为活跃态的节点只有在下一个超级步才开始重新调度。通过这种方式，即可同时模拟同步模型和异步模型，具体选择何种模型可由应用因需而设。

由上所述，可以看出 PowerGraph 能够支持高效图计算的原因，其高效和表达方式的灵活性令人印象深刻，但是通过应用实例也可以看出，编写应用逻辑其实并不如 Pregel 等异步模型那样清晰、直观，学习和使用成本都较高。

参考文献

[1]　N. Bronson, Z.Amsden etc. TAO: Facebook's Distributed Data Store for the Social Graph. In USENIX Association 2013 USENIX Annual Technical Conference. 2013.

[2]　Twitter FlockDb. https://github.com/twitter/flockdb.

[3]　Neo4j: The graph database, http://www.neo4j.org, 2011.

[4]　K. Andreev and H.Räcke. Balanced Graph Partitions. In Proceedings of the 16th SPAA,2004,pp. 120-124.

[5]　Y. Low, J. Gonzalez, A.Kyrola, D. Bickson, C.Guestrin, and J.M. Hellerstein, Distributed GraphLab: A Framework for Machine Learning and Data Mining in the Cloud. The Proceedings of the VLDB,2012.

[6]　G. Malewicz, M.H.Austern, A.J. Bik, J.Dehnert, I.Horn,N.Leiser, and G.Czajkowski, Pregel: a system for large-scale graph processing. In 2010 SIGMOD Conference,2010.

[7]　Apache Giraph. http://incubator.apache.org/giraph/.

[8]   Apache Hama. http://hama.apache.org/.

[9]   A.Kyrola, G.Blelloch, and C.Guestrin, GraphChi: Large-scale graph computation on just a PC. In Proceedings of the 10th USENIX Symposium on Operating Systems Design and Implementation,2012.

[10] J.E.Gonzalez, Y. Low, H.Gu, D.Bickson, C. Guestrin, Powergraph: Dis- tributed graph-parallel computation on natural graphs. In Proceedings of the 10th USENIX Symposium on Operating Systems Design and Implementation, 2012.

15

机器学习：范型与架构

看见的 熄灭了

消失的 记住了

我站在 海角天涯

听见 土壤萌芽

等待 昙花再开

把芬芳 留给年华

彼岸 没有灯塔

我依然 张望着

天黑 刷白了头发

紧握着 我火把

他来 我对自己说

我不害怕 我很爱他

——王菲《彼岸花》

随着大数据相关技术的快速发展，机器学习作为其中一个知识谱系，必将在今后的大数据处理中发挥越来越重要的作用，因为对于大数据具体应用开发者来说，很大程度上就是使用数据挖掘或者机器学习算法从原始海量数据中挖掘出有意义的数据模式，以此来达到发现数据价值的目的。

在数据规模快速增长的背景下，之前常用的单机版机器学习算法正在面临越来越严重的挑战，在很多情况下，因为机器的内存限制等因素，单机版机器学习算法已经无法承担相关大数据挖掘的任务，此时采取分布式架构来构建和实现机器学习算法就成为发展的必然。

很多机器学习算法都有迭代运算的特点，这主要是在损失函数最小化的训练过程中，需要在巨大的参数空间中通过迭代方式寻找最优解，比如主题模型、回归、矩阵分解、SVM 以及深度学习等都是如此，本书所介绍的内容主要针对此类型的机器学习任务。

分布式机器学习使得快速处理海量数据成为可能，其目标是在保证算法正确的前提下尽可能高效地完成计算任务，但是在将迭代式机器学习程序改造为并行架构下运行也面临一些挑战，典型的如以下几点。

- 单机版通过共享内存获取的全局参数此时需要并发程序通过网络来存取，而网络的通信效率会比内存存取效率低很多，此种情形下，如何增加通信效率或者减少通信量，以使算法将更多的计算资源分配到完成任务本身，而不是浪费到很多无谓的通信过程中，就是一个关键问题，这对增加分布式机器学习的运行效率至关重要。

- 在分布式环境下，运行在不同机器上的并发程序可能因为各种原因（机器负载高或者硬件故障等）造成执行速度不统一，这对快速完成整个任务也有负面影响，即并发程序的运算进展不均衡，此时的关键是如何使最慢的部分能够逐渐加快速度，以赶上运行较快的部分，以此来提高整个任务的完成效率。

- 较强的容错性，当集群中的机器发生故障时，如何进行调度使整个任务能够顺利完成，并保证程序运行的正确也是很重要的问题。

将算法改造为在分布式环境下执行，直观感觉上会认为运行速度一定会大大快于单机环境，但是鉴于以上各种挑战，如果不能合理设计系统架构和算法，有时候分布式算法的执行效率甚至不如单机版，这点值得特别注意。

本章和第 16 章主要讲解分布式机器学习的相关技术，本章主要讲解分布式机器学习的计算范型及架构等相关问题和解决方案，第 16 章主要从并行机器学习算法本身来进行讲解。

15.1 分布式机器学习

本节首先简要介绍机器学习的基本概念，之后对分布式机器学习任务中常见的两种并行方式做简单说明。

15.1.1 机器学习简介

机器学习的目的是从数据中自动习得模型，并使用习得的模型来对未知数据进行预测。机器学习的任务是从数据中学习决策函数 $f:x \rightarrow y$，这个决策函数将输入变量 x 映射到输出空间的输出变量 y

中，即根据输入产生预测。

机器学习包括监督学习、非监督学习、半监督学习以及强化学习等，其中最常见的两类任务是监督学习与非监督学习。

监督学习的任务是利用训练数据（Training Data）学习决策函数 f，并将之应用在测试数据（Test Data）上进行推理和预测。一般而言，训练数据由标注好的输入和输出数据对 $(x,y) \in \mathcal{X} \times \mathcal{Y}$ 构成，训练数据集通常表示为：

$$\mathcal{T} = \{(x_1, y_1), (x_2, y_2), \cdots, (x_N, y_N)\}$$

在监督学习的过程中，学习系统利用事先标注好的特定训练数据集，通过学习得到模型，这个模型可以表示为条件概率分布 $P(y|x)$ 或者决策函数 $y = f(x)$，条件概率分布或者决策函数描述输入和输出随机变量之间的映射关系。监督学习的最终目标是使从训练数据中习得的模型能够在测试数据上获得准确的预测能力。形式化地讲，对于给定的输入 x，决策函数 f 产生的预测值 $f(x)$ 与真实值 y 可能一致，也可能不一致，一般使用损失函数（Loss Function）来度量预测错误程度，损失函数是预测值 $f(x)$ 与真实值 y 的非负实值函数，记作 $\mathcal{L}(y, f(x))$。

常见的损失函数包括以下四个。

（1）0-1 损失函数

$$\mathcal{L}(y, f(x)) = \begin{cases} 1, & y \neq f(x) \\ 0, & y = f(x) \end{cases}$$

（2）平方损失函数

$$\mathcal{L}(y, f(x)) = (y - f(x))^2$$

（3）绝对损失函数

$$\mathcal{L}(y, f(x)) = |y - f(x)|$$

（4）对数损失函数

$$\mathcal{L}(y, f(x)) = -\log P(y \mid x)$$

很明显，损失函数越小，则习得的模型越好。当给定训练数据集合

$$J = \{(x_1, y_1), (x_2, y_2), \cdots, (x_N, y_N)\}$$

模型 $f(x)$ 关于训练数据的平均损失称为经验风险，一般记为：

$$R_{emp}(f) = \frac{1}{N} \sum_{i=1}^{N} \mathcal{L}(y_i, f(x_i))$$

经验风险最小化策略认为：经验风险最小的模型就是最优模型，按照此种策略，监督学习就是求解以下公式最优解：

$$\min_{f \in F} \frac{1}{N} \sum_{i=1}^{N} \mathcal{L}(y_i, f(x_i))$$

其中，F 是包含可能的决策函数的假设空间。当训练数据足够多时，经验风险最小化原则可以保证较好的学习效果，但是当训练数据不足，使用经验风险最小化策略效果不好时，则容易产生过拟合（Over-Fitting）问题，此时可以考虑结构风险最小化策略，这是为了防止过拟合而提出的。结构风险最小化在经验风险的基础上加上表示模型复杂度的正则化项，其定义如下：

$$R_{\text{srm}}(f) = \frac{1}{N} \sum_{i=1}^{N} \mathcal{L}(y_i, f(x_i)) + \lambda J(f)$$

其中，$J(f)$代表模型复杂度，模型 f 越复杂，则其值越大，反之，模型越简单，则其值越小，即正则化项代表对复杂模型的惩罚，λ是调节系数，用于调整对模型复杂度罚项的权重。根据结构风险最小化策略，监督学习的目标就是求解以下公式最优解：

$$\min_{f \in F} \frac{1}{N} \sum_{i=1}^{N} \mathcal{L}(y_i, f(x_i)) + \lambda J(f)$$

两种最典型的监督学习任务分别是分类（Classification）与回归（Regression）。分类问题的输出空间是离散的类标号空间$y=\{c_1, c_2, \cdots, c_k\}$，而回归问题的输出空间则是实数域$y=R$。

对于非监督学习来说，最典型的问题就是聚类问题。聚类的目标是构建划分函数f，通过f将无类标号数据集合划分为 k 个类别，被划分到同一个类别的数据实例之间有很高的相似性，而不同类别之间的实例具有较低的相似性。衡量数据实例之间的相似性有很多方法，典型的比如欧式空间距离或者实例之间的余弦相似性。

15.1.2　数据并行 VS.模型并行

相对于传统的机器学习算法与实现架构，大数据场景下对机器学习算法与架构的需求更强调整个系统的可扩展性（Scalability），即追求在大规模集群运算环境下来构建运行快速、能处理海量数据且正确性有保证的机器学习算法。这种对可扩展性的需求来自两方面：首先是数据规模的极大增加，包括训练数据与预测数据，传统机器学习的训练数据规模很少超过十万的量级，而大数据场景下有些应用的训练数据规模可能超过亿级。另外，机器学习模型的参数规模也有极大增长，比如，Google 内部使用深度神经网络构建图片识别系统的参数规模已经达到了十亿到百亿级别，而这对于传统的机器学习模型来说也是不可想象的，类似的典型场景还包括计算广告领域，其模型参数规模也是十亿级别的。

与上述两方面的需求相对应，目前在构建大规模分布式机器学习系统时经常采用的两种并行措施分别为数据并行和模型并行。

所谓"数据并行"，指的是将训练数据划分成若干子集合，每个子集合都运行相同的学习算法来进行并行训练过程，这样分别得到局部训练模型，在机器学习语境下，往往会有一个融合局部训练模型为全局训练模型的过程（显式地独立融合过程或者通过参数服务器同步或者异步方式融合等不同的策略）。数据并行是最常见的并行方式，比如，MapReduce 就是最典型的数据并行方式。

所谓"模型并行"，指的是在模型参数巨大的情形下，单机往往没有能力单独完成整个机器学习算法的建模过程，此时必须将整个机器学习模型分布到多台机器上联合完成训练过程。为了便于理解这个概念，图 15-1 展示了 Google 训练深度神经网络时采取的模型并行架构。在图 15-1 中，一个巨大的五层深度神经网络模型由四台机器联合完成，每台机器负责其中一部分模型参数的训练过程，机器的神经网络节点之间的边代表了这些参数需要通过网络传输来进行传递。

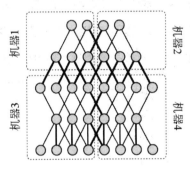

图 15-1　深度神经网络的模型并行

对于很多极为复杂的任务，往往会同时采用数据并行和模型并行的方式，以此来加快整个模型的学习过程。比如，对图 15-1 的例子来说，如果将训练数据再分为 K 份，每份训练数据子集都执行如图的训练过程，这就是典型的两种并行模型混用的情形。

15.2　分布式机器学习范型

分布式机器学习作为近年来热门的研究和应用方向，经过若干年的研究，目前已经涌现出了一些较常见的计算范式，本节将简述这些计算范式。这里需要强调的一点是：本章内容主要讲述解决大数据领域处理超大规模数据和模型的分布式机器学习范型，除了下文将要讲述的计算范型外，在实际工作中，MPI 和 GPU 计算也是非常常用的分布式机器学习架构与范型，但是考虑到 MPI 脆弱的容错性、较小的集群规模，并且缺乏高扩展性，所以本章对此不做介绍，感兴趣的读者可以参考其他相关资料。至于 GPU 计算，尽管其发展前景也很广阔，但是考虑到目前其只能处理中等规模的数据（极限大约为 6～10 GB），所以在此也未对其进行介绍。

15.2.1 三种范型

严格地说，针对迭代式大规模分布式机器学习有两种不同的计算范型：同步范型和异步范型。考虑到同步范型又可以细分为严格同步和部分同步两种，所以在此列出三种范型：同步范型、异步范型及部分同步范型。

1. 同步范型

对于迭代式计算任务，根据并发进程或线程之间是否需要进行数据同步，可以将其划分为同步范型和异步范型。同步范型如图 15-2 所示，在严格同步范型中，并发程序每一轮迭代都需要在相互之间进行数据同步，图中分割开不同的程序在各个迭代阶段的竖线即为同步点。

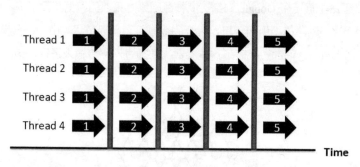

图 15-2　同步范型

如果单机版的机器学习任务可以保证其正确性和收敛性，那么同步范型也可以做到这一点，但是为此付出的代价是：每个并发程序在各个迭代阶段执行的进度不统一，如果每轮迭代都需要进行同步，必然形成快等慢的局面，造成计算资源的浪费，而且这种方式的网络通信量较多，这也会整体拖慢任务的执行进度。

2. 异步范型

异步范型与同步范型相反，并发程序之间不需要任何数据同步过程（见图 15-3），任意时刻每个并发程序都可以对全局参数进行读取和更新，这样做的好处是计算资源利用率高且整体任务的执行速度快，但是其对应的缺陷是：如果某些程序因为特殊原因（机器负载高或者硬件故障等）在迭代轮数上严重落后于其他程序，则可能会造成最终的计算结果不正确，即程序的正确性无法获得保证。

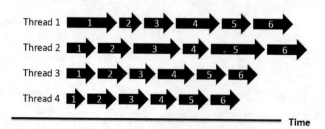

图 15-3　异步范型

3.　部分同步范型

部分同步范型介于严格同步范型和异步范型之间，即尽管并发程序不是在迭代的每一轮都进行数据同步，但是在满足一定条件时也需要做同步操作（见图 15-4）。其兼具同步范型和异步范型的优点为：既能在很大程度上保证程序的正确性，也可以以较快的速度完成任务。另外，还可以使落后的程序在后期逐步赶上运行快的其他程序，所以目前很多前沿的研究都集中在此种类型分布式机器学习范型上。从同步角度看，这种有条件的同步被称为"部分同步"，其实也可以从异步角度看，即这也是一种"受限异步"的并发模式，尽管两者的视角不同，但是代表的含义是类似的。

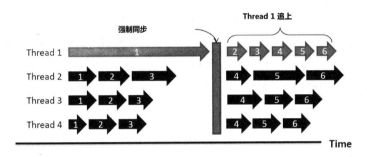

图 15-4　部分同步范型

以上是对分布式机器学习中三种比较宏观的范型划分，在实际工作中，目前已经涌现出一些知名的具体计算范型，比如基于 MapReduce 的迭代式计算、BSP 模型以及 SSP 模型等。后面会对这三者进行介绍，下面先简述这三者和三个计算范型的关系以及三者之间的相互关系。

MapReduce 迭代式计算和 BSP 模型都属于严格同步范型，因为其在每一轮迭代都存在同步点，而 SSP 模型则是典型的部分同步范型。另外，MapReduce 模型和 BSP 模型尽管看上去有较大的差异，其实本质上两者之间可以互相表达，即任意 MapReduce 程序可以用 BSP 模型来描述，反过来也一样，BSP 模型也可以通过 Reduce-Only 的 MR 程序来表达，对其细节感兴趣的读者可以阅读本章参考文献[4]。至于 BSP 模型和 SSP 模型的关系，可以将 BSP 看作是 SSP 设定特定参数时的特例，这点从后文相关叙述中可以看出。

15.2.2　MapReduce 迭代计算模型

虽然 MapReduce 计算模型已被证明因为效率较低，并不适合解决迭代类机器学习的问题，但目前还是有很多实际工作中的机器学习问题通过 MapReduce 机制来解决，其主要原因有以下三点。

首先是 Hadoop 的广泛流行及强大的影响力。

其次，很多实际工作中的机器学习问题规模并没有大到极度消耗资源的程度，所以用 Hadoop 来解决并不会觉得不方便或者造成很大的资源浪费。

最后，考虑到机器学习中最消耗计算资源的步骤是对机器学习模型的训练过程，而这个过程一般是离线完成的，即使效率较低，但对机器学习应用来说并不是太大的问题，因为只要模型训练好了，在线使用模型并不一定依赖底层计算系统。

MapReduce 计算机制在"大规模批处理系统"一章已有介绍，此处不再赘述，本节主要从各种使用 MR 机制解决迭代类机器学习问题的解决方案中抽象出一个较通用的 MR 迭代计算模型。

图 15-5 是使用 MapReduce 计算机制来解决迭代式机器学习问题的一个抽象计算模型，其由多轮迭代组成。在一轮迭代过程中，Map 阶段将所有的训练数据划分成子集合，每个 Mapper 程序结合子集合内的训练数据和全局参数计算局部模型，Reduce 阶段收集各个局部模型综合计算出全局模型，这里常用的综合方法是采取求均值的方式，同时，Reducer 利用新的全局模型更新全局参数供下一轮迭代的 Mapper 使用。在一轮迭代后，终结条件判断模块裁决是否达到迭代终止条件，比如，可以指定迭代次数或者判断相邻两次迭代优化差值是否小于指定阈值，如果不满足终止条件，则继续下一轮迭代，否则计算终止并获得最终的机器学习模型，这个模型供在线预测模块对将来遇到的新数据进行推理和预测。

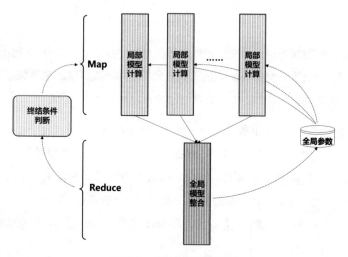

图 15-5　MR 迭代计算模型

举例来说，对于并行 KMeans 聚类，全局参数就是 K 个中心点，其以 HDFS 文件的形式存储，Map 阶段将所有的待聚类数据划分成子集合，每个 Mapper 将自己负责的子集合内的数据分别指派到距离最近的中心点，即打上聚类标号。Reduce 阶段收集各个 Mapper 的聚类结果，根据全局聚类结果重新计算新的 K 个中心点，并将新的中心点更新写入 HDFS 文件中，如果终止条件未满足，会进行下一轮迭代。对于其他监督学习的很多情况，其基本流程也与此类似。

采用 MapReduce 机制进行迭代式机器学习之所以效率低，主要是由于在多轮迭代之间，以及 Map 和 Reduce 两阶段之间存在原始数据和中间数据的大量磁盘读写以及网络传输造成的。

15.2.3　BSP 计算模型

整体同步并行计算模型（Bulk Synchronous Parallel Computing Model，简称 BSP 模型），是由哈佛大学 Viliant 和牛津大学 Bill McColl 于 1989 年提出的一种并行计算的桥接模型。所谓"桥接模型"，是指既非纯硬件，也非纯编程模型，而是介于两者之间的一种并行计算方式。许多与 BSP 相关的工作已验证了该模型在并行计算中的健壮性、性能可预测性以及优秀的可扩展性等诸多优势。

1．BSP 模型的体系结构

BSP 模型由如图 15-6 所示的关键部分组成。

- <处理器-存储器>资源对集合（简称处理器）。
- 支持点对点（End-to-End）消息传递通信方式的通信网络，处理器由通信网络连接。
- 处理器之间高效的"路障同步"机制（Barrier Synchronization）。

BSP 模型既包含宏观的垂直结构，也包含微观的水平结构，其垂直结构由沿着时间轴顺序执行的若干超级步（Super Step）计算过程构成，如图 15-7 所示，而每个超级步内的水平结构由三个依次执行的不同阶段构成，如图 15-8 所示。

- 分布计算阶段：多个处理器并发执行分布计算子任务，在计算过程中仅使用本地可得的局部数据。
- 全局通信阶段：所有的处理器在本阶段进行全局性点对点通信，以便相互间交换所需的数据。
- 路障同步阶段：当某个处理器执行到本阶段时，会一直等待，直到整个系统所有的通信操作结束，为下一个超级步的执行做相应的准备工作。

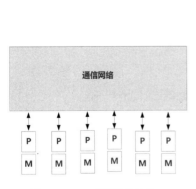

图 15-6　BSP 模型体系结构

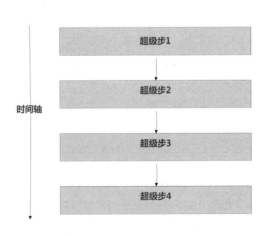

图 15-7　BSP 模型的垂直结构

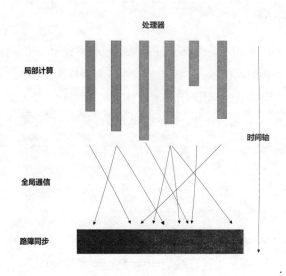

图 15-8　BSP 模型的水平结构

2. BSP 模型的性能评估

BSP 模型有一个很大的优势：其性能和时间复杂度很容易事先进行预测与评估。如上所述，BSP 模型由若干超级步构成，而每个超级步又包含序列三阶段。下面来评估 BSP 模型的整体性能上界。

在一个超级步内，由局部计算、全局通信和路障同步构成。假设系统包含 p 个并行处理器，对于局部计算阶段来说，如果某个处理器执行任务所需时间为 w_i，因为这些处理器并发执行，所以该阶段所需时间为最慢子任务的执行时间，即时间总花销为：

$$\max_{i=1}^{p}(w_i)$$

对某个处理器来说，在完成第一步操作后，会利用全局通信来交换信息。这里假设基本的通信单元是 1 个数据字（Data Word），而每个通信都是通信单元的整数倍。处理器不仅仅会对外发送信息，同时也会接收到其他处理器传播过来的信息，那么某个处理器的最大消息长度为：

$$h_i = \max\{h_{i\_s}, h_{i\_r}\}$$

其中，h_{i_s} 为处理器对外发送的消息长度；h_{i_r} 为处理器接收到的消息长度。

假设一个数据字的通信时间开销为 g，则某个处理器的全局通信时间开销为 $h_i g$。因为有 p 个独立的处理器，所以 BSP 模型的某个超级步在全局通信阶段的时间上界为：

$$\max_{i=1}^{p}(h_i)$$

假设 BSP 模型中路障同步所花时间为 l，则第 j 个超级步所花总时间为：

$$T_j = \max_{i=1}^{p}(w_i) + \max_{i=1}^{p}(h_i) + l$$

假设 BSP 模型由 S 个超级步构成，那么 BSP 模型的时间花销上界为：

$$BSP_{time} = \sum_{j=1}^{s}T_j$$

BSP 模型具有如下优势：

- 因为 BSP 模型由若干序列的超级步构成，遵循 BSP 模型的程序能够很方便地利用相邻的超级步之间作为容错设置检查点的时机。
- 遵循 BSP 模型的程序可以避免分布计算中较常出现的死锁问题，这是因为路障同步避免了数据之间可能存在的环形数据依赖。
- 遵循 BSP 模型的程序的正确性和时间复杂度可以事先进行估计与预测。

在具有上述优点的同时，BSP 模型也具有同步范型的缺点，即资源利用率不高、网络通信量较大以及计算效率相对较低。除了众多的迭代式机器学习算法外，很多图计算框架也都遵循 BSP 模型，比如 Pregel、Giraph 等，因为这些计算框架在"图数据库：架构与算法"一章已经详细讲述，所以在此对此类计算模型的具体计算框架不再赘述，读者可参考相关章节的内容。

15.2.4　SSP 模型

SSP（Stale Synchronous Parallel）模型是一种典型的部分同步模型。在 SSP 模型中，假设存在 P 个并行程序（Worker），这些并行程序都可以独立地对参数 θ 产生增量更新 μ，这些参数更新满足 $\theta = \theta + \mu$ 的可累加性，即所有的并行程序各自的更新 μ 累加后，即可得到完全的更新后参数 θ。SSP 模型满足"过期有界"（Bounded Staleness）特性，即允许每个并行程序读到过期的更新数据，但是将这种参数的过期性限定在有界范围内。具体而言，当某个并行程序读取参数 θ 时，SSP 模型会给这个并行程序一个过期版本的 θ，即可能有些最新的更新 μ 并未体现在这个过期版本的 θ 数据中。另一方面，SSP 模型会保证其数据过期的有界性，当正在进行第 c 轮迭代的并行程序读取参数 θ 时，SSP 保证其可以看到迭代范围在 $[0，c\text{-}s\text{-}1]$ 内对这个参数的所有更新，其中，s 是用户自定义的一个阈值。也即顶多过期 s 轮迭代内的数据，而不会允许更旧的数据更新未被看到。

在 SSP 模型中，每个并行程序绑定一个自己的当前时钟周期 c，这代表目前自己的执行进度，这既可以使用迭代次数来代表，也可以将某个时间段定义为一个时钟周期，随着时间的流逝，这个时钟不断增长。时钟周期 c 是一个整数，每个并行程序可以在本轮时钟周期末尾提交所有的更新，但是并不保证这些更新立即为所有的其他并行程序可见。

SSP 模型可以保证如下的"过期有界性"。

- 最快的并行程序和最慢的并行程序最多相差 s 个时钟周期，如果超过这个阈值，最快的并行程序需要强制等待最慢的并行程序追赶上来。
- 当一个运行在 c 时钟周期的并行程序提交一个参数更新 μ 时，μ 对应的时间戳为 c。
- 当一个运行在 c 时钟周期的并行程序读变量或参数 θ 的值时，它可以看到针对 θ 的所有时间戳小于或等于 c-s-1 的参数更新 μ，这点由 SSP 模型来保证。这个并行程序也可能会看到一些大于 c-s-1 的参数更新 μ，但这一点并不能保证只是一种可能性。
- 读你所写一致性（Read-Your-Writes）：一个并行程序 p 总能看到它自己产生的参数更新 μ_p。

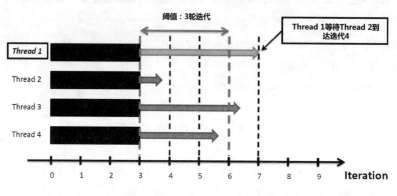

图 15-9　SSP 计算模型示意图

图 15-9 是 SSP 计算模型的一个示意图，图中的例子假设阈值 s 为 3 次迭代或者 3 个时钟周期，由图 15-9 可以看出，最快的 Thread 1 执行到第七轮迭代（或者时钟周期，下同）的时候，由于最慢的 Thread 2 还未执行完第三轮迭代，其差值大于阈值 s，所以 Thread 1 需要被阻塞来等待 Thread 2 执行，直到 Thread 2 执行完第三轮迭代，Thread 1 才被允许继续向前运行。

由 SSP 的运行机制可以看出，当阈值 s 取值为 0 的时候，其退化为类似 BSP 的同步模型，即要求每轮迭代都需要进行一次同步，而当 s 取值为趋近于无穷大（在实际中是一个足够大的值）的时候，则 SSP 会演化为完全异步模型。

SSP 模型可以被认为是一种处于同步模型和异步模型之间的折中模型，这样会很好地平衡算法的执行速度与其可收敛性或正确性的关系，于是它既有异步模型的高速执行优势，也有同步模型的可被证明的正确性保证。

15.3　分布式机器学习架构

本节简述最常见的三类分布式机器学习架构：MapReduce 系列架构、Spark 及其上的 MLBase 架构和参数服务器架构。

15.3.1　MapReduce 系列

本节将介绍基于 MapReduce 计算机制构建的机器学习系统的架构，如果将目前的工作或者系统进行分类，可以将其分为两类：一类是直接构建在 Hadoop 平台上的机器学习框架；另一类侧重于对 Hadoop 平台进行改造，使得其适合解决迭代类机器学习问题。

1. Hadoop 平台上的机器学习框架

将机器学习系统直接构建在 Hadoop 平台之上：HDFS 作为训练数据和机器学习模型的存储场所，机器学习框架往往采用三层结构，底层是 Hadoop 提供的 MapReduce 计算机制，在其上构建一个处于中间层的常用机器学习算法库，最上层往往分为模型训练和在线服务两类功能模块。此类机器学习框架中最具代表性的包括 Cloudera Oryx 系统和 Apache Mahout 系统，因为两者同源且架构类似，所以下面以 Oryx 为代表来进行介绍。

Oryx 是 Cloudera 收购的专用于机器学习场景的计算框架，其开发者也是 Mahout 的作者。Oryx 直接构建于 Hadoop 平台之上，其架构遵循图 15-10 所示的三层架构。在 MapReduce 框架之上，Oryx 中间层实现了最常见的一些分类和聚类算法，具体而言，包括用于协同过滤的 ALS（Alternating Least Squares）变体算法、用于分类的随机决策森林（Random Decision Forests）算法和用于聚类的 K-Means++ 算法。最上层包括用于模型训练的计算层（Computation Layer）和用于提供在线预测的服务层（Serving Layer）。

其运行流程为：首先将训练数据存入 HDFS 指定的目录下，计算层根据配置文件内容读取训练数据，然后使用特定参数配置的机器学习算法学习模型，并将习得的计算模型存入 HDFS 指定的目录下，这样即可完成训练过程。服务层加载习得的模型即可对外提供在线预测功能。

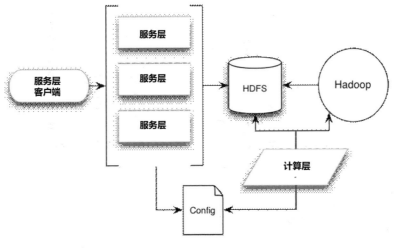

图 15-10　Oryx 体系结构

2. Hadoop 平台改造的计算框架

鉴于 Hadoop 平台不适合解决迭代类机器学习问题，另一个直观的思路是对 Hadoop 平台进行改造，使得其能够适合这类应用，典型的系统包括 Twister 和 Haloop。这类系统一般从以下三点来对 Hadoop 进行改造。

- 消除 MapReduce 在各个阶段的中间结果磁盘输入/输出以及 Shuffle 过程的密集网络传输过程，这是导致 Hadoop 平台不适合迭代类运算的最主要原因。
- 将运算的中间结果放在内存中进行缓存，与上述改进点对应的通常做法是将运算中间结果在内存中缓存起来供后续迭代在此基础上持续进行。
- 在将数据分布到多机环境时，尽可能将数据和机器之间的分配关系固定化，即一部分数据初次被分配到某个机器后，在以后的迭代过程中也尽可能将这批数据分配到这个机器，这样可以避免多轮迭代中反复、频繁的网络传输操作。

通过结合以上三点，即可消除 Hadoop 对迭代类计算形成的性能瓶颈，大大加快此类运算的计算效率。下面以 Twister 架构来具体说明，其体系结构如图 15-11 所示。

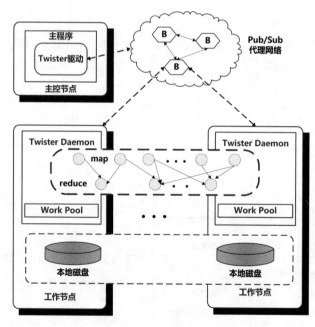

图 15-11 Twister 架构

Twister 是在 Hadoop 基础上改造的基于内存的迭代类机器学习计算框架，计算节点从本地磁盘读取输入数据，并将中间结果缓存在本机内存，所有的通信工作通过一个 Pub/Sub 消息传输系统来进行。Twister 架构主体包含三个主要的组成部分：位于主控节点的 Twister 驱动程序，由它来控制整个程序的运行生命周期管理；在每个工作服务器（Worker）上的 Daemon 程序，其负责执行 Twister

驱动程序分配给自己的 MapReduce 任务；消息代理网络（Broker Network），其用于整个系统所有数据的通信传输。Daemon 程序将所有的中间结果都缓存在本机内存中，以此来加快运行效率，Map 阶段产生的中间结果通过消息代理网络传输给 Reduce 程序，Reduce 程序将其保留在内存中进行后续计算。而 Twister 的调度程序则尽可能将相同的数据调度到同一台机器，这样也可以有效地增加系统的运行效率。

Haloop 的架构如图 15-12 所示，虽然其具体实现机制与 Twister 系统不同，但基本上也是通过上述三点改进方案对 Hadoop 进行改造来使得其适合迭代类机器学习任务的。

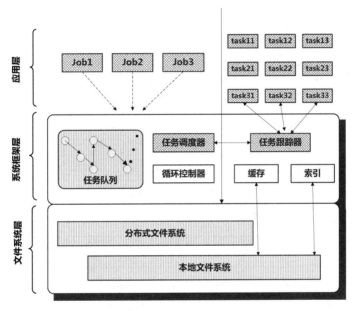

图 15-12　Haloop 架构

尽管这类系统确实对症下药采取了合适的改进措施，但总体而言，此类系统并无发展前途，因为其对 Hadoop 介入过深，比如，随着 Hadoop 版本不断升级，其可能需要不断跟着进行升级以避免改进失效，而且其底层机制还受限于 MapReduce 提供的计算接口，导致应用表达能力并不强。与其如此，倒不如类似于 Spark 一样另起炉灶，那样能更彻底地解决这类问题，而非紧密受限于下层系统。

15.3.2　Spark 及 MLBase

Spark 大数据处理协议栈是 AMPLab 实验室推出的一套与 Hadoop 2.0 功能类似的完整处理各种大数据应用的整体解决方案，其最核心的部分是适合解决迭代式机器学习类问题的 DAG 批处理系统 Spark，在此基础上，逐渐在其上层开发出流式计算系统 D-Stream、图计算系统 GraphX、机器学习库 MLlib 以及 MLBase 等适用于不同场景的子系统，遂形成了一整套大数据处理技术方案。

本节主要讲解其最核心的 DAG 批处理系统 Spark 及其之上的 MLBase 等机器学习框架。

1. Spark

Spark 在本质上仍然是一个 DAG 批处理计算系统，在其提出之前已经有 Dryad 等通用 DAG 计算系统，考虑到很多迭代类机器学习问题在迭代计算过程中会反复重用很多中间数据，这些数据被称为工作集数据（Working Set），而 Dryad 等系统并未明确提出针对工作集数据的优化处理策略，在数据处理过程中需要反复将工作集数据输入/输出到磁盘，所以传统的 DAG 系统处理这类问题的效率并不太高。Spark 针对工作集数据提出了基于内存的分布式存储抽象模型：可恢复分布式数据集（Resilient Distributed Datasets，简称 RDD），这样工作集数据可以有选择性地被加载并常驻在内存中，有利于后续迭代计算过程中大大提升此类问题的处理效率。由此可看出，Spark 是集成了 RDD 模型的 DAG 批处理系统，它在 RDD 增加数据复用与系统处理速度的优势基础上，同时还具备传统 DAG 系统很强的容错性、数据局部性感知的调度策略以及高可扩展性，其处理迭代式机器学习任务的效率比 MapReduce 原始方式快 20 倍左右。

RDD 是对迭代过程中反复使用的中间数据（即工作集）的一种分布式抽象存储模型。具体而言，RDD 由若干只读的分片数据记录组成，其特点如下。

- RDD 是由只读的数据记录组成的数据集合，即 RDD 一旦生成，其内容是不可更改的，但这并不意味着不可在其上进行数据转换操作，而是当对其进行数据转换操作后，原先的 RDD 内容并不改变，数据转换后的内容形成新的 RDD，同时 Spark 会记载两个 RDD 的生成关系，形成 RDD 数据间的血统记录（Lineage）。所以生成 RDD 的时机有两类：一类是将原始数据的内容从磁盘加载到 RDD 时；另一类是由对其他 RDD 进行数据转换后形成新的 RDD。

- RDD 是一种粗粒度的数据处理模型。所谓粗粒度，是相对细粒度而言的，这里的粗粒度是指将 RDD 作为一个整体，对 RDD 的同一个数据转换操作要应用到 RDD 内包含的所有记录内容，即每个记录都执行相同的数据转换操作。而细粒度的数据处理一般指集合内的不同记录内容可以同时执行不同的数据转换操作。

- 对 RDD 的数据处理可以分为两类：数据转换类（Transformation）与行为类（Action）。数据转换类指的是操作对 RDD 的记录内容发生了更改并形成新的 RDD，而行为类操作指的是 RDD 需要返回给应用对应的处理值或者是记录写入磁盘等非更改性操作。图 15-13 列出了 RDD 支持的运算符集合及其对应的分类。

- 用户可指定哪些 RDD 被缓存到内存中。用户可在应用程序中通过 RDD.Cache()命令将某些 RDD 显式地加载并常驻到内存中，这样可以加快后续的处理流程速度，当内存足够多时，一般会将缓存放在内存中，当内存不足时，也可能会将缓存内容存储在磁盘。

Transformations	$map(f : T \Rightarrow U)$	:	$RDD[T] \Rightarrow RDD[U]$
	$filter(f : T \Rightarrow Bool)$	:	$RDD[T] \Rightarrow RDD[T]$
	$flatMap(f : T \Rightarrow Seq[U])$	:	$RDD[T] \Rightarrow RDD[U]$
	$sample(fraction : Float)$	:	$RDD[T] \Rightarrow RDD[T]$ (Deterministic sampling)
	$groupByKey()$	:	$RDD[(K, V)] \Rightarrow RDD[(K, Seq[V])]$
	$reduceByKey(f : (V, V) \Rightarrow V)$	:	$RDD[(K, V)] \Rightarrow RDD[(K, V)]$
	$union()$	:	$(RDD[T], RDD[T]) \Rightarrow RDD[T]$
	$join()$	:	$(RDD[(K, V)], RDD[(K, W)]) \Rightarrow RDD[(K, (V, W))]$
	$cogroup()$	:	$(RDD[(K, V)], RDD[(K, W)]) \Rightarrow RDD[(K, (Seq[V], Seq[W]))]$
	$crossProduct()$	:	$(RDD[T], RDD[U]) \Rightarrow RDD[(T, U)]$
	$mapValues(f : V \Rightarrow W)$	:	$RDD[(K, V)] \Rightarrow RDD[(K, W)]$ (Preserves partitioning)
	$sort(c : Comparator[K])$	:	$RDD[(K, V)] \Rightarrow RDD[(K, V)]$
	$partitionBy(p : Partitioner[K])$	:	$RDD[(K, V)] \Rightarrow RDD[(K, V)]$
Actions	$count()$	:	$RDD[T] \Rightarrow Long$
	$collect()$	:	$RDD[T] \Rightarrow Seq[T]$
	$reduce(f : (T, T) \Rightarrow T)$	:	$RDD[T] \Rightarrow T$
	$lookup(k : K)$	:	$RDD[(K, V)] \Rightarrow Seq[V]$ (On hash/range partitioned RDDs)
	$save(path : String)$	:	Outputs RDD to a storage system, $e.g.,$ HDFS

图 15-13　RDD 支持的运算

- RDD 的容错采取根据血统记录恢复的方式。前面的内容讲到 RDD 一方面采用粗粒度的操作，另一方面采用了血统记录来记载 RDD 之间的生成关系，结合这两者，RDD 就可以采用根据血统记录来恢复数据内容的容错策略，即 Spark 记载某个 RDD 的一系列血统记录，这样当某个 RDD 发生故障需要恢复时，从数据源逐步执行对应的转换操作来重新生成当前发生故障的 RDD。这种容错策略效率要高于常用的检查点（Check Pointing）策略。

从以上内容可以看出 RDD 的独有特点，为了更直观地感受 Spark 的上述特点，下面用一个简单的例子来说明。

如图 15-14 所示是用 Spark 来进行数据过滤的一个小例子，第一行代码根据 HDFS 的某个 Log 文件内容生成名叫 lines 的 RDD，第二行代码从 lines RDD 将 Log 中以 "ERROR" 开头的日志过滤出来形成 errors RDD，第三行代码显式地将这个新 RDD 加载到内存，第四行代码返回错误日志的个数，因为这是一个 Action 操作，所以并不生成新的 RDD，而是将其值返回给应用，第五行代码则将包含 "HDFS" 的错误日志过滤出来，并提取出第三列的时间内容。以上过程中涉及的 RDD 及其形成的血统关系可参考图 15-14 中程序代码下方的图例。

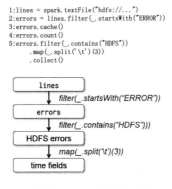

图 15-14　Spark RDD 示例

上述例子中较为概略地刻画了 Spark 中 RDD 的特点，在实际运行中，为了增加并行性，RDD 是允许数据分片（Partition）的，即一个 RDD 的数据可能被切割成多个数据分片，为了方便表达父子 RDD 之间的依赖关系，Spark 将数据分片情形下的 RDD 依赖关系分为两类：窄依赖（Narrow Dependency）和宽依赖（Wide Dependency）。如果子 RDD 的每个数据分片依赖常数个父 RDD 的数据分片，则这种依赖被称为窄依赖。如果子 RDD 的每个数据分片依赖父 RDD 的所有数据分片，则这种依赖被称为宽依赖。对于窄依赖关系，在容错时可以根据血统关系来恢复故障 RDD，而对于宽依赖，则可以考虑使用检查点的方式恢复，因为此种情况下使用血统关系恢复父 RDD 需要花费较大的代价。图 15-15 展示了两种不同的依赖关系。

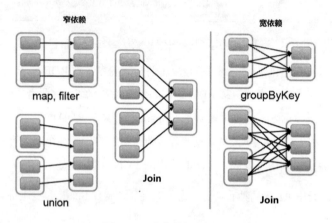

图 15-15　窄依赖与宽依赖

Spark 的调度过程与 Dryad 的调度过程类似，主要区别是需要将缓存中的 RDD 数据分片信息考虑进来。调度器检查 RDD 之间的血统关系图并构建分阶段执行的 DAG 执行规划。在同一个阶段尽可能容纳最多的窄依赖关系，而不同的阶段则由形成 Shuffle 传输过程的宽依赖连接起来。图 15-16 是这种调度过程的示意图。

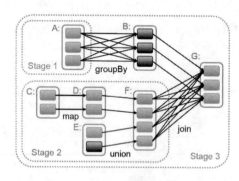

图 15-16　Spark 调度

通过以上 RDD 结合传统 DAG 批处理的体系结构，Spark 对解决迭代式机器学习任务有非常高的效率。同时，Spark 内建了很多常见运算的运算符，这样非常便于表达各种复杂的运算，所以使用

Spark 接口写出的应用往往短小精悍。但是在具备 DAG 计算系统灵活性的同时，其也有类似的学习成本较高等缺点。

2．MLBase

随着大数据相关技术的快速发展，机器学习会逐步成为大数据应用中至关重要的关键技术。但是对于很多应用开发者而言，机器学习算法有很高的学习成本，比如，实现众多的机器学习算法以及如何对参数调优等都是非常有难度的任务；而对于专业的机器学习研究者来说，其往往对分布式体系结构不熟悉。那么能否有一个相对统一的机器学习架构，既方便普通应用者快速开发机器学习相关的应用，又能够方便算法研究者不用考虑架构问题而集中精力在改进算法本身？构建在 Spark 之上的 MLBase 就是这样一个系统。

图 15-17 是 MLBase 的整体架构，其采取 Master-Slave 结构。普通用户使用 MLBase 提供的任务声明语言来描述机器学习任务，并将请求提交给 MLBase 主控服务器（Master）。MLBase 将用户请求解析为逻辑学习计划（Logical Learning Plan，LLP），其描述了机器学习任务的一般工作流。LLP 的搜索组合空间包括各种机器学习算法、算法参数组合空间、数据特征组合空间等，其形成的搜索空间异常巨大。优化器（Optimizer）可以通过一定的策略使搜索过程在一定时间内完成，并找到问题的较优解，形成优化的逻辑计划。MLBase 将优化的逻辑计划进一步转化为物理学习计划（Physical Learning Plan，PLP）以供实际执行，PLP 由若干机器学习操作符构成。MLBase 将物理学习计划分配给各个工作服务器（Slaves）来并行执行，并把执行结果返回给用户，执行结果往往包含从训练数据习得的机器学习模型和重要特征等，这便于用户使用这些信息来进行预测。与此同时，专业的机器学习研究者可以开发更多的机器学习算法，并集成到 MLBase 中以使其功能更强大。

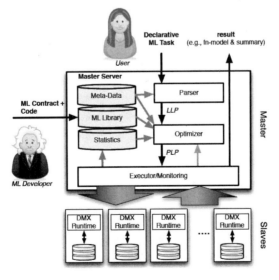

图 15-17　MLBase 架构

从以上描述可以看出，MLBase 是集成了很多机器学习算法库的分布式机器学习运行框架，同时还为普通应用者提供了尽可能简单的使用接口，这样有利于促进机器学习在大数据处理领域的广泛使用。

15.3.3 参数服务器（Parameter Server）

参数服务器是实现分布式机器学习的一种典型架构，目前很多研究集中在这个方向，比如，Google 能够处理百亿参数规模的深度机器学习框架 DistBelief 就是此种架构。从本质上讲，可以将参数服务器看作是传统的共享内存方式在网络环境下的并行扩展版本。

1. 参数服务器架构

本节以 Petuum 为例介绍通用的参数服务器架构形态。Petuum 是 CMU 提出的通用参数服务器架构（见图 15-18），其由众多并发执行的客户端和由多台参数服务器构成的参数服务器集群构成，其中一台参数服务器充当主控服务器（Name-Node）的作用，并负责数据路由以及数据分片在不同的服务器间分配等工作。参数服务器集群是一个类似于分布式共享内存的分布式 KV 存储池，用于存储机器学习任务中各个并行客户端共享的全局参数，不同应用的全局参数可以放置在参数服务器集群不同的表格中。Petuum 采取部分同步范型，不同的表格可以绑定不同的部分同步参数设置。客户端可以在合适的时机更新参数服务器中对应表格的全局参数，当其更新参数服务器对应的参数后，这个更新后的参数即对其他客户端可见。每个客户端还可以在本地缓存部分参数服务器里的参数值，一般情况下，客户端直接从本地缓存存取参数值，只有当达到一定条件时才会通过网络访问参数服务器集群内对应的参数，这样可以减少数据同步操作次数及网络通信数量，有效地加快整个任务的执行效率。

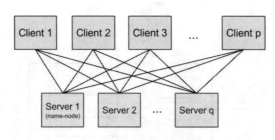

图 15-18　参数服务器架构

2. 参数服务器架构下的一致性模型

在参数服务器架构下，由于客户端会在本地缓存全局参数，所以如何维护参数副本的一致性是一个重要的问题。在机器学习语境下，不能简单照搬 NoSQL 语境下的最终一致性方案，因为这很难保证甚至不可能证明算法的收敛性和正确性。现代分布式机器学习系统中的参数一致性解决方案往往采取两个极端：要么采取类似于 GraphLab 的"序列一致性"（Sequential Consistency）这种强一致性模型，要么像 YaooLDA 一样不做任何一致性的保证，即完全异步的方式。如果采用强一致性模型，尽管可以保证算法的正确性，但是严重限制了整个系统的并发程度；如果采用完全异步的方式，则尽管并发程度高，但是对于算法的正确性没有理论保证。所以，在参数服务器场景下，往往需要设计新型的参数副本一致性模型来均衡两者，即在算法正确性有保证的前提下尽可能提高整个系统的并发程度，这往往是通过受限的异步并行方式实现的（受限的异步并行和部分同步并行在概念上是类似的，这点请读者注意）。下面介绍两种典型的参数服务器架构下的异步并行一致性模型。

（1）时钟界异步并行（Clock-bounded Asynchronous Parallel，CAP）

CAP 保证系统内所有的并行程序都能足够快地向前行进，但当行进快的并行程序比慢的并行程序快太多时，则行进快的并行程序需要被阻塞来等待行进慢的并行程序追上来。一个并行程序的进度由从 0 开始计数并每隔一段时间间隔就递增的整数来标识，可以称这个进度标识为"时钟"（Clock）。在时钟范围 $[c\text{-}1，c]$ 内产生的参数更新，其时间戳都记为 c。CAP 保证对于某个具有时钟 c 的并行程序来说，其可以看到 $[0，c\text{-}s\text{-}1]$ 时间范围内所有其他并行程序的参数更新，这里的 s 是用户定义的阈值。

（2）值界异步并行（Value-bounded Asynchronous Parallel，VAP）

因为在异步更新的参数服务器模型中，并行程序在传播更新信息时并不要求必须阻塞，所以有可能会产生一批只有自己可见的新的更新，一般将这类更新称为"非同步局部更新"（Unsynchronized Local Updates）。VAP 保证对于某个并行程序来说其任意参数的"非同步局部更新"累加值一定小于用户指定的阈值 V_{thr}。当某个并发程序试图更新一个"非同步局部更新"累加值超过 V_{thr} 的参数时，系统会阻塞该并发程序，并将这个参数足够多的更新对所有其他的并发程序可见，只有这样才允许该并发程序继续前行。

图 15-19 是 VAP 的一个具体示例，箭头代表某个并行程序对一个参数的更新序列，对这个参数的一次更新记为 (i,j)，其中数值 i 代表更新的序列号，数值 j 代表参数更新后的取值。在本例中，设定值界为 8，从图中示意可以看到，当序列号标为 6 的更新产生时，此时非同步局部更新值累计到 9，大于设定值界 8，所以需要阻塞并行程序，并将 $(4,4)$ 同步让数值 4 对其他并行程序可见，在此之后，并行程序可以继续向前行进。

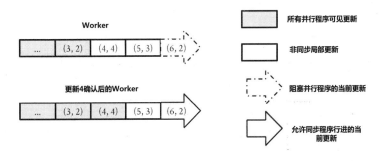

图 15-19　VAP 例子

除以上两种典型的一致性模型外，还可以集成两者形成"时钟-值界异步并行"（Clock-Value-bounded Asynchronous Parallel）模型。

理论分析可以证明：对于随机梯度下降等常见的机器学习算法，VAP可以保证算法的收敛性。对此证明过程感兴趣的读者可以阅读本章参考文献[12]。

3. SSPTable

SSPTable是SSP模型的一个具体实现架构，同时也是一个典型的参数服务器实现，其整体架构如图15-20所示。它是一个典型的Client-Server结构，其中，Server是由多台服务器构成的分布式参数服务器集群，用来存储客户端共享的全局参数，众多的Client分布在集群的其他机器上，每个Client内部又分为两级结构：进程和线程，一个客户端代表一个客户进程，内部又包含若干线程。同时客户端维护一个进程缓存，而每个线程各自维护一个自己用的线程缓存，缓存用来暂时存放从参数服务器获取到的数据。之所以将参数服务器称为"Table Server"，是因为共享参数采取表的方式，每个表包含若干行，每行有其对应的数据元素，SSPTable可以支持无限量的表格数目，其数量取决于参数服务器所用的服务器个数。

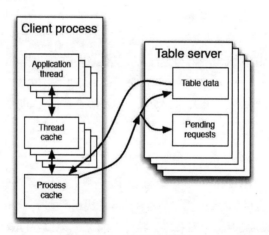

图15-20　SSPTable结构

SSPTable提供了以下三个简洁的API调用接口。

- read_row(table,row,s)：读取某表的某行，指定数据过期阈值为s。
- inc(table,row,el,val)：将某表某行数据的值增加 val，增量可以是负值。当线程调用这个 API 时，并未修正参数服务器上的数据更新，只有当调用 clock() 的时候才真正更新参数服务器的数据。
- clock()：线程通知参数服务器自己的时钟向前迈进一步，并将 inc 操作的所有更新传给参数服务器。

在线程调用两个 clock() API 之间，允许任意多的 read_row 和 inc 调用。每个线程会绑定一个时钟 c 用来标明其进度，因为 SSP 模型要求系统中最快的线程与最慢的线程时钟周期相差不能超过阈值 s，所以，当运行最快的线程调用 read_row 的时候，SSPTable 会将其阻塞，以此方法来等待最慢的线程追上来。为了维护"读你所写"一致性，每个线程将更新数据立即写入线程缓存中，而当调用 clock() 的时候，将这些更新体现到进程缓存和参数服务器存储中。

为了能够在维护"过期有界"特性的同时尽可能减少 read_row() 操作的等待时间，SSPTable 采用如下缓存策略：每条线程缓存中的数据内容被赋予一个时间戳 r_{thread}，类似的，进程缓存中的数据内容被赋予时间戳 r_{proc}。同时，每个线程绑定一个标志其运行进度的时钟 c，当线程调用 clock() 时，其值增一。除此之外，参数服务器维护一个时间戳 c_{server}，这代表所有的线程中时钟周期的最小值，也即运行最慢的线程进度。当一个具有时钟 c 的线程读取参数数据的时候，它首先检查自己的线程缓存。如果要读取的数据在缓存中且时钟约束满足 $r_{thread} \geq c-s$，则可以直接读取线程缓存中的数据。如果以上条件不满足，则其检查进程缓存，如果要读取的数据在进程缓存中且时钟约束满足 $r_{proc} \geq c-s$，则可以读取进程缓存中的数据。如果以上条件仍然不满足，则需要通过网络传输远程从参数服务器中读取数据。参数服务器接收到请求后返回相应的数据及时钟 c_{server}，线程在接收到返回数据后，将这个数据存入进程缓存和线程缓存中（或者覆盖旧数据），并将其时间戳设置为 c_{server}。

从以上缓存策略可以看出，这样除了可以大量减少网络传输量外（很多读操作由线程缓存或者进程缓存响应），还有额外的好处：运行最慢的线程每隔 s 个时钟才发生一次网络传输，而运行快的线程则相对频繁地访问参数服务器，这样可以让最慢的线程逐步赶上速度快的线程。如此，一方面可以加快最慢线程的执行速度，这等于加快了整个任务的执行速度，因为很多任务之所以慢，是因为最慢的子任务拖慢了整体任务的进度；另一方面，由于最慢的逐步赶上速度快的线程，那么速度快的线程也会更少地等待速度慢的线程，使其进度更快，也即整个系统花费更多的时间在有用的计算，而非相互等待和网络传输上。这个好处如果用通俗的语言说，就是让慢的变快，与此同时，让快的更快。

参考文献

[1]　R.Bekkerman, M.Bilenko and J.Langford .Scaling Up Machine Learning: Parallel and Distributed Approaches.Cambridge University Press,2012.

[2]　李航. 统计学习方法. 北京：清华大学出版社，2012.

[3]　BSP.http://en.wikipedia.org/wiki/Bulk_Synchronous_Parallel

[4]　M. F. Pace. BSP vsMapReduce. International Conference on Computational Science,2012.

[5] Clouderaoryx.https://github.com/cloudera/oryx/

[6] Apache Mahout. http:// mahout.apache.org

[7] Spark.http://spark-project.org/

[8] M.Zahariaetc. Resilient Distributed Datasets: A Fault-Tolerant Abstraction for In-Memory Cluster Computing,2011, UCB/EECS-2011-82.

[9] T. Kraska etc. MLbase: A Distributed Machine-learning System. 6th Biennial Conference on Innovative Data Systems Research (CIDR'13), 2013.

[10] Q. Ho, J.Cipar, H. Cui, J. K. Kim, S. Lee, P. B. Gibbons, G. A. Gibson, G. R. Ganger, E. P. Xing. More Effective Distributed ML via a Stale Synchronous Parallel Parameter Server.Neural Information Processing Systems, 2013.

[11] W. Dai, J. Wei, X.Zheng, J. K. Kim, S. Lee, J. Yin, Q. Ho, E. P. Xing.Petuum: A Framework for Iterative-Convergent Distributed ML.2013, arXiv:1312.7651.

[12] J. Wei, W. Dai, A. Kumar, X.Zheng, Q. Ho, E. P. Xing.Consistency Models for Distributed ML with Theoretical Guarantees.2013, arXiv:1312.7869.

[13] Petuum.http://petuum.org/index.html

16

机器学习：分布式算法

我要做远方的忠诚的儿子

和物质的短暂情人

和所有以梦为马的诗人一样

我不得不和烈士和小丑走在同一道路上

万人都要将火熄灭

我一人独将此火高高举起

此火为大　开花落英于神圣的祖国

和所有以梦为马的诗人一样

我借此火得度一生的茫茫黑夜

——海子《以梦为马》

　　随着大数据技术的快速发展，如何从海量数据中挖掘有价值的知识与观点会成为最核心的问题，而机器学习无疑会是解决此类问题最重要的技术手段。第 15 章从大规模机器学习的计算范型与架构角度进行了分析、归类和讲解，本章的着眼点放在大规模的机器学习算法本身。

　　本章介绍的机器学习算法集中在智能信息处理领域，具体而言，包括计算广告学、推荐系统、搜索引擎、自然语言处理、社交挖掘以及深度学习这些领域。针对这些领域，选择了其中最常用的机器学习算法，重点讲解解决这些领域典型问题所需机器学习算法的分布式版本。虽然介绍的领域仅限于智能信息处理，但是其涉及的并行算法基本思路放到其他领域也是类似的，从这个角度讲，其具有一定程度的普适性和通用性。

16.1 计算广告：逻辑回归

竞价广告是商业搜索引擎公司最主要的收入来源，广告商提供创意（Creative，即广告展示内容），并对关键词竞价，当搜索引擎用户发出搜索关键词时，触发购买了该关键词的厂商广告，对于多个被触发的广告存在一个广告创意排名的问题，即需要确定应该将哪些广告展示出来以及其展示顺序。一般采用 eCPM（Effective Cost Per Mille）来对被触发的广告进行排名：

$$eCPM=CTR*BidPrice$$

eCPM 代表每千次展示可获取的收入。通过追求最佳 eCPM，搜索引擎公司获取最大化的收益，同时兼顾了用户体验和广告商排名需求，BidPrice 代表广告商对竞价关键词的出价，出价越高，排名越靠前，CTR（Click Through Rate）代表广告的点击率，一般用广告点击量和展示次数的比率来计算，其表征了广告和用户需求的匹配程度，CTR 越高，则广告排名越高。由上面的 eCPM 公式可以看出，在对广告创意进行排名时，广告的 BidPrice 可事先确定，所以最关键的是要估算对于当前查询而言某个广告创意的 CTR。

至于如何预估 CTR，一种直观的想法是：根据广告的历史点击率信息来进行估算。对于某个查询词，假设广告 A 在 1000 次展示中被点击了 10 次，那么可以估算其 CTR 为 0.01。这种思路看似简单，但是并不可行，主要原因是使用历史数据量不足以估算出可信数值。首先，CTR 估算是针对<查询，广告>数据对的，假设存在 1 万个广告，针对 1 万个查询词，则会有 1 亿个 CTR 数值需要估算，真实的历史点击数据的信息量如果按照<查询，广告>数据对统计，数量往往很少，其数据量不足以估算出可信的 CTR 数值；其次，对于很多新广告来说，也没有历史信息可以参考。鉴于以上原因，必须采取一定的技术手段来合理估算广告的 CTR，一般做法是利用逻辑回归等机器学习模型来根据查询和广告的特征对 CTR 进行预估。

16.1.1 逻辑回归（Logistic Regression，LR）

二项逻辑回归模型是一种分类模型，其可由条件概率分布 $P(y|X)$ 来表示，其中，随机变量 X 的取值范围为实数，随机变量 y 的取值为 -1 或者 1。一般采用如下公式表示：

$$P(y=1\,|\,X)=\frac{1}{1+\mathrm{e}^{-(W^{T}X)}} \qquad （公式 1）$$

$$P(y=-1\,|\,X)=\frac{\mathrm{e}^{-(W^{T}X)}}{1+\mathrm{e}^{-(W^{T}X)}} \qquad （公式 2）$$

其中，X 是输入变量，y 是输出，代表不同的类标号，W 是特征权重向量。

对于 CTR 预估来说，可以采用如上的逻辑回归方法，在计算广告的应用环境下，y=1 代表用户

会点击广告，$y=-1$ 代表用户不会点击广告，变量 X 代表<查询，广告>数据对，其由数据对相应的特征向量构成，其特征可以是查询独有的、广告独有的或者查询-广告两者匹配的特征，W 是这些特征的权重向量，表明对应特征的重要性，需要使用训练数据经过训练获得，特征参数规模可以达到 10 亿量级。当特征权重确定后，输入<查询，广告>数据对，计算出的 $P(y=1|X)$ 就代表预估出的 CTR。很明显，这是一个 Sigmod 函数，其值落在 0 到 1 之间。

所以，问题转换为如何根据训练数据求解特征权重。可以使用<查询，广告>的历史点击数据作为训练集合，利用极大似然法来估计模型参数：

$$\prod_{j=1}^{M} P(y_j|X_j,W) \qquad （公式 3）$$

其中，(X_j, y_j) 为 M 个训练数据中的第 j 个训练实例，分为正样本和负样本，通过对公式 3 取负 log，并为避免过拟合加入 L_1 正则化项，则求解特征权重问题转换为如下公式求最小值：

$$\text{Min}_\beta -\sum_{j=1}^{M} \log(Py_j|X_j,W) + \lambda \|W\| \qquad （公式 4）$$

于是，问题就变成了以对数似然函数为目标函数的无约束最优化问题，一般采用梯度下降法、牛顿法或拟牛顿法来解决这种参数优化问题。不论采取上述哪种参数优化方法，其都遵循相似的基本流程（见图 16-1）：首先赋予初始的权重向量 W_0 以 0 附近的随机值，然后反复迭代，每次迭代过程中都根据当前权重向量 W 计算目标函数的最快下降方向，并更新权重向量，直到目标函数稳定到极值点，将此时的权重向量 W 作为目标函数最优解。

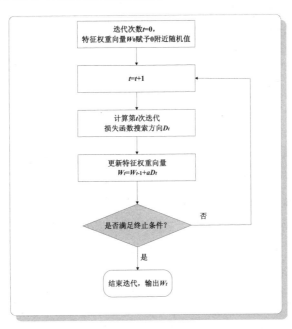

图 16-1　参数优化流程

不同优化算法的主要区别在于目标函数下降方向 D_t 的计算方式不同，D_t 往往是通过对目标函数权重向量 W 当前取值下求导数（梯度）或者二阶导数（海森矩阵）来确定的。

梯度下降法（Gradient Descent，简称 GD）采用目标函数在当前权重向量 W 的梯度的反方向作为下降方向：

$$D_t = -G_t = -\nabla_W f(W_t) \qquad\text{（公式 5）}$$

G_t 是目标函数的梯度，其具体计算方法如下：

$$G_t = \nabla_W f(W_t) = \sum_{j=1}^{M} [\sigma(y_j W_t^T X_j) - 1] y_j X_j = \sum_{j=1}^{M} [\frac{1}{1 + e^{y_j W_t^T X_j}} - 1] y_j X_j \qquad\text{（公式 6）}$$

梯度下降是求解无约束优化问题最常用的方法，具有实现简单等特点，但是收敛速度慢，如果目标函数是凸函数，则极值点就是函数最小值，如果是非凸函数，则不能保证这一点。

牛顿法（Newton Methods）是在当前权重向量 W 下，利用二阶泰勒展开函数作为近似目标函数，然后利用该近似函数求解目标函数下降方向：

$$D_t = -B_t^{-1} \nabla_W f(W_t) \qquad\text{（公式 7）}$$

其中，B_t 是目标函数在 W_t 处的海森矩阵，称这个搜索方向为牛顿方向，牛顿法具有收敛速度快的优势，但是计算海森矩阵的逆矩阵比较复杂。

拟牛顿法（Quasi-Newton Methods）不直接计算海森矩阵或其逆矩阵，只需要每步迭代计算目标函数梯度，通过正定矩阵来拟合海森矩阵的逆矩阵，这样简化了计算过程。BFGS 是最流行的拟牛顿法，只需通过增量计算来逼近海森矩阵的逆矩阵，避免了每次迭代的矩阵求逆运算。L-BFGS（Limited Memory-BFGS）是一种使用限量内存的 BFGS 改进算法，解决了 BFGS 每次迭代后需要保存海森矩阵的问题，只需要保存两组向量以及一组标量即可，有效地减少了对内存的占用，这对参数规模巨大的应用来说非常重要。

通过以上方法，即可求解目标函数的无约束最优化问题，并根据训练数据获得最优的特征权重。根据如何利用训练数据训练模型的不同方式，又可以将数值优化方法分为三类：在线学习（Online Learning）、批学习（Batch Learning）和 Mini-Batch 学习。在线学习在训练模型过程中通过序列化方式以一次学习一个训练实例的方式完成，这样可以满足模型不断增量更新的需求场合；批学习则是每次需要所有的训练数据才能得到模型；Mini-Batch 学习介于两者之间，通过一次学习一批训练数据的方式完成模型更新。

对于 CTR 预估任务来说，训练数据往往达到千万到几亿量级，模型参数达到 10 亿到百亿量级，靠单机显然是无法完成如此规模任务的，必须考虑并行版的逻辑回归训练方法。下面分别介绍在线学习版本和批学习版本的并行训练方法，其中，在线学习采用随机梯度下降（Stochastic Gradient Descent，简称 SGD）方法，SGD 是一个在机器学习领域广泛使用的参数优化方法，是梯度下降的在线学习版本。

16.1.2　并行随机梯度下降（Parallel Stochastic Gradient Descent）

Yahoo 公司的 Zinkevich 等人提出了一种异常简单的基于数据并行的随机梯度下降算法。

假设以 c_i 代表训练数据，其中 $1 \leqslant i \leqslant m$，以 η 代表固定的学习率，T 代表设定的阈值，W_i 代表第 i 轮迭代时的特征权重向量，假设有 k 台可并发运行 SGD 的机器，则算法 1 和算法 2 是这个方法的流程说明，其中，算法 1 描述了单机执行 SGD 的任务流程，算法 2 描述了并行随机梯度下降算法的整体流程。

算法1：　　$\mathrm{SGD}(\{c^1, \ldots, c^{an}\}, T, \eta, w_0)$

---
for $t = 1$ **to** T **do**
　　随机选 $j \in \{1 \ldots m\}$ 作为训练实例.
　　$w_t \leftarrow w_{t-1} - \eta \partial_w c^j (w_{t-1})$.
end for
return w_T.

算法2：　　$\mathrm{ParallelSGD}(\{c^1, \ldots c^m\}, T, \eta, w_0, k)$

---
for all $i \in \{1, \ldots k\}$ **parallel do**
　　$v_i = \mathrm{SGD}(\{c^1, \ldots c^m\}, T, \eta, w_0)$
end for
从各个机器中收集参数值并计算均值 $v = \frac{1}{k} \sum_{i=1}^{k} v_i$ 并返回结果 v

---

从以上两个算法可以看出其执行逻辑为：首先，总控程序将所有的训练数据分发到 k 台服务器，每台服务器获得完整的训练数据。然后，每台服务器可并行执行单机 SGD 任务，单机 SGD 任务顺序地从所有的训练数据中随机抽样，并根据其梯度的反方向作为目标函数下降方向，每次以 η 步长更新特征权重向量。如此反复执行 T 次，每台服务器的单机 SGD 任务可以得到一个模型参数，之后总控程序从每台服务器收集到各自的模型后，通过取均值的方式来获得最终的模型参数。

尽管这个方法看上去非常简单，但是论文作者通过大篇幅的内容证明了这个算法的可收敛性，对其论证细节感兴趣的读者可阅读本章参考文献[1]的内容。

16.1.3　批学习并行逻辑回归

在前面已介绍过，逻辑回归中目标函数最优化有多种不同的算法，不论哪种算法，计算梯度都是必需的步骤，所以批学习版并行逻辑回归最主要的目的是将计算梯度过程改造为并行版本算法。从公式 6 可以看出，梯度计算只需要计算某个训练数据的特征向量和权重向量内积 $W_t^T X_j$，以及标量 $[\sigma(y_i W_t^T X_j) - 1] y_i$ 和向量 X_j 之间的乘积，所以很容易将其拆分到若干机器节点分别进行计算，最后再综合结果。

这里假设有 M 个训练实例，每个训练实例有 N 个特征，则可以按如图 16-2 所示一样展示训练数据，数据由 M 行数据构成，每行一个训练数据，其由 N 维特征构成，最左端是类标号 y_i。一个简单的办法是将训练数据按行切分，若干行训练数据的所有特征向量分配到某台机器分别并行执行局部梯度计算，然后将所有的结果汇总得到全局梯度更新。按行切分数据来进行并行训练可以解决训练数据样本多的问题，但是有些应用如 CTR 预估，训练数据的特征向量维度可能达到 10 亿级别，只靠按行切分还不能满足需求，此时还可以将训练数据在行切分基础上进一步按照列切分来细分数据。

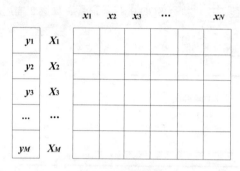

图 16-2　训练数据

假设有 $m \times n$ 台机器按照 m 行 n 列的方式布局，对 M 个训练数据首先按照行切分为 m 块，然后每个训练数据的特征向量按列切分成 n 块，这样就将训练数据切分为 $m \times n$ 块，每台机器存储 $\frac{M}{m} \times \frac{N}{n}$ 个训练数据的特征值及分配到这台机器训练实例对应的 $\frac{M}{m}$ 个类标号数据。同样，大小为 N 的权重向量 W 也被对应地切分为 n 块。

在对数据做出上述切分后，可以将目标函数的梯度计算转换为如下步骤。

步骤一：各机器节点并行计算内积，即

$$d_{(r,c),k,t} = W_{c,t}^T X_{(r,c),k} \in \mathbb{R} \qquad （公式 8）$$

其中，X 和 W 分别是对应分配到本机器节点的训练数据特征向量分块以及第 t 次迭代的权重向量分块。

步骤二：对行号相同的节点归并步骤一的内积计算结果如下。

$$d_{r,k,t} = W_t^T X_{r,k} = \sum_{c=1}^n d_{(r,c),k,t} = \sum_{c=1}^n W_{c,t}^T X_{(r,c),k} \in \mathbb{R} \qquad （公式 9）$$

然后将归并结果传递给包含该行训练数据特征向量分块的所有机器中，以供后续步骤的标量

$[\sigma(y_j W_t^T X_i) - 1]y_i$ 和向量 X_j 之间的乘积计算使用，其过程如图 16-3 所示。

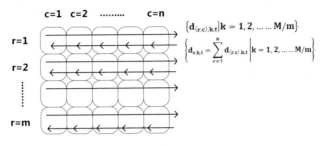

图 16-3　步骤二示意图

步骤三：各机器节点并行计算标量 $[\sigma(y_j W_t^T X_i) - 1]y_i$ 和向量 X_j 对应的特征向量分块数据的乘积，即

$$G_{(r,c),t} = \sum_{k=1}^{M/m} [\sigma(y_{r,k} d_{r,k,t}) - 1]y_{r,k} X_{(r,c),k} \in \mathbb{R}^{N/n} \qquad （公式 10）$$

其中，$G_{(r,c),t}$ 代表第 r 行机器节点所包含训练数据样本计算出的第 c 列特征向量分块对应的目标函数梯度向量。

步骤四：对列号相同的节点数据进行归并，即

$$G_{c,t} = \sum_{r=1}^{m} G_{(r,c),t} \in \mathbb{R}^{N/n} \qquad （公式 11）$$

$G_{c,t}$ 代表目标函数的梯度向量 G_t 的第 c 列特征向量分块的分量，将所有的分量进行归并可得目标函数梯度向量：

$$G_t = < G_{1,t}, ..., G_{c,t}, ...G_{n,t} > \in \mathbb{R}^N$$

其形象化示意如图 16-4 所示。

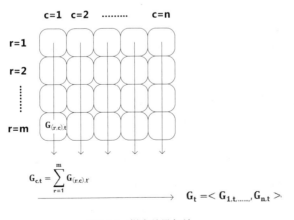

图 16-4　梯度结果归并

通过以上四个步骤即可完成一轮迭代中目标函数梯度向量的并行更新计算，如此不断迭代，直到达到一定标准即可完成优化目标。这样即可将无法处理高维海量训练数据的单机版改造为并行批学习版本的逻辑回归算法。

16.2 推荐系统：矩阵分解

随着信息过载问题越来越突出，如何从海量数据中找到用户可能感兴趣的内容成为日益迫切的问题。推荐系统是解决信息过载问题的一个有效技术方向，通过对用户历史行为的学习，从海量数据中自动推荐给用户可能感兴趣的内容即是推荐系统的任务目标。优秀的推荐系统可以极大地改善用户体验或者提升电子商务网站的收益，亚马逊总收入中大约 30%是通过推荐系统获得的，从这里可以体会到推荐系统的重要性。

常用的推荐方法按照大类别划分有以下几种：基于群体统计的推荐、基于内容的推荐、基于协同过滤的推荐以及基于社交的推荐。基于群体统计的推荐根据用户自身的特征，将用户归属到按某些划分标准形成的群体分类中，向用户推荐该群体感兴趣的内容，比如，可以向 20～30 岁年龄段的女性用户推送化妆品信息。基于内容的推荐根据用户历史上浏览或者购买过的商品的内容属性来向其推荐与此内容类似的信息。基于协同过滤的推荐则根据用户群体行为来向某个特定的用户推荐符合其喜好风格的信息或商品。基于社交的推荐则是从用户的社交关系中其他用户感兴趣的内容推导特定用户可能感兴趣的内容。

在以上诸种方法中，协同过滤是最常用也是在各种应用场景下非常有效的方法。如果对协同过滤进一步做技术细分，最常用的技术包括基于用户的 KNN（User-based KNN）、基于推荐项的 KNN（Item-based KNN）以及矩阵分解方法。其中，基于推荐项的 KNN 因为简单有效，所以非常流行，而矩阵分解方法则具有推荐精度高等特点。

本节将要介绍的 ALS-WR 算法即是一种典型的矩阵分解方法，其全称为加权λ罚交替最小二乘法（Alternating-Least-Squares with Weighted-λ-Regularization）。Mahout 采用了这个算法来构建其推荐系统。

16.2.1 矩阵分解方法

矩阵分解方法又被称为因子模型（Factor Model），其假设用户的特征可以使用若干潜在因子来进行刻画。同样，商品（也可以是新闻、电影、音乐等其他类型的内容，为便于描述，后文统一用商品作为代表）的特征可以用同样的潜在因子来进行刻画。当用户的特征和商品的特征比较吻合时，我们假设用户会给这个商品较高的评分，也即可以将这种商品推荐给用户。这是其基本思想，下面对矩阵分解方法进行形式化描述。

我们以 $R = \{r_{ij}\}_{n_u * n_m}$ 来代表用户-商品评分矩阵，矩阵行代表用户，矩阵列代表商品，r_{ij} 代表用户 i 对商品 j 打的评分，其可以是整数或者实数，n_u 代表用户数，n_m 代表商品数。通常情况下，这是一个稀疏矩阵，整个矩阵中只有很少比例的内容具有真实的打分，而绝大部分比例的内容打分项为空，这很好理解，因为电子商务网站的商品有几十万项，但是对于某个具体的用户来说，其购买或者打分商品数量只是数个或数十个，对于绝大部分其他商品的打分都是空。推荐系统的任务就是预测用户可能对评分矩阵中的空项打上何种分数，并将打分较高的商品推荐给用户。

尽管评分矩阵 R 是稀疏的，但是其规模巨大，假设网站有 100 万个用户，20 万种商品，那么 R 就是 100 万×20 万的一个巨型矩阵。矩阵分解方法就是试图用两个较低维度的矩阵来拟合这个巨大的评分矩阵 R，这是将其称为矩阵分解的原因。其设立两个低维矩阵 U 和 M，U 为描述所有用户特征的矩阵，M 为描述所有商品特征的矩阵，两个矩阵中行的维度 k 是一个较小的数值，代表了刻画用户和商品特征的各种潜在因子。这样，用户 i 可以使用矩阵 U 的第 i 列 k 维特征向量表示，同理，商品 j 可以使用矩阵 M 的第 j 列 k 维特征向量表示，两者的内积即可被看作是用户 i 对商品 j 的评分。形式化地讲：

$$U = [u_i], u_i \subseteq \mathbb{R}^k \text{ 其中 } i = 1, 2, \cdots, n_u$$

$$M = [m_j], m_j \subseteq \mathbb{R}^k \text{ 其中 } j = 1, 2, \cdots, n_m$$

其中，u_i 是用户 i 的 k 维用户特征向量，m_j 是商品 j 的 k 维商品特征向量。当数据量足够大时，应该满足如下向量内积等式：

$$r_{ij} = \langle u_i, m_j \rangle \tag{公式 12}$$

如果矩阵 U 和矩阵 M 的内容已经确定，那么利用上述内积等式即可预测用户对某个未评分商品的打分，并根据打分情况进行推荐。所以现在的问题是：如何根据已有的评分矩阵 R 来获得用户矩阵 U 和商品矩阵 M 的内容？一般可以利用最小化 U 和 M 拟合出的矩阵 $\tilde{R} = U^T \times M$ 与真实的评分矩阵 R 之间的损失函数来推导 U 和 M 的内容。对于单个评分来说，其损失函数可以定义如下：

$$\mathcal{L}(r, u, m) = (r - \langle u, m \rangle)^2 \tag{公式 13}$$

如果将所有已知评分的损失累加起来可以得到如下的经验风险最小化损失函数：

$$\mathcal{L}^{emp}(R, U, M) = \frac{1}{n} \sum_{(i,j) \in I} \mathcal{L}(r_{ij}, u_i, m_j) \tag{公式 14}$$

其中，I 是已知评分在矩阵 R 中的下标索引集合，n 代表了所有已知的评分数量。

于是，矩阵分解方法的模型训练过程就是寻求下列公式的最优解：

$$(U, M) = \arg\min_{(U,M)} \mathcal{L}^{emp}(R, U, M) \tag{公式 15}$$

考虑到 R 是一个稀疏矩阵，为了避免过拟合现象，考虑在风险最小化损失函数中加入 Tikhonov 正则项，得到如下的结构风险最小化损失函数：

$$\mathcal{L}^{srm}(R,U,M) = \mathcal{L}^{emp}(R,U,M) + \lambda(\| U\varGamma_U \|^2 + \| M\varGamma_M \|^2) \tag{公式 16}$$

矩阵分解方法的模型训练过程就是通过上述损失函数最小化来获得最优的矩阵 U 和矩阵 M 的填充数值。

16.2.2 ALS-WR 算法

ALS-WR 是一种典型的矩阵分解方法，其算法步骤如下。

步骤一：初始化商品矩阵 M，第一行内容利用商品的打分均值填充，其他内容使用小随机数填充。

步骤二：固定商品矩阵 M 的内容，通过求解结构风险最小化损失函数（公式 16）来估算用户矩阵 U 的内容。

步骤三：固定用户矩阵 U 的内容，通过求解结构风险最小化损失函数（公式 16）来估算商品矩阵 M 的内容。

步骤四：重复执行步骤二和步骤三，直到算法达到停止标准为止。一般，停止标准是训练集合的 RMSE 指标在相邻的两轮迭代过程中差值小于一定的标准（一般取 0.0001），即可停止。

在前面提到会在结构风险最小化损失函数中引入 Tikhonov 正则项，以此抑制过大的参数值来达到避免过拟合的目的，ALS-WR 中的所谓"加权 λ 罚"（Weighted-λ-Regularization）是 Tikhonov 正则项的一种具体体现，经验表明，使用考虑加权 λ 罚的如下损失函数可以避免过拟合现象：

$$f(U,M) = \sum_{(i,j)\in I} (r_{ij} - u_i^T m_j)^2 + \lambda(\sum_i n_{u_i} \| u_i \|^2 + \sum_j n_{m_j} \| m_j \|^2) \tag{公式 17}$$

其中，n_{u_i} 和 n_{m_j} 分别代表用户 i 和商品 j 的评分个数。

另外一个需要澄清的细节是：当固定某个矩阵后，如何估算另一个矩阵的内容。这里假设商品矩阵 M 的内容固定，此时应该如何计算用户矩阵 U 的内容？对于用户 i 的用户特征向量 u_i 来说，这是一个求解正则化线性最小二乘（Regularized Linear Least Squares）问题，通过对 $f(U,M)$ 求 u_i 的偏导数，可得到如下极值解：

$$\frac{1}{2}\frac{\partial f(U,M)}{\partial u_{wi}} = 0, \forall i, w \tag{公式 18}$$

$$\Rightarrow u_i = A_i^{-1} V_i, \forall i \tag{公式 19}$$

其中，w 代表用户 i 评分过的所有商品索引，$A_i = M_{I_i} M_{I_i}^T + \lambda n_{u_i} E, V_i = M_{I_i} R^T(i,I_i)$，$E$ 是 $k×k$ 大小

的单位矩阵；M_{I_i} 是 M 的子矩阵，是通过将矩阵 M 的所有 I_i 列的内容抽取出构成的，即矩阵 M 中用户 i 评价过的所有商品构成的列向量组成的子矩阵；$R(i,I_i)$ 则是评分矩阵 R 的第 i 个行向量经过过滤只保留 I_i 列内容形成的。通过公式 19 即可根据矩阵 M 和矩阵 R 对应位置的内容求得矩阵 U 的相应内容。

如果用户矩阵 U 固定，也可以通过类似的方法估算出商品矩阵 M 的内容。

16.2.3　并行版 ALS-WR 算法

通过对 ALS-WR 算法的步骤二和步骤三进行并行化改造，即可得到并行化版本的 ALS-WR 算法。这里假设有 K 个并行计算单元。

如果固定商品矩阵 M 的内容，此时可以按列将用户矩阵 U 划分成均匀的 K 块，真实评分矩阵 R 按行划分成对应的 K 块，每个并行化计算单元分配到完整的商品矩阵 M 和用户矩阵 U 部分列及对应的评分矩阵 R 部分行，这样 K 个计算单元可以并行地根据 $u_i = A_i^{-1} V_i$ 分别计算被分配到的用户矩阵 U 数据块的更新内容，当每个计算单元都计算完成后，可以将 K 个用户矩阵 U 的数据块合并后形成更新后的矩阵 U，这样就完成了步骤二的并行化改造。

如果固定用户矩阵 U 的内容，此时按列将商品矩阵 M 划分成 K 块，同样按列将真实评分矩阵 R 切成对应的 K 块，在这里，矩阵 M 和矩阵 R 的每一列均代表商品的对应向量，每个并行化计算单元分配到完整的用户矩阵 U 和商品矩阵 M 部分列以及评分矩阵 R 的对应列，这样 K 个计算单元可以并行计算被分配到的商品矩阵 M 数据块的更新内容，当每个计算单元都计算完成后，可以将 K 个商品矩阵 M 数据块合并后形成更新后的矩阵 M，这样就完成了步骤三的并行化改造。

通过这种方式即可形成并行化版本的 ALS-WR 算法，这里需要注意的是：在计算用户矩阵 U 时，评分矩阵 R 按行切分，即两个矩阵统一按照用户来对数据进行分割，而计算商品矩阵 M 时，评分矩阵 R 按列切分，即两个矩阵统一按照商品来对数据进行切分。

需要说明的是，前面介绍的并行梯度下降算法也可以直接用来计算矩阵分解过程中的损失函数最小化。由此可见，梯度下降法虽然有计算速度较慢的缺点，但它也具有极广的普遍适用性，从本章后面的内容也可以体会到这一点。

16.3　搜索引擎：机器学习排序

对于搜索引擎来说，搜索结果是否准确直接关系到搜索产品的用户体验，是判断搜索引擎质量最重要的因素。在搜索引擎的诸多构成模块中，排序算法是事关搜索结果准确性的最重要的部分，目前商业搜索引擎在排序算法方面有些是采用较为传统的人工拟合排序公式，也有一些是采用机器学习自动习得排序方法。

16.3.1 机器学习排序简介

传统的搜索排序模型靠人工拟合排序公式，并通过不断地实验确定最佳的参数组合，以此来形成相关性打分函数。机器学习排序与此思路不同，最合理的排序公式由机器自动学习获得，而人则需要给机器学习提供训练数据。图 16-5 是利用机器学习进行排序的基本原理图。

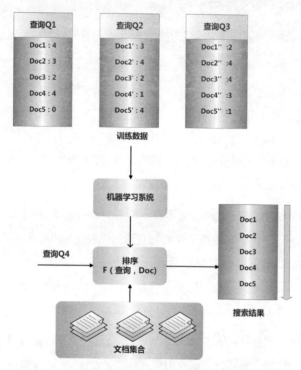

图 16-5　机器学习排序原理

机器学习排序系统由四个步骤组成：人工标注训练数据、文档特征抽取、学习分类函数、在实际搜索系统中采用机器学习模型。

首先，由人工标注训练数据。也就是说，对于某个查询 Q，人工标出哪些文档是和这个查询相关的，同时标出相关程度，相关程度有时候可以用数值序列来表示，比如，从 0 到 4 分为 5 个档次，0 代表不相关，4 代表最相关，其他数值代表相关性在两者之间。对于某个查询，可能相关的文档众多，同时用户查询的方法也五花八门，所以全部靠人工标注有时候不太可能。此时，可以利用用户点击记录来模拟这种人工打分机制。

对于机器学习系统来说，输入是用户查询和一系列标注好的文档，机器学习系统需要学习打分函数，然后按照打分函数输出搜索结果。但是在其内部，每个<查询,文档>对是由若干特征构成的，即每个<查询，文档>对进入机器学习系统之前，首先需要将其转换为特征向量。在确定了特征组合后，即可将文档转换为特征向量 X，前面说过，每个文档会人工标出其相关性得分 Y，这样每个文档会转换为<X,Y>的形式，即特征向量以及其对应的相关性得分，这样就形成了一个具体的训练实例。

通过多个训练实例，就可以采用机器学习技术来对系统进行训练，训练的结果往往是一个分类函数或者回归函数，在之后的用户搜索中，就可以用这个分类函数对文档进行打分，形成搜索结果。在实际应用的机器学习排序时，这往往是作为一个搜索结果后处理的再排序过程，即首先利用人工拟合排序公式给出最初的搜索结果，然后取排名较高的 Top 搜索结果进行机器学习排序，这样可以兼顾效率和准确性。

从目前的研究方法来说，可以将机器学习排序方法分为三种：单文档方法、文档对方法和文档列表方法。单文档方法将训练集中的每一个文档作为一个训练实例，"文档对方法"将同一个查询的搜索结果里任意两个文档对作为一个训练实例，"文档列表方法"与上述两种表示方式不同，是将每一个查询对应的所有搜索结果列表整体作为一个训练实例，这也是为何称之为"文档列表方法"的原因。对其各自的方法与特性感兴趣的读者可以阅读本章参考文献[6]的内容，此处不再赘述。

下面主要以并行版 LambdaMART 为主。LambdaMART 是一种提升树（Boosted Tree）算法，其通过多个回归树的线性组合来构造最终回归函数，LambdaMART 和 LambdaRank 在雅虎组织的多次网页搜索机器学习排序竞赛中表现都非常优异。

16.3.2　LambdaMART

LambdaMART 是 LambdaRank 和 MART 的混合算法，在介绍其思路前首先分别介绍 LambdaRank 和 MART 算法。

LambdaRank 基于 RankNet，是其改进版本，这是一种"文档列表"机器学习排序方法，很多基于"文档列表"机器学习排序的方法在训练过程中直接在搜索结果列表上优化 MRR（Mean Reciprocal Rank）、MAP（Mean Average Precision）、NDCG（Normalized Discounted Cumulative Gain）、ERR（Expected Reciprocal Rank）等搜索质量评估函数。与 MRR 和 MAP 这种二元判别函数相比，NDCG 和 ERR 可以评估多元相关性（即划分为多级相关程度），且将初次搜索结果的排序位置信息直接编码到评价函数中，所以尤其适合用来进行搜索领域的机器学习排序。但是因其将原始搜索得分加入评价函数中导致了函数形态是不连续的或者平坦状的，所以很难使用梯度下降等需要处处可导的方式来进行模型训练。而 RankNet 则需要目标函数是平滑的凸函数，这样可以采用梯度下降方式进行参数学习与优化。LambdaRank 采取了变通方式来解决两者的矛盾：其绕过目标函数直接对梯度建模，使得训练时处处可直接求得参数空间内的梯度搜索方向，这个梯度被称为λ梯度（λ-Gradients），这也是为何将其称为 LambdaRank 的原因。例如，对于某个查询 q，假设文档 D_i 的相关度要高于文档 D_j 的相关度，则使用 NDCG 评估函数可以求得这个文档对<D_i,D_j>对应的λ梯度为：

$$\lambda_{i,j} \equiv \left| \Delta\text{NDCG} \frac{\delta C_{i,j}}{\delta o_{i,j}} \right|$$ （公式20）

即凸函数 $C_{i,j}$ 的导数与交换两个文档在搜索结果中位置的信息后获得的 NDCG 差值之乘积，其中 $o_{i,j}$ 是两个文档原始得分的差值。而对于某一个文档 D_i 的 λ 梯度来说，则可以通过将该查询 q 结果中所有包含文档 D_i 的文档对的 $\lambda_{i,j}$ 进行累加获得，即 $\lambda_i = \sum_{j \in P} \lambda_{i,j}$，其中，$P$ 是所有文档对的集合。通过这种方式即可直接求解搜索结果文档的 λ 梯度来使用 RankNet 进行训练。

MART 的全称是"多重加法回归树"，它是一类提升树算法的统称，可以将其看作利用回归树在函数空间内进行梯度下降优化的过程。对于输入数据的特征向量 $x \in \mathbb{R}^d$，MART 将其映射为函数值 $f(x) \in \mathbb{R}$，可以将其形式化表示为：

$$f(x, N) = \sum_{n=1}^{N} \alpha_n f_n(x)$$ （公式21）

其中，$f_n(x) \in \mathbb{R}$ 是单个回归树，$\alpha_n \in \mathbb{R}$ 是该回归树对应的权重，f_n 和 α_n 都是通过训练获得的模型参数，可以将 $\alpha_n f_n$ 称为弱假设 h_n。回归树 f_n 将输入变量 x 映射为实数数值，具体过程是：将 x 由树顶节点逐步下移，至于将 x 移动到左子树还是右子树，则取决于变量 x 的某个属性值 x_j（其中 $j=1,\cdots,d$），当移动到某个叶子节点后，将和叶子节点绑定的固定值 $v_{\ell,n}$（其中，$\ell = 1,\cdots,L, n = 1,\cdots,N$）作为函数结果返回，此固定值就是回归树 f_n 的输出，L 是叶子节点的个数，N 是子树的个数。对于搜索结果排序任务来说，用户在训练前可以指定 L、N 和固定学习率 η。每个树节点分为左右子树的二元分类函数以及叶节点的固定值 $v_{\ell,n}$ 都是在训练过程中习得的，通过最小化平方损失函数即可完成训练过程。

MART 对梯度进行了建模，而 LambdaRank 则在训练过程中对任何一个数据点都可以指定并求得目标函数的梯度，所以两者有互补作用，这就是为何 LambdaMART 将两者融合的原因。算法 1 是对 LambdaMART 的描述。

算法1：	LambdaMART

1: **Input:** 训练集合 $\{\mathbf{x}_m, y_m\}, m = 1 \cdots M$；
   Number of Trees: N；
   Number of Leaves: L；
   Learning Rate: η；
2: **Output:** Model: $f(\mathbf{x}, N)$；
3: $f(\mathbf{x}, 0) = BaseModel(\mathbf{x})$ // BaseModel可为空
4: **For** $n = 1$ to N **do**
5:     **For** $m = 1$ to M **do**
6:         $\lambda_m = G(q, \mathbf{x}, y, m)$
           // 计算训练实例m的lambda梯度：G函数是用户查询q、文档x以及对应的类标号值y的函数
7:         $w_m = \frac{\partial \lambda_m}{\partial f(\mathbf{x}_m)}$ // 计算训练实例m的lambda梯度导数
8:     $\{R_{\ell n}\}_{\ell=1}^{L}$ // 创建包含L个叶子节点的回归树
9:     **For** $\ell = 1$ to L **do**
10:         $v_{\ell n} = \frac{\sum_{x_m \in R_{\ell n}} \lambda_m}{\sum_{x_m \in R_{\ell n}} w_m}$ // 采用类似牛顿法求得每个叶子节点对应数值
11:     $f(\mathbf{x}_m, n) = f(\mathbf{x}_m, n-1) + \eta \sum_{\ell} v_{\ell n} 1(\mathbf{x}_m \in R_{\ell n})$ // 更新模型

在训练子树的过程中，M 个训练数据中的每一个都根据函数 G 求出对应的λ梯度，每棵子树 f_n 就是根据这些梯度集合形成的最小平方回归树。在建子树的过程中，对于每个叶子节点计算目标函数下降的牛顿方向，然后乘以学习率，这样就完成了沿着梯度下降方向减小目标函数值来进行参数寻优的过程。

16.3.3　分布式 LambdaMART

这里假设有 $K+1$ 台服务器用于计算分布式 LambdaMART，其中一台机器作为主控服务器（Master），其他 K 台服务器 W_1、W_2、$\cdots$、W_k 作为工作服务器（Workers）。整个训练集 S 被均分为 K 个子集合 S_1、S_2、$\cdots$、S_k，每台工作服务器被分配到对应的一份训练数据子集合作为本机训练数据，即 S_k 训练数据位于第 k 个工作服务器上。训练 LambdaMART 模型就是根据这些分布到 K 台机器的数据来一个个逐步构造 f_n 子树并累加形成最终 $f(x,N)$ 函数的过程。与集中式训练过程相比，其分布性主要体现在构造每棵子树 f_n 的过程由单机版改造为多机版。

一个直观且与单机版 LambdaMART 等价的分布式算法可以设计为：在构建一棵新的子树时，对于子树当前的节点需要考虑采用哪个特征作为切分左右子树的标准这一决策，每个工作服务器各自依靠分配到自身的训练子集合来分别选择这个特征，然后将选出的特征及由其划分后分属于左右子树的训练数据等信息传给主控服务器，主控服务器从各个工作服务器收集到了所有的局部信息后对其进行综合处理，选择出全局最优的特征作为切分当前节点形成左右分支的特征，并将这个信息告知各个工作服务器，以此类推，可以如此逐个节点地构建出完整的子树。这个方法看似简单，但是通信成本太高，因其通信量和训练数据个数呈线性增长关系，这样很难处理上亿规模的训练数据。

为了有效地减少通信量，可以考虑如下虽与单机版算法不等价但现实可行的策略：首先假设训练算法已经完成了 N-1 轮，即主控服务器已经选出了由 N-1 棵子树构成的部分线性组合函数 $f(x,N-1)$，当前的任务是在此基础上选出下一棵子树，并添加到 f 中形成 $f(x,N)$。

假设每台工作服务器已经接收到了 $f(x,N-1)$ 信息，其需要根据分配给自己的训练数据子集合来训练出下一棵子树。此时，第 k 个工作服务器根据 $f(x,N-1)$ 和 S_k 生成新的子树（即弱假设 $h_{N,k}(x)$），然后将 $h_{N,k}(x)$ 发送给其他所有的工作服务器，供它们对自己的结果进行评估。于是，每个工作服务器会接收到 K-1 个其他的工作服务器独立训练出的弱假设，对于第 k 个工作服务器来说，其需要评估弱假设集合 $\{h_{N,k}(x)\}_{[K]\backslash k}$，评估方法是依次将每个弱假设集成到 $f(x,N-1)$ 中，形成 $f_k(x,N)=f(x,N-1)+h_{N,k}(x)$ 并分别根据一定的评估标准计算评估值，形成评估值集合 $\{c_k(f_k(x,N))\}_{[K]\backslash k}$，然后将这个评估值集合发送给主控服务器。

主控服务器选择在整个训练集合 S 上评估值得分最高的弱假设作为下一个被接受的弱假设。对于第 k 个工作服务器产生的弱假设来说，其评估值总得分为：

$$C(f_k(x,N))=\sum_{i\in V}C_i(f_k(x,N)) \qquad （公式 22）$$

其中，V 代表所有弱假设的评估索引。主控服务器最终选择评估得分均值最高的弱假设作为当选弱假设，并将其编号 i 通知所有的工作服务器，于是每个工作服务器更新模型为：

$$f(x,N)=f(x,N-1)+h_{N,i}(x) \qquad （公式 23）$$

这样就完成了一棵子树的训练过程，依次训练后续子树即可完成整个任务训练过程。通过如此改进，可以极大地减少通信量，使得处理超大规模训练数据成为可能，其算法的具体流程可以参考算法 2。

算法2：	Data-Distributed LambdaMART

1: **Input:** 训练集合 $\{x_m, y_m\}, m = 1 \dots M$;
　　　 Number of Trees: N;
　　　 Number of Leaves: L;
　　　 Learning Rate: η;
　　　 Number of Workers: K;
2: **Output:** Model: $f(x, N)$;
3: **For** $k = 1$ to K **do**
4: 　　$f(x, 0) = BaseModel(x)$ // BaseModel可为空
5: 　　**For** $n = 1$ to N **do**
6: 　　　　**For each** $m \in S_k$ **do**
7: 　　　　　　$\lambda_m = G(q, x, y, m)$ // 计算训练实例m的lambda梯度：G函数是用户查询q、文档
　　　　　　　　　　　　　　　　　　// x以及对应的类标号值y的函数。训练实例m是分配到工作
　　　　　　　　　　　　　　　　　　// 服务器k上的部分训练实例集合中的具体实例。
8: 　　　　　　$w_m = \frac{\partial \lambda_m}{\partial f(x_m)}$ // 计算训练实例m的lambda梯度导数
9: 　　　　$\{R_{\ell n}\}_{\ell=1}^{L}$ // 从服务器k上的部分训练实例集合创建包含L个叶子节点的回归树
10: 　　　　**For** $\ell = 1$ to L **do**
11: 　　　　　　$v_{\ell n} = \frac{\sum_{x_m \in R_{\ell n}} \lambda_m}{\sum_{x_m \in R_{\ell n}} w_m}$ // 采用类似牛顿法求得每个叶子节点对应的数值
12: 　　　$f_k(x_m, n) = f(x_m, n - 1) + \eta \sum_{\ell} v_{\ell n} 1(x_m \in R_{\ell n k})$ // 更新模型

13: 　　　$\{C_k(f_k(x, n))\}_{[K]\setminus\{k\}}$ // 本机评估弱假设集合
14: 　　　$C(f_k(x, n)) = \sum_{i \in V} C_i(f_k(x, n))$ // 主控服务器评估弱假设集合

15: 　　　$f(x, n) = \arg\max f_k(x, n) C(f_k(x, n))$ // 选择最佳弱假设并更新模型

16.4 自然语言处理：文档相似性计算

计算文档集合内任意两个文档的相似性在自然语言处理里是非常常见的应用场景，比如，若要对文档集合进行聚类，首先需要知道任意两个文档之间的相似性，再如，很多搜索引擎的 "More Like This" 功能，也是通过在后台根据文本相似性事先计算好来实现的。

很明显，计算文档集合内任意两个文档相似性这个问题的计算复杂度是 $O(n^2)$，如果文档集合较

小，单机是可以处理的，但是如果文档集合规模较大，比如百万级别，那么只能考虑多机并行来进行计算。这是一种典型的非迭代式批处理任务，所以很适合使用 MapReduce 来解决。

下面介绍如何计算两个文档的文本相似性。在文本处理任务中，一般将一个文档 d 在内部以特征向量 W^d 来表示，每个单词 t 对应特征向量中的一维，以 $W_{t,d}$ 来表征单词 t 在文档 d 中的权重，单词在文档中的权重的常见计算方式是 tf*IDF，即词频和逆文档频率的乘积。通过这种方式，每个文档都表达为特征向量，可以使用两个特征向量的内积来表征两个文档的文本相似性，即如下公式：

$$\text{sim}(d_i,d_j)=\sum_{t\in V}w_{t,i}*w_{t,j} \qquad （公式 24）$$

其中，V 是单词集合的大小，也即特征向量的维数。从上面的公式可以看出，只有当某个单词同时出现在两个文档中时，其对应维度特征的乘积才不为 0，也即上面的公式可以转换为如下形式：

$$\text{sim}(d_i,d_j) = \sum_{t\in d_i\cap d_j} w_{t,i} * w_{t,j} \qquad （公式 25）$$

有了上述计算两个文档相似性的公式，就可以在此基础上计算文档集合内任意两个文档的文本相似性。一种简单粗暴的方式是对任意两个文档根据公式 24 进行计算，但是其实我们可以按照公式 25 所示的思想对其进行优化。优化的基本思路是：对于任意两个文档来说，考虑任意单词 t 对于其相似性计算的影响，很明显，如果 t 在任意一个文档中没有出现，则其对两者相似性贡献为 0，也即只有两个文档同时包含单词 t，那么单词 t 才对这两者相似性有影响。如果从单词 t 的角度出发，如果能够记录哪些文档包含了单词 t，并形成一个集合，那么对单词 t 来说，其只对集合中文档的两两相似性做出贡献。举个例子，假设单词 t 只出现在 x、y 和 z 三个文档，那么对于单词 t 来说，只需计算其对（x,y）、（x,z）以及（y,z）的相似性贡献即可。熟悉搜索引擎工作机制的读者会发现，记录包含单词 t 的文档集合其实就是搜索引擎的倒排索引。

以上是优化计算的思路，其本质是将文档相似性计算过程中 $w_{t,i} * w_{t,j}$ 公式里任意一个权值为 0 的计算省略掉，因为对于文档来说其特征向量是稀疏的，所以通过这种方式可以节省大量的无谓计算。根据以上优化思路，可以总结文档集合内任意两个文档相似性的计算过程如下：

算法：文档集合中任意两个文档的相似性

$\forall i,j : sim[i,j] \Leftarrow 0$
for all $t \in V$ **do**
　　$p_t \Leftarrow postings(t)$
　　for all $d_i, d_j \in p_t$ **do**
　　　　$sim[i,j] \Leftarrow sim[i,j] + w_{t,d_i} \cdot w_{t,d_j}$

其中，postings(t)代表单词 t 的倒排索引，即包含单词 t 的文档集合。上述计算流程的基本思路是通过累计每个单词对任意两个文档之间的相似性的贡献来最终求得整体相似性。

如果文档集合较大，可以考虑使用两个连续的 MR 任务来完成上述计算流程。第一个 MR 任务是建立单词倒排索引的过程，任务的输入是文档 d，Map 阶段输出的 Key 为单词 t，Value 为包含这个单词的文档 ID 及单词权重；Reduce 阶段将包含单词 t 的文档进行汇总，并将倒排索引写入磁盘。有了单词的倒排索引，则第二个阶段 MR 任务即可计算文档相似性。其输入为第一阶段 MR 任务输出的单词倒排索引，对于某个单词来说，Map 阶段计算这个单词对其倒排索引文档集合中任意两个文档相似性的贡献，如果倒排索引中包含 m 个文档，则需要 $\frac{1}{2}m*(m-1)$ 次计算。本阶段输出的 Key 为文档对 $<d_i, d_j>$，Value 为 $w_{t,i} * w_{t,j}$。Reduce 阶段则对相同文档对的所有 Value 值进行累加，即累加不同单词对两个文档相似性计算的贡献，这样即可得出两个文档的整体相似性。为了说明问题，图 16-6 和图 16-7 给出了这两个 MR 任务的形象计算示例。

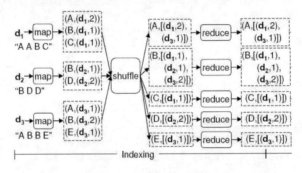

图 16-6　倒排索引 MR 任务

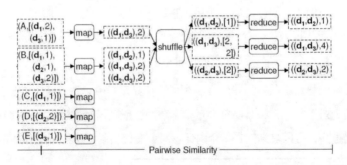

图 16-7　文档相似性计算 MR 任务

通过以上方式，即可对大规模文本集合计算其两两的相似性。实验表明，文档大小和计算时间基本呈线性增长关系，所以这是一种可扩展的计算方法。但是这种计算方式也有问题，在计算文档相似性的第二阶段 MR 任务的过程中，Map 阶段输出存在组合爆炸问题，会产生大量的中间结果文件，从而占用了大量的磁盘空间，同时降低了计算效率。为了减少中间文件数量，可以采用 DF-Cut 的优化方法，即把某些停用词或者常用词（其 DF 值较高）进行过滤，这样可以极大地减少中间结果文件的大小及 Reduce 阶段的计算量，同时因为 DF 值大的单词往往意味着较少的信息含量，即使将其过滤，对于相似性计算结果也不会有很大影响。

16.5 社交挖掘：谱聚类

随着国外的 Facebook、Twitter 以及国内的新浪微博、微信等 SNS 社交平台及内容分享平台的逐步流行，如何从上亿的海量用户中自动挖掘用户之间的社交关系成了有实际意义的工作。

16.5.1 社交挖掘实例

本节以微博环境下社交圈或者兴趣圈的挖掘作为社交挖掘的一个具体实例进行介绍。所谓"社交圈"或者"兴趣圈"，指的是在同一社交分享平台下，有着共同的社交关系或兴趣爱好的用户群体，比如新浪微博里哪些用户是对大数据技术感兴趣的？他们是否形成了一些密切交互的圈子？对这些信息进行挖掘是很有趣，也很有实际用处的。

如果能够从海量用户中通过自动手段挖掘出一个个的社交或兴趣圈子，对于很多具体应用来说是非常重要的基础数据，比如可以利用用户所属圈子进行感兴趣的人物推荐，或者根据所属圈子的群体特性分析用户的个人兴趣点等，所以在 SNS 平台下，如何对海量数据自动进行兴趣圈子的挖掘是一个非常有用的基础功能。

现在的问题是：给定海量的用户，如何才能挖掘出具有相似兴趣或者有紧密社交联系的圈子？以微博环境下的社交挖掘为例，可以基于微博用户的互动信息构建一张巨大的社交网络图，每个用户可以看成社交网络图中的一个节点，他们之间通过社交关系形成图节点之间的边，而且社交关系越密切，则边上的权重越高。若用户 A 对用户 B 有互动行为（转发、评论等），我们可以在用户 A 和用户 B 之间建立一条有向边，通过这种方式可以构建出有上亿个节点、几百亿条边的巨大有向图。挖掘社交圈就是在这样的巨型图中进行的，然后可以把社交圈挖掘转换为一个图切割问题的具体应用。

图切割问题本质上是一个聚类问题，几乎所有聚类算法的基本思想都是相近的：给定一批数据，自动对数据进行聚类，使得聚合到同一类别的数据之间比较相似，而不同类别之间的数据差异较大。图切割问题也基本符合这个思路，等价于将图中节点进行聚类，把密集相连的一批节点聚合到一起，而连接比较稀疏的节点尽可能划分到不同的类别中。图切割算法有很多，比如 Min-Cut、Min-Max Cut、Ratio Cut 等，我们可以采用谱聚类（Spectral Clustering）算法来挖掘用户社交圈。

谱聚类算法和 K-means 等很多其他聚类算法相比有很多优点，比如谱聚类具有谱理论等坚实的理论基础；谱聚类不含凸球形数据分布的隐性假设，而常见的很多聚类算法比如 K-means、EM 算法等都存在这一假设，对于图 16-8 所示的非凸球形数据分布例子中，谱聚类的聚类效果相对比较好。

由于谱聚类具备独特的优点，所以其应用非常广泛（语音识别、文本挖掘等），但是谱聚类的计算复杂度较高（$O(n^3)$，其中 n 是聚类数据个数），所以面对海量数据，如何能够快速计算是一个问题。关于谱聚类的形式化描述及其分布式解决方案，后面会有叙述，此处先简单说明一下如何将其应用在微博环境下社交圈挖掘的例子。

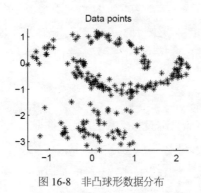

图 16-8   非凸球形数据分布

谱聚类有一个比较有趣的特性，即这个算法可以将我们面临的图切割问题转换为求对社交图对应矩阵进行形式变换后形成的拉普拉斯矩阵的特征值和对应的特征向量问题，这样就把聚类问题转换为矩阵特征值求解及在其基础上形成的低维空间下数据点的 K-means 聚类问题。

图 16-9 展示了使用谱聚类解决微博环境下社交圈挖掘问题的流程示意图。首先我们获得用户之间的互动数据，由于谱聚类只能处理无向图，而用户之间的互动数据是有向的，所以首先根据一定规则将有向图转换为无向图，之后就形成了所有用户的无向相似性图。根据谱聚类算法要求，将这个相似性图对应的对称矩阵转换为拉普拉斯矩阵，然后对这个矩阵求其前 k 个最小特征值及其对应的特征向量，求解得到前 k 个特征值及其对应特征向量 $s_1,s_2,\dots s_k$ 组成矩阵 $S[n][k]$（n 为用户编号，k 为低维特征编号），这样就将一个原本是 $n \times n$ 的矩阵转换为小得多的 $n \times k$ 矩阵，对矩阵 S 按行进行 K-means 聚类，每一行对应相似图中的一个用户节点，其最终聚类结果就是谱聚类最终的输出结果。这样即可将社交关系密切的用户群体挖掘出来。

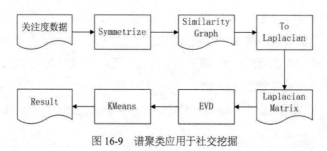

图 16-9   谱聚类应用于社交挖掘

16.5.2   谱聚类

给定 n 个待聚类的数据 $x_1,x_2,\dots,x_n$，谱聚类算法首先构建数据之间的相似矩阵 $S \in R^{n \times n}$，其中 $S_{i,j} \geq 0$ 代表 x_i 和 x_j 之间的相似度，谱聚类利用数据间的相似度信息将其聚类为 k 个类别。如下高斯函数常用于计算数据之间的相似度：

$$S_{i,j} = \exp\left(-\frac{\|x_i - x_j\|^2}{2\sigma^2}\right) \qquad （公式 26）$$

其中的 σ 可以通过控制高斯函数的形状来决定两个数据点之间距离远近对相似度大小的影响。根据相似矩阵 S 得到正则化拉普拉斯矩阵定义如下：

$$L = I - D^{-1/2}SD^{-1/2} \qquad （公式 27）$$

其中，I 是单位矩阵，D 是具有如下值的对角矩阵：

$$D_{i,i} = \sum_{j=1}^{n} S_{i,j} \qquad （公式 28）$$

很明显，正则化的拉普拉斯矩阵是一个具有非负值的半正定矩阵。在理想情况下，我们假设聚类数据之间完全可分离，即某个聚类内的数据和任意其他聚类内的数据的相似度都为 0。此时，拉普拉斯矩阵中的非零值只会出现在其块状对角线上：

$$L = \begin{bmatrix} L_1 & & \\ & \ddots & \\ & & L_k \end{bmatrix}$$

理论证明，此种理想情形下的 L 具有 k 个零值特征值（实际应用中往往不都是零值，一般按照特征值由小到大排序后取前 k 个作为近似），这些特征值对应的特征向量 $R^{n \times k}$ 可以记为：

$$V = [v_1, v_2, \cdots, v_k] = D^{1/2}E \qquad （公式 29）$$

其中，$v_i \in R^n (\text{I} = 1,2,\cdots,k)$ 是 n 维列向量，E 为对角线值全为 1 的对角矩阵：

$$E = \begin{bmatrix} e_1 & & \\ & \ddots & \\ & & e_k \end{bmatrix}$$

矩阵 V 的每一行代表数据点在 k 维空间的压缩表示，对矩阵 V 按行采取 K-means 聚类，即可得到最终的 k 个聚类结果。通常在进行谱聚类的时候会对 V 进行如下归一化形成矩阵 U：

$$U_{i,j} = \frac{V_{i,j}}{\sqrt{\sum_{r=1}^{k} V_{i,r}^2}}, i = 1,2,\cdots,n, j = 1,2,\cdots,k \qquad （公式 30）$$

在实际实现谱聚类的时候，因为矩阵 S 往往非常巨大，其在计算时存储成本太高，所以为了减少存储需求，往往会将其改造为稀疏矩阵，即只保留部分矩阵数值而将大部分矩阵值过滤掉。一种常见的做法是对矩阵 S 的第 i 行数据，类似于 KNN 的做法，只保留和第 i 个数据相似度最高的 t 个。因为保留的都是最重要的数据，所以这样的稀疏矩阵可以在基本不降低算法精度的情况下大量减少对存储量的要求。

将谱聚类的整个流程进行梳理后，其算法流程可以表示如下：

算法：使用稀疏矩阵的谱聚类

输入：待聚类数据$x_1, x_2, \cdots, x_n$; k为聚类数目；

① 构建相似矩阵S;

② 将相似矩阵S改造为稀疏矩阵；

③ 根据公式27构造拉普拉斯矩阵L;

④ 计算拉普拉斯矩阵L的最小k个特征值对应的特征向量，构建矩阵V;

⑤ 根据公式30对矩阵V进行归一化形成矩阵U;

⑥ 使用K-means对矩阵U进行聚类，形成最终k个聚类结果。

如上所述即为谱聚类的整个计算流程，其计算复杂度为 $O(n^3)$，往往只能处理小规模的数据，为了能够对现实中真实的大规模数据进行处理，通需要对其进行并行版改造。

16.5.3　并行版谱聚类

由 16.5.2 节中谱聚类计算流程描述可知，其由若干序列进行的步骤构成，其中计算量较大的比较关键的三个步骤是：构建相似矩阵 S、求解拉普拉斯矩阵 L 的特征向量、使用 K-means 对矩阵 U 进行聚类，其中的每一步都可以通过并行改造来获得一个能够处理大量数据的并行版谱聚类算法。

我们可以考虑构造一个混合了 MapReduce 和 MPI 的并行计算机制来对上述三个关键步骤进行并行化改造。对于相似矩阵 S 的构建，因其计算的非迭代性，可以考虑使用 MapReduce 采取类似于 16.4 节叙述的方法来完成；对于求解拉普拉斯矩阵 L 的特征向量，可以考虑将矩阵按照行进行分块后，利用 PARPACK 工具来对矩阵进行分布式计算，PARPACK 是矩阵计算工具 ARPACK 的分布式版本，采用其在 MPI 环境下可以对大规模矩阵进行相关计算来求解拉普拉斯矩阵的特征向量；至于 K-means 聚类，则可以按照 15.2.2 节所讲述的 MapReduce 机制计算 K-means 来解决，也可以按照 15.2.2 节所述的基本思想将其改造为 MPI 环境下的分布式 K-means 算法。在此不再赘述具体的实现思路，读者可以当作习题思考一下。

16.6　深度学习：DistBelief

自从 2006 年 Hinton 发表了极具创新性的论文后（见本章参考文献[15]和参考文献[16]），深度学习（Deep Learning）很快成为机器学习与人工智能研究领域的一个新方向，这个方向目前也经常被称为表示学习（Representation Learning）。随着深度学习逐步应用到各种研究领域（语音识别、图像处理、自然语言处理、信息检索等），很多领域尤其是语音识别和图像处理方面取得了突破性进展，在这两个领域应用深度学习的相关技术后，识别错误率都下降了超过 30%。鉴于深度学习如此优秀的表现，很多大型互联网公司也纷纷开始组建专门的深度学习研究部门来探索用其来解决现实问题。

对于深度学习来说，其很大的一个特点是能够使用海量的非标注训练数据通过无监督学习的方式对多层神经网络进行"预训练"（Pre-Training），所以其训练数据规模可以达到亿级，很明显，这需要使用并行算法运行在大规模集群中才有可能完成。下面首先简单介绍深度学习的基本思路，之后以 Google 的 DistBelief 计算框架为例讲解两个大规模深度学习训练算法，它可以处理此种规模的机器学习问题。

16.6.1　深度学习简介

深度学习是一类机器学习算法的统称，其共同的结构特点是采用多层次逐层叠加的神经网络形成分层结构（Hierarchical Architectures），即类似于图 16-10 展示出的结构。

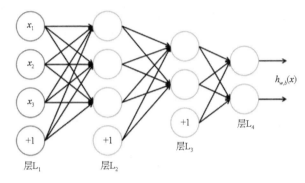

图 16-10　分层结构

深度学习多层结构中包含若干非线性特征转换的隐含层，每一个隐含层可以被看作是对前一个隐含层输出特征进行进一步特征组合后形成的更高阶的抽象特征表示。图 16-11 是图片人脸识别任务中深度学习各层习得特征的形象表示，最下层是原始输入层，由图片中无任何意义的像素点组成，其上一层的隐含神经网络层可以习得图像中的各种直线曲线等线级特征，再上一层的隐含神经网络层则进一步习得如人脸中五官的轮廓等特征，在此之上即可对人脸进行进一步的表示和识别。

相对于深度学习的多层结构来说，很多目前常用的机器学习算法可被看作是浅层结构的，这些浅层结构算法往往只包含一个非线性特征转换层，而对应的深度学习结构则包含了多层逐级叠加的非线性特征转换层。常用的浅层结构机器学习算法包括高斯混合模型（GMM）、隐马尔科夫模型

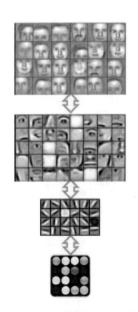

图 16-11　深度学习中各隐含层习得的特征

（HMM）、条件随机场（CRF）、最大熵模型（MaxEnt）、支持向量机（SVM）、逻辑回归（LR），以及单隐层的多层感知机（MLP）等，这些浅层结构模型的共性是只有一个隐含层用来将数据的原始信号转换为问题空间的特征表示。浅层结构模型适合解决相对简单的问题，而其有限的模型和特征表达能力决定了难以很好地解决音频、视频、语言等这些复杂问题。

深层神经网络并非近年才提出的概念结构，其独特性的关键在于如何有效地训练模型参数，而非仅仅因其具有多层结构。具有此种结构的前向神经网络（即多隐层的多层感知机模型）在几十年就被提出，后向传播算法（Back Propagation）被用来对模型参数进行训练，但即使是对包含很少隐含层的深层神经网络来说也很难用此种方法进行有效训练，主要问题在于这种由多层非线性转换形成的非凸目标函数存在过多的局部极值点。后向传播算法是一种局部梯度下降算法，往往从随机的一个起始点开始优化，这导致其很容易陷入局部极值点后即停止，而随着神经网络规模的扩大，这个问题会越来越突出。

Hinton 的最大贡献是提出了使用非监督学习预训练的方式来对深层神经网络进行有效的训练（见本章参考文献[15]和参考文献[16]）。通过使用多层受限波尔茨曼机（Restricted Boltzmann Machines）逐层叠加形成深度信念网络（Deep Belief Network，简称 DBN），并采取非监督方式逐层地学习模型参数来对深度神经网络进行训练，这种训练方式的复杂度与神经网络的大小和层数呈线性增长关系，使得其是现实可行的，同时通过一些精心调整的 DBN 参数可以获得非常好的识别效果。这种方法之所以使机器学习任务识别准确率获得极大提升的精髓在于：通过大量数据的预训练过程，使得后期监督学习过程中的目标函数优化获得一个较好的优化起点，有效地避免了传统的训练方法易陷入局部极值点的问题，这样模型参数更可能接近全局最优解。除此之外，这种方法还有其他好处，比如，可以使用海量的非标注数据，而这种数据较标注数据而言获取的成本低得多；其时间复杂度与网络规模呈线性关系使得训练过程实际可行。另外，对于 DBN 这种包含上亿参数规模的模型来说，通过预训练也可以缓解其面临的过拟合（Over-Fitting）和欠拟合（Under-Fitting）问题。

除 DBN 外，还有一些常用的模型训练方法，比如 De-noising Auto-encoder、Contractive Auto-encoders 以及 Sparse Encoding Symmetric Machine 等，对这些技术细节感兴趣的读者可以学习本章参考文献[14]的内容。

16.6.2　DistBelief

实验表明，当增加深度神经网络的规模（包括增加训练数据和模型参数规模）时，深度学习模型的分类精度会有大幅度的提高。但是当模型大到训练数据的规模达到千万量级、模型参数达到 10 亿量级时，GPU、MR 等方式的并行计算架构都无法有效地解决此等规模的问题。为了能够解决如此规模的机器学习应用问题，Google 开发了 DistBelief 分布式计算框架，本质上，DistBelief 是能够同时支持数据并行和模型并行的参数服务器架构的。

SGD 是深度学习模型训练过程最常用的参数优化方法，下面将介绍在 DistBelief 参数服务器框架下的两个并行训练方法，其中一个是在线学习（Online Learning）方法，被称为 Downpour SGD，另一个是批学习（Batch Learning）版本，被称为 Sandblaster L-BFGS。

1. Downpour SGD

SGD 作为在线学习模型，本质上是一个串行算法，需要依次根据训练数据更新模型参数，而这对于大规模的训练数据在效率上是无法接受的。Downpour SGD 可以提高训练效率，其本质是采用 Mini-Batch 方式更新参数的异步 SGD 模型。在 DistBelief 参数服务器框架下，其执行流程如图 16-12 所示。

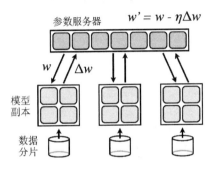

图 16-12　Downpour SGD

首先将训练数据划分成若干子集合，每个子集合各自进行模型训练，子集合当前正在训练的模型可以称为模型副本（Model Replica）。在训练过程中，副本模型通过和保存全局模型参数的参数服务器通信来获得全局参数或者通知其进行参数更新。参数服务器本身也是服务器集群，并对全局参数进行数据分片（Shard），每个数据分片负责一部分全局参数的存储与数值更新。之所以说 Downpour SGD 是异步的，其含义有两方面：一方面是每个副本模型各自异步地执行；另一方面，参数服务器的数据分片之间也是相互独立，无须同步更新的。通过双方面的异步执行有效地加快了训练速度。

在每个副本模型利用训练子集合进行 Mini-Batch 更新参数前，其首先从参数服务器获取当前的全局模型参数。因为 DistBelief 支持模型并行，即每个副本模型本身也是分布到多台机器上的，所以每台机器只需要和对应存储的与自身参数一致的参数服务器进行通信，即可得到全局模型参数，这样可以有效地减少数据传输量。在接收到全局模型参数后，副本模型运行一次 Mini-Batch 更新，计算局部梯度，然后将局部梯度传给对应的参数服务器，参数服务器根据局部梯度来更新全局模型参数。通过设定每隔 n_{fetch} 步来进行一次拉取全局模型参数操作以及设定每隔 n_{push} 步来进行一次推送局部梯度数据操作，可以有效地控制通信总量。算法 1 是副本模型进行 Downpour SGD 训练的流程描述。

算法 1: DOWNPOURSGDCLIENT($\alpha, n_{fetch}, n_{push}$)

procedure STARTASYNCHRONOUSLYFETCHINGPARAMETERS(*parameters*)
  parameters ← GETPARAMETERSFROMPARAMSERVER()

procedure STARTASYNCHRONOUSLYPUSHINGGRADIENTS(*accruedgradients*)
  SENDGRADIENTSTOPARAMSERVER(*accruedgradients*)
  accruedgradients ← 0

main
  global *parameters, accruedgradients*
  step ← 0
  accruedgradients ← 0
  while *true*
    do $\begin{cases} \textbf{if } (step \bmod n_{fetch}) == 0 \\ \quad \textbf{then } \text{STARTASYNCHRONOUSLYFETCHINGPARAMETERS}(parameters) \\ data \leftarrow \text{GETNEXTMINIBATCH}() \\ gradient \leftarrow \text{COMPUTEGRADIENT}(parameters, data) \\ accruedgradients \leftarrow accruedgradients + gradient \\ parameters \leftarrow parameters - \alpha * gradient \\ \textbf{if } (step \bmod n_{push}) == 0 \\ \quad \textbf{then } \text{STARTASYNCHRONOUSLYPUSHINGGRADIENTS}(accruedgradients) \\ step \leftarrow step + 1 \end{cases}$

与标准的同步 SGD 相比，异步 SGD 有更好的容错性。当某个机器发生故障时，并不影响其他机器去异步更新全局模型参数。尽管无法从理论上保证异步 SGD 的正确性，但是实验效果表明，其计算精度可以达到与类似算法相近的效果，同时运行效率获得了极大的提升。

2. Sandblaster L-BFGS

Sandblaster 是深度学习模型训练的批学习版本，传统的批优化只能处理小规模的训练数据，Sandblaster 则是为了训练规模极大的模型而提出的（见图 16-13）。其整体思路是：将所有的训练数据切割后分配到不同的模型副本，在每一步迭代过程中，每个模型副本首先从参数服务器获得最新的模型参数，根据部分训练数据完成目标函数梯度计算的局部更新，并将更新的数据发送给参数服务器，当所有训练数据的本次迭代局部梯度计算都完成后，参数服务器获得了所有训练数据产生的局部梯度数据，完成目标函数下降方向的计算，并更新全局参数，之后可以开始新一轮的迭代。从以上描述可以看出，与 Downpour SGD 这种完全异步的优化算法比，其每轮迭代存在一轮同步过程，即参数服务器对全局参数的更新步骤。

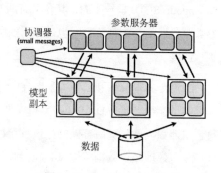

图 16-13　Sandblaster L-BFGS

协调器（Coordinator）是其中很关键的部件，它完成 L-BFGS 算法的流程，不过这个部件自己并不直接操控参数数据，而是起到总体协同的作用，它有以下两方面的作用。

第一，其向参数服务器发出各种操作命令（比如数值的加、减、乘、除，向量内积或者标量与向量相乘等操作），各个参数服务器根据命令来对自己负责的全局模型参数数据分片进行各种运算，共同完成目标函数下降方向的计算以及全局模型参数的迭代更新。Sandblaster 的一个核心特点就是将全局的权重向量参数按列切分，并将全局操作分解成每个参数服务器的局部操作，这样增加并发程度，比如，假设模型有 10 亿个模型参数，有 10 个参数服务器数据分片，那么每个数据分片将模型参数按列划分，各自承担固定的 1 亿个模型参数的存储与更新工作。Sandblaster 将 L-BFGS 的操作分解为一系列顺序执行的向量内积以及标量向量相乘的运算，这样每个参数服务器可以进行并发运算，且参数服务器之间所需通信的数据很少（Google 的论文并未明确具体的运算思路，但估计其基本思想应该与本章"计算广告：逻辑回归"一节中"批学习并行逻辑回归"的思路类似）。

第二，"协调器"控制协调训练数据的分片与具体分配的工作，从图 16-13 可以看出，Sandblaster 的训练数据并非像 Downpour SGD 一样按照模型副本的个数均分，而是将所有的训练数据切割成更小粒度的数据分片。换句话说，如果共有 N 个模型副本，每个数据分片的规模要远小于 1/N，在此基础上可以采取一种优化的负载均衡策略。模型副本执行协调器分配给自己的一部分训练数据，当完成这些训练数据的本轮局部梯度计算后，将梯度数据发送给参数服务器，处于空闲状态，等待下一轮迭代开始。当协调器发现某个模型副本已经处于空闲状态，而仍有部分训练数据切片还没有进行本轮迭代，则将新的训练数据分片分配给这个空闲模型副本执行。也就是说，运行较快的副本模型可以执行更多的数据分片的局部梯度计算，这样使得机器资源获得充分利用，避免数据均分带来的运算快的模型副本等待最慢的模型副本执行完才能开始下一轮迭代，从而提高了系统的执行效率。

算法 2 是 Sandblaster L-BFGS 的整体执行流程描述，从中可以看出，与 Downpour SGD 相比，Sandblaster 每个副本模型与参数服务器的通信次数要少得多，其只是在每轮迭代开始前从参数服务器拉取全局模型参数，在完成一部分数据分片局部梯度计算后，将这些数据发送给参数服务器。

算法 2: SANDBLASTERLBFGS()

procedure REPLICA.PROCESSPORTION(*portion*)
  if (!*hasParametersForStep*)
    then *parameters* ← GETPARAMETERSFROMPARAMSERVER()
  data ← GETDATAPORTION(*portion*)
  gradient ← COMPUTEGRADIENT(*parameters, data*)
  localAccruedGradients ← *localAccruedGradients* + *gradient*

procedure PARAMETERSERVER.PERFORMOPERATION(*operation*)
  PerformOperation

main
  step ← 0
  while *true*

$$
\mathbf{do} \begin{cases}
\textbf{comment: PS: ParameterServer} \\
PS.accruedgradients \leftarrow 0 \\
\textbf{while } (batchProcessed < batchSize) \\
\mathbf{do} \begin{cases}
\textbf{for all } (modelReplicas)\textbf{comment: Loop is parallel and asynchronous} \\
\begin{cases}
\textbf{if } (modelReplicaAvailable) \\
\quad \textbf{then} \begin{cases} \textsc{Replica.ProcessPortion}(modelReplica) \\ batchProcessed \leftarrow batchProcessed + portion \end{cases} \\
\textbf{if } (modelReplicaWorkDone \textbf{ and } timeToSendGradients) \\
\quad \textbf{then} \begin{cases} \textsc{SendGradients}(modelReplica) \\ PS.accruedGradients \leftarrow PS.accruedGradients + gradient \end{cases}
\end{cases} \\
\textsc{ComputeLBFGSDirection}(PS.Gradients, PS.History, PS.Direction) \\
\textsc{LineSearch}(PS.Parameters, PS.Direction) \\
PS.\textsc{UpdateParameters}(PS.parameters, PS.accruedGradients) \\
step \leftarrow step + 1
\end{cases}
\end{cases}
$$

参考文献

[1] M.A. Zinkevich, A.Smola, M. Weimer and L.H. Li .Parallelized stochastic gradient descent. Advances in Neural Information Processing Systems, 2010.

[2] 冯扬. 详解并行逻辑回归. http://www.csdn.net/article/2014-02-13/2818400-2014-02-13

[3] 刘小兵. 大规模逻辑回归并行化. http://www.haiwenku.com/view/561260.html

[4] Y. Zhou, D. Wilkinson, R. Schreiber and R.Pan. Large-scale Parallel Collaborative Filtering for the Netflix Prize. Proceeding of 4th International Conference on Algorithmic Aspects in Information and Management, 2008,LNCS 5034.

[5] T.Elsayed, J. Lin, and D. W. Oard.Pairwise Document Similarity in Large Collections with MapReduce.Proceedings of ACL-08: HLT, Short Papers (Companion Volume),2008,pp: 265–268.

[6] H. Li, Learning to Rank. ACML 2009 Tutorial. 2009.

[7] C. J.C. Burges, K. M. Svore, P. N. Bennett, A.Pastusiak, and Q. Wu.Learning to Rank using an Ensemble of Lambda-Gradient Models.Journal of Machine Learning Research: Workshop and Conference Proceedings,2011.

[8] C. J. C.Burges. 2010. FromRankNet to LambdaRank to LambdaMART: An Overview. TechnicalReport MSR-TR-2010-82. Microsoft Research,2010.

[9] R.Bekkerman,M.Bilenko and J. Langford . Scaling Up Machine Learning: Parallel and Distributed Approaches. Cambridge University Press, 2012.

[10] U.V.Luxburg. A Tutorial on Spectral Clustering. Statistics and Computing, 2007,17 (4).

[11] W.Y. Chen, Y. Song, H.Bai, C.J. Lin, E. Y. Chang.Parallel Spectral Clustering in Distributed Systems.IEEE Transactions on Pattern Analysis and Machine Intelligence,2011,33(3),pp:568-586.

[12] 张俊林. 大规模 SNS 中兴趣圈子的自动挖掘. 2012.http://www.infoq.com/cn/articles/zjl-sns-automatic-mining.

[13] Andrew Ng. Deep Learning Tutorial.http://ufldl.stanford.edu/wiki/index.php/UFLDL_Tutorial

[14] D. Li. A Tutorial Survey of Architectures, Algorithms, and Applications for Deep Learning.APSIPA Transactions on Signal and Information Processing. 2012.

[15] G. Hinton,S. Osindero andY. Teh.A fast learning algorithm for deep belief nets.Neural Computing, 2006,18: 1527–1554.

[16] G. Hinton and R.Salakhutdinov. Reducing the dimensionality of data with neural networks. Science, 2006,313 (5786) : 504–507.

[17] J. Dean. etc. Large Scale Distributed Deep Networks. NIPS 2012: Neural Information Processing Systems, 2012.

17

增量计算

有关他们的记忆

如三月低垂帘幕后的

豆蔻华年少女

迟迟不敢打开

时间寄来的残酷礼物

终有一天

端详水中倒影时

她会看到

一秒间　青丝枯萎成白发

也许会痛哭失声

在寂静的秋天

冷冷夕阳下

——佚名《礼物》

　　很多大数据任务中的数据收集是一个数据增量收集与更新的过程，典型的例子是搜索引擎的周期性索引更新，每次爬虫将新发现的网页以及内容发生变化的页面抓取下来，然后对索引进行更新，并执行一些必要的计算，例如，对网页的 Pagerank 值进行计算等，在每次索引更新的过程中，绝大多数网页内容并未发生变化，但是新抓取的页面可能导致旧页面的 Pagerank 值发生更改。对于这种情况，目前比较常见的一种做法是周期性地完全重建索引，即尽管每次只有少量网页的更新，但是整个索引的建立过程要将所有的网页都取出来重建一遍，很明显，这里存在巨大的计算资源浪费。增量计算则是另一种比较节约系统资源的思路，每次只对新增内容以及对其影响到的旧计算结果进行重新计算，原先的大部分计算结果可以复用。

本章主要介绍增量计算相关的技术，首先对现有增量计算方式进行归纳，按照其整体计算思路的不同，将现有增量计算技术划分为"变化传播"与"结果缓存复用"两种模式，并说明这两种模式各自的特点，接下来对基于 Hadoop 平台开发的增量计算系统面临的主要问题和整体计算框架进行说明，然后分别选择几个满足这两种增量计算模式的典型系统实例来介绍。

17.1　增量计算模式

增量计算探讨如何通过只对部分新增数据进行计算来极大地提升整个计算过程的效率。目前有很多大数据领域的增量计算系统，典型的如 Google 的 Percolator、Yahoo 的 CBP 系统、微软的 Kineograph 和 DryadInc，以及建立在 Hadoop 基础上的 Incoop、IncMR 等。

17.1.1　两种计算模式

如果对其具体技术进行分析，可以发现增量计算机制几种不同的分类方法。从增量计算的时效性角度考虑，可以将 Percolator 和 Kineograph 划分到准实时增量计算类别，其往往在分钟级别实现增量计算过程，而其他的系统可以归到对时效性没有要求的批处理增量计算类别；如果按照增量计算系统所依赖的计算平台角度，可以将其分为 Hadoop 平台和自建平台两种类别，其中，CBP、Incoop 以及 IncMR 是建立在 Hadoop 平台上的，其他系统建立在自有平台上。除此之外，还有其他一些分类方式，本节按其计算机制关注的侧重点不同，将现有系统分为"变化传播"与"结果缓存复用"两种模式。

在介绍这两种增量计算模式之前，我们先来了解下增量计算流程（见图 17-1）。对于增量计算来说，首先有旧的数据及其对应的计算结果，很多技术文献里提到的所谓数据的"状态"（State），通常情况下指的就是数据的计算结果或者是数据和其计算结果之间的对应映射关系。假设开始新一轮的计算，此时我们获得了部分新数据，新数据的比例往往只占旧数据比例的很小一部分，比如，百分之一甚至千分之一。但是有些新数据会和旧数据发生关联关系，比如，新网页会有出链指向旧的网页，这会影响旧数据的计算结果。所以，对于增量计算来说，将运算过程仅仅实施到新数据上是不够的，还要考虑新数据的加入导致部分旧数据的计算结果发生的变化。也就是说，增量计算要同时考虑新数据以及由新数据加入影响到的旧数据，并对这些造成影响的数据重新进行计算，而对绝大多数旧数据而言，其实是不受新数据加入的影响的，那么原先的计算结果可以直接重用。

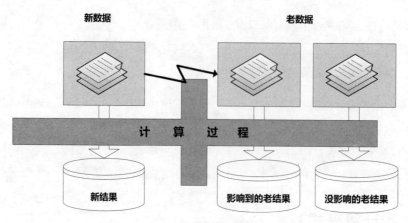

图 17-1　增量计算示意图

在以上知识的基础上，我们来看看"变化传播模式"和"结果缓存复用模式"各自代表的含义。这里需要强调的是，尽管两种方法的侧重点不同，但是从其本质上讲还是相似的。

"变化传播模式"在设计技术方案时，更多地从新数据和受影响的旧数据这个角度来考虑如何设计系统，其基本思路往往是：首先计算新数据的结果，然后判断直接受到影响的旧数据有哪些，并重新计算其结果，接着将这些变化的结果通过数据之间的结构传播出去，再考虑又有哪些其他旧的计算结果会进一步受到影响，如果影响足够大，那么需要重新计算，如此不断循环往复，即可完成整个增量的计算过程。如果把它们做个比喻，类似于将一个石子投入水面，投入点会出现不断外扩的层层涟漪。新数据就是投入水中的石子，而层层涟漪就是不断地计算受到新数据影响的旧数据。Percolator 和 Kineograph 系统属于此种模式。

"结果缓存复用模式"在设计技术方案时，更多地从哪些旧数据的计算结果没有发生变化的角度考虑，并在此基础上对数据或者计算流程进行组织，尽可能最大化地复用没有变化的旧的结果，其复用方式往往采用结果缓存，将可复用的旧数据计算结果缓存在内存或者外存文件中。DryadInc、CBP、Incoop 以及 IncMR 系统属于此种模式。

这种划分方法与之前提到的两种划分方法有一定的对应关系，比如，可以看出，准实时的增量计算方法一般采取"变化传播模式"，因其计算效率较高，而批处理的增量计算模式更倾向于使用"结果缓存复用模式"；基于 Hadoop 平台的增量计算系统更倾向于使用"结果缓存复用模式"，自建平台增量计算系统则灵活性更高，往往两种方式都有。这与 Hadoop 适合批处理运算及其内在运作机理有一定的关系。

17.1.2　Hadoop 平台下增量计算的一般模式

因为 Hadoop 使用广泛，很多增量计算系统是建立在这个批处理计算平台上的。下面从各个具体的计算系统里抽象出针对 Hadoop 平台构建增量计算时常见的问题及其解决策略。

图 17-2 是在 Hadoop 平台上构建增量计算系统时的一个基础架构图。在整个系统运行的过程中，首次运行时，增量计算与普通的 Hadoop 运算过程是一致的，区别体现在后续的增量迭代运行过程中。在后续的增量迭代中，增量计算系统首先要区分哪些数据是新增数据，哪些数据是已经有计算结果的旧数据，并尽可能将新增数据独立出来。对于新增数据，需要进行完整的 Map 和 Reduce 两阶段的运算，对于旧数据，则可以免去 Map 阶段的运算，只进行 Reduce 阶段的运算，即这是一种对 Map 阶段输出中间结果的复用，所以增量计算系统需要将上一轮计算中 Map 阶段的输出缓存到文件中，以供后续增量迭代重用。之所以在 Hadoop 平台上的增量计算系统通常采取 Map 阶段的中间结果复用，是因为在 MR 执行的两阶段过程中，Map 阶段往往不考虑数据记录之间的关系，所以这一阶段不涉及新数据对旧数据的影响。因此，旧数据这一步的结果是完全可以避免重新计算的，新数据和旧数据发生影响的阶段在 Shuffle 和 Reduce 阶段，通过 Shuffle 阶段，将这种影响体现到 Reduce 阶段接收到的中间数据中。

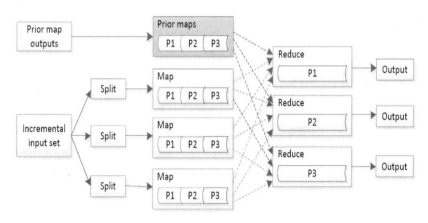

图 17-2　Hadoop 增量计算架构

为了能够最大化地复用数据，减少无谓的重复计算，基于 Hadoop 平台的增量计算系统往往需要在以下几方面做出特殊处理或者需要改造 Hadoop 运行流程。首先在 Map 过程的数据输入阶段，尽可能将新数据和旧数据明确区分开，否则，如果输入的数据块内既包含新数据，也包含旧数据，那么 Map 阶段的中间结果复用效果也会大打折扣。另外，因为 Map 阶段的中间结果复用时，往往将上一轮 Map 运算的中间结果放在一起，而非像正常的 MR 一样由各个 Map 任务来维护和管理中间数据，所以在后续 Reduce 阶段从 Map 阶段复制中间数据时需要增加额外的调度功能，这样才能正常开始后续的 Reduce 阶段任务。

尽管每个基于 Hadoop 平台的增量计算系统具体的实施方案各异，但是其整体流程和面临的主要问题都类似于上文所述内容。Incoop 和 IncMR 是两个典型的基于 Hadoop 平台的增量计算系统，都采取了"结果缓存复用模式"。从上述机制可以看出，这种模式对结果复用的大部分只能重用旧数据 Map 阶段的中间结果，在 Reduce 阶段，即使有很多旧数据结果没有受到影响，但是受制于 MR

的运算机制，也很难对此加以区分，所以必须完整地运行所有数据的 Reduce 阶段逻辑流程，其复用效果并不是特别突出。尽管 Incoop 采用了比较复杂的技术来改造 Hadoop，试图增加 Reduce 阶段的复用，但是效果并不明显。另外，与所有的新旧数据完全重新计算相比，这种方法即便可以在 Map 阶段省去旧数据的计算过程，但也仅仅是节省了计算资源，从任务完成速度的角度来讲并没有太大优势，因为即使是完全重算，Map 阶段也是并发执行，所以从速度上讲，两者并没太多的差别。实验结果也表明，基于 Hadoop 改造的增量计算与全量更新相比，大多数应用性能的提升只是在 10%以内。

下面分述三个典型的增量计算系统实例，其中，Percolator 和 Kineograph 属于"变化传播模式"，而 DryadInc 则是典型的"结果缓存复用模式"。基于 Hadoop 的增量计算系统的基本思路如上所述，鉴于其具有明显的缺陷，本章并不单独讲述具体的系统，感兴趣的读者可以阅读本章参考文献[5]和参考文献[7]。

17.2　Percolator

2010 年 6 月，谷歌公司宣布"咖啡因"系统上线，这是一种新的索引更新方式，几乎可以实时地对抓取到的内容进行更新，并体现在搜索结果内。据说该系统上线后影响了 15%互联网网页的搜索排名，其实从其功能来讲，"咖啡因"系统并没有对搜索排序因素做出改变，不会对搜索排名本身有直接的影响，只不过随着更新周期的缩短，使得刚更新的网页内容更快地体现在搜索结果上，或许是最近更新网页新增加的内容与网页用户查询更相关，所以造成了更新网页的排名上升，影响到内容没有更新的网页，给人的外部观感是直接影响搜索排名。

"咖啡因"系统是外部代号，其对应的内部项目名称叫作 Percolator，其本质是构建在 Bigtable 上的一种与 MapReduce 计算方式互补的增量计算模式，主要用来对搜索引擎的索引系统进行快速增量更新。在部署"咖啡因"系统之前，Google 搜索的索引更新是利用 MapReduce 机制周期性地全量更新的。也就是说，每隔一段时间，将新抓取的网页和原来抓取到的网页作为一个整体，利用 MapReduce 重新建立一遍索引，很明显，这种方式的更新周期比较长。在部署"咖啡因"系统之后，索引系统可以做到增量更新，对于新抓取到的网页，可以立即更新到索引系统里，新的索引更新周期比原先的方式快了大约 100 倍左右。

"咖啡因"系统作为一种增量更新模式，并不是 MapReduce 的替代品，两者各有所长，起到互补的作用。如果是全局性的统计工作，还是比较适合用 MapReduce 来做，而对于局部性的更新则比较适合使用 Percolator 系统来处理。另外，Percolator 在 Bigtable 的"行事务"支持的基础上实现了跨行跨表的事务支持，所以提供了对数据处理的强一致性服务，如果应用只需要较弱的一致性要求，那么直接使用 Bigtable 已经足够，如果有强事务要求，则使用 Percolator 比较合适。再次，Percolator 是对海量数据处理的计算模型，如果数据量没有达到一定的量级，其实直接采用数据库系统即可满足需求。所以，"咖啡因"系统可以理解为针对海量数据处理的、提供强一致性支持的局部增量更新计算模型。这是其与其他所有 Google 系统的不同之处。

从设计特点来说，为了能够支持对海量数据的增量更新，Percolator 主要提供了两种功能：首先是能够对数据进行随机存取，并提供对数据处理的 ACID 事务支持，其次是提供了类似于"观察/通知"方式的整体计算结构。

17.2.1　事务支持

Percolator 提供了支持 ACID "快照隔离"语义的跨行跨表事务，如果一个操作涉及更改不同表的不同数据，那么这些更改要么同时生效，要么同时失效，这样保持了数据之间的一致性，这是 Percolator 能够提供增量更新的一个基础要求，在后面会举例说明 Percolator 是如何保证这种一致性的。

所谓"快照隔离"，是指多个用户同时读写相同的数据时，相互之间的关系很复杂，很容易发生阻塞甚至是死锁，快照隔离维护了数据的不同版本，不同的操作针对不同的数据版本进行，以此来增加并发程度并保证数据的修改一致性。Percolator 是在 Bigtable 基础上实现的，本书前面已介绍过，Bigtable 在其基本存储单元（Cell）里支持多版本数据的存储，这明显适合进行"快照隔离"。通过"快照隔离"语义，Percolator 可以解决"写冲突"：如果同时有两个并发程序写同一数据，那么系统可以保证只有一个程序会成功写入。

下面以一个简单的例子来说明 Percolator 是如何提供事务支持的，假设任务如下：有两个银行账户，"张三"的银行户头有 10 元钱，"李四"的银行账户有 2 元钱，现在需要从"张三"的账户划拨 7 元钱到"李四"的账户中，即划拨后"张三"的户头余额为 3 元，"李四"账户的户头余额为 9 元。这个任务往往由两个操作步骤组成：首先从"张三"账户扣除 7 元，然后往"李四"账户增加 7 元钱。很明显，这个任务需要事务支持，否则在操作进行过程中，如果系统出错，很可能钱从"张三"的账户扣除成功，但是并未追加到"李四"的账户，导致资金总额出错。而事务支持可以保证：要么两个操作都成功，要么两个操作都失败，无论如何，能够保证两者资金总额是 12 元，即数据是一致的。

针对这个任务，我们看看 Percolator 是如何操作的，Bigtable 提供了对数据行的事务支持，Percolator 充分利用这一点，为表中每列数据增加管理数据，其中，Column:Lock 和 Column:Write 用来进行事务支持，另外的管理数据是为了支持"订阅/通知"体系结构。若要完成上述任务，需要依次执行以下步骤：

图 17-3 是在任务执行前某个 BigTable 表格的初始状态，表中每个存储单元（Cell）可以存储不同时间戳的多个数据版本，"5:10 元"代表时间戳为 5 的时候，用户"张三"对应的账户金额为 10 元。从表中可以看出对于存储账户金额的数据 bal:data 列，Percolator 对应增加了两列 bal:lock 和

bal:write，其中，bal:lock 用来存储锁的管理数据列，而 bal:write 列则指出了哪个时间戳的数据是当前可用的数据，比如"6：data@5"即指明了 bal:data 列的时间戳为 5 的数据是可用数据。

Key	bal:data	bal:lock	bal:write
张三	6： 5：10元	6： 5：	6：data@5 5：
李四	6： 5：2元	6： 5：	6：data@5 5：

图 17-3　初始状态

图 17-4 展示了任务的第一步操作，percolator 从系统获取新的时间戳 7，并在 bal:lock 列写入锁标记：Primary，说明这个锁是主锁，同时将"张三"新的金额 3 元写入数据列"bal:data"，因为 Bigtable 支持基于行的事务，所以这些操作可以保证其数据一致性。

Key	bal:data	bal:lock	bal:write
张三	→ 7：3元 6： 5：10元	⇒ 7：Primary 6： 5：	7： 6：data@5 5：
李四	6： 5：2元	6： 5：	6：data@5 5：

图 17-4　扣除张三的金额

图 17-5 展示了任务的第二步操作，Percolator 在 bal:data 列写入"李四"新的账户金额，同时在 bal:lock 列写入二级锁："Primary@张三.bal"，二级锁指出了主锁所在位置，即"张三"这一行的 bal.lock 列中，之所以在这里写入如此内容的二级锁，主要是防止任务执行失败时，系统能够找到主锁的位置，并清除掉未完成任务的主锁。

Key	bal:data	bal:lock	bal:write
张三	7：3元 6： 5：10元	7：Primary 6： 5：	7： 6：data@5 5：
李四	→ 7：9元 6： 5：2元	⇒ 7：Primary@张三.bal 6： 5：	7： 6：data@5 5：

图 17-5　增加李四的金额

当某一行加锁的时候，其他事务对该行的读写操作都被暂时阻塞，直到锁被释放才可以继续。图 17-6 指出了当账户金额都得到更改后，这个任务作为一个事务，处于可提交状态，此时系统获取新的时间戳，并清理掉主锁，同时在 bal:write 列指出新的可用数据为 bal:data 中时间戳为 7 的数据，此时所有新的读取操作会根据 bal:write 列找到账户"张三"的最新数据：3 元。

同样，图 17-7 表明账户"李四"的二级锁被释放，同时在 bal:write 列指出新的可用数据所在位置：bal:data 的时间戳为 7 的数据。

图 17-6 释放主锁，指出可用数据

图 17-7 释放二级锁，指出可用数据

通过以上几个步骤，percolator 往 Bigtable 数据行加入管理数据，就实现了跨行跨表的事务支持。上面所举例子非常简单，在实际的系统中，往往是对索引系统的数据进行事务支持，这样就可以实现增量更新的功能。

17.2.2 "观察/通知"体系结构

Percolater 采用了"观察/通知"的机制来将应用程序串接起来形成一个整体，这样就形成了变化传播的增量计算模式，图 17-8 是其运行流程示意图。在 Bigtable 的每个子表服务器上，Percolater 都部署一个"Percolater 控制器"（Percolater Worker），不同的应用在控制器登记两类信息：哪个应用程序观察子表的哪些列，这里的每个应用程序被称为一个观察者。在图 17-8 中，有两个观察者，观察者 1 关注子表的第一列和第二列，观察者 2 关注子表的第三列。Percolater 控制器不断扫描子表的列内容，如果发现被观察的某列数据做出更改，则通知观察这列数据的观察者，观察者执行相应的程序逻辑操作，并将更新的内容写入子表中，新写入的数据可能会触发其他观察者启动执行。Percolator 就是通过这种"观察/通知"的机制将完成一项任务所需的所有步骤串接起来，有点类似于"多米诺骨牌"，一一依次触发。在图 17-8 中，当 Percolater 控制器发现第二列的第二行被写入数据 X 后，通知"观察者 1"，"观察者 1"执行对应的程序，执行结束后，在子表的第三行第三列写入数据 Y，这触发了"观察者 2"的执行。

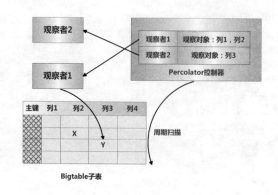

图 17-8 观察/通知体系结构

Percolater 主要用来对索引内容进行增量更新，当有一批新增网页被抓取后，系统通过 MapReduce 方式将新增网页加载进 Bigtable 对应的表中，Percolater 的"观察/通知"机制开始启动，这触发了"网页内容处理"观察者，将网页内容抽取出来或者是处理网页中包含的链接，"网页内容处理"观察者将其操作结果写入 Bigtable 对应的表格，则会触发"网页去重"观察者，这样，一个任务触发另一个任务，通过大约 10 个子任务，就可以完成新增网页的索引更新。

17.3 Kineograph

Kineograph 是一个支持增量计算的分布式准实时流式图挖掘系统。从这里可以看出，其同时具备的三个特点：首先，Kineograph 是一个图挖掘系统，其支持 Twitter、Facebook 等社交网络环境下关于用户、内容及其相互之间关系的挖掘；其次，它是准实时的流式挖掘系统，因为在 Twitter、Facebook 等应用场景下，不断有新的信息实时产生并进入挖掘系统内，所以其具有流式计算系统的大多数特性；最后，Kineograph 是一个支持增量挖掘的系统，当连续不断的数据流入系统后，无须每次都对历史的所有数据进行重新计算，而是采用增量计算的方式使得挖掘结果进行更新。图 17-9 是 Kineograph 的整体示意图。

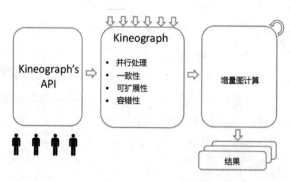

图 17-9 Kineograph

17.3.1 整体架构

图 17-10 是 Kineograph 的整体架构图。原始数据通过一系列接收节点（Ingest Nodes）进入系统，每个接收节点接收并分析到来的数据，据此创建关于图更新操作的事务，然后赋予事务以唯一的序列号，将带有序列号的事务涉及的多个操作分发给图节点（Graph Nodes）。图节点本质上是由多机构成的分布式内存 KV 数据库，其和普通内存 KV 数据库的区别在于支持图操作。图节点集群内的每个机器不仅存储图节点信息，还存储以邻接表方式存在的图结构，而且图结构信息和应用数据分开存储。此外，存储引擎还支持数据快照操作。图节点存储新增的图数据，每个接收节点向全局的进度表（Progress Table）汇报当前图更新操作的进度，"进度表"存储的各个图节点进度指示向量作为一个全局的逻辑时钟。"快照器"（Snapshooter）周期性地指示图节点中各个存储引擎根据进度表中的事务序列号向量所指明的进度进行数据快照操作，将内存里的增量数据输出到磁盘形成一份新的增量快照。这份新的增量快照中图结构的变化会触发增量计算引擎，以此来进行增量挖掘计算。

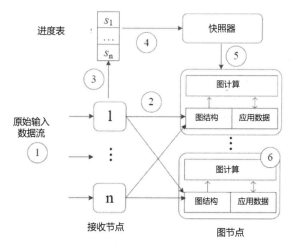

图 17-10　Kineograph 整体架构

Kineograph 的一个显著特点是将图更新维护和图计算明确分离，这对整个系统简单有效地运行提供了架构基础。

17.3.2 增量计算机制

Kineograph 采用了类似于 Pregel 的以图节点为中心的计算机制，而增量计算则采取了典型的变化传播模式。

图 17-11 是 Kineograph 当前最新的数据快照中某个节点增量计算过程的示意说明。其使用用户定义规则与之前的快照对比来检验节点状态，如果节点结构发生变化，比如，有新增边或者节点值

发生变化，Kineograph 调用用户自定义函数来计算节点的新值，如果新值变化较大，会将这个变化通知其邻接节点。对有些图节点来说，则根据其他节点传播过来的变化程度，也如此进行判断来进行数值更新。这样就形成了基于变化传播的增量更新模式。

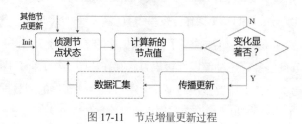

图 17-11　节点增量更新过程

17.4　DryadInc

DryadInc 是建立在 DAG 批处理系统 Dryad 之上的增量计算系统，这是一种典型的"结果缓存复用模式"增量计算机制。

DryadInc 的运行机制如图 17-12 所示。其基本思想是将上一轮计算中部分可复用的结果存储到缓存服务器中，下次计算时尽可能从缓存服务器重用原先的计算结果，而非重新计算。其整体架构由"重执行逻辑"（Rerun Logic）和"缓存服务器"（Cache Server）构成。"重执行逻辑"是扩展版本的 Dryad 任务管理器，用于检测任务 DAG 中可复用的计算部分，并对 DAG 进行改写；"缓存服务器"则是通过网络访问的数据缓存。

图 17-12　DryadInc

"重执行逻辑"在生成的 DAG 任务图中进行检测，识别哪些节点的计算结果是可以从原先的计算结果中复用的，如果在"缓存服务器"中找到了对应的计算结果，则改写 DAG 来使计算直接复用原先的结果，然后将改写的 DAG 交由 Dryad 执行引擎进行运算，运算完成后选出部分将来可能重用的结果，并将其写入"缓存服务器"，以供后续的增量计算使用。

"缓存服务器"是一个通用的 Key-Value 存储系统，支持数据读写操作接口。在实际使用时，往往根据计算结果生成数据指纹（Fingerprint）来作为 Key，计算结果数据本身作为 Value 对数据进行读写。

DryadInc 采用这种结果缓存机制可以将增量计算性能提升 80%～90%，起到了明显加快后续计算的作用。

参考文献

[1] D. Peng and F. Dabek. Large-scale incremental processing using distributed transactions and notifications. In USENIX Symposium on Operating Systems Design and Implementation, 2010.

[2] R .Cheng, J. Hong, A. Kyrola, Y. Miao, X.Weng, M. Wu, F. Yang, L. Zhou, F. Zhao, and E. Chen. Kineograph: taking the pulse of a fast-changing and connected world. In The European Conference on Computer Systems, 2012, pp: 85–98.

[3] P.Bhatotia, A.Wieder, ˙I.E.Akkus, R. R.Umut and A. Acar. Large-scale Incremental Data Processing with Change Propagation. Proceedings of the 9th USENIX conference on Operating systems design and implementation,2010.

[4] D. Logothetis, C. Olston, B. Reed, K. C. Webb, and K. Yocum. Stateful bulk processing for incremental analytics.In Proceeding of SOCC '10, 2010.

[5] P. Bhatotia, A. Wieder, R. Rodrigues, U. A. Acar, and R. Pasquin. Incoop: Mapreduce for incremental computations. In Proceeding of SOCC '11, 2011.

[6] F. McSherry, D. G. Murray, R. Isaacs, and M. Isard. Differential dataflow.In Proceeding of CIDR '13, 2013.

[7] C. Yan, X. Yang, Z. Yu, M. Li, and X. Li. Incmr: Incremental data processing based on mapreduce. In Proceeding of CLOUD '12, 2012.

[8] L. Popa, M. Budiu, Y. Yu, and M. Isard. Dryadinc: Reusing work in large-scale computations. In USENIX Workshop on Hot Topics in Cloud Computing, 2009.

附录 A 硬件体系结构及常用性能指标

掌握网络拓扑结构、存储金字塔层次结构及常用的硬件性能指标对架构师来说是一项基础技能。

一般的网络拓扑结构由单机、机架、集群三级结构构成，如图 A-1 所示，机架包含 40～80 台服务器，它通过机架交换机连接，由数量不等的机架通过集群交换机连接形成规模不同的集群。一般机架交换机的带宽要大于集群交换机，这也是我们看到很多大数据系统为何在考虑数据局部性的时候，优先选择将计算推送到数据存储服务器，然后选择将计算和存储服务器配置到同一机架内，最后才选择跨机架配置计算和存储的原因。

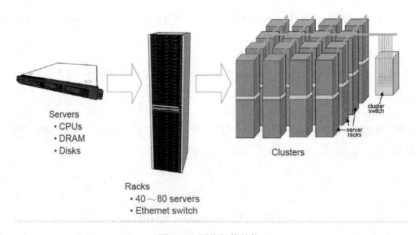

图 A-1　网络拓扑结构

图 A-2 列出了集群内存储形成的金字塔层次结构，对单机来说，相应的存储包括 CPU 的 L1 和 L2 级缓存、内存以及磁盘，其存储容量形成了金字塔结构，即缓存容量小于内存，内存容量小于磁盘，但是读写性能则是缓存快于内存，内存快于磁盘，这是由其不同的制造成本决定的。考虑到机架及集群范围，整个集群的存储形成更高层级的金字塔结构，由图 A-2 中可以看出不同情况下各自的存储容量、性能指标及带宽的变化情况。

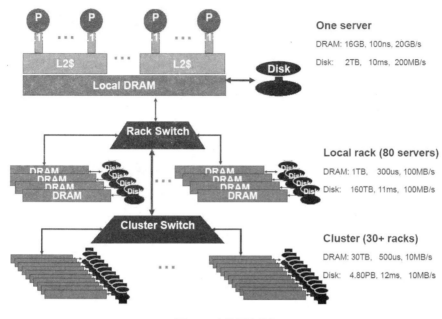

图 A-2　存储层次结构

总之，随着存储由单机到机架，再扩展到集群，整体存储容量逐渐增加，存取性能下降，带宽也逐步下降。

图 A-3 列出了常用硬件的性能指标，熟练掌握这些指标对于系统设计决策有很大的帮助。

```
L1 cache reference                        0.5 ns
Branch mispredict                           5 ns
L2 cache reference                          7 ns
Mutex lock/unlock                          25 ns
Main memory reference                     100 ns
Compress 1K bytes with Zippy            3,000 ns
Send 2K bytes over 1 Gbps network      20,000 ns
Read 1 MB sequentially from memory    250,000 ns
Round trip within same datacenter     500,000 ns
Disk seek                          10,000,000 ns
Read 1 MB sequentially from disk   20,000,000 ns
Send packet CA->Netherlands->CA   150,000,000 ns
```

图 A-3　常用硬件性能指标

附录 B 大数据必读文献

注：每章后的参考文献是本书作者从大量文献中筛选出的有较大理论创新的论文列表，或者有较大发展潜力及影响力的开源系统列表，完成本书所参阅文献量数倍于所列出者，之所以这样，目的在于汰劣余优，节省读者时间，在时间充裕的情况下，建议读者对每章后的参考文献都能深入了解。为满足时间不足者之需，本着精中选优之原则，本附录列出了解大数据技术必读的文献，并附上作者简评。一家之言，姑妄观之。

1. 一致性

[1] L. Lamport. Paxos Made Simple. ACM SIGACT News (Distributed Computing Column), 2001, 32(4): 51-58.

点评：Lamport 因其对分布式理论做出的杰出贡献获得了 2013 年度图灵奖。在过去十年里，Paxos 基本上成为分布式领域内一致性协议的代名词。Google 的粗粒度锁服务 Chubby 的设计开发者 Burrows 曾经说过："所有的一致性协议本质上要么是 Paxos，要么是其变体"，Paxos 是几乎所有相关课程必讲的内容以及很多其他一致性协议的起点，Paxos 的重要性由此可见一斑。另一方面，Paxos 也以难以理解闻名，这篇论文是 Lamport 为了清晰解释 Paxos 的基本原理而写的，相对直观、易懂。

[2] Diegn. Ongaro and John Ousterhout. In Search of an Understandable Consensus Algorithm.Tech Report. 2013.

点评：与 Paxos 协议不同，在达到类似的一致性功能前提下，Raft 一致性协议最主要的目标有两个：首先是可理解性，在做技术决策和选型的时候，在达到相似功能的前提下，首先以易于理解作为选型标准；其次是实现实际系统的确定性，Raft 追求每个技术细节的清晰界定与描述，以此达到实现具体系统时的明确性。本论文介绍了 Raft 的内在运作机理细节，其清晰易理解的特性确实令人印象深刻。

2. Key-Value 数据库

G. DeCandia, D. Hastorun, M. Jampani, G. Kakulapati, A. Lakshman, A. Pilchin, S. Sivasubramanian, P. Vosshall, and W. Vogels. Dynamo: amazon's highly available key-value store. Proceedings of ACM symposium on Operating systems principles, 2007,pp: 205-220.

点评：Dynamo 是最经典的基于 P2P 的大规模分布式 KV 数据库，对于后续类似大数据存取系统的研发有具大的影响，诸如 Cassandra、Riak、Voldemort 等系统大量借鉴其设计思路。这篇论文是了解大数据存储系统必须熟读的文献，在其中引入了一致性哈希数据分片策略、反熵协议、Merkle 树、向量时钟、Quorum-based 一致性协议等诸多技术。尽管这些技术大多数在 Dynamo 之前已有，但是很少有系统能够集如此众多经典的技术于一炉并锻造出基于此的实用系统。基于 P2P 的大规模存储架构管理的复杂性要远高于 Master-Slave 架构，对于其实用性尽管有争议，但是从技术角度看，这篇论文有很多值得借鉴和学习之处。

3. 文档数据库

Mongodb. http://www.mongodb.org/

点评：Mongodb 目前是形形色色的所有 NoSQL 数据库中市场占有率最高的，这说明其使用场景的广泛性和其极高的受欢迎程度，熟悉或了解其使用方法有助于在很多情形下解决实际工作中的问题。

4. 内存 KV 数据库

[1] J. Ousterhout et al. The Case for RAMClouds: Scalable High-Performance Storage Entirely in DRAM. ACM Special Interest Group on Operating Systems, 2009.

点评：RAMCloud 是非常有影响力的内存 KV 数据库，其整体架构比较简洁，内存保留一份数据，将备份数据存储在外存的策略能较好地在成本和性能间获得平衡，不过其高可用性设计方案存在较大的缺陷。相对而言，Membase 是设计较为完善的内存 KV 数据库，可惜其技术资料较少。

[2] Redis. http://redis.io/

点评：作为工业界使用最广泛的内存 KV 数据库，Redis 因其极高的单机读写效率以及能支持灵活复杂的键值数据结构而广受欢迎。但是考虑到分布式架构设计，比如数据分片及高可用方案，Redis 不仅在此方面进展缓慢，同时，其设计方案显得乏善可陈，甚至可以说不甚优雅，这也许与作者更关注并保证系统的读写效率有关。

5. 分布式文件系统

[1] S. Ghemawat, H. Gobioff and S.T. Leung. The Google File System. 19th ACM Symposium on Operating Systems Principles,2003.

点评：GFS 是 Google 公司为了能够存储以百亿计的海量网页信息而专门开发的文件系统。在 Google 的整个大数据存储与处理技术框架中，GFS 是其他相关技术的基石，因为 GFS 提供了海量非结构化信息的存储平台，并提供了数据的冗余备份、成千台服务器的自动负载均衡，以及失效服务器检测等各种完备的分布式存储功能。同时，GFS 对后来的大数据技术发展潮流有极为巨大的影响和推动作用，仿制 GFS 和 Mapreduce 的 Hadoop 获得广泛流行应该说是引发大数据技术大爆发的源头之一。

[2] D. Beaver, S. Kumar, H.C. Li, J. Sobel and P. Vajgel. Finding a Needle in Haystack: Facebook's Photo Storage. The 7th USENIX Symposium on Operating Systems Design and Implementation,2010.

点评：Haystack 是 Facebook 公司设计开发的一种"对象存储系统"，其中的"对象"主要指用户上传的图片数据。大型商业互联网公司对于类似于 Haystack 这种"对象存储系统"有很大的需求，这里的"对象"往往指满足一定性质的媒体类型，类似于图片数据的存储有其自身特点，典型的特征是：一次写入，多次读取，从不更改，很少删除。很多其他类型的数据也有此种特点，比如邮件附件、视频文件以及音频文件等，一般将这种数据称为"Blob 数据"，对应的存储可以称为"Blob 存储系统"。因为其特点是读多改少，所以在设计这种存储系统的时候，保证读取效率是需要重点考虑的要素。目前国内的淘宝和腾讯等大型互联网公司也独立开发了类似的存储系统，其实现思路应该与 Haystack 系统差异不大。

6. Erasure Code

[1] J. S. Plank. A Tutorial on Reed-Solomon Coding for Fault-Tolerance in RAID-like Systems, Technical Report, 1996.

点评：为了增加存储系统的可靠性和数据的可用性，经常使用数据备份来达到这一点，工业界通常的做法是对数据做三备份。但是数据备份带来的缺点是明显增加存储成本。纠删码可以缓解这种情况，通过增加部分数据冗余而非多备份来获得数据的可靠存储，目前很多实际的大数据存储系统都采取了多备份和纠删码相结合的技术方案，热点数据仍然采取多备份，长尾冷门数据采取纠删码。Reed-Solomon 编码是最常用的纠删码，比如，Google 的 GFS 第二代系统 Colossus 以及 Facebook 的 HDFS-RAID 都采用 RS 编码。本论文非常通俗易懂地介绍了 RS 编码的原理和实现机制。

[2] M. Sathiamoorthy etc. XORing Elephants: Novel Erasure Codes for Big Data . In 39th International Conference on Very Large Data Bases (VLDB), 2013.

点评：在分布式数据存储应用环境下，RS 编码有其固有的缺陷：在恢复少量毁损的数据块时，需要大量的网络传输来获得其他所有的数据块，很容易导致网络带宽阻塞。LRC 的提出就是为了解决这一难题的，LRC 能够在可靠性与 RS 码大致相同的情况下，减少恢复损毁数据所需的数据块数量，也就缓解了网络传输过多的问题。本论文就是 Facebook 的研发人员提出的一个典型的 LRC 编码。除此之外，微软的 AWS 云存储系统也采取了类似的思路。

7. 列式数据库

[1] F. Chang, J. Dean, S. Ghemawat, W. C. Hsieh, D. A. Wallach, M. Burrows, T. Chandra, A. Fikes, and R. E. Gruber. Bigtable: A distributed storage system for structured data. ACM Transaction on Computing System, 2008,26(2):1-26.

点评：BigTable 是一种针对海量结构化或者半结构化数据的存储模型，在 Google 的云存储体系中处于核心地位，起到了承上启下的作用。GFS 是一个分布式海量文件管理系统，对数据格式没有任何假定，而 BigTable 以 GFS 为基础，建立了数据的结构化解释。对很多实际的应用来说，数据都是有一定格式的，在应用开发者看来，BigTable 建立的数据模型与应用更贴近。MegaStore 存储模型、Percolator 计算模型都是建立在 BigTable 之上的存储和计算模型。由此可看出，BigTable 在其中的地位之重要。

[2] Cassandra. http://cassandra.apache.org/

点评：Cassandra 在数据模型方面采取了类似 Bigtable 的方案，而在底层架构则采取了 P2P 模式，同时大量吸取了 Dynamo 系统中的设计方案，比如，DHT 结构、Merkle Tree 结合 Gossip 协议实现数据副本一致性、反熵协议实现 P2P 集群管理等。另外，还采纳了增量故障检测机制（Accrual Failure Detectors）等。如果结合 Bigtable、Dynamo 等论文来分析 Cassandra 的源码实现，对深入理解很多经典的分布式设计方案有很大的帮助。

[3] C. J. Corbett, J. Dean etc. Spanner: Google's Globally-Distributed Database. 10th USENIX Symposium on Operating Systems Design and Implementation, 2012.

点评：Spanner 是 Google 开发的可全球范围部署的具有极强可扩展性的列式数据库系统。其可以将千亿规模的数据自动部署到世界范围内数百个数据中心的百万台服务器中，通过细粒度的数据备份机制极大地增强了数据的可用性和地理分布上的数据局部性，Spanner 具备数据中心级别的容灾能力，即使整个数据中心完全遭到破坏，也可以保证数据的可用性。除此之外，Spanner 还具备接近于传统数据库关系模型的半结构化数据模型定义、类 SQL 查询语言以及完善的事务支持等特性。应该说，Spanner 使得 NoSQL 数据库的处理能力达到了史无前例的高度。

8. 数据通道

Databus: LinkedIn's Change Data Capture Pipeline. SOCC 2012.

http://www.slideshare.net/ShirshankaDas/databus-socc-2012

点评：数据总线的作用就是能够形成数据变化通知通道，当集中存储的数据源（往往是关系数据库）的数据发生变化时，能尽快通知对数据变化敏感的相关应用或者系统构件，使它们尽快捕获这种数据变化。Linkedin 的 Databus 是一个典型且相对完善的数据总线系统，其提供了近实时性捕获数据变化、数据回溯能力以及主题订阅能力。

9. 协调系统

[1] M. Burrows. The chubby lock service for loosely-coupled distributed systems. In OSDI '06: Proceedings of the 7th symposium on Operating systems design and implementation, 2006,pp: 335-350.

点评：Chubby 作为粗粒度锁服务，在 Google 的 GFS、Bigtable 等各种超大规模存储系统中都起到了关键的系统协调作用，它也是引发 ZooKeeper 等著名开源协调系统的重要因素，尽管两者在设计思路上有较大的区别。

[2] P. Hunt, M. Konar, F. P. Junqueira and B. Reed. ZooKeeper: Wait-free coordination for Internet-scale systems. In USENIX Annual Technical Conference, 2011.

点评：Zookeeper 作为最著名的开源协调系统，已经在各种应用和大数据系统中获得了非常广泛的使用。其有很多应用的成功设计案例及丰富的相关文档，当设计分布式系统时，如果有领导者选举、配置管理、组成员管理、锁机制等协调功能时，可以优先考虑使用 ZooKeeper 来作为协调系统的实现方案。

10. 调度系统

[1] V. K. Vavilapalli etc. Apache Hadoop YARN: Yet Another Resource Negotiator. ACM Symposium on Cloud Computing, 2013.

点评：YARN 是 Hadoop 2.0 的重要组成部分，也被称为 MRV2，其全称是"另一个资源协调器"（Yet Another Resource Negotiator）。顾名思义，它是一个独立的资源管理系统。MRV2 与 MRV1 相比，最大的改变就是抽象出 YARN 这个独立的资源调度系统。从资源管理系统范型来说，YARN 同 Mesos 一样，是一个典型的两级调度器。与 Mesos 比较，由于 Hadoop 的广泛流行，再加上 YARN 代表了 Hadoop 的未来发展趋势，所以相比而言更活跃，其发展前景更乐观。目前已经有很多大数据计算框架移植到 YARN 平台下，比如 MR、流式计算系统 Storm 和 Samza，图计算系统 Giraph、DAG

计算系统 Tez 等，相信越来越多的计算框架会逐步移植到 YARN 上，使得 YARN 成为一个名副其实的支持多种大数据计算框架的基础资源管理平台。

[2]　M. Schwarzkopf, A. Konwinski, M. A. Malek and J. Wilkes. Omega: flexible, scalable schedulers for large compute clusters. In Proceedings of the 8th ACM European Conference on Computer Systems,2013,pp: 351–364.

点评：Omega 是 Google 开发的内部集群资源管理与调度系统，在本论文中，它提出了一种新型的资源调度方案：状态共享调度器。在这种调度范型中，每个计算框架可以看到整个集群中的所有资源，并采用相互竞争的方式去获取自己所需的资源，根据自身的特性采取不同的具体的资源调度策略，同时系统采用了乐观并发控制手段解决不同框架在资源竞争过程中出现的需求冲突。除此之外，本论文还对目前的资源调度系统做了整体分类，并对每类的特点做了分析，这对宏观掌握资源调度系统设计策略有很大的帮助。

11. 消息系统

Apache Kafka. http://kafka.apache.org/documentation.html#design

点评：Kafka 是 Linkedin 开源的 pub-sub 模式消息系统，尽管设计初衷是 Log 收集，由于其出色的消息吞吐能力、低延时、高可扩展性、高可用性等诸多能力，目前其使用范围已经大为扩展，甚至可以作为流式计算系统 Samza 的底层架构。Kafka 整体架构设计简洁优雅，也有很多创新点，利用 ZooKeeper 结合文件系统来设计高吞吐、低延迟、高扩展、高可用的消息系统也是独具特色的。除此之外，Kafka 的设计文档对于如何高效地使用磁盘读写以及对操作系统缓存的高效利用的讨论也使人获益匪浅。总之，Kafka 是掌握大数据系统设计过程中，对很多普适规律如何灵活运用的经典范型之一。

12. 批处理系统

[1]　J. Dean and S. Ghemawat. MapReduce: simplified data processing on large clusters. Sixth Symposium on Operating Systems Design and Implementation, 2004.

点评：MapReduce 作为当前最典型的大数据批处理计算模型，已经在工业界获得了极为广泛的使用。Google 的这篇发表于 2004 年的论文对整个大数据系统的发展具有至关重要的作用，其与 2003 年发表的 GFS 论文是催生 Hadoop 的直接范型。尽管 2009 年前后以 Stone Braker 为首的并行数据库领域专家对 MR 模型提出质疑并引发和 Jaffrey Dean 等人的技术争论，但是最终的结论是 MR 和 MPP 各自有优略且两者有一定互补和相互学习之处。与传统的 MPP 相比，MR 更适合非结构化数据的 ETL 处理类操作，并且其可扩展性及容错性明显占优，但是单机处理效率较低。尽管 MR 提供了简洁的编程接口及完善的容错处理机制，使得大规模并发处理海量数据成为可能，但从发展趋势看，相对复杂的任务转换为 MR 任务的开发效率还是不够高，所以其有逐步被封装到下层的趋势，即在上层系统提供更为简洁方便的应用开发接口，在底层由系统自动转换为大量的 MR 任务，这一点值得关注。

[2] M. Isard, S. V. Mihai etc. Dryad: Distributed Data-Parallel Programs from Sequential Building Blocks. ACM SIGOPS in Europe EuroSys, 2007.

点评：Dryad 是大数据批处理领域较早明确提出 DAG 计算范型的系统。在批处理应用环境下，DAG 计算模型在表达能力方面明显强于 MapReduce 模型，后者基本可以被视为前者的一种特例，当然，随之也带来了学习和应用成本高的缺点。从这篇论文可以归纳出构建通用 DAG 计算系统的三层结构：最上层是 DAG 应用表达层，其重点在于表达便捷性和开发友好性；中间层是 DAG 执行引擎层，其负责将表达层内容转换映射为分布式任务，并管理控制这些任务运行在最底层的物理集群中。

13. 流式计算

[1] N. Marz. Twitter storm. https://github.com/nathanmarz/storm/wiki, 2012.

点评：流式计算是一个越来越受到重视的计算领域，很多应用场景对于大数据处理的计算时效性要求很高，要求计算能够在非常短的时延内完成，从而更好地发挥流式计算系统的威力。目前涌现出不少流式计算系统，比如 S4、Storm、Samza、D-Stream、MUPD8 等，Storm 作为其中最具代表性的流式计算系统，无论是从系统完善性还是使用广泛性来说都是非常突出的，非常值得关注。

[2] T.Akidau, A. Balikov, K. Bekir, S. Chernyak, J. Haberman, R. Lax, S. McVeety, D. Mills, P. Nordstrom and S. Whittle. MillWheel: Fault-Tolerant Stream Processing at Internet Scale. In Very Large Database Conference, 2013.

点评：MillWheel 作为 Google 内部使用的流式计算系统，虽然并未开源，但是与 Storm 一样，其整个系统在处理低延迟、容错性、可扩展性以及应用表达能力方面目前都是非常优秀的。这篇论文有助于从系统架构方面了解如何设计一个符合实际应用需求特点的典型流式计算系统。

14. SQL-On-Hadoop

[1] A. Thusoo, J. S. Sarma, N. Jain, Z. Shao, P. Chakka, N. Zhang, S. Anthony, H. Liu and R. Murthy. Hive - a petabyte scale data warehouse using Hadoop. In International Conference on Data Engineering, 2010, pp: 996-1005.

点评：Hive 作为最早的 SQL-On-Hadoop 系统之一，目前已经获得了广泛使用。尽管其执行引擎采用 MR 机制导致查询性能较低，且有被其他采用 MPP 并行数据库思路的系统替代的可能，但是鉴于其对于后续 SQL-On-Hadoop 系统的影响力，为了深入了解这类系统的发展脉络，其体系结构还是非常值得仔细研究的。

[2]　S. Melnik, A. Gubarev, J. J. Long, G. Romer, S. Shivakumar, M. Tolton, and T. Vassilakis. Dremel: interactive analysis of web-scale datasets. Communication of ACM, 2011,54(6):114–123.

点评：Dremel 被称为 Google 的"新三驾马车"之一，其整体设计思路对目前众多的开源 SQL-On-Hadoop 系统有重大的影响，Drill、Impala、Presto 等系统整体上借鉴了其设计思路，实践也表明其采用的嵌套数据列式存储、树形服务器架构布局及 MPP 并行数据库执行引擎是这类系统提升性能的关键因素。

[3]　Impala. https://github.com/cloudera/impala

点评：Impala 可以看作是 Dremel 的开源版本，并在其基础上做出了部分创新性改进，从目前可见的评测来看，其也是在各种大小数据集中性能最好的开源 SQL-On-Hadoop 系统之一，是该类系统中最有发展潜力的系统，其体系架构甚至代码都值得深入了解。

15.　图数据库

[1]　G. Malewicz, M.H. Austern, A.J. Bik, J. Dehnert, I. Horn,N. Leiser, and G.Czajkowski,　Pregel: a system for large-scale graph processing. In 2010 SIGMOD Conference,2010.

点评：Pregel 是 Google 提出的遵循 BSP 模型的大规模分布式图计算平台，专门用来解决网页链接分析、社交数据挖掘等实际应用中涉及的大规模分布式图计算问题。它是一个消息驱动的、遵循以图节点为中心的编程模型的同步图计算框架，对很多开源图计算系统（如 Giraph、Hama）以及后续的改进图计算系统都有非常大的影响。

[2]　J.E. Gonzalez, Y. Low, H. Gu, D. Bickson, C. Guestrin,　Powergraph: Dis- tributed graph-parallel computation on natural graphs. In Proceedings of the 10th USENIX Symposium on Operating Systems Design and Implementation,2012.

点评：PowerGraph 是一个非常值得关注的离线挖掘类图计算系统，其无论在图计算的理论分析方面还是实际系统实施方面都具有优秀的表现。实际效果也表明，PowerGraph 基本上是目前主流图计算系统里效率最高的。另外，PowerGraph 还是一个灵活的图计算架构，既可以模拟同步计算模型，也可以模拟异步计算模型。

16.　分布式机器学习

[1]　W. Dai, J. Wei, X. Zheng, J. K. Kim, S. Lee, J. Yin, Q. Ho, E. P. Xing.　Petuum: A Framework for Iterative-Convergent Distributed ML.2013, arXiv:1312.7651.

点评：参数服务器是实现分布式机器学习算法的一种典型架构，目前很多研究集中在这个方向，比如，Google 能够处理百亿参数规模的深度机器学习框架 DistBelief 就是此种架构。从本质上讲，可以将参数服务器看作是传统共享内存方式在网络环境下的并行扩展版本。Petuum 是 CMU 提出的通用参数服务器架构，其由众多并发执行的带有参数缓存的客户端和由多台保存全局参数的参数服务器集群构成。对于很多迭代类机器学习算法，利用 Petuum 既可以保证算法的正确性，也可以快速处理海量数据。学习这篇论文有助于对参数服务器的宏观架构设计中面临的问题及较通用的解决方案有较深入、全面的了解。

[2] M. Zaharia etc. Resilient Distributed Datasets: A Fault-Tolerant Abstraction for In-Memory Cluster Computing, 2011, UCB/EECS-2011-82.

点评：Spark 大数据处理协议栈是 AMPLab 实验室推出的一套与 Hadoop 2.0 功能类似的完善处理各种大数据应用的整体解决方案，其最核心的部分是适合解决迭代式机器学习类问题的 DAG 批处理系统 Spark，在此基础上，逐渐在其上层开发出流式计算系统 D-Stream、图计算系统 GraphX、机器学习库 MLlib 以及 MLBase 等适用于不同场景的子系统，遂形成了一整套大数据处理技术方案。本篇论文讲解 DAG 批处理系统 Spark 的设计思路与原理，Spark 针对工作集数据提出了基于内存的分布式存储抽象模型：可恢复分布式数据集（Resilient Distributed Datasets，简称 RDD），这样工作集数据可以有选择性地被加载并常驻在内存中，有利于后续的迭代计算过程大大提升迭代类机器学习类问题的处理效率。Spark 是集成了 RDD 模型的 DAG 批处理系统，它在 RDD 增加数据复用与系统处理速度的优势基础上，同时还具备传统 DAG 系统很强的容错性、数据局部性感知的调度策略以及高可扩展性。虽然 Spark 具有学习成本高的缺点，但是发展潜力较大，很可能会成为解决迭代式机器学习领域问题的标准工具。

[3] R. Bekkerman, M. Bilenko and J. Langford. Scaling Up Machine Learning: Parallel and Distributed Approaches. Cambridge University Press, 2012.

点评：这是一本有关分布式机器学习的论文集，集中介绍了基于 MPI、GPU、MapReduce、Dyrad 等各种不同的分布式计算泛型下的诸多常见及前沿机器学习算法的并行版本，对于全面、系统地了解分布式机器学习架构与算法有很大的帮助。